MRCRYPTO

RACKS
Labs

" What works is work " - Tadge Dryja

ISBN: 9798869911018

Introducción

El propósito de *Bitcoin con Rigor* no es describir de forma superficial el funcionamiento de Bitcoin y otras criptomonedas con el fin de hacer ver al lector la importante revolución que se está gestando con la tecnología de los nuevos consensos distribuidos.

El objetivo prioritario es **hacer un análisis riguroso sobre Bitcoin** a nivel técnico o informático, explicando cada una de sus partes de forma que el lector pueda comprender su funcionamiento de forma clara y a partir de ellas entender el sistema en su conjunto.

Esto pasa necesariamente por **entender Bitcoin en profundidad, adentrarse en su madriguera y conocer sus fundamentos**. Pero tampoco implica ignorar los riesgos del propio sistema, que los hay y también son tratados.

Al fin y al cabo, **Bitcoin es un experimento monetario** con apenas una década de edad y por lo tanto todavía no ha sido sometido a la prueba del tiempo como los metales preciosos: no dispone del *efecto Lindy*[1] que poseen el oro y la plata.

Pero como veremos a lo largo de esta obra, **la forma en la que está diseñado y construido Bitcoin hace que sea un sistema muy potencial y muy atractivo** para el tiempo presente y el futuro, a pesar de no tener efecto Lindy. Valga también decir que Internet tampoco tiene efecto Lindy, pues apenas lleva 30 años con nosotros.

Y a pesar de eso, nadie duda de que Internet ha venido para quedarse y su construcción y sus consecuencias son tan poderosas como irreversibles. **Algo similar ocurre con Bitcoin.**

---

1 El *efecto Lindy* es un concepto teórico de Nassim Taleb según el cual la expectativa de vida futura de muchas cosas no perecederas (como tecnologías, instituciones o ideas), se puede considerar proporcional a su edad actual. Por lo tanto, propone que cuanto más tiempo haya sobrevivido algo para existir o usarse en el presente, mayor será su esperanza de vida restante. Pueden leer a Taleb para saber más de este fenómeno.

Bitcoin resulta difícil de comprender a nivel teórico por múltiples razones, pero podríamos resumirlas en dos. La primera es que **hay que tener un profundo conocimiento sobre informática, economía y finanzas** para entenderlo de forma completa y segura.

La segunda y más importante razón es que **Bitcoin es un activo muy innovador**, fruto de la revolución digital empezada por Internet y de naturaleza virtual, con lo cual no hay antecedentes históricos que puedan ayudarnos a entenderlo de forma precisa y utilitaria.

Esto implica que **entender Bitcoin de forma holística es una tarea ardua de reflexión, introspección y creatividad** en la cual hay que abandonar creencias e ideas anteriores sobre el comportamiento humano y la economía, en general y el dinero en particular. O quizá más bien analizarlas, entenderlas en su contexto, reconectarlas y actualizarlas, sin aferrarse a ellas como a un clavo ardiendo.

El objetivo de *Bitcoin con Rigor* es, precisamente, **que el lector conozca primero los mecanismos mediante los cuales funciona este sistema** para poder formarse su propia opinión fundamentada acerca del posible encaje que pudiera tener a nivel social y económico.

E incluso, si así lo quisiera, **estudiando el contenido de este libro el lector podría iniciar su propio camino para convertirse en desarrollador de Tecnologías de Registro Distribuido (DLTs)**. El contenido de este libro es lo suficientemente profundo como para dar a cualquiera las bases necesarias para convertirse en un profesional del sector, aplicando esta tecnología donde esta pueda ser de utilidad.

La segunda gran motivación detrás de *Bitcoin con Rigor* es que **no he encontrado ninguna fuente ni libro donde estudiar Bitcoin de forma profunda en español**. Todos los libros relacionados con Bitcoin son simplistas y comerciales, y solo explican el porqué, no el cómo. Es decir, explican por qué bajo sus premisas implícitas Bitcoin es una gran revolución, sin demostrar sus propias premisas a través de un conocimiento profundo del tema.

Redactar de forma relativamente breve pero concisa, rigurosa pero no excesivamente técnica, y amplia pero no aburrida todos los conceptos que permiten entender esta cosa que llamamos Bitcoin es el mayor afán de este escrito y en el que he puesto todo mi empeño y esfuerzo.

También quisiera mencionar que **el carácter no es académico sino enteramente divulgativo**. A pesar de lo técnico que pueda llegar a resultar, no es tanto el rigor de forma ruda y severa lo que se persigue sino más bien la precisión y la seriedad en el debate de ideas que abre esta nueva tecnología.

Por lo tanto que el lector no espere obtener una densa bibliografía con múltiples libros, *papers* y estudios referenciados a los que dirigirse, sino más bien recomendaciones finales para ampliar aún más las nociones aquí explicadas y tener así un criterio más preciso para evaluar lo que se plantea, y recursos para profundizar acerca de los distintos temas, ubicados en el *QR de Enlaces de interés* (tras la Conclusión del libro)[2].

Por otro lado, **las definiciones aquí utilizadas, pueden no ser las más extendidas ni las usuales en los distintos campos del conocimiento**. Simplemente son definiciones, a veces incluso creadas por mí mismo, utilizadas con el fin de explicar y entender mejor las cosas, distinguir conceptos y que estos sean captados mejor por la mente del lector.

Así pues, con este párrafo pretendo manifestar mi desentendimiento de cualquier tipo de crítica técnica abusiva que no tenga la pretensión de informar de un error, manifestar una sugerencia o mejorar la redacción con el fin de concebir mejor las ideas, sino matizar de forma elitista y cientifista un concepto que, fuera del ámbito académico, resulta farragoso, confuso e inextricable.

Considero por tanto que este tratado puede ser obviamente **muy útil para informáticos que quieran iniciarse en este mundo y desarrollar proyectos de criptomonedas** y aplicaciones con ellas por su carácter técnico y profundo.

---

2 En los Enlaces de Interés, al final del libro, encontrarán acceso a una recopilación de material que he considerado relevante y de interés.

Pero también para aquellas personas que, por curiosidad, indagación e interés personal **quieren conocer el funcionamiento de Bitcoin con profundidad, especialmente si pretenden invertir** una parte de su capital en este nuevo activo.

A la postre, para invertir con conocimiento deben conocerse los fundamentales de un activo, y en Bitcoin eso supone comprender su funcionamiento interno de forma rigurosa.

Imaginemos por un momento lo que un inversor hubiera podido hacer en los años noventa teniendo un conocimiento amplio sobre Internet y La Web (son conceptos distintos, no confundir uno con otro). La burbuja *punto com*, como todas las burbujas, fue el desencadenante de unas pérdidas monstruosas. Pero también el origen de las joyas que hoy encabezan los índices bursátiles de todo el mundo: el tan reconocido y apremiado sector *tech*.

¿Cuántos economistas y otros científicos sociales erraron en sus ideas y predicciones sobre Internet? Ciertamente es difícil tener una opinión acertada sobre algo cuando se desconoce lo fundamental de ese algo.

Una vez se tenga un conocimiento profundo del funcionamiento de Bitcoin, ya se puede estudiar mejor su comparación y su encaje como activo monetario y, especialmente, analizar hasta qué punto cambia el paradigma de lo que entendíamos antaño por dinero, medio de pago o unidad de cuenta.

Siempre suelo decir que no sirve de mucho citar a pensadores del pasado para refutar Bitcoin porque, cuando estos publicaron sus ideas, Bitcoin todavía no existía y nadie lo hubiera podido imaginar. Por lo tanto, no se tenía en cuenta en sus escritos, como es obvio. Sucede lo mismo con las formas de valorar otros activos, como los *rendimientos futuros esperados* que mucha gente pretende aplicar a Bitcoin.

Bitcoin se compara con Internet, por cierto, porque es el precedente más parecido que podemos encontrar y porque, como el lector tendrá ocasión de ver más adelante en el libro, **la relación entre Bitcoin e**

Internet es mucho más firme e intensa de lo que la mayor parte de la gente cree. No tanto porque sean revoluciones tecnológicas similares, sino porque ambas comparten origen y devenir histórico.

Antes de empezar a leer, es importante mencionar que **debe mantenerse una actitud crítica y mente abierta**. A pesar de que se va a dedicar el máximo esfuerzo en explicar de forma entendible todos los puntos clave de cada tema que se trata, contiene conceptos abstractos e ideales que son en muchos casos difíciles de asimilar para la mente humana debido a su funcionamiento.

Es por ello que detenerse a reflexionar e imaginar de forma introspectiva la argumentación es indispensable para comprender en su total magnitud el contenido, sopesando de forma profunda y meditabunda las ideas presentadas.

He de remarcar que, **aunque tengo mis propias ideas y opiniones económicas personales, apenas las van a encontrar en este libro porque no es el objeto del mismo**. El fin que persigo es precisamente sentar las bases para generar un debate sano y fundamentado que nos permita actualizar ideas o refutarlas de forma correcta y coherente.

Los dos campos básicos en los que se fundamenta Bitcoin, a saber, el estudio de la información de forma teórica y el estudio del comportamiento humano, resultan difíciles de explicar y formalizar en parte por lo fundamentales que son o pueden llegar a ser.

Sin embargo, y como espero que tengan la oportunidad de descubrir a lo largo de su lectura, ayudan a explicar o más bien entender múltiples aspectos de la vida humana, la civilización y la realidad que nos rodea. Nos ayuda a conocernos a nosotros mismos y deducir y captar las pautas del funcionamiento de nuestra racionalidad.

Cada vez estoy más convencido de la fractalidad del conocimiento, que no es más que una extensión conceptual de la idea de que todo se puede sintetizar y expandir tanto como queramos. Por tanto, **la cuestión no es si alguien conoce Bitcoin, sino cuánto sabe sobre este**.

Quizá si tuviéramos que expresar Bitcoin como concepto de la forma más breve, **dinero digital** sería lo más adecuado. Explicado en una frase de forma lo más concisa posible y con la mayor cantidad de significado creo que sería que **Bitcoin es un sistema de transferencia de valor digital basado en el consenso sobre un registro distribuido en una red abierta entre pares iguales usando para ello la irreversibilidad del tiempo y del trabajo realizado.**

Hay gente poco rigurosa en sus razonamientos que dice que Bitcoin está basado *'en las matemáticas'*. Pero lo cierto es que, y como también comprobaremos a lo largo del libro, no es así. Bitcoin es prescindible de su parte más matemática (que es pequeña, por otro lado).

En este sentido, el contenido de este libro pretende **optimizar la comprensión de Bitcoin a una profundidad fractal adecuada,** adentrándose progresivamente en las diferentes escalas de su conocimiento de la forma más amena, directa y sencilla posible perdiendo la menor cantidad posible de detalle de cada escala. Especialmente, claro, de aquella en la que se pretende ubicar al lector.

Me refiero por una profundidad fractal adecuada aquella en la que **no se pierde nada relevante de rigor y precisión,** por eso el libro resulta tan técnico y de carácter avanzado. Y en cuanto a la forma amena de adentrarse en él, creo que el hecho de que solo se requiera como conocimiento técnico previo entender las potencias, las raíces cuadradas y los logaritmos para comprender algo tan aparentemente complejo como Bitcoin refleja bien mi pretensión.

Estas operaciones son la base de la informática y por lo tanto imposibles de evitar. Por ese motivo resulta inviable prescindir de ellas. En cualquier caso, el lector dirá, pues siempre es él el que tiene la última palabra.

Por si eso fuera poco, la forma de abordar el contenido implica que **el lector, al acabar el libro, no solo entenderá Bitcoin de forma precisa. También tendrá un marco interpretativo acerca de cómo funcionan los ordenadores e internet** tal que puedo garantizar sin problemas que no volverá a ver ninguno de los dos de la misma forma. No le va a dejar en absoluto indiferente. De hecho, directamente no volverán a ver el mundo y la realidad que les rodea del mismo modo.

Espero que esta sea motivación suficiente para perseverar en el libro con esfuerzo y para darle un valor extra al mismo. Siendo sincero, *Bitcoin con Rigor* puede considerarse como **aquello que yo no tuve en mi aprendizaje sobre informática, economía y Bitcoin** pero que me hubiera encantado tener y me hubiera sido de utilidad. Es la materialización de la pregunta: ¿qué me hubiera gustado tener desde el principio si tuviera que volver a aprender todo lo aprendido acerca de Bitcoin, tanto en su aspecto económico como informático?

Quizá se podría pensar que no es necesario llegar a un conocimiento tan profundo de Bitcoin, a una escala tan profunda. Pero tras haberlo reflexionado mucho, **dado que Bitcoin pretende ser un sistema de salvaguarda y transferencia de valor cuya responsabilidad recae enteramente en el individuo** que lo utiliza sin que nadie pueda prestarle asistencia (ni siquiera instituciones) **es de importancia capital adentrarse en sus entrañas más profundas**.

No sé, por lo menos yo no me he sentido lo suficientemente seguro como para dejar gran parte de mi humilde capital (casi la mitad del mismo, profeso totalmente la idea de jugarse la piel) en él hasta que no lo he comprendido en esta magnitud.

Aunque la gente utiliza igualmente dólares y euros sin saber qué es un dólar o un euro ni cómo funciona el sistema monetario actual, creo que es un error garrafal y que se va a pagar muy caro. Además, **el hecho de que Bitcoin sea tan novedoso** (que carezca de efecto Lindy) y tan volátil, **multiplica los requerimientos de comprensión del mismo** tanto para tenerlo en cuenta como activo como para dedicarse profesionalmente a este sector.

Más aún si se pretende que pueda convertirse en el sistema monetario de referencia del futuro o en una revolución tecnológica de gran calado como lo fue Internet.

Introducción

Bitcoin con Rigor pretende así explicar ante todo el primer campo de saber sobre el que se fundamenta Bitcoin: **la informática**. El objetivo es describir de forma objetiva el funcionamiento técnico del sistema, sus actualizaciones y sus aplicaciones.

Para ello se empezará con un capítulo dedicado exclusivamente a tratar **conceptos informáticos generales** (primera escala fractal), se seguirá con un segundo capítulo de **conceptos criptográficos básicos** (segunda escala fractal) y explicaremos en un tercer capítulo ya de forma concreta **las bases de Bitcoin** (tercera escala fractal).

Tras este primer bloque de inicialización, desarrollaremos el **funcionamiento de Bitcoin pieza por pieza en un cuarto capítulo**, como si de un puzzle se tratase (cuarta escala fractal). Posteriormente analizaremos de forma informática **la red, los nodos y la cadena de bloques** de Bitcoin en un quinto capítulo y finalmente utilizaremos un sexto capítulo para redactar las **actualizaciones, mejoras y aplicaciones** implementadas en el sistema (considero que estos dos últimos capítulos se ubican en la misma escala fractal que el cuarto).

Es importante remarcar que, **aunque se pueden encontrar algunas explicaciones económicas, estas son las mínimas imprescindibles** para poder comprender cómo y por qué se intentaron desarrollar sistemas de transmisión de valor digitales hasta culminar (hasta el momento) con Bitcoin.

La finalidad de las mismas no es otra que intentar conseguir que el lector pueda englobar Bitcoin en su contexto y tener la perspectiva de cómo y por qué los desarrolladores de sistemas anteriores a Bitcoin (que los hubo, como veremos) publicaban sus trabajos, imitando frecuentemente el funcionamiento de los sistemas monetarios "analógicos" o "tangibles" habidos hasta la fecha.

No es casualidad que mucha gente diga que Bitcoin "es parecido al oro en sus propiedades", y tampoco que se hable de '*minar*' Bitcoin. Y todo ello a pesar de que, en el fondo, Bitcoin es un registro contable de propiedad muy parecido en ese sentido a las divisas actuales.

Y no un material físico dispuesto aleatoriamente por el universo con unas propiedades intrínsecas que otorgan buen comportamiento monetario.

El ser humano, al fin y al cabo, basa su inventiva en la realidad que le rodea, y con frecuencia imita algunos componentes de la naturaleza para intentar replicar o dominar aquellos aspectos que nos interesan y en los cuales la naturaleza es excepcional. Bitcoin es solo un ejemplo.

Por lo demás, dejo a merced del lector la responsabilidad de crearse su propia opinión y argumentos económicos. Espero, eso sí, que este libro pueda servir como cimiento de una opinión sólida y fundamentada.[3]

---

3 **Nota importante**

Los primeros dos capítulos de Bitcoin con Rigor son introductorios a la informática y a la criptografía, respectivamente. Si el lector considera que tiene unas bases y nociones fuertes en alguno de estos campos, siéntase libre de saltar al capítulo 3 y empezar con Bitcoin. No obstante, considero recomendable igualmente leer dichos capítulos para repasar conceptos, ampliar la visión de conjunto o simplemente leer historias y metáforas interesante.

1. Conceptos informáticos básicos

Información y comunicación

Dado que vamos a tratar Bitcoin de forma técnica mediante la informática, y la informática es el estudio de la información, lo más lógico es empezar explicando qué es realmente este último término.

Información es el nombre por el que se conoce un conjunto organizado de datos procesados, que constituyen un **mensaje**, y que cambian el estado de conocimiento del sujeto o sistema que los procesa o interpreta, al que llamaremos **intérprete**.

La información en su forma más básica requiere **orden tanto en el mensaje como en el intérprete**, y requiere que el orden que esté plasmado en el mensaje sea coherente con el que el intérprete interpreta. Fijémonos que este último punto es importante, pues es el hecho de que el conjunto de reglas esté tanto en el mensaje como en el intérprete lo que hace que exista la información para ese sujeto.

Sin entrar en debates sobre si existe la realidad ontológicamente hablando o es el conocimiento informático, epistemológico lo que hace que dicha realidad exista, lo cierto es que **la información es necesaria para describir aquello que nos rodea**.

El *orden* como **conjunto de reglas o patrones que constituyen un mensaje** a nivel informático se suele llamar **código**, y debe ser compartido a la vez por el conjunto de datos ordenados (mensaje) y por el intérprete para que este pueda obtener la información a través de los patrones reglados.

Evidentemente, si un determinado código solo lo comparte un determinado sujeto intérprete, tan solo sirve para crear información por parte de ese sujeto, ya que solo él es capaz de interpretar mensajes con dicho código. Esa es la forma, por ejemplo, con la que los animales interpretamos el entorno que nos rodea y modulamos nuestro comportamiento en base a ello.

1. Conceptos informáticos básicos

Sin embargo, los mensajes normalmente no aparecen en la naturaleza por casualidad (aunque a veces sí, de hecho toda la realidad es, en sí misma, un mensaje) sino que son emitidos por otro sujeto que llamaremos **emisor**.

Si un sujeto único es intérprete y emisor de un determinado código, es capaz de almacenar su propia información, ya que puede emitir mensajes a un **canal** con una información que podrá ser interpretada por él mismo en otro momento. Llamamos canal al medio en el cual está inscrito un mensaje.

Esta situación se vuelve más entretenida cuando dos sujetos son emisores e intérpretes del mismo código e intercambian información con mensajes a través de un canal compartido entre ambos, y existe el proceso que llamamos **comunicación**.

Si el emisor emite mensajes de forma perfecta, a través de un canal perfecto, en un código muy eficiente y compartido perfectamente con el receptor, que además interpreta de forma perfecta el mensaje emitido perfectamente en base a un código perfecto compartido, la situación es ideal dentro de ese marco de comunicación y la fluidez es impecable y con información completa.

Pero obviamente ese escenario ideal no casa bien con la forma de procesar la información real, que dista muchísimo de ser perfecta en todos y cada uno de los conceptos recién definidos. Son lo que llamamos **errores informáticos**, y ocurren en todos y cada uno de los elementos recién definidos.

En el proceso de emisión de un mensaje ya se puede reducir la información que se quiere o pretende emitir. Por ejemplo, cuando emitimos un mensaje en castellano tenemos que adaptar la información de nuestra mente que queremos transmitir a dicho código, lo cual implica ya una cierta pérdida de información y por eso a veces sentimos que no nos expresamos bien.

El canal a través del cual viaja dicho mensaje también puede deteriorar la calidad del mismo y reducir así la información que transmite. Por ejemplo cuando hablamos en un entorno en el que hace viento, especialmente si este va en dirección contraria a la persona o interlocutor al que nos dirigimos.

Por otro lado, **cada intérprete de un mismo mensaje suele interpretar cosas distintas**, aunque se intenta que sean muy parecidas. Por eso independientemente de la comprensión lectora existen numerosas interpretaciones de una frase en castellano, o acepciones y significados de una palabra.

El propio mensaje (no confundir con el canal) puede ser cambiado también por un sujeto intrusivo, perdiendo de nuevo esa situación ideal, aunque el canal sea perfecto.

Pero es que **incluso el código a veces no es compartido al 100%** ni por el emisor, ni por el mensaje, ni por el intérprete. Por ejemplo, los conceptos que albergan las palabras usualmente cambian de un sujeto a otro en mayor o menor medida, y dado que las palabras forman parte del código de una lengua humana, el código tiene errores.

Esto se ve enteramente reflejado si estudiamos la interpretación (a nivel de código, no de fallos del intérprete) de la palabra "antifascista". Aunque todos tengamos un registro de la palabra, el código con el cual interpretamos cada uno de nosotros dicha palabra es distinto, y por eso a cada persona o sujeto le sugiere un concepto distinto y por tanto información distinta.

No es casual que los políticos más autoritarios cuiden tan bien su lenguaje e intenten utilizar las palabras como arma según sus propios intereses, modificando lo que entendemos con ellas y modulando el discurso público y el código de una determinada lengua de las personas.

Volviendo al código, otro punto importante aquí es entender que **una cierta información puede almacenarse en muchos códigos distintos**. Por ejemplo, la descripción de una manzana puede estar escrita en castellano o en inglés, o en ruso, que son códigos informáticos distintos. Como no conozco el código ruso, en caso de estar un mensaje en ruso yo no podría obtener información de dicho mensaje.

Pero también una fotografía de una manzana es un código que almacena una información muy parecida a la de los códigos lingüísticos, si sé interpretarla correctamente. Las redes neuronales de inteligencia artificial entrenadas para ello saben detectar una manzana en una fotografía aunque no tengan conceptualmente patrones complejos sobre la manzana, ni puedan describir una manzana en ruso.

Esto supone que no todos los códigos sean iguales. Algunos son más complejos, otros más simples. Más eficientes, o más completos. De hecho, se podrían clasificar según la información que se pretende plasmar y la eficiencia que se pretende conseguir, así como el canal a través del cual se va a emitir la información. Voy más allá: los códigos suelen estar formados por **símbolos** y **reglas** que son eficientes según los otros componentes de la comunicación.

Llamamos **símbolos, pues, a los signos únicos y diferentes que forman el código, y reglas a aquellas pautas que marcan cómo se utilizan los símbolos**. Usamos símbolos como letras en un alfabeto para intercambiar información de forma escrita y símbolos como fonemas si lo hacemos de forma oral, porque el contexto comunicativo cambia.

Concretamente desde ser emitido por las grafías escritas con la mano u otra herramienta en un medio sólido y ser interpretado por los fotones que captan nuestros ojos, a ser emitido a través de nuestras cuerdas vocales mediante vibraciones en un medio fluido y ser interpretado por nuestros oídos.

El lenguaje matemático analítico nos permite expresar de forma más eficiente relaciones cuantitativas entre variables que anteriormente debían ser expresadas en un código lingüístico, y nos permite explorar nuevas abstracciones lógicas al encasillar mejor los conceptos y ser más eficiente la creación y transmisión de información con este código.

Recordemos que los filósofos realizaban matemáticas usando escuadra, cartabón y compás, y que el teorema de Pitágoras no era $a^2=b^2+c^2$, sino que era una serie de patrones geométricos pintados en un medio sólido que daban lugar a esa relación. El código analítico es lo que nos permite enriquecer el teorema y generalizarlo, así como todas las estructuras matemáticas, permitiendo expandir el conocimiento matemático y resumirlo de forma eficiente.

Un ejemplo más que todos entenderán es la comparación del sistema numérico romano frente al sistema decimal actual. Realizar procedimientos tan simples como los de suma, resta, multiplicación o división es un auténtico infierno en números romanos, porque están representados con unos símbolos que dificultan enormemente las transformaciones informáticas que llamamos operaciones aritméticas básicas. El hecho de tener el actual sistema decimal y sus procedimientos suponen una ventaja tecnológica incalculable.

Y para terminar con los ejemplos interesantes, antes de su decimalización, la libra se dividía en 20 chelines (shilling), y el chelín en 12 peniques, lo cual dificultaba el comercio por el simple hecho de que era un sistema completamente ineficiente para el cálculo.

Si a esto sumamos que cada país tenía su propia moneda con sus propias subdivisiones, su propio contenido en oro y plata y su propia confianza, y su tipo de cambio con las monedas de otro país distinto, entendemos que el comercio se dificulta ampliamente simplemente por la falta de un código informático eficaz y la ineficiencia en la transformación y el procesamiento de la información.

Había de hecho, en la época medieval, personas dedicadas a convertir valor y contabilizar bienes, servicios y dineros de tal forma que los intercambios fueran "justos" según lo entendían ellos.

Bien, pues llamaremos **función informática** a todos los procesos que dado un mensaje devuelven otro mensaje. Mientras el código sirve para interpretar mensajes, las funciones sirven para añadir, eliminar o transformar mensajes (la información no necesariamente cambia).

Las funciones aritméticas, las relaciones cuantitativas entre los "dineros", las traducciones entre lenguas o el dictado por voz son solo unos cuantos ejemplos de funciones informáticas prácticas y reales. El concepto es muy parecido al de función matemática $y = f(x)$ solo que conceptualmente en este caso estamos relacionando información, no magnitudes o variables.

Cabe destacar para terminar este apartado que **los fallos informáticos y la información incompleta permiten también cambiar y mejorar las partes de la comunicación**, incluido el código.

Por ejemplo, es gracias a ellos el hecho de que dos personas puedan mejorar un determinado código (hablar castellano) simplemente a través de la información que interpretan de un mensaje emitido por la otra persona en su código ligeramente diferente. Es el hecho de que compartan una parte del código pero no otra la que permite el aprendizaje personal y la evolución de la propia lengua.

Los elementos que forman la comunicación evolucionan en función del contexto comunicativo y el entorno que haya que describir, volviéndose cada vez más eficientes para ser usados en dicho contexto. Así, las lenguas cambian con el tiempo y la RAE tiene que cambiar y ampliar conceptos de palabras, eliminar algunas y añadir otras frecuentemente.

En el ámbito de la informática, surgen lenguajes de programación nuevos, intérpretes y compiladores nuevos, nuevos protocolos más eficientes, cables de fibra óptica y otra serie de patrones y elementos informáticos. Por tanto, tenemos que entender que **la informática y la comunicación son dinámicas, no estáticas.**

Aunque ahora mismo parezca que todas estas definiciones no sirven para nada, se entenderá su importancia en el siguiente apartado y por extensión en todo el libro, ya que **proporcionarán ayuda para entenderlo todo mucho mejor y para formar unos pilares sólidos** sobre los que ir colocando, piedra a piedra, los fundamentos informáticos de Bitcoin.

Tengo que indicar también que las explicaciones sobre teoría de la información y comunicación aquí expuestas son **una simplificación y modificación de la teoría matemática de la información de Claude E. Shannon y Warren Weaver** que pueden buscar en internet.

Simplificación y modificación que, no obstante, creo que ayudarán mejor al lector a comprender los términos y a no confundir unos con otros, y tener una imagen conceptual mucho más acertada del procedimiento de interpretación y transmisión de la información.

Finalizamos este apartado con un esquema con las definiciones básicas que hemos tratado:

Esquema de información y comunicación

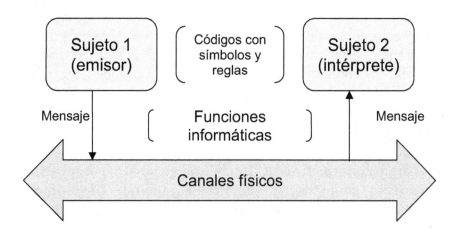

Cómo funciona realmente un ordenador

Es muy usual escuchar y decir que **los ordenadores funcionan mediante el sistema binario**, pero la mayoría de personas se quedan desconcertadas cuando lo dicen o lo escuchan ya que realmente no entienden bien qué significa esto conceptualmente.

No comprenden cómo puede ser que se construya un coloso como es un ordenador actual a partir de algo tan simple, cómo a partir de supuestos "0" y "1" se pueden obtener vídeos, imágenes y música. Al terminar este apartado empezaremos a comprender mejor esta cuestión y tendremos una perspectiva correcta del funcionamiento de los dispositivos informáticos y de la comunicación.

Siguiendo las definiciones anteriores, **el sistema binario es un código que solamente tiene dos símbolos,** y es con esos símbolos con los que se emite, almacena y transmite la información. Estos símbolos se suelen representar con un '1' y con un '0' para hacerlo más digerible comparándolo con nuestro sistema decimal, pero podrían ser representados con una lechuga y un calabacín. Usualmente también se comparan con una bombilla apagada o encendida, ya que se presupone que la bombilla tiene dos estados y por tanto cada estado representa un símbolo del código binario.

Los aparatos informáticos utilizan el código binario porque esa es la forma física de funcionar que tienen y porque las operaciones aritméticas binarias son más sencillas de realizar y combinar en dicho código.

Por ejemplo, los discos duros antiguos, que eran magnéticos (también llamados disquetes), están formados por unos pequeños **dispositivos magnéticos** que pueden estar en dos estados de forma más o menos estable y predecible, según su carga magnética es positiva o negativa. Así, hay un cabezal que mide la carga de dichos dispositivos magnéticos o la cambia de estado, según se pretenda escribir información (almacenarla) o leer información (interpretarla).

Es decir, el disco duro formado por dispositivos sería equivalente al canal y la sucesión de estados en la que se encuentran los dispositivos sería el mensaje. Dicho mensaje está escrito en código binario y por tanto tiene dos símbolos. La carga positiva sería equivalente al "1" y la carga negativa al "0".

Los aparatos informáticos más nuevos, como la memoria RAM o los dispositivos USB, funcionan con **transistores y condensadores**, que son capaces de almacenar energía eléctrica en forma de voltaje. Así, el estado de carga y voltaje normales se interpreta como el "1" y el voltaje bajo como el "0".

Finalmente, **un DVD no es más que un disco rugoso grabado en espiral y con dos niveles de profundidad**, de tal forma que el nivel de profundidad bajo es el "1" y el nivel de profundidad alto es el "0". Cuando el DVD está en blanco (borrado) tiene una capa formada por un tinte de tal forma que cuando se escribe información sobre él un rayo láser lo absorbe, creando esos dos niveles de profundidad. Por eso los discos ópticos (DVD, CD..) en general solo pueden ser grabados una vez y cuando se rayan funcionan mal o dejan de funcionar.

Una vez escrito, el lector de la información del disco (el disco es el canal) es un dispositivo con otro láser de luz y un fotodetector, de tal forma que interpreta el mensaje según cómo el fotodetector percibe la luz. La luz incide sobre el disco y es reflejada de diferentes formas según su nivel de profundidad, y se transforma la información según lo leído en caracteres que son símbolos del código binario.

Llamaremos **carácter o dígito a cada una de las unidades mínimas de información que tiene un mensaje emitido con un determinado código**. Por ejemplo, el mensaje "100101" está formado por seis caracteres en código binario, que tiene dos símbolos.

A pesar de la diversidad de sistemas con estados binarios, la mayoría de aparatos informáticos utilizan las cargas eléctricas para crear estos estados binarios por la versatilidad, comodidad, tamaño, escalabilidad y pocos errores de los transistores y condensadores: por sus propiedades en definitiva. Los dispositivos electrónicos se integran entre ellos formando chips y circuitos integrados que se interrelacionan entre ellos, intercambiando y transformando la información que almacenan.

La respuesta rápida y simple a la pregunta de cómo unos dispositivos tan sencillos pueden generar información tan compleja es que **la cantidad de transistores que contiene tiene un ordenador actual es de entre miles de millones y decenas de miles de millones**, ya que la tecnología permite hacer chips integrados con transistores increíblemente pequeños, del orden de entre 1 y 10 nanómetros (desde una millonésima hasta una cienmilésima de milímetro).

A la hora de transmitir la información de un lugar a otro a grandes distancias, estas cargas eléctricas son transformadas en **señales** que definiremos como propagadas a través de un medio de transmisión como **pulsos**. Estos pulsos pueden ser eléctricos si se transmiten a través de un cable eléctrico común de cobre, ondas electromagnéticas de radio si se transmiten a través de la tecnología wi-fi, o de otro tipo distinto.

La fibra óptica, por ejemplo, también funciona con un sistema binario. En este caso se trata de pulsos luminosos intermitentes ejercidos por un láser led a través de un cable de fibra de vidrio que refleja el pulso a través de dicho tubo de extremo a extremo. Esas diferentes señales son captadas por receptores y otros dispositivos en nuestros ordenadores y transformadas nuevamente en electricidad. Electricidad usada y almacenada por componentes eléctricos en dos estados posibles diferentes (en general transistores), que también distribuyen la propia información.

Así, **aunque se transforma el canal, el código binario a nivel físico se puede seguir manteniendo** (cambia según la tecnología de transmisión) y la información siempre sigue siendo la misma, mientras se interprete correctamente.

Un cálculo rápido para entender cómo funciona el espacio electrónico: lo que significa tener un disco duro de 1 Terabyte de espacio en términos de información es $8*10^{12}$ (ocho billones) de espacios de memoria binaria, y por tanto una cantidad de transistores de ese orden de magnitud. Cabe tener en cuenta que no todos se utilizan como espacio de almacenamiento, ya que además de los transistores dedicados a almacenar información debe haber otros que gestionen, distribuyan y cambien la información).

Para ahondar en esta explicación del código binario y los ordenadores debemos remontarnos al **telégrafo, que es el inicio de la transmisión de información**. El telégrafo es un aparato o dispositivo que emplea pulsos eléctricos a través de un cable convencional para la transmisión de mensajes. A través de un cable de cobre, si se emite corriente desde un extremo se detecta a través del otro extremo simplemente por la diferencia de potencial.

Así el 1 y el 0 binarios son un pulso corto de electricidad o un pulso largo de electricidad, y de hecho había reglas para diferenciar un pulso corto de un pulso largo. En concreto, que el punto (pulso corto) tenía que tener la duración mínima posible y la raya (pulso largo) aproximadamente tres veces la del punto.

Sin ir más lejos **podemos simular el funcionamiento de un telégrafo con un interruptor de luz de nuestra casa**, porque es literalmente eso. Cuando encendemos la luz, activamos un interruptor que deja pasar la corriente a través de un cable que enciende la luz, y cuando lo apagamos deja de pasar la corriente y la luz se apaga. Si encendemos y apagamos la luz de forma intermitente usando pulsos de luz cortos y largos, podemos establecer comunicación en código binario, entendiendo el pulso largo como un "1" y el pulso corto como un "0".

Una vez entendido mejor el sistema binario, cabe plantearse cómo puede ser que esos 0 y 1 sean los responsables de reproducir música y audio, imágenes y vídeos, una página web, un programa de estadística o el trabajo de segundo de la ESO de Microsoft Word.

Si volvemos al telégrafo, es el **código Morse** el encargado de interpretar las señales eléctricas con una serie de reglas pautadas que clasifican los símbolos alfanuméricos a partir de los pulsos cortos y largos y los organiza según la ausencia de señal.

Podríamos decir que **el telégrafo, aplicando el código Morse, realiza una función informática que transforma la información binaria de los pulsos eléctricos en caracteres alfanuméricos** (recordemos que una función puede cambiar la información o no, en este caso solo cambia el código del mensaje).

Así, por ejemplo, el símbolo "A" se interpreta según el código Morse como un punto seguido de una raya, el símbolo "B" como una raya seguida de tres puntos y el símbolo "E" como simplemente un punto.

Por otra parte, también contiene **reglas para establecer cómo se relacionan los símbolos con la ausencia de señal**. En concreto, la ausencia de señal de aproximadamente un punto de duración (pulso corto) diferencia los pulsos eléctricos, la ausencia de señal de una raya (pulso largo) diferencia símbolos y la ausencia de señal de tres rayas de duración indica la separación de palabras.

Este código, por tanto, permitía traducir la información de los pulsos eléctricos intermitentes que enviaba el telégrafo a mensajes en un lenguaje con alfabeto latino entendible por las personas. Como además era internacional, todos lo compartían y la pérdida de información era mínima.

La evolución de la tecnología de la información exigió la renovación de los códigos, y a partir de los códigos telegráficos se creó el **código ASCII (traducido del inglés, Código Estándar Estadounidense para el Intercambio de Información)** que a su vez sufrió varias transformaciones (por ejemplo, al principio no incluía minúsculas y se las añadió más tarde).

El código ASCII supone la distribución de los caracteres binarios siempre en grupos de ocho, ya que para el correcto funcionamiento de la informática no se podía utilizar la ausencia de señal como algo interpretable. Ese entre otros es el motivo por el cual ocho caracteres en binario, llamados **bits** en informática, se juntan y forman un **byte**, y cada uno de los diferentes bytes representan un símbolo en ASCII.

También el motivo por el que **la arquitectura de los procesadores es de un múltiplo de ocho (16, 32 o 64 bits)**. Al ser este un código estandarizado e internacional que adoptan todos los ordenadores para interpretar ocho caracteres binarios como símbolos alfanuméricos, el término "byte" también se ha estandarizado para nombrar a este conjunto de ocho caracteres en binario.

La transformación de binario a ASCII ocurre en los ordenadores actuales en la capa 2 o capa de enlace de datos del modelo OSI (más adelante lo trataremos con mayor profundidad) donde se segmentan los bits de ocho en ocho usando, de nuevo, dispositivos electrónicos.

Utilizando conocimiento básico de combinatoria, comprobamos que ocho caracteres binarios (que pueden estar en dos estados) equivalen a $2*2*2*2*2*2*2*2=2^8=256$ combinaciones distintas que se pueden hacer para definir e interpretar mensajes distintos. Sin embargo, uno de esos bits se llama **bit de paridad** y no se puede utilizar como distintivo porque se usa como lo que en informática se llama un **checksum**, que es un sistema básico de detección de errores.

Un *checksum* no es más que una función informática que sirve para verificar que una información determinada es correcta y no tiene errores. El nombre, traducido al inglés "verificar suma", da unas cuantas pistas de su funcionamiento, ya que proviene de las primeras funciones de este estilo que se realizaron: la función *checksum* más básica es la suma. La forma de detectar errores consiste en que **tanto emisor como receptor tengan en su código la misma función checksum**.

Por ejemplo, si tenemos el mensaje 20315 y usamos como *checksum* la función suma, el resultado es simplemente sumar los números, con lo cual $CS=2+0+3+1+5=11$. De esa forma, podemos establecer en el código compartido que los últimos dos dígitos funcionan como checksum. Así, el emisor envía el mensaje 2031511 tras calcular su checksum y el intérprete recibe esos datos y comprueba que la suma es correcta para hacer un filtrado de errores en el mensaje.

Si el canal se deteriora y el mensaje recibido por el intérprete hubiese sido 2041511, el intérprete detectaría que ha habido un error en la comunicación pues la suma en este caso es $CS = 2+4+1+5 = 12$ y $2041511 \neq 2041512$.

Un checksum muy relevante y práctico es la letra del DNI español, pues sirve para verificar que los datos de los números del DNI son correctos. De hecho, si buscan en internet "para qué sirve la letra del DNI" podrán comprobar que es un símbolo de verificación (*checksum*) y también su algoritmo de funcionamiento. Así, si una persona se equivoca apuntando el DNI de alguien o si se comete un error escribiendo el DNI en un formulario digital, se puede detectar con casi toda probabilidad el error e incluso corregirlo en ocasiones (ver cuál es el número errado).

Como curiosidad, **también el último dígito de los códigos de barras** de los productos de supermercados y tiendas es el resultado de una función checksum de todos los dígitos anteriores para hacer una comprobación y evitar errores. E incluso **los primeros dos números del IBAN del banco** también corresponden a un checksum.

Si nos paramos a reflexionar, **el checksum suma es bastante ineficiente detectando errores**, ya que si cambiamos el mensaje de tal forma que la suma de dígitos sea la misma, no se detectaría ningún error y se podrían colar fallos de información. Lo mismo ocurre con la letra del DNI, ya que solo hay 23 letras y hay unos 50 millones de DNI, con lo cual si con la equivocación se escribiera justo un DNI con la misma letra el error se colaría igualmente.

Los checksum mostrados hasta ahora son por tanto evidentemente falibles, pero como veremos más adelante **existen funciones checksum mucho más robustas e incluso infalibles en el momento actual.**

Finalmente y como también comprobaremos más adelante, cabe resaltar que la comprobación de errores es clave en informática y se ejecuta a todos los niveles de información del modelo OSI (que explicaremos también más adelante).

Volviendo sobre el bit de paridad, su funcionamiento sin entrar en complicaciones consiste en **contar el número de bits que están en un estado** dentro del grupo de 7 bits anteriores, los unos por ejemplo. Si el número obtenido es par, se le asigna al bit de paridad el estado "0" y si el número obtenido es impar, se le asigna "1". El mecanismo para hacer esto es un dispositivo que cambia el estado de un transistor cada vez que detecta un estado de "1".

Por ejemplo, vamos a suponer que se cuentan los "1" y que se tiene el mensaje de siete bits 0100110. Como hay en el mensaje tres unos, el resultado es impar y el bit de paridad sería "1". Así, el mensaje completo de ocho bits (un byte interpretable) sería 01001101.

El emisor emite al canal el mensaje completo incluyendo el bit de paridad, y el receptor o intérprete tras recibir el mensaje comprueba con el bit de paridad que la información es correcta e interpreta el mensaje. Si se produce un error en el canal y el intérprete recibe 01101101, como hay ahora cuatro unos en el mensaje sin contar el número de paridad pero el bit de paridad es "1", interpretará y detectará que ha habido un error en la comunicación.

Descontando el bit de paridad que como hemos visto es el checksum, nos quedan siete bits (que pueden estar en dos estados) para combinar y poder así interpretar cada combinación como un símbolo distinto de este nuevo código ASCII. De nuevo mediante combinatoria resulta que tenemos espacio para $2^7 = 128$ **combinaciones diferentes** que pueden ser interpretadas como símbolos en este código.

De todas ellas, **las primeras 32 combinaciones corresponden a símbolos "no imprimibles"** que sirven para hacer un nuevo sistema de detección de errores y control de flujo basado en estos 32 símbolos (como vemos, un nuevo sistema checksum, esta vez más complejo).

Las últimas 96 combinaciones corresponden a los símbolos imprimibles típicos de un ordenador cualquiera, a saber: letras mayúsculas (26 símbolos), letras minúsculas (26 más), números (10 más) y finalmente caracteres especiales (34 símbolos) sumando un total de 96 combinaciones. Como curiosidad, también se suele decir que realmente hay 95 símbolos imprimibles y 33 no imprimibles. Esto es debido a que el intro "Enter, entrar" es un símbolo que algunos lo consideran imprimible y otros no imprimible, por sus características y funcionalidades y porque en pantalla no aparece su representación.

El código binario se puede traducir a muchos otros códigos distintos aparte del ASCII, por ejemplo el decimal. Para entender cómo traducir de binario a decimal tenemos que pensar y entender la diferencia de símbolos entre ambos códigos. Los símbolos "0" y "1" binarios en el sistema decimal serían los mismos que en el sistema binario, pues son símbolos compartidos por ambos códigos.

Sin embargo, **¿cómo representamos el número 2 decimal en sistema binario?** No podemos representarlo con solo un carácter binario porque nos hemos quedado sin combinaciones, así que tenemos que utilizar dos caracteres. Para continuar con la serie, **simplemente añadimos un 0 a la izquierda** de nuestros números ya creados, de tal forma que tenemos que el "0" decimal sería el **00** binario y el "1" decimal sería el **01** binario.

Así, ahora tenemos espacio para **representar el 2 decimal utilizando la combinación 10 y el 3 decimal usando el 11**. Como vemos, las combinatorias mencionadas cuando explicábamos el código ASCII se cumplen: con dos caracteres binarios podemos representar cuatro símbolos decimales distintos (0, 1, 2, 3) porque $2^2 = 4$.

Para representar los siguientes símbolos decimales nos hemos vuelto a quedar sin combinaciones en binario, así que tenemos que echar mano de otro carácter más. Igual que antes, **añadimos un cero a la izquierda** y ahora el 0 decimal sería el **000** y el 1 decimal sería el **001**. El 2 decimal sería el **010** y el 3 sería el **011**.

Para representar el 4, podemos usar el 100 igual que hemos hecho antes, y volvemos a empezar el procedimiento: el 5 equivale al **101**, el 6 equivale al **110** y el 7 equivale al **111**. De esta forma, como hemos intuido anteriormente con la combinatoria, con tres caracteres binarios podemos representar 8 símbolos distintos (del 0 al 7). Este procedimiento sigue de nuevo de forma que, añadiendo un nuevo carácter binario, el número 8 decimal sería el **1000** binario, el 9 decimal el **1001** binario y el 10 decimal el **1010** binario.

Si nos fijamos bien en el procedimiento seguido, **cada vez que se llega a 2, 4, 8 combinaciones necesitamos un nuevo símbolo binario para representar al siguiente símbolo decimal**. Cuando tenemos 2 símbolos en decimal definidos (el 0 y el 1), el tercero (el número 2) es **10** en binario. Cuando tenemos 4 símbolos decimales definidos, el quinto (el número 4) es **100**, y cuando llegamos a 8 símbolos, el noveno (el número 8) es **1000**.

Esto nos debe hacer pensar que **podemos utilizar las potencias de 2 para sistematizar este procedimiento de conversión** de binario a decimal y viceversa. De esta forma, el **0001** binario corresponde al 1 decimal porque $2^0 = 1$, el **0010** corresponde a 2 porque $2^1 = 2$, el **0100** es el 4 porque $2^2 = 2 \times 2 = 4$ y el número binario **1000** es 8 porque $2^3 = 2 \times 2 \times 2 = 8$.

Finalmente llegamos a que **si consideramos cada carácter de la representación binaria como una potencia de 2 y sumamos aquellas que tienen en su estado un "1" binario, obtenemos el símbolo del número decimal**. Por ejemplo, el 9 decimal es el **1001** porque $2^3 + 2^0 = 8 + 1 = 9$, y el 10 decimal es el **1010** binario porque $2^3 + 2^1 = 8 + 2 = 10$.

Así pues, tenemos un proceso sistematizado de traducción de código binario a decimal y viceversa, ya que a cada número decimal siempre le corresponderá un único número en binario y a cada número en binario le corresponderá un único número en decimal. Solo difiere la cantidad de caracteres con la que estos se representan.

Este **algoritmo** o sucesión de reglas forman una *función informática* que transforma el código binario en decimal.

Otros códigos de representación informática importantísimos son el **hexadecimal (utiliza los símbolos 0-9 y A-F, dieciséis en total)** utilizado por ejemplo para representar los colores digitales y el octal (0-7) utilizado para que cada símbolo en octal represente un sistema de 3 bits o caracteres binarios (recordemos que con 3 bits podemos representar 8 combinaciones distintas).

Si bien no vamos a entrar en profundidad en todos los códigos de representación informática, sí vamos a explicar el primero de ellos, el hexadecimal, ya que **es el más utilizado en todo el ecosistema Bitcoin y también en el campo de la informática**. El código hexadecimal es como hemos dicho un sistema formado por dieciséis símbolos, que son los diez números del 0 al 9 y las seis letras que van desde la A a la F.

Vamos a explicar primero cómo transformar un mensaje en decimal a código hexadecimal. En este sentido **la idea es la misma que en el procedimiento de transformación a decimal pero teniendo en cuenta que ahora disponemos de dieciséis símbolos** en hexadecimal frente a diez símbolos decimales. Así, hasta el símbolo 9 la representación hexadecimal y decimal son iguales.

Como en decimal nos quedamos sin símbolos con los que representar información distinta, utilizamos un carácter más, el 10, para representar el siguiente símbolo hexadecimal, pues en este código todavía disponemos de seis símbolos distintos por utilizar. De esta forma el 10 en decimal es la letra A en hexadecimal. El 11 correspondería a B, el 12 correspondería a C, el 13 correspondería a D, el 14 sería E y el 15 sería F.

Al llegar al número 16 en decimal, que es el **10000** en binario (recordemos que $2^4 = 2 \times 2 \times 2 \times 2 = 16$ con lo cual es el quinto carácter binario en 1 y los demás en 0) nos quedamos sin símbolos en el sistema hexadecimal así que tenemos que añadir otro carácter. Igual que hicimos antes, **añadimos un 0 a la izquierda** a todas las combinaciones anteriores (de "01" a "0F" en hexadecimal) y empezamos la nueva serie con un 1.

De esta forma, el número 16 decimal sería el 10 en hexadecimal, el 17 sería el 11, y así sucesivamente el número 30 decimal es el "1E", y el número 31 decimal es el "1F". Y volvemos a empezar siendo el 32 decimal (que es el **100000** en binario) el 20 hexadecimal, etcétera.

Vamos a responder ahora **por qué se suele utilizar mucho el código hexadecimal para representar los mensajes en el campo de la informática**.

De nuevo si somos avispados, podemos ver que el sistema hexadecimal tiene dieciséis símbolos, que es la cuarta potencia de dos ($2^4 = 2 \times 2 \times 2 \times 2$). Esto significa que **cada vez que necesitamos un carácter nuevo para representar una cierta información en hexadecimal, el sistema binario ha tenido que añadir tres caracteres nuevos**.

Por ejemplo, el 10 en hexadecimal (16 en decimal), que es cuando necesitamos un nuevo carácter en ese sistema, es el **10000** en binario, es decir la representación en binario tiene tres ceros más que la del sistema hexadecimal (10 frente a **10000**). Si nos vamos al número 100 hexadecimal, que es el $256 = 2^8$ decimal, corresponde con el **100000000** binario (dos ceros frente a ocho ceros, seis ceros más).

El número 1000 hexadecimal, que corresponde al $4096 = 2^{12}$ en decimal, corresponde a un uno seguido de doce ceros en binario, ya que es la decimosegunda potencia de 2 (**1000000000000**) lo que significa que tiene nueve ceros más que el número hexadecimal.

Esto nos permite **comprimir en una potencia de tres el código binario a la hora de imprimirlo (por ejemplo en una pantalla) o representarlo en formato texto**.

Pero es que además, **con dos caracteres hexadecimales podemos definir un byte formado por ocho bits de información**, ya que esos dos caracteres hexadecimales nos permiten definir 16x16 combinaciones que son $16*16=256=2^8$ combinaciones distintas, exactamente las mismas que ocho caracteres binarios.

Así, resulta que es un sistema muy práctico y usable y una forma de representar información compacta y entendible. De hecho, los sistemas más utilizados para representar información informática son como hemos dicho **el binario, el octal y el hexadecimal, que son todos potencias de dos** (la primera, la tercera y la cuarta). El motivo es obvio: nos permite representar bytes de ocho caracteres binarios con menos caracteres que con el sistema binario.

Es importante también resaltar que **cuando se representa código hexadecimal frecuentemente se indica empezando con los caracteres "0x"** ya que son los caracteres utilizados para indicar que se trata de un mensaje escrito en hexadecimal. De esta forma, por ejemplo el "1F" hexadecimal realmente aparecerá como "0x1F".

Por ejemplo, una forma de representar los colores digitales es mediante código hexadecimal utilizando seis dígitos, de tal forma que estos varían desde el código 0x000000 hasta el 0xFFFFFF.

Esto es debido a que **se utilizan ocho bits (un byte) para hacer una graduación de cuánto de rojo, verde y azul tiene un color emitido por una luz led en un píxel** (véase en internet RGB, Red-Green-Blue). Así cada uno de los colores tiene un número decimal asignado entre los números 0-256 pues un byte permite 256 combinaciones diferentes.

En Bitcoin, toda la información en datos brutos (*raw data*) se representa en hexadecimal. Por eso es muy importante conocer este sistema, saber cómo y por qué se utiliza y dominarlo en cuanto a la información que contiene y su traducción a otros códigos.

A continuación tienen una tabla con los primeros 96 números decimales convertidos a código binario, hexadecimal y ASCII para captar mejor lo explicado, aunque pueden buscar toda **la tabla del código ASCII en Internet**.

Tabla ASCII

Decimal	Hex	Binario	Char	Decimal	Hex	Binario	Char
0	0	0	[NULL]	48	30	110000	0
1	1	1	[START OF HEADING]	49	31	110001	1
2	2	10	[START OF TEXT]	50	32	110010	2
3	3	11	[END OF TEXT]	51	33	110011	3
4	4	100	[END OF TRANSMISSION]	52	34	110100	4
5	5	101	[ENQUIRY]	53	35	110101	5
6	6	110	[ACKNOWLEDGE]	54	36	110110	6
7	7	111	[BELL]	55	37	110111	7
8	8	1000	[BACKSPACE]	56	38	111000	8
9	9	1001	[HORIZONTAL TAB]	57	39	111001	9
10	A	1010	[LINE FEED]	58	3A	111010	:
11	B	1011	[VERTICAL TAB]	59	3B	111011	;
12	C	1100	[FORM FEED]	60	3C	111100	<
13	D	1101	[CARRIAGE RETURN]	61	3D	111101	=
14	E	1110	[SHIFT OUT]	62	3E	111110	>
15	F	1111	[SHIFT IN]	63	3F	111111	?
16	10	10000	[DATA LINK ESCAPE]	64	40	1000000	@
17	11	10001	[DEVICE CONTROL 1]	65	41	1000001	A
18	12	10010	[DEVICE CONTROL 2]	66	42	1000010	B
19	13	10011	[DEVICE CONTROL 3]	67	43	1000011	C
20	14	10100	[DEVICE CONTROL 4]	68	44	1000100	D
21	15	10101	[NEGATIVE ACKNOWLEDGE]	69	45	1000101	E
22	16	10110	[SYNCHRONOUS IDLE]	70	46	1000110	F
23	17	10111	[END OF TRANS. BLOCK]	71	47	1000111	G
24	18	11000	[CANCEL]	72	48	1001000	H
25	19	11001	[END OF MEDIUM]	73	49	1001001	I
26	1A	11010	[SUBSTITUTE]	74	4A	1001010	J
27	1B	11011	[ESCAPE]	75	4B	1001011	K
28	1C	11100	[FILE SEPARATOR]	76	4C	1001100	L
29	1D	11101	[GROUP SEPARATOR]	77	4D	1001101	M
30	1E	11110	[RECORD SEPARATOR]	78	4E	1001110	N
31	1F	11111	[UNIT SEPARATOR]	79	4F	1001111	O
32	20	100000	[SPACE]	80	50	1010000	P
33	21	100001	!	81	51	1010001	Q
34	22	100010	"	82	52	1010010	R
35	23	100011	#	83	53	1010011	S
36	24	100100	$	84	54	1010100	T
37	25	100101	%	85	55	1010101	U
38	26	100110	&	86	56	1010110	V
39	27	100111	'	87	57	1010111	W
40	28	101000	(	88	58	1011000	X
41	29	101001	)	89	59	1011001	Y
42	2A	101010	*	90	5A	1011010	Z
43	2B	101011	+	91	5B	1011011	[
44	2C	101100	,	92	5C	1011100	\
45	2D	101101	-	93	5D	1011101	]
46	2E	101110	.	94	5E	1011110	^
47	2F	101111	/	95	5F	1011111	_

Finalizamos este apartado con un **ejemplo de transformación de un mensaje informático de código binario a decimal, hexadecimal y ASCII** para reforzar lo aprendido hasta ahora. En concreto tenemos el siguiente mensaje binario de 24 bits agrupados en 3 bytes: 00110000 01111100 01010111. Empezando por el código decimal:

- El primer byte sería el $2^5+2^4=32+16=48$
- El segundo $2^6+2^5+2^4+2^3+2^2=64+32+16+8+4=124$
- El tercero, $2^6+2^4+2^2+2^1+2^0=64+16+4+2+1=87$

Respecto al sistema hexadecimal, tenemos que agrupar los caracteres binarios de cuatro en cuatro, ya que cuatro caracteres binarios equivalen a uno en hexadecimal, **y después pasar cada grupo a decimal**.

A partir cada número decimal es mucho más fácil traducirlos a hexadecimal, y como cada uno de los grupos convertidos a números decimales es un carácter hexadecimal solo tenemos que **juntar los caracteres hexadecimales**:

- (0011)(0000) => 3 y 0 en decimal así que en hexadecimal 30
- (0111)(1100) => 7 y 12 en decimal, así que en hexadecimal 7C
- (0101)(0111) => 5 y 7 en decimal, así que en hexadecimal es el 57

En cuanto al código ASCII, si buscan los códigos o un traductor de binario a ASCII, resulta que esos tres bytes corresponden a las tres letras *o|W*. Así pues:

00110000 01111100 01010111 ⇔ 48 124 87 ⇔ 30 7C 57 ⇔ o|W

Todas las secuencias son **información equivalente representada en distintos códigos informáticos**. Por aclarar el procedimiento de traducción a hexadecimal, cuando al traducir a decimal los grupos de 4 caracteres binarios sale un número mayor que 10 se sustituye por la letra correspondiente en hexadecimal.

Lenguajes y protocolos

Así pues, **ya podemos entender cómo funciona a nivel fundamental un ordenador**. Se trata de billones de dispositivos electrónicos que pueden estar en dos estados distintos y que, agrupados de ocho en ocho, son interpretados como caracteres latinos mediante el ASCII.

Utilizan una parte de los dispositivos electrónicos para programar e interpretar la traducción a los símbolos ASCII con una función informática, usando el vocabulario anteriormente descrito. En la traducción se realiza también otra función informática *checksum*, llamada bit de paridad, para confirmar que no haya errores en esa primera capa de información.

El objetivo del apartado anterior era hacer observar al lector que **la información puede ser interpretada de múltiples formas, haciendo que esta pueda representar, bajo unas reglas definidas, aquello que nosotros queremos** y como nosotros queremos. Por poner un ejemplo, una forma de representar imágenes en la pantalla es como hemos visto interpretar la información almacenada en bytes como colores que puedan configurar los píxeles de la pantalla.

Cada píxel funciona con un **código de colores RGB (Red Green Blue o Rojo, Verde y Azul) de tres bytes** que representan tres números entre 0 y 255 (recordemos que con un byte de ocho bits se pueden representar $2^8 = 256$ números decimales). Si interpretamos una determinada información binaria como una matriz en la cual cada elemento corresponde al código de tres bytes de un píxel, esta información puede ser usada para visualizar imágenes en una pantalla de píxeles.

Volviendo a nuestro nivel fundamental cabe preguntarse entonces: **¿qué hace el ordenador con esos símbolos ASCII?** Bien, ha llegado el momento de hacer otra categorización y un par de definiciones más.

Hasta ahora todo lo que hemos visto son **códigos que afectan al mensaje** y que ponen el foco en cómo el intérprete interpreta la información. Es decir, son códigos que **no necesitan la comunicación** para realizarse y establecerse, y que con un único sujeto se pueden dar. A este tipo de códigos los llamaremos **lenguajes**.

Un único dispositivo electrónico puede transformar la información binaria a todos los códigos similares a los estudiados hasta ahora independientemente de si hay o no más sujetos en su entorno o ecosistema.. Por tanto, y para que quede claro, **un lenguaje es un código que no actúa sobre la comunicación** entre dispositivos o sujetos, sino solamente sobre el mensaje y su interpretación.

En cambio, hay otro tipo de **códigos que sí actúan sobre la comunicación, estableciendo pautas y reglas** para realizarla y regulando su proceso. A este tipo de códigos, diferentes a los anteriores, los vamos a llamar **protocolos** y este apartado va a ser exclusivamente para analizarlos.

Para comprender su funcionamiento con una metáfora muy conveniente, **debemos pensar en los *walkie-talkies*.** Imaginemos una conversación entre dos personas (comunicación) a través de un *walkie-talkie* (el canal) en castellano (código lenguaje). La lengua utilizada, el castellano, sería el código lenguaje, y las pautas utilizadas para regular la comunicación a través del canal (por ejemplo, el típico "¡cambio y corto!" u otras frases y expresiones para definir situaciones concretas, emergencias, etc.) serían las reglas que forman el código protocolo de dicha comunicación.

Fijémonos que el código lenguaje (el castellano en este ejemplo) no regula de ninguna manera la comunicación ni actúa sobre ella. Yo puedo escribir en castellano o en inglés sin que necesariamente nadie lea lo que escribo. En cambio el código protocolo (la expresión de "cambio y corto") exige comunicación y actúa sobre la comunicación, regulando cómo se distribuye y se realiza.

Esta categorización es importante para distinguir los protocolos de telecomunicaciones de los códigos informáticos expuestos. Simplemente hay que entender que en nuestro caso, el canal van a ser dispositivos electrónicos (cables, por ejemplo), la comunicación se va a realizar entre dos entidades informáticas diferentes y los códigos protocolo son formas de estructurar los bits de tal forma que nos permitan gestionar la comunicación de forma correcta.

Por supuesto y como vamos a ver más adelante, **la detección y solución de errores sigue siendo esencial en los protocolos, más aún de hecho** que en los códigos lenguaje pues hay más tipos de errores.

Respondiendo a la pregunta planteada al inicio del apartado, lo que hace un dispositivo con los caracteres codificados en símbolos ASCII (que recordemos que son agrupaciones de ocho caracteres binarios) es de nuevo **volver a juntarlos en un conjunto de datos ordenados llamados** *tramas*, que son las unidades de información superior a estos caracteres.

Anteriormente juntábamos bits a grupos de 8 para interpretar caracteres, y ahora esos caracteres se juntan en unas determinadas secuencias llamadas *tramas*. Estos conjuntos de caracteres se secuencian normalmente a través de **tres métodos distintos**:

- **Principio y fin**: se utilizan caracteres concretos para delimitar el principio y el fin de la trama.

- **Inicio y longitud**: se utiliza un carácter para indicar el inicio y un contador de bits que cuenta la longitud hasta el final.

- **Separación**: se utiliza un carácter concreto (normalmente guión) para distinguir dichas tramas de datos.

Esas tramas constituyen diferentes tipos (igual que anteriormente teníamos distintos símbolos ASCII) que se montan, gestionan e interpretan para representar otras cosas. Todo esto está controlado por los llamados **protocolos de Control de Enlace Lógico LLC ("Logical Link Control")** que además de establecer las pautas para construir las tramas implementan reglas para que dos dispositivos informáticos distintos puedan comunicarse usando dicho sistema.

De esa forma, si dos dispositivos comparten el mismo código protocolo LLC pueden establecer comunicación entre ellos. A las tramas dentro de los protocolos LLC se las llama *PDU o Unidades de Datos de Protocolo*. Es decir: **cada protocolo tiene su propia unidad de información** que utiliza y constituye su "ingrediente principal"; su unidad de actuación.

Cabe destacar, por supuesto, que **estos protocolos deben cumplir una serie de propiedades para funcionar bien**. Entre otras funciones, deben estandarizar la detección del acceso al medio físico (por ejemplo el cable), así como la presencia del otro dispositivo o nodo con el que van a establecer comunicación.

También regular la **presentación** (handshaking) y la **identificación** de los nodos, el inicio y el final de una **sesión** de comunicación (hola y adiós o "cambio y corto" informático, para interpretar cuándo va a empezar y terminar la comunicación), cuál es el **formato del mensaje** (igual que antes el código ASCII), detectar e intentar solucionar **errores** (o cómo gestionarlos, es decir checksums más complejos), **instrucciones de emergencia** (qué hacer si se corta la conexión por parte del otro nodo de forma inesperada), e **instrucciones de seguridad** (cifrado y autenticación, que veremos más adelante).

De hecho, los códigos protocolo más fundamentales como los LLC **también incluyen una serie de reglas sobre cómo se debe construir la red** (la propia comunicación) ya que cómo estén dispuestos los elementos electrónicos y sus propiedades afecta a la propia comunicación y debe ser estandarizado.

Por lo tanto, **estos distintos códigos protocolo tienen sistemas de detección de errores tipo checksum** igual que el código ASCII tenía el bit de paridad. Por ejemplo los protocolos LLC utilizan el sistema CRC (*Cyclic Redundancy Check)* basado en la incorporación de datos redundantes por parte del emisor que el intérprete verifica cuando recibe la información.

Los LLC son protocolos que funcionan por turnos para poder gestionar la comunicación a través de un canal (por ejemplo cable). Igual que hablando por walkie-talkie, donde cada vez habla una persona. Por ejemplo, si tenemos un ordenador y una impresora conectados al mismo cable, hay que controlar cuando "habla" (envía información) uno y cuándo "habla" la otra.

Este procedimiento se realiza pues de forma alternada: primero habla el ordenador y luego la impresora. Los turnos se controlan o bien mediante **caracteres especiales no imprimibles** (el Xon y el Xoff) o mediante **tramas específicas** para ello, que se llaman **ACK** (*acknowledgement*, que significa acuso de recibo o asentimiento).

El ACK como concepto, igual que el checksum, es muy utilizado en informática y en las telecomunicaciones, y consiste en una serie de datos estructurados que en una comunicación envía el receptor de un mensaje confirmando la correcta recepción del mensaje. Además, los mensajes ACK suelen tener otra información más compleja también de detección y corrección de errores como peticiones de reenvío de parte del mensaje u otros datos, información sobre incidencias en la red o en la comunicación, etc.

En cuanto a identificación, es en estos protocolos donde se interpreta la **dirección MAC (Media Access Control)** que permite identificar un dispositivo físico para poder conectarlo a otros en una red física informática y poder controlar por ejemplo el acceso a cables y otros dispositivos. **La dirección MAC es como el número DNI** de los dispositivos electrónicos conectados en red.

Hay que explicar ya aquí, que **los códigos protocolos se superponen entre ellos de la misma forma que los códigos protocolos LLC se superponen a los códigos ASCII que a su vez interpretan los bits.** De este modo los dispositivos informáticos son como cebollas en las que en cada capa se utilizan protocolos para establecer la comunicación, como veremos más adelante.

Los protocolos son compartidos por los dispositivos electrónicos porque están normalizados con estándares técnicos, usualmente marcados por el IEEE (Instituto de Ingenieros Electrónicos y Eléctricos, traducido del inglés), una asociación mundial de ingenieros dedicada a la normalización técnica.

Por ejemplo, el funcionamiento técnico de todo lo desarrollado hasta aquí (lo explicado hasta ahora), está normalizado en el **IEEE 802, también llamado LMSC (LAN/MAN Standards Committee)** incluyendo normativa técnica sobre las características físicas de cables, circuitos, dispositivos electrónicos, etc., la interpretación de bits como caracteres ASCII y los protocolos LLC que construyen el sistema de tramas para establecer comunicación física.

Las siglas *LAN* anteriormente mencionadas significan **Local Area Networks (redes de área local)** y las siglas *WAN* significan **Wide Area Networks (redes de amplias o área metropolitana)**, entendiendo por redes locales las del tamaño de una casa o un edificio y por redes metropolitanas las formadas por redes LAN del tamaño aproximado de un barrio, un pueblo o una ciudad.

La característica conjunta de ambos tipos de redes es que son **privadas,** es decir que no se puede acceder a ellas desde fuera y no están conectadas a través de internet. Por lo tanto **el IEEE 802 contiene normativa para redes privadas en las que distintos dispositivos electrónicos se conectan** entre ellos.

Una red LAN es, sin irnos más lejos, **la red privada de nuestra casa que gestiona nuestro *router***, que es el dispositivo electrónico encargado de gestionar la comunicación entre los dispositivos de la red. Además de esto, la función principal del *router* es *enrutar* la comunicación entre nuestra red LAN (privada y local) con Internet (pública y de alcance global) a través de otros protocolos específicos.

Así, **el router gestiona todos los dispositivos de casa** a través de cable o tecnología Wi-Fi: la impresora, los distintos ordenadores, móviles, etc. Para que todos estos dispositivos puedan comunicarse entre ellos de forma efectiva y eficiente deben tener una serie de códigos protocolo compartidos, y son los marcados por el IEEE 802.

Es por ello que **la dirección MAC sirve para identificar los dispositivos en esa red local, pero no a través de Internet**: la MAC es gestionada por los protocolos LLC para identificar dispositivos a nivel local, y a través de Internet el router identifica a toda la red local con una misma dirección IP. De ahí que todos los dispositivos de nuestra casa usen la misma IP (más adelante lo trataremos con más detalle).

Por lo tanto, **los protocolos LLC y los estándares IEEE 802 actúan en un nivel muy bajo** de esta cebolla de códigos de comunicación e interpretación de información, ya que gestionan la comunicación entre dispositivos físicos de una red física local. Dentro de los estándares IEEE 802 se encuentran también Ethernet (802.3), que es la conexión local mediante cable, el Wi-Fi (802.11) e incluso Bluetooth (802.15). Todos, como vemos, para conexión local y a corta distancia.

Ahora ya podemos entender aún mejor **cómo funciona y se comunica un ordenador: se trata de una cebolla de códigos lenguaje y códigos protocolo** que opera a diferentes escalas para establecer una comunicación de forma fractal. Los bits se agrupan en caracteres ASCII, los caracteres en tramas de datos, las tramas en paquetes de datos y los paquetes de datos en aquel formato en el que deseamos ver la información en la aplicación final del usuario.

Es muy importante entender esto, pues **Bitcoin al fin y al cabo es una red de ordenadores operando bajo el protocolo de Bitcoin**, y si no entendemos cómo funcionan los protocolos no conseguiremos entender Bitcoin. Debemos pensar en los protocolos como en pautas de comunicación con las cuales los dispositivos hablan, se entienden. Es su código de comunicación y de interpretación de la información.

Por otro lado, **los formatos de archivos son códigos lenguaje, ya que no actúan sobre comunicación ninguna**. Se trata de información almacenada de forma estandarizada según un código que solo marca cómo se debe interpretar la información y no actúa sobre comunicación ninguna. Como el archiconocido formato de imágenes *.png (Gráficos de Red Portable)* que aplica a las imágenes digitales.

Este formato permite transformar la información que contiene el archivo a una imagen a través de un decodificador, que es el que hemos llamado *intérprete*. Este *interpreta* dicho lenguaje y envía la información a la pantalla. Basta buscar en Wikipedia "PNG imagen" para ver cómo funciona el código del formato y también cómo se interpreta a través de su decodificador. Con una búsqueda más exhaustiva también se puede estudiar con más detalle cómo funciona.

Por último, veamos unos **ejemplos de protocolos** para que se entiendan mejor y se puedan familiarizar con ellos conceptualmente:

Protocolo HTTPS

HTTPS *(Protocolo [Seguro] de Transferencia de Hipertexto)* es el protocolo de información que controla y permite las **transferencias de información a través de archivos en la World Wide Web** (la Web, no confundir con Internet que es la red global de ordenadores).

Funciona a través de un sistema de petición-respuesta. Cada vez que entramos a una página web, **nuestro navegador ejecuta la orden de realizar una petición** en este protocolo al servidor donde está almacenada la página web. Esta petición pide el contenido de la página, está diciendo: "hey, estoy entrando a tu página web, dame los archivos para que pueda verla".

Si es una petición correctamente enviada **el servidor la recibe, la ejecuta de arriba hacia abajo y responde**. En su respuesta HTTP normalmente envía los archivos solicitados o un código de error informativo como el famoso *Error 404 Not Found*, que no es más que un aviso de que el servidor no encuentra el recurso pedido. Nuestro navegador entonces interpreta la respuesta y actúa mostrando en pantalla el resultado.

En dicho protocolo **también están normalizados procedimientos de seguridad, errores, formato de peticiones y mensajes, archivos, autenticación y permisos de acceso, etc**. Por ejemplo, el protocolo está pensado para poder ejecutarse desde archivos HTML y gestionar y modificar estos mismos archivos, pues ese es el formato de archivo que estructura una página web.

Protocolo SMTP

SMTP *(Protocolo de Transferencia Simple de Mail)* es un protocolo que regula y codifica el envío de **correos electrónicos**. ¿Cómo si no sabría un ordenador que lo que le llega es un correo electrónico y no una imagen u otro tipo de datos, o una página web?

Es un protocolo estandarizado y **también se basa en un sistema de petición-respuesta**. Es decir, cuando enviamos un correo electrónico a través de, por ejemplo, Gmail, le decimos al servidor SMTP de Google "hey, quiero enviar un correo electrónico". Mediante un protocolo Gmail recibe el correo y lo envía a otro servidor SMTP.

Este lo envía a su vez al usuario que debe recibir ese correo electrónico y se le da un formato visual para que se pueda ver por una persona humana. Normalmente los usuarios solo utilizan SMTP para enviar correos, y los reciben mediante otro protocolo de correo como IMAP. En cualquier caso, son detalles técnicos de poca importancia.

Protocolos TCP/IP

TCP/IP *(Protocolo de Control de Transmisión / Protocolo de Internet)*. Estos son dos protocolos distintos que usualmente se explican juntos. La archiconocida palabra IP deriva de **la dirección IP que es la identificación que usan estos dos protocolos** para establecer comunicación.

El protocolo IP busca **regularizar el origen y el destino de un paquete de datos que se quiere enviar por Internet**. La IP de un dispositivo es una dirección asignada en este protocolo que lo identifica de cara a enviar y recibir paquetes de datos a través de la red de Internet.

El protocolo IP, además de ofrecer la dirección IP, está **encargado de hacer las labores de** *enrutamiento*. Es decir, tiene instrucciones para intentar hacer llegar un determinado paquete de datos desde un punto de origen hasta su punto final en una red muy grande (como es internet) y en la que debe **pasar por muchos puntos intermedios**.

La dirección IP la otorga la compañía telefónica (ISP) al router y, como hemos dicho, es la misma como mínimo para todos los dispositivos dentro de la red local (LAN). Por eso todos los dispositivos electrónicos conectados a una misma red, por ejemplo en casa, utilizan la misma dirección IP para identificarse en Internet. Una vez el paquete ha llegado al *router* de la red, se utiliza la dirección MAC para identificar el dispositivo de destino y enviarle los datos mediante los protocolos LLC.

TCP, por su parte, es un protocolo intermedio que enlaza el protocolo IP con los protocolos de aplicación. Por ejemplo, el protocolo SMTP es un protocolo superior que contacta con el protocolo IP usando el protocolo TCP para conectarse a internet y enviar correos (esta jerarquía la tratamos en el siguiente apartado). De hecho como su propio nombre indica, se encarga de **controlar que la transmisión de datos es correcta y en caso de que no lo sea actuar en consecuencia**.

El modelo OSI, la cebolla de la informática

Acabamos de entender cómo se fundamentan la informática y las telecomunicaciones. Como vemos, **todo empieza y acaba en los transistores**. Los códigos lenguaje y protocolo, para que se puedan utilizar, se almacenan en transistores y se aplican con transistores (u otros dispositivos físicos).

Cuando enviamos un correo, por ejemplo, cambiamos el estado de una cantidad inmensa de transistores que extraen la información en memoria, la regularizan en un mensaje siguiendo una serie de códigos protocolo y códigos lenguaje en forma de cebolla y la envían a través de uno o varios canales.

En cada paso del viaje que realiza un paquete de datos un intérprete que puede no ser el mismo para todos los pasos va quitando capas a la cebolla hasta que llega a los datos relevantes, y vuelve a utilizar códigos para hacer con esa información lo que tenga que hacer. **La informática es pura burocracia de datos**.

Para clasificar las distintas capas de la cebolla se utiliza un modelo de pilas llamado **Modelo OSI** (*Open Systems Interconnection* o en español *Modelo de Interconexión de Sistemas Abiertos*). El modelo OSI es un modelo de referencia para los protocolos de la red creado en 1980 y publicado más tarde como un **estándar por la famosa ISO** (*Organización Internacional de Normalización*).

El objetivo del modelo OSI es desde siempre **conseguir interconectar sistemas informáticos de procedencia distinta** para que puedan intercambiar información sin ningún tipo de impedimento. ¿Impedimento por qué? Por la utilización de estándares y protocolos distintos según el fabricante del sistema informático. Es una especie de **estándar de cómo debe ser la cebolla de comunicación de datos**.

Está conformado por **7 capas o niveles de abstracción** que tienen sus propias funciones determinadas para que en conjunto sean capaces de alcanzar su objetivo final. Esta separación en niveles hace posible la intercomunicación de protocolos distintos al concentrar funciones específicas en cada nivel de operación. Toda la funcionalidad explicada para comprender cómo funciona un ordenador y cómo se transmite la información en las redes locales se encuentra en las dos primeras capas de este modelo OSI: la capa física y la capa de enlace de datos.

En el siguiente esquema podemos ver el nombre de cada capa según su profundidad, una descripción de lo que hace, los protocolos que pertenecen a dicha capa y el PDU que, como hemos nombrado antes, es la **unidad de datos que se utiliza** en dicha capa.

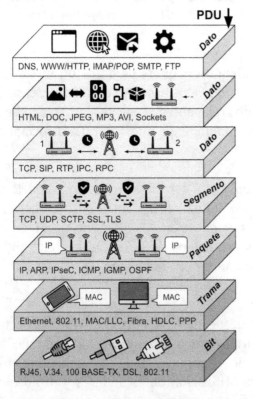

PDU ↓

7. Capa de Aplicación
Proceso de red a aplicación
DNS, WWW/HTTP, IMAP/POP, SMTP, FTP

6. Capa de Presentación
Representación de datos y cifrado
HTML, DOC, JPEG, MP3, AVI, Sockets

5. Capa de Sesión
Conexión entre servidores o hosts
TCP, SIP, RTP, IPC, RPC

4. Capa de Transporte
Conexión punto a punto y confiabilidad
TCP, UDP, SCTP, SSL,TLS

3. Capa de Red
Enrutamiento y direccionamiento lógico
IP, ARP, IPseC, ICMP, IGMP, OSPF

2. Capa de Enlace de Datos
Direccionamiento físico
Ethernet, 802.11, MAC/LLC, Fibra, HDLC, PPP

1. Capa Física
Medios, señales y transmisión binaria
RJ45, V.34, 100 BASE-TX, DSL, 802.11

Hay que remarcar que **no necesariamente se aplica un protocolo en cada capa, sino que se aplican muchos y se relacionan** entre ellos.
Por ejemplo, si echamos un vistazo a la capa de aplicación podemos leer que están los protocolos SMTP e IMAP (de correo electrónico) y también el HTTPS (protocolo web).

Evidentemente, **no dejamos de usar páginas web mientras enviamos y recibimos correos electrónicos**, sino que ambos actúan de forma paralela. A continuación pues vamos a repasar cada una de las capas y a explicar brevemente **cómo funciona cada una de ellas**:

1. Capa Física

La capa física se refiere tanto al **medio físico** como a la **forma en la que se transmite la información** y de las redes. Se encarga de transmitir y almacenar los bits, de la topología de red y de las conexiones globales de la computadora hacia la red.

Sus funciones son múltiples, y en general afecta al canal de comunicación. **Define las propiedades físicas y materiales de los componentes del canal** (cables, conectores, niveles de tensión, impedancias, frecuencias, ancho de banda...) y otras cosas más complejas (multiplexación, topología, codificación, modulación...).

También **transmite y controla el flujo de bits por los medios**, como hemos visto antes. Controla las señales eléctricas del medio de transmisión y garantiza la conexión. Finalmente también **define la interfaz que conecta el enlace físico con el de datos** (establecimiento, mantenimiento y liberación).

Entre los ejemplos, el estándar RJ45 es el conector de cable de Internet de ocho pines y el V.34 es un protocolo de transmisión de datos de módems. 100BASE-TX es la conexión local de alta velocidad y 802.11 es el estándar de la tecnología Wi-Fi, como hemos visto.

2. Capa de Enlace de Datos

Esta capa se ocupa del **direccionamiento físico (MAC), del acceso al medio, de la distribución ordenada de tramas y control del flujo (LLC)**. Es un poco "equivalente" a la de transporte pero a nivel local.

Es responsable de la **transferencia fiable de información** a través de un circuito de transmisión de datos. Recibe peticiones de la capa de red y utiliza los servicios de la capa física. Regula el acceso al medio físico y lo gestiona para que la comunicación fluya de forma correcta. Así, también se encarga de **montar y desmontar las tramas y de la detección principal de errores a nivel local**. Recibe la información de la capa de red y la segmenta, o recibe la información de la capa física y la agrupa en tramas.

Podemos leer que actúan en esta capa los protocolos MAC/LLC, el estándar wifi o el protocolo HDLC, protocolo precursor de control de enlace de datos. También PPP, que es un protocolo utilizado para establecer una conexión directa entre dos nodos de una red.

3. Capa de Red

La capa de red es la que opera a nivel de **enrutamiento de redes**. Las unidades de datos se denominan paquetes, y en esta capa actúan los protocolos enrutables y de enrutamiento. El objetivo de la capa de red es como hemos visto con IP **hacer que los datos lleguen desde el origen al destino utilizando dispositivos intermedios** cuando dos dispositivos no están conectados directamente.

Por ejemplo desde el servidor desde donde queremos obtener una página web a la red local de casa. Se realiza el **direccionamiento lógico y la determinación de la ruta** de los datos a través de los puntos intermedios hasta su receptor final. Los dispositivos que facilitan esta tarea son los *routers*.

Los *firewalls* o cortafuegos, que son sistemas informáticos que permiten o restringen las comunicaciones, **actúan sobre esta capa principalmente**, para descartar direcciones de determinadas máquinas o limitar el acceso a ciertas de ellas.

Encontramos en esta capa el Protocolo de Internet (IP) junto a otros complementarios como los IPsec (IP security) que dan seguridad al IP, el protocolo de mensajes de control de Internet (ICMP) utilizado para enviar mensajes de error, el IGMP para intercambiar información acerca del estado de pertenencia entre enrutadores IP o el OSPF ("*Abrir el camino más corto primero*" en español) que es un protocolo utilizado para encontrar la ruta más corta entre el origen y el destino.

4. Capa de Transporte

Es la capa encargada de efectuar el **transporte de los datos** (que se encuentran dentro del paquete) de la máquina origen a la de destino, independientemente del tipo de red física que esté utilizando.

Como vemos, **la unidad de información que utiliza se llama segmento**, aunque esto solo es cierto si se usa el Transmission Control Protocol (TCP). Si se utiliza el UDP (Protocolo de Datagramas de Usuario) se llama **datagrama**.

El TCP está orientado a conexión verificada y retransmitida mediante petición mientras que el UDP está orientado a ofrecer datos sin conexión ni petición previa. **Es en esta capa donde se definen los puertos** de recepción de información y que junto al protocolo IP de la capa de red forman los llamados Sockets IP:Puerto para indicar la recepción de los datos de forma completa.

Por lo tanto, se realiza la multiplexión, el control de flujo a través de la conexión por Internet y la corrección y gestión de errores y emergencias. El fin es proporcionar una **conexión efectiva, segura y confiable entre los dos puntos conectados en comunicación**.

5. Capa de Sesión

Su meta es **mantener y controlar el enlace establecido entre dos computadores que están transmitiendo datos**. Es decir y como su nombre indica, en esta capa se gestiona la sesión de comunicación (de transmisión de datos) a través de protocolos de capas inferiores.

Por lo tanto, el servicio provisto por esta capa es la capacidad de asegurar que, dada una sesión establecida entre dos máquinas, la misma se pueda efectuar para las operaciones definidas de principio a fin, reanudándose en caso de interrupción. Digamos que **controla el diálogo** entre dos dispositivos.

Además de la introducción y el término de la conexión, gestiona la concurrencia y la sincronización y la interrupción de la conexión en caso de que se realice. En muchos casos, los servicios de la capa de sesión son parcial o totalmente prescindibles.

Podemos ver que el propio TCP también actúa a nivel de sesión pues también gestiona la introducción y la liberación de la conexión. Además, **observamos el programa RPC (***Remote Procedure Call* **o** *Llamada a Procedimiento Remoto***), utilizado en criptomonedas (entre ellas Bitcoin) para establecer una conexión con un nodo de la red** y pedirle que realice tareas.

El protocolo RPC es muy parecido a lo que hoy en día denominamos API (*Application Programming Interface* o *Interfaz de programación de aplicaciones*) y de hecho las utilizan. Se trata de un protocolo que permite ejecutar código entre dispositivos a distancia: mediante *llamada*, manteniendo el contexto del dispositivo que realiza la llamada.

Lo que implica que se puede establecer una comunicación de forma muy simple, solamente realizando llamadas entre dispositivos que ejecutan código en su propia máquina. Por eso cambiar el RPC en una *light wallet* (más adelante) u otro software de Bitcoin es cambiar la IP y el puerto del nodo al que nos conectamos. Pueden leer más sobre RPC en Internet.

6. Capa de Presentación

Su objetivo es el **formato y la representación de la información** de manera que, aunque distintos equipos puedan tener diferentes representaciones internas de caracteres, los datos lleguen de manera reconocible. En esta capa **se trabaja más la información que la comunicación entre dispositivos**.

Por eso vemos en ella formatos de archivos como HTML (formato de páginas web), MP3 (formato de audio), JPEG (formato de imágenes), etc. Por lo tanto se usan **códigos lenguaje** y no códigos protocolo (de hecho de los nombrados ninguno es un protocolo de comunicación).

Para representar el contenido se tratan aspectos tales como la **semántica y la sintaxis de los datos** transmitidos, ya que distintos dispositivos pueden tener diferentes formas de manejarlas. Por ejemplo, un mismo sitio web puede adecuar la presentación de sus datos según se acceda desde un computador convencional, una tableta, un teléfono inteligente u otro.

También **es en esta capa donde se cifran y se descifran los datos de los archivos y donde se comprimen y se descomprimen**. Es una capa que traduce la información enviada y recibida desde simples bits o caracteres a su representación original.

Es decir: en esta capa se trata el *contenido per se* enviado a través de la comunicación, la única capa en la que se trabajan los *códigos lenguaje*.

7. Capa de Aplicación

Es la capa del usuario, la capa que **gestiona las aplicaciones que se pueden realizar en un dispositivo** y da órdenes a las capas inferiores de qué acciones hay que hacer. Define, por tanto, protocolos usados por las aplicaciones como correo electrónico (SMTP, POP), servidor de archivos (FTP), gestión de páginas web (HTTPS), etc.

Es donde más protocolos distintos hay y es la capa más amplia, ya que el número de protocolos aumenta según aumentan las distintas aplicaciones de usuario (streaming, videoconferencia, llamada, etc. por ejemplo). Lo usual es que el usuario no interactúe directamente con el nivel de aplicación.

Más bien **el usuario usa programas informáticos de escritorio que a su vez utilizan estos protocolos de aplicación**. Así, por ejemplo, el usuario usa el programa o la página web de Gmail que interactúa con el protocolo de correo SMTP de forma interna por motivos de sencillez, facilidad para el usuario y comodidad.

Una vez entendidas las funciones de cada capa, es importante comprender cómo se construye la **cebolla de datos**. En el siguiente diagrama mostramos cómo se construye la cebolla capa a capa cuando un servidor (*Servidor 1*) quiere enviar una serie de datos a otro servidor (*Servidor 2*). A continuación lo explicaremos.

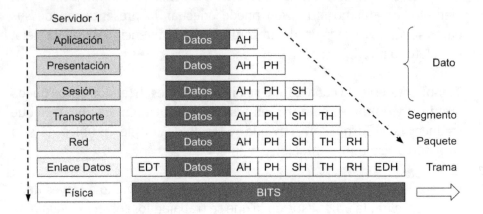

El usuario del *Servidor 1* utiliza la capa de aplicación y da la orden de realizar una cierta tarea (enviar un correo, visitar una página web, etc.). Entonces, a **los datos a enviar se le añade un encabezado en cada capa** del modelo OSI. Cada uno de estos encabezados está representado con las siglas *AH* para el *Header* de la capa de aplicación, *PH* para el de la capa de presentación, etc.

Además, **los datos se fragmentan en todas las capas inferiores** (segmento, paquete, trama) y se identifica cada subdato utilizando el encabezado de dicha capa. Por ejemplo, una serie de datos se puede fragmentar en 10 segmentos, que a su vez se fragmentan en 10 paquetes cada uno y estos en 10 tramas. Las tramas finalmente se envían como un flujo de bits a través del medio.

Como habrán supuesto, **este diagrama hecho para el *Servidor 2* sería exactamente igual pero al revés**: recibe los bits en la capa física y empieza a interpretar las unidades de datos quitándole los encabezados correspondientes para volver a construir los datos. Por supuesto, cuando el *Servidor 2* quita un encabezado realiza las acciones correspondientes a dicha capa según el protocolo definido.

Quizá no es tan intuitivo **ver cómo sería el diagrama para el *router* u** otros dispositivos encargados de la propia comunicación entre servidores / dispositivos de aplicación. En ese sentido, cabe ver el siguiente diagrama para entenderlo correctamente:

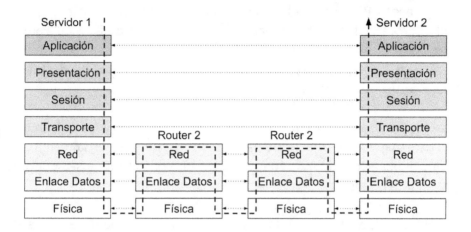

Como podemos observar, lo que ocurre es que **los datos se desmontan en cada capa hasta la más alta en la que opera el dispositivo**, y se vuelven a montar capa a capa para empaquetarlos de nuevo y enviarlos.

Como el *router* opera en la Capa de Red, este solo monta los datos recibidos hasta dicha capa, y vuelve a desmontar los datos añadiendo sus propios encabezados para enviar los datos al siguiente dispositivo. Si en vez de un *router* tuviéramos un *switch* o un *hub*, que operan en la capa de Enlace de Datos y Física respectivamente, el montaje y desmontaje antes de enviar los datos sería menor.

Las capas, por cierto, se comunican entre ellas mediante una *interfaz*. Podríamos definir una interfaz informática como un manual de instrucciones de uso que tiene un sistema para poder ser utilizado por otros sistemas externos a través de órdenes reglamentadas.

Bitcoin es un protocolo que actúa en la Capa de Aplicación y sobre los protocolos TCP/IP. Y además, su puerto consensuado es el 8333. Por lo tanto, actualmente corre sobre la red de Internet que proporciona el ISP (*Internet Service Provider*, es decir las empresas de Telecomunicaciones que facilitan la infraestructura). Aunque podría adaptarse para ejercer comunicación sobre otro sistema de redes y telecomunicaciones.

Es también importantísimo remarcar que **el protocolo Bitcoin es independiente y aparte del protocolo RPC** anteriormente mencionado.

El protocolo Bitcoin es el de los nodos. Es la forma que tienen los nodos de la red de Bitcoin para comunicarse entre sí. Es el código protocolo de los dispositivos que de descargan su software y se unen a la red. En cambio, **el protocolo RPC es utilizado para, desde fuera, poder comunicarse con un nodo** de la red de Bitcoin.

Este último no solo sirve para que un dispositivo externo se comunique con otro dispositivo que forme parte de la red; también es la forma con la que el usuario humano interactúa con un nodo, aunque sea el de su propio ordenador.

Finalmente, hay que remarcar que **este modelo de cebolla se repite en toda la informática**. Los lenguajes de programación, los sistemas operativos, los propios códigos, etc. siguen también un modelo cebolla.

Puertas lógicas: funciones informáticas fundamentales

Antes de seguir al último apartado de este capítulo, he decidido hacer un break para responder a un par de cuestiones que creo que se podrá hacer el lector en este punto. La primera es **cómo almacenan los dispositivos informáticos los códigos que interpretan la información que guardan, envían y reciben**.

Cuando hemos explicado cómo codifica un dispositivo el código binario en caracteres usando el código ASCII, o la forma en la que se juntan los datos en tramas y se interpretan, o cómo funcionan los protocolos LLC, hemos estado poniéndonos nosotros mismos en el papel de intérpretes. Es decir, estábamos entendiendo el código nosotros con la mente.

Sin embargo, **en informática es el propio dispositivo el que interpreta la información**. ¿De dónde saca el dispositivo el código ASCII y dónde lo guarda? ¿Cómo y dónde almacena y aplica las reglas de los protocolos LLC sobre las tramas?

La respuesta, de nuevo, está en los transistores. Es increíble cómo solamente con unos dispositivos que pueden estar en dos estados se pueden hacer tantas cosas, así es como funciona. Gestionados de forma correcta realizan funciones como almacenaje, gestión, distribución e interpretación de información utilizando lógica binaria.

Vamos a empezar por lo más simple: el bit de paridad. Hemos explicado que el bit de paridad consiste en almacenar la información sobre la paridad del número de "1" que hay en un conjunto de siete bits para hacer una función *checksum* binaria muy simple. El bit de paridad se calcula con un dispositivo que cambia el estado de un transistor.

Así, cada vez que este transistor recibe un "1", cambia su estado. Cuando el número de "1" recibidos es par, siempre estará en estado de "1", y cuando el número de "1" es impar, el estado siempre será "0".

Es un dispositivo que según una información recibida (un bit) emite una información a su salida (otro bit) de forma condicional.

Si recordamos el concepto de función informática del primer apartado, es exactamente el proceso detallado ahora.

Otro dispositivo informático, también formado por transistores, **recoge la salida de esta función informática** y la añade a los siete bits de los cuales se está calculando el bit de paridad para formar así el byte. En ese momento la información está ya lista para ser enviada como carácter ASCII para que otro dispositivo lo identifique.

Y de esta forma enlazamos con la segunda pregunta que queremos responder en este apartado: ¿cómo se transforma la información de un dispositivo informático a nivel fundamental? La respuesta es «**con las funciones informáticas fundamentales: las puertas lógicas binarias**».

Tenemos que recordar que todo este mundo está compuesto de dispositivos usualmente electrónicos y binarios (transistores sobre todo) que se agrupan en miles de millones de ellos. **Prácticamente todas las tareas de información la realizan dichos dispositivos electrónicos**. Excepto algunas labores de transmisión como hemos visto antes (a través de pulsos eléctricos, ondas electromagnéticas o pulsos luminosos). **La modificación de información incluida.**

Las puertas lógicas son unos circuitos electrónicos integrados que ejecutan las funciones informáticas básicas para transformar bits y cambiarlos de estado de "0" a "1". Estas puertas son las que a nivel fundamental cambian la información de almacenamiento y tratamiento de bits cuando hacemos cualquier función de adición, modificación o eliminación de datos.

Al fin y al cabo, tener espacio de memoria en un dispositivo significa que no tiene almacenada información en gran parte de sus transistores, lo que quiere decir que **o estos están a "0" o tienen un estado que nos resulta irrelevante a nivel de usuario.**

Por eso y como dato curioso, cuando borramos una memoria USB desde el ordenador realmente no estamos eliminando ninguna información, simplemente indicando al USB que la información alojada en determinados transistores nos es irrelevante. Cuando volvemos a llenar la memoria simplemente sobrescribimos por encima de la información ya almacenada en los transistores.

Esa es la razón por la que muchas veces se pueden recuperar archivos perdidos usando ciertas técnicas a un nivel informático inferior al de usuario: porque no se ha borrado la información. Si no está sobrescrita, seguramente esté total o parcialmente guardada y es recuperable.

A continuación vamos a detallar los tipos de puertas lógicas básicas que existen. No vamos a entrar en detalle sobre los transistores que las forman y mucho menos en cómo estas forman chips que realizan funciones complejas, porque no es objeto de este libro.

Pero sí vamos a nombrarlas y explicar su funcionamiento, pues ayudará a comprender los sistemas informáticos en conjunto y a generar un marco conceptual muy útil. En cualquier caso, pueden buscar más sobre ellas y sobre los circuitos que las representan en Internet.

A partir de las puertas lógicas se construyen todos los chips y circuitos integrados para transformar y distribuir la información, de nuevo, siguiendo un modelo de cebolla. Todas ellas se pueden construir íntegramente con transistores (y resistencias si aplica).

Lo fascinante es que todas las funciones informáticas que existen, al final, reducidas a su máxima expresión, consisten en un agregado de puertas lógicas que cambian de estado los bits (de otros transistores). Cualquier operación de cálculo o transformación de información se puede reducir a un agregado de estas puertas lógicas.

- **Puerta lógica SÍ, de confirmación o buffer**. Tiene una entrada y una salida. Realiza la función informática de igualdad. Es una puerta que dado un input devuelve el mismo output. Es decir, si se le suministra un valor de "0" devuelve un valor de "0" y si se le suministra un valor de "1" devuelve un valor de "1" a su salida. Aunque parezca que no tiene sentido, esta puerta se suele utilizar como amplificador de corriente o como seguidor de tensión, para adaptar impedancias o resistencias.

- **Puerta lógica NO o de negación**. Tiene una entrada y una salida, realiza la función lógica de inversión. Si la entrada es "0" devuelve a la salida un "1" y si la entrada es "1" devuelve a la salida un "0".

- **Puerta lógica AND**. Tiene dos entradas y una salida. Realiza la función informática de producto lógico. Si las dos entradas tienen un estado de "1" el output de esta función será "1", y en todos los demás casos será "0". Intuitivamente significa que tiene que pasar corriente alta (1) por las dos entradas. **Por una Y TAMBIÉN por la otra**, necesariamente. La puerta lógica AND de tres entradas hace exactamente lo mismo: solo da 1 cuando por las tres entradas se suministra "1".

- **Puerta lógica OR**. Tiene dos entradas y una salida. Realiza la función informática de suma lógica. Si **al menos una** de las dos entradas tiene un estado de "1", la salida de esta función informática es "1", y solo si ambas entradas son "0" la salida es "0". Intuitivamente significa que tiene que pasar corriente alta (1) **por una entrada O por la otra**.

- **Puerta lógica XOR**. Tiene dos entradas y una salida. También llamada OR-exclusiva, realiza la función informática de $\overline{A}B + \overline{B}A$, siendo A y B las entradas y el rayado superior indicando las negaciones. De esta forma, **si ambas entradas tienen el mismo estado, sea "1" o "0" la salida es "0" y si las entradas tienen estado diferente la salida es "1"**. La diferencia con la puerta OR es que en esta última si las dos entradas son "1" la salida da "1", mientras que en la XOR da "0". Por eso se llama OR-exclusiva y de ahí viene el acrónimo XOR.

- **Puerta lógica XOR de tres entradas**. Esta puerta realiza una función similar al bit de paridad. Si en las tres entradas hay un número impar de "1" su salida es "1" para volver este número par, y si el número de "1" es par la salida es "0". En la práctica significa que si solo una de las tres entradas tiene estado "1" o las tres entradas tienen estado "1" la salida es "1". En todos los demás casos la salida es "0".

- **Puerta lógica NAND**. Tiene dos entradas y una salida. Realiza la función informática de producto negado. Es decir, su comportamiento es el inverso al de la puerta AND. **Si las dos entradas** tienen un estado de "1" la salida es "0" y en cualquier otro caso la salida es "1".

- **Puerta lógica NOR**. Tiene dos entradas y una salida. Realiza la función informática de suma negada. Su comportamiento es el inverso a la puerta OR, de tal forma que si el estado de **al menos una entrada** es "1" la salida es "0", y sólo si las dos entradas son "0" la salida es "1".

- **Puerta lógica XNOR**. Tiene dos entradas y una salida, y realiza la función informática $AB+\overline{AB}$, es decir la suma del producto de las dos entradas y el producto de la negación de las dos entradas. **Es la puerta inversa a la puerta XOR**. Así, si las entradas tienen el mismo estado la salida es "1" y si tienen un estado diferente la salida es "0".

- **Puerta lógica XNOR de tres entradas**. Esta puerta realiza la función inversa a la XOR de tres entradas. Cuenta los estados "1" en las tres entradas y si son un número par su salida es "1" para volverlo impar, y si son un número impar es "0". En la práctica significa que si una de las puertas o las tres tienen estado "1" su salida es "0", y su salida es "1" en todos los demás casos.

Todas estas puertas lógicas se combinan de forma eficiente a través del diseño de estructuras ordenadas de transistores según les funciones que vaya a tener el chip integrado en cuestión.

Finalmente, **aquí podemos ver un resumen de las puertas lógicas y su tabla de verdad, donde A y B son las entradas y Z la salida de las puertas**:

1. Conceptos informáticos básicos

CONECTOR INPUT(S), OUTPUT	NOMBRE NAME	TABLA DE VERDAD TRUTH TABLE
A ▷— Z	**AMORTIGUADOR** BUFFER	A | Z 0 | 0 1 | 1
A ⸺ B ⸺ D— Z	**PUERTA Y** AND	A | B | Z 0 | 0 | 0 1 | 0 | 0 0 | 1 | 0 1 | 1 | 1
A ⸺ B ⸺ D— Z	**PUERTA O (INCL.)** OR (INCL.)	A | B | Z 0 | 0 | 0 1 | 0 | 1 0 | 1 | 1 1 | 1 | 1
A ⸺ B ⸺ D— Z	**PUERTA O (EXCL.)** XOR (EXCL-OR)	A | B | Z 0 | 0 | 0 1 | 0 | 1 0 | 1 | 1 1 | 1 | 0
A ▷○— Z	**NEG / INVERSOR** NOT, INVERSOR	A | Z 0 | 1 1 | 0
A ⸺ B ⸺ D○— Z	**PUERTA NAND** NAND (NOT AND)	A | B | Z 0 | 0 | 1 1 | 0 | 1 0 | 1 | 1 1 | 1 | 0
A ⸺ B ⸺ D○— Z	**PUERTA NOR** NOR (NOT OR)	0 | 0 | 1 1 | 0 | 0 0 | 1 | 0 1 | 1 | 0
A ⸺ B ⸺ D○— Z	**PUERTA NXOR** NXOR (NOT XOR)	0 | 0 | 1 1 | 0 | 0 0 | 1 | 0 1 | 1 | 1

Cliente-servidor y redes P2P

Finalmente, un último concepto importante que hemos de explicar en este capítulo es el del **modelo cliente-servidor frente a las redes peer to peer** (P2P, red de pares, red entre iguales o red entre pares). Es un concepto relacionado con los protocolos de la capa de aplicación, la capa más cercana al usuario del modelo OSI.

Para entrar en este apartado, debemos entender bien que **la comunicación informática está formada por redes superpuestas** según el modelo OSI usando los protocolos descritos anteriormente.

Por ejemplo, de los nodos que forman la red IP/TCP en la red pública que llamamos internet, algunos nodos forman una red de correo electrónico encima de la red TCP/IP. En la red TCP/IP los nodos se comunican usando esos protocolos y en la de correo electrónico se usa el protocolo SMTP para enviar y recibir correos por encima de los protocolos TCP/IP, por encima de la capa de Internet.

Se crea por tanto una **maraña de redes superpuestas en las que los nodos están conectados entre ellos usando distintos protocolos** que son los que definen la propia red. Esto es exactamente lo mismo que cuando anteriormente comentábamos que la red de nuestra casa, que es una red LAN que utiliza los protocolos MAC y LLC, está conectada a la red de Internet a través del router.

Digamos que la red de Internet opera entre todos los routers y otros distintos dispositivos y antenas de telecomunicaciones pero no sabe qué es lo que pasa en la red LAN de nuestra casa, porque es otro protocolo distinto y es una red a la que no tiene acceso. Pues del mismo modo la red SMTP está superpuesta a la red pública de Internet, y operan de forma superpuesta.

Una vez comprendido esto, tenemos que hacer una **diferencia entre los protocolos cliente-servidor y los protocolos p2p**. Deshaciendo ya la magia de los códigos iguales para todos, el protocolo cliente-servidor supone que dentro del protocolo hay **dos agentes distintos** cuyos roles y funcionalidades son distintos y usan software distinto. El motivo detrás de esta diferenciación de roles, como veremos más adelante, es la eficiencia en los procesos a través de la especialización.

Una metáfora que va bien en este sentido es la del **comprador-tendero**. **Cuando un comprador entra en una tienda, asume un rol específico: el de demandante** de productos. El comprador pregunta por los productos, pide cosas, compra mercancías. No tiene nada y tan solo debe preguntar correctamente qué es lo que quiere al tendero y pagar por el producto servido.

En cambio el tendero asume otro rol completamente distinto: es el oferente. Ofrece sus productos y los vende al comprador. Tiene todos sus productos ordenados en la tienda y en el almacén y sabe cómo buscarlos. Cuando un comprador le pide un producto el tendero lo busca y lo encuentra en el *stock* y, si el cliente cumple las condiciones (puede obtener el producto a nivel regulatorio y lo paga) se lo entrega.

Pues bien, **eso es exactamente el modelo cliente-servidor, los nombres "cliente" y "servidor" lo dicen todo**. Un servidor es como la tienda y el tendero de la metáfora anterior. Es una base de datos llena de archivos clasificados específicamente hecha para buscar, encontrar y otorgar esos datos a quien los pida mediante el respectivo protocolo.

El cliente realiza peticiones al servidor, que busca en su base de datos y devuelve los archivos pedidos en caso de que tenga los permisos para obtenerlos y la petición sea correcta. En caso contrario, responde con un mensaje de error según el motivo por el que ha fallado la petición (usualmente diferenciando si es error del servidor o del cliente).

Igual que el tendero exige dinero a cambio de devolver el producto, **la mayoría de servidores en estos protocolos tienen exigencias de seguridad y autenticación** a la hora de entregar los archivos solicitados al cliente que lo solicita.

Como ejemplo podemos utilizar el protocolo HTTPS de comunicación de las páginas web. **Todas las páginas web están dentro de servidores**

HTTPS en dispositivos informáticos. Ojo, los servidores HTTPS no son los dispositivos informáticos utilizados (como un ordenador), sino un programa o software especializado en gestionar los archivos de la página web y ofrecerlos de forma correcta a los clientes correspondientes.

En el ordenador personal suyo, del lector, se puede implementar un servidor HTTPS simplemente instalando un programa y teniendo conexión a internet por el protocolo TCP/IP. Así, una persona desde otro ordenador puede acceder realizando peticiones utilizando el protocolo HTTPS.

Como explicamos en el apartado de lenguajes y protocolos, cuando accedemos a una página web estamos **contactando como cliente con un servidor a través del protocolo HTTPS** y preguntando por los archivos que dibujan la página inicial (home) de su página web. Es una tarea que hace **nuestro navegador** (Safari, Firefox, Chrome, etc.).

El servidor responde también con el protocolo HTTPS enviando los archivos y el navegador los carga para que los visualicemos. O si algo falla nos devuelve un mensaje de error indicando qué ha pasado y nuestro navegador nos muestra ese error en pantalla. Por eso vemos el *404 Not Found* en la pestaña de nuestro navegador. Como vemos el rol del cliente es completamente distinto al del servidor.

Ocurre lo mismo con el protocolo SMTP de correo electrónico. Nosotros **utilizamos un cliente SMTP que envía y recibe nuestros correos electrónicos**, los gestiona. Cuando enviamos un correo no se lo enviamos al destinatario directamente, sino que lo **enviamos a un servidor SMTP** que lo envía a otro servidor SMTP. Una vez allí, al destinatario se le notifica que ha llegado un nuevo correo.

El motivo por el que se hace así es que **es mucho más eficiente en todos los sentidos y aspectos**. El servidor centralizado se construye y optimiza para almacenar muchos recursos y otorgarlos a muchos clientes, y para conseguir su escalabilidad de forma correcta y adecuada. Y el cliente, por su parte, no debe preocuparse de ninguna de estas cosas: tan solo debe pedir aquello que quiere de forma correcta para obtenerlo.

Si volvemos a la metáfora del comprador-tendero, **imaginémonos que todas y cada una de las personas de una sociedad nos dedicáramos a producir por nuestra cuenta y a vender desde casa**. Esto es obviamente un disparate, pues para hacer la lista de la compra uno debería ir primero a la casa del que ofrece tomates, luego al que ofrece patatas, etc. Todo esto mientras atiende compradores en su propia casa para el servicio que él mismo ofrece.

Además, tendría que cargar cada uno con todos los costes y trabajo que supone producir el producto concreto, lo cual no es escalable e impide la especialización del trabajo. Viviríamos en un mundo de trueque, subsistencia y miseria.

Si los mercados se centralizan, es porque es mucho más eficiente una estructura centralizada a una completamente distribuida. Es mucho más fácil acceder a un supermercado y hacer toda la compra allí, y que este se especialice precisamente en la distribución de alimentos. Esa es la razón por la que existen las empresas, asociaciones y grupos colectivos en general.

Evidentemente en estas cuestiones **existe un grado de centralización para cada cosa en concreto**, que varía según el contexto y las circunstancias. Hacer un único supermercado mundial en un único punto del planeta es una estupidez, pero también lo es tener un supermercado cada diez metros. Cuando el mercado actúa, tiende a optimizar esto a través de beneficios y pérdidas empresariales.

Lo mismo ocurre en el caso del cliente-servidor: se centralizan las cosas porque es mucho más eficiente hacerlo así. Si cada persona tuviera que tener su propio sistema de archivos con su perfil de Facebook o Instagram, a priori la gestión de los recursos sería un completo caos. La fluctuación de las conexiones no sería ni flexible ni escalable, el sistema sería lento y habría fallos constantes. Pensemos por ejemplo si queremos enviar un paquete de datos a una persona de

Estados Unidos cómo podemos hacerlo sin servidores centralizados especializados en ello. Tendría que ir la petición de nodo a nodo por muchos puntos intermedios hasta llegar al destino.

Por eso **los sistemas de telecomunicación se construyen de forma fractal de modo que cada agente se especializa en un tramo del viaje del paquete de datos.** Por ejemplo, si enviamos un correo este viajará al *router*, y del router a la centralita más cercana de telecomunicaciones, que llevará el paquete a la centralita más cercana a destino hasta llegar al *router* del servidor SMTP de destino.

El servidor SMTP normalmente gestiona una gran cantidad de correos electrónicos y usuarios cliente (por ejemplo Gmail) entre ellos el nuestro. Esta arquitectura de red, por tanto, es **más eficiente para la implementación de determinados protocolos.** Los servidores se especializan y optimizan en la tarea de "clasificar, gestionar y responder" y el cliente no es más que un usuario cualquiera que solo quiere unos determinados datos que pide al servidor.

Esto es muy **diferente a lo que ocurre en una red Peer-To-Peer (P2P).** En las redes de este estilo, **todos los participantes en la red o comunicación (los nodos) son más o menos iguales entre ellos** y realizan las mismas funciones. Se comportan como iguales entre sí y actúan a la vez como clientes y servidores de la red, aportando y pidiendo información de forma directa entre los nodos.

Además, los protocolos p2p **suelen implementar código para administrar y optimizar el ancho de banda y el rendimiento** de la red según la conectividad de los nodos (por ejemplo, si un nodo puede hacer una comunicación a través de dos nodos intermediarios distintos debe utilizar aquella que sea más rápida/segura, etc.).

Los pares comparten la carga de la red y, si un nodo deja de estar disponible, sus recursos compartidos permanecen disponibles siempre que otros pares los ofrezcan. El protocolo está hecho para que las conexiones varíen según la disponibilidad de los nodos en un momento concreto, y hay redundancia de recursos.

La diferencia práctica con el modelo cliente-servidor es que en estos solamente una cantidad relativamente pequeña de servidores aporta toda la información que los muy numerosos clientes piden a estos, mientras que **en la red P2P todos los nodos hacen las mismas funciones**. Por lo tanto son mucho más descentralizadas.

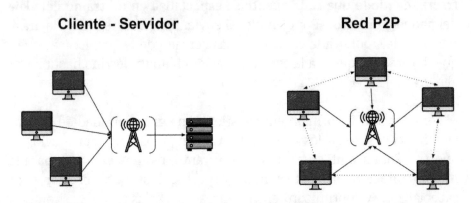

Las redes P2P tuvieron su auge definitivo en 1999 cuando se creó la aplicación de música compartida Napster, en la que "los usuarios participantes establecen una red virtual, totalmente independiente de la red física, sin tener que obedecer ninguna autoridad administrativa o restricciones" según el propio creador, Shawn Fanning.

En ella los nodos comparten sus recursos y, combinada con otras técnicas informáticas como la ofuscación y la criptografía (que veremos más adelante) hacían que su uso fuera totalmente anárquico y fuera de control por parte de las autoridades.

A partir de ese momento fue cuando **se empezaron a popularizar dichas redes para compartir archivos**. Destacan entre ellas la tan usada y famosa eMule, Ares, BitTorrent o uTorrent, que eran todas redes P2P de transferencia de archivos bastante anónimas.

El hecho de que sirvan para compartir e intercambiar información de forma directa entre dos o más usuarios y su relativo anonimato propició que parte de los usuarios las utilizaran para intercambiar archivos cuyo contenido está sujeto a las leyes de derechos de autor.

Así, el intercambio, la compartición y la búsqueda de archivos han sido las funciones más usadas de estas redes y las más potenciales. **Bitcoin es una red P2P también**, por eso era importante este apartado.

Debe también mencionarse, por otra parte, que **no todas las redes p2p son iguales**. Aunque todos los nodos tienen poderes iguales o similares (son *coiguales*) puede igualmente haber jerarquías. Por ejemplo, **en una red P2P centralizada** todas las transacciones se realizan a través de un único nodo enlace, que almacena información sobre los nodos de la red y distribuye los nodos que almacenan contenido.

En cambio, en **una red P2P mixta**, el servidor central solo administra los recursos de ancho de banda, enrutamientos y comunicación entre nodos pero sin saber la identidad de cada nodo y sin almacenar información alguna, por lo que el servidor no comparte archivos de ningún tipo a ningún nodo. Solo sirve de puente. Estos dos tipos de redes P2P pueden tener distinto grado de descentralización según el número de nodos que ejerzan como puente.

Finalmente, en las **redes P2P totalmente distribuidas como Bitcoin** no hay ningún nodo que gestione de forma central absolutamente nada. Cada nodo gestiona sus propias conexiones y también el almacenamiento de su propia información: ni siquiera hay *enrutador*. Cuando dos nodos se comunican, otros nodos ejercen de intermediarios en las conexiones.

Esto supone que este tipo de redes sean más lentas y consumen mucho más ancho de banda. Pero hay un problema mayor, y es que **si no hay enrutador, ¿cómo se conecta un nodo nuevo a la red?** Como no hay ningún tipo de nodo central, un nodo recién llegado debe obtener información de al menos algunos pares para unirse a la red.

Para esto hay diferentes soluciones. Una de ellas es **utilizar un nodo concreto para unirse a la red y preguntarle a este por sus pares** para aumentar las conexiones. Así, la primera conexión es centralizada (pues depende de un único nodo) pero a partir de ahí se toma conexión con otros nodos de la red.

Otra solución, que como veremos más adelante se implementa en Bitcoin, consiste en **conectarse primero a un servidor que rastrea y lista continuamente los nodos de la red**. Idealmente, debería listar los nodos según su disponibilidad y buen comportamiento y ser un servidor auditado, muy seguro, automático, transparente y con prestigio y reputación.

Otro problema de las redes P2P en general es que **aunque en su protocolo sean distribuidas, funcionan sobre protocolos que son centralizados y pueden alterar su funcionamiento**.

Por ejemplo, el protocolo IP como hemos visto depende de la compañía de telecomunicaciones de turno (*ISP, Proveedor de Servicios de Internet*). Esto puede suponer problemas de conexión por múltiples razones, como por ejemplo que una autoridad prohíba el puerto que utiliza la red. Esto, aunque no destruye la red, le puede hacer daño.

En conclusión: **las redes P2P son una buena idea, pero no son la panacea**. Su distribución y descentralización permiten tener independencia en mayor o menor grado de una autoridad central, siendo así muy anárquicas. Pero también son ineficientes, lentas y poco escalables.

Además, como hemos visto, es difícil hacerlas completamente distribuidas; en algunos puntos suelen ser vulnerables y dependientes de una autoridad central. Así, **no todas las cosas pueden gestionarse en una red P2P y estas no son perfectas**. Hay que aplicarlas donde sea posible y beneficioso y estar muy vigilantes para evitar sus posibles problemas y fortalecer sus puntos débiles y vulnerables.

1. Conceptos informáticos básicos

2. Conceptos criptográficos básicos

Complejidad asimétrica

La criptografía, cuya palabra proviene del griego y significa "escritura secreta", tradicionalmente estudia las **técnicas para conseguir esconder información** a los receptores considerados no autorizados.

Esencialmente consiste en cambiar los patrones lingüísticos de un mensaje con el fin de hacerlos difícilmente interpretables para receptores intrusos. Una definición coherente según el vocabulario de este libro sería **cambiar el código de comunicación de tal modo que este sea difícilmente adivinable por aquellos que no lo comparten**. O cambiar los mensajes para que sean difíciles de interpretar.

Como decíamos al principio, el código es una serie de pautas y lógicas de orden que permiten la creación, transmisión y obtención de información. Si esas pautas son fáciles de detectar, cualquiera puede leer e interpretar el mensaje en el canal por el cual se transmite y así interceptar la información. El objetivo más claro de la criptografía, aunque tiene otros usos como veremos más adelante, es **garantizar que una determinada información sólo pueda obtenerla aquel sujeto a quien va dirigida**, algo crucial en las telecomunicaciones.

Podemos concebir la magnitud y la importancia de la compartición de códigos con la Piedra de Rosetta. Se trata de una antigua estela egipcia inscrita con un decreto publicado en Menfis en el año 196 a. C. en nombre del faraón Ptolomeo V. Fue descubierta el 15 de julio de 1799 durante la Campaña en Egipto de Napoleón Bonaparte.

El hecho de que el decreto de Menfis estuviera grabado en esta estela en tres lenguas (códigos) distintas (jeroglíficos del antiguo Egipto, escritura demótica egipcia y griego antiguo) con diferencias menores entre ellos (la información era casi idéntica) supuso que su hallazgo fuera una auténtica revolución en el conocimiento de la sociedad egipcia por parte de la sociedad contemporánea.

2. Conceptos criptográficos básicos

La Piedra de Rosetta facilitó la clave para el desciframiento moderno de los jeroglíficos egipcios. El hecho de encontrar patrones en el código de los jeroglíficos es lo que permitió entenderlo, y entender este código antiguo nos abrió las puertas a la información que los seres humanos de antaño nos dejaron en su lengua.

Curiosamente, en la criptografía buscamos todo lo contrario: cómo esconder información a través de un mensaje para que sea ininteligible para terceros. Pero este ejemplo demuestra que la compartición de códigos en la comunicación es una cuestión de extrema relevancia.

Todo **el campo de la criptografía se basa en problemas de complejidad asimétrica**, en el cual un procedimiento es fácil de realizar mientras que su inverso es extremadamente complejo. Y es con esta asimetría con la que se consigue "enmascarar" el código o el mensaje para terceros intrusos. Manteniéndolo, a la vez, en total transparencia para el destinatario original de la información.

Para explicar este concepto de **complejidad asimétrica a través de la entropía** podemos utilizar el huevo como ejemplo. Romper un huevo es un procedimiento que transforma el huevo desde un estado inicial donde está intacto (estado A) a un estado final donde está roto (estado B). Si bien romper un huevo es un proceso fácil y mecánico, reconstruir un huevo una vez está roto es prácticamente imposible.

Esta situación en la que pasar de un estado A a otro B es sencillo, pero pasar del estado B al estado A es prácticamente imposible **es muy frecuente en nuestro universo, y supone una irreversibilidad y por tanto una cierta dirección** en el estado que toman las cosas.

Mientras el primer principio de la termodinámica es simplemente un balance energético que asume que en un procedimiento la energía total de un sistema debe mantenerse, el segundo principio de la termodinámica (causa del concepto de la entropía) causaba estragos en los físicos a finales del siglo XIX. Es un principio que intentaba generalizar y entender por qué los sistemas termomecánicos tienden a seguir una cierta dirección y no otra.

Por ejemplo, en un sistema de dos cuerpos sólidos a diferente temperatura, aunque la energía se mantenga en el sistema, sabemos que el calor se transmite siempre desde el cuerpo más caliente hasta el más frío y no al revés. Explicar por qué y sobre todo cómo ocurre esto en el sentido de cómo se fundamenta es muy difícil.

Otro claro ejemplo es el del vaso de agua. Si cogemos un vaso de agua, su temperatura tiende a hacerse homogénea hasta que alcanza un equilibrio. Nunca vemos que de repente una parte del agua se transforme en hielo y la otra se evapore, aunque la energía se mantenga en el proceso.

Al final, para explicar estos fenómenos de forma correcta, se tuvo que bajar a nivel microscópico y ver cuál era el comportamiento de las moléculas individualmente. Los cuerpos, objetos y fluidos como conceptos macroscópicos eran insuficientes para estudiar estas dinámicas de forma adecuada.

Eso sí: como se trata de una cantidad extremadamente grande de moléculas interactuando entre ellas, no se puede estudiar las moléculas una a una. Hubo que estudiarlas tomándolas como conjuntos: de forma estadística.

Es curioso pero cuando Clausius, Boltzmann y Planck entre otros desarrollaron la mecánica estadística durante más de un siglo para intentar explicar el segundo principio de la termodinámica, sus contribuciones fueron infravaloradas porque no se aceptaba explicar un comportamiento supuestamente determinista y mecánico con lenguajes de probabilidad.

Finalmente **se demostró que lo que había detrás de la entropía no era más que probabilidad** según el comportamiento de las moléculas. Simplemente hay más probabilidad de que las moléculas tiendan hacia un estado de desorden. Por eso vemos un huevo romperse o un hielo derretirse, pero no la reconstrucción del huevo o la creación del hielo a partir del agua líquida que hay en un vaso.

Es algo similar a lanzar una baraja de cartas al aire y que al caer al suelo lo hagan construyendo una pirámide. Es algo posible pero tan improbable que no es factible. Es posible la construcción de un hielo en un vaso de agua de forma espontánea, pero como su probabilidad es 1 entre 10^{200} o más realmente nunca lo vamos a poder observar.

El concepto de entropía, que *grosso modo* intenta describir el grado de desorden de las cosas y las direcciones probables de los sucesos, **también existe en teoría de la información, y se llama Entropía de Shannon**. Aunque no vamos a entrar en ella, es una buena medida de la incertidumbre que hay en un cierto mensaje a nivel informático y por tanto de la cantidad de información que contiene.

Aunque no lo parezca, **información, aleatoriedad y entropía están muy íntimamente relacionados**. La información se basa en el orden, son **patrones** en un mensaje. Si hay patrones implica que hay **redundancia**, pues la propia definición de *patrón* implica que hay cosas que se pueden deducir. Hay pautas lógicas que permiten obtener unas cosas a partir de otras.

Pero si hay redundancia, eso implica que hay una parte del mensaje que no aporta información... Paradójicamente. Eso implica que el mensaje se puede **comprimir**. ¿Cuánto se puede comprimir? Pues hasta que no haya patrones y por tanto no haya redundancia. Es decir... cuando el mensaje sea completamente **aleatorio**.

En ese momento hay... ¿máxima información? Pero realmente no hay información porque no hay orden: el mensaje tiene máximo desorden. Como vemos, es absolutamente fascinante pero **para que exista la información necesitamos que un mensaje tenga un grado de orden con un grado de redundancia**. No hay información sin redundancia.

La entropía es una medida del desorden, y por lo tanto de la eficiencia de un mensaje y de la aleatoriedad y la predictibilidad del mismo. Es una medida de la redundancia de una determinada información.

Lo más importante es que nos quedemos en que al igual que en el universo hay una irreversibilidad en los sucesos que se producen y por tanto un sentido en el que se desarrollan las cosas debido a una asimetría en la complejidad de los procesos, **en informática también ocurre y se utiliza como base para cifrar y descifrar la información y asegurar la transmisión de la información.**

La asimetría usada en criptografía resulta normalmente como resultado de problemas matemáticos y operaciones aritméticas. Por ejemplo, computacionalmente hablando, multiplicar dos números es un procedimiento sencillo y requiere poco cálculo. Los algoritmos que se pueden utilizar para ello son rápidos y simples. Sin embargo, dividir dos números es un procedimiento más complejo y generalmente más lento que la multiplicación.

Sucede lo mismo con la potencia. Calcular la potencia de un número es muy sencillo, más aún si es una potencia cuadrada. Pero dado un número calcular su raíz, aunque sea cuadrada, es bastante más complejo y en general requiere más cálculo (depende del algoritmo usado, aproximación requerida, etc.).

Obviamente **la diferencia entre ambas operaciones no es lo suficientemente grande como para hacer un sistema criptográfico** con ellas, pero es un ejemplo bastante válido para explicar la asimetría de complejidad.

Sin embargo, y como veremos más adelante, lo que suele interesar más a la hora de analizar problemas y algoritmos es la llamada **complejidad asintótica**, cuya finalidad es calcular la complejidad según el tamaño de las entradas del problema; cómo escala la dificultad según escala el tamaño del propio problema.

Entrando ya en los problemas usados en criptografía, uno de los más utilizados y conocidos, que se sigue usando hoy en día, es el de la **factorización de los números primos** (un número primo es un número que solo se puede dividir obteniendo un cociente entero sin resto entre él mismo y '1'. Por ejemplo 2, 3, 5, 7, 11, 13, 17...).

Consiste en aprovecharse de que, si bien la multiplicación de dos números primos 'p' y 'q' muy grandes entre ellos para obtener otro número muy grande n = p x q es un proceso computacionalmente hablando simple para los ordenadores, dado el número grande 'n' obtener los números que multiplicados dan ese número grande (p y q) es muy complicado.

Aunque no vamos a entrar en el funcionamiento matemático aplicado de este algoritmo en la criptografía pues excede los objetivos de este libro, sí es interesante entender que el funcionamiento se basa en que **cualquier mensaje puede ser interpretado como un número entero decimal muy grande** como vimos en el capítulo 1.

Así, aplicando operaciones sobre dicho número, se pueden hacer transformaciones informáticas que son irreversibles para un operador externo a la comunicación.

Otro problema usado es el **problema del logaritmo discreto**, según el cual hacer una operación (exponenciación modular) es muy fácil computacionalmente hablando frente a su inversa (el cálculo del logaritmo discreto). Este último problema aplicado a curvas elípticas, como veremos más adelante de forma amena, **es en el que se basa la criptografía de las claves de Bitcoin y el que permite por tanto mantener el valor a salvo**.

La complejidad asimétrica, por cierto, se refleja también en la cuestión "¿P = NP?". Se trata de un problema matemático abierto no resuelto (ni demostrado ni refutado) que cuestiona si el hecho de que en un problema se puedan verificar sus soluciones fácilmente implica que también hay un procedimiento fácil para encontrar sus soluciones.

Es decir, P = NP vendría a significar que si podemos verificar rápidamente una solución a un problema, es porque existe algún procedimiento que permita encontrar soluciones a ese problema rápidamente. Así, si hay problemas que podemos verificar rápidamente y para los cuales no tenemos algoritmo de resolución rápido, es porque no hemos sido capaces de encontrarlo e ingeniarlo.

P ≠ NP vendría a significar lo contrario. Que hay problemas que, a pesar de que la verificación de sus soluciones es fácil y rápida, no existe ningún procedimiento sencillo y rápido para resolverlos porque son problemas complejos a pesar de su rápida verificación.

Este **no solo es un problema matemático abierto, sino que se considera uno de los problemas del milenio** y su solución está premiada por el *Clay Mathematics Institute* con un millón de euros. A pesar de ser una cuestión abierta, no obstante, más del 80% de los matemáticos, físicos y científicos informáticos creen que P ≠ NP porque es lo más obvio y hay mucha evidencia de que así es, aun cuando no está demostrado matemáticamente.

Las implicaciones filosóficas de este problema son impresionantes. Por ejemplo P = NP implicaría, filosóficamente que es lo mismo componer una sinfonía que interpretarla o escucharla, es lo mismo resolver una integral o una ecuación que verificar que su resolución es correcta. Que es lo mismo entender y verificar una demostración matemática que obtenerla.

No habría espacio para la creatividad: resolver un problema y reconocer su solución sería técnicamente lo mismo. Pero es que además de eso, muchos de los problemas actuales más acuciantes quedarían resueltos. Podríamos probablemente curar el cáncer, entender el ADN, y un sinfín de cosas más, pues por ejemplo el problema del plegamiento de proteínas quedaría solventado.

De hecho, uno de los campos donde más problemas NP hay (problemas complejos con verificación rápida) es en Teoría de Grafos, así que casi todos nuestros problemas de logística quedarían solventados. **Y también los algoritmos DLTs (*Distributed Ledger Technologies*) basados en grafos, los famosos DAG**.

Podríamos resolver también gran parte de los juegos y videojuegos actuales, como el Tetris, el Sudoku (ampliado a gran escala), el Buscaminas o el Super Mario Bros. Sin embargo... probablemente nos quedaríamos sin criptografía (al menos la más eficiente).

Y es que he nombrado este problema porque **es clave ya que casi toda la criptografía moderna, más segura y a la vez funcional descansa sobre la suposición de que P ≠ NP**.

Se considera que la criptografía asimétrica o de clave pública debe su seguridad a las funciones unidireccionales, y estas solo pueden existir si P ≠ NP. Tanto la factorización de números primos como el logaritmo discreto son problemas NP pues no se conocen algoritmos fáciles para calcularlos, pese a su rápida verificación.

Sin embargo, en teoría **la computación cuántica abre la puerta a algoritmos que calculan** *fácilmente* (en tiempo polinomial) al menos algunos de los **problemas NP**: los *menos difíciles* de esta categoría. Entre los cuales se incluyen tanto la factorización de números primos usando el famoso *algoritmo de Peter Shor* como el logaritmo discreto.

Todo además sin implicar necesariamente que P = NP, pues este tipo de computación cambia el marco definitorio de las clases de complejidad. Tampoco se ha encontrado ningún algoritmo cuántico para algún problema tal que P = NP en computación cuántica.

En cualquier caso, el procedimiento detrás de las funciones hash criptográficas es mucho más poderoso y todavía más resistente frente a algoritmos que la factorización de números primos o el cálculo de logaritmos discretos. Por lo tanto, es incluso aún más seguro.

Como iremos viendo a lo largo del libro, **la irreversibilidad y la unidireccionalidad de los procesos es un tema primordial en la criptografía** y se tiene muy en cuenta. También la aleatoriedad y su calidad, pues esta define la seguridad de las claves privadas.

Normalmente se intenta buscar un **problema con una verificación muy sencilla para un ordenador** (en cuanto a recursos de tiempo, proceso y espacio) **y a la vez una resolución muy complicada**. Una alta ratio entre verificación y resolución junto a las propiedades y funcionalidades matemáticas marcan la utilidad al usarse en esquemas criptográficos.

Órdenes de complejidad

Como ya sabemos una función informática es un procedimiento que transforma un mensaje en otro mensaje. **Toda transformación no arbitraria de un mensaje requiere cómputo y cálculo** para ello, ya que se aplican una serie de procedimientos sobre la información. A estos procedimientos sistematizados los llamaremos **algoritmos**.

De igual forma que para calcular el bit de paridad se requiere de las puertas lógicas, para realizar procesos más complicados (por ejemplo la suma, resta, multiplicación o división, recordemos que todo mensaje de texto puede ser interpretado como números) se requieren recursos físicos (transistores) que varían según el algoritmo utilizado.

Para estudiar esta cuestión con profundidad necesitamos, de alguna manera, poder **medir los recursos físicos utilizados** por un ordenador para hacer un cálculo determinado o resolver un problema.

Sin embargo, medir la cantidad de transistores que cambian de estado es impracticable por muchos motivos, empezando por el hecho de que hay billones de ellos. Es por eso que la forma de calcular los costes computacionales es mediante el **tiempo utilizado (y el espacio en memoria) al aplicarse un algoritmo determinado**.

La rama que estudia la dificultad de los problemas y algoritmos en computación es la *Teoría de la Complejidad Computacional*, y trata de medir de forma abstracta los costes computacionales que supone la resolución de un problema o la aplicación de un algoritmo, así como clasificar ambos en base a estos costes.

También antes de continuar debemos hacer un inciso al respecto de la diferencia entre problema y algoritmo. Un problema computacional es una necesidad que queremos resolver mediante cómputo. **Para solucionar un problema suelen existir muchos algoritmos distintos**.

Cabe destacar que en este apartado vamos a hacer una **simplificación muy burda de las ramas que estudian la teoría de la computación**. Pero esta simplificación es necesaria y suficiente para comprender los conceptos del libro. Como siempre, pueden profundizar más sobre este tema con distintos recursos de Internet.

En Teoría de la Complejidad, cada algoritmo tiene su propia complejidad concreta, y se dice que **un problema tiene la misma complejidad que el algoritmo de menor complejidad que lo soluciona**. Por ejemplo, ordenar una lista de elementos es un problema que puede solucionarse con muchos algoritmos, cada uno de ellos con su complejidad particular. Pero el problema en sí tiene la complejidad computacional del mejor algoritmo que lo resuelve.

Volviendo a los costes computacionales, calcular el tiempo y espacio que consume un algoritmo de forma absoluta en el fondo no nos dice nada relevante. Según las características del dispositivo electrónico u ordenador que realice la operación será más o menos costoso (un ordenador potente tarda menos que un ordenador más corriente).

A la hora de medir la complejidad computacional, **lo que nos importa realmente no es el tiempo en sí sino poder utilizar una métrica de comparación de coste** según el algoritmo realizado.

Por ejemplo, no nos importa lo que un ordenador tarda en calcular 14+16 o lo que tarda en calcular 35 x 67, sino cuál es la diferencia o cuánto más cuesta calcular 35 x 67 frente a 14 + 16. Esta diferencia es más fácilmente generalizable a cualquier dispositivo electrónico independientemente de sus capacidades.

A pesar de todo, estas diferencias también suelen variar entre dispositivos debido a procesos no controlables, y más aún con cosas tan sencillas como operaciones de dos dígitos decimales.

Por otro lado, como ya sabemos **la idea de las funciones informáticas es que sean independientes de su entrada (o entradas)**. Es decir, aunque podemos definir una función informática como suma(14, 16) esta función realmente no tiene ninguna utilidad, ya que es un proceso en el que la salida siempre va a ser la misma. De hecho, podríamos decir que no hay entrada, y podríamos calcular la suma directamente y hacer un dispositivo que en vez de calcular la suma aplique directamente "30" en la salida donde se necesita realizar dicha función informática.

Por lo tanto, es una premisa coherente suponer que **toda función informática tiene una entrada variable y que su salida depende de dicha entrada variable**.

Considerando esta situación, no tiene sentido comparar el tiempo computacional de 14+16 frente a 35+67. Lo que es relevante es comparar el tiempo computacional de la operación *suma()* frente a la operación *multiplicación()* dado un tamaño de las entradas determinado.

O, yendo más allá, lo que nos interesa es saber cómo aumenta el coste de la operación *multiplicación()* conforme aumenta el tamaño de sus entradas, y poder compararlo de esa forma con la operación *suma()* según aumenta el tamaño de sus entradas.

Es decir: es mucho más relevante **comparar funciones informáticas** (algoritmos y problemas) **entre sí y cómo escalan sus costes computacionales en función del tamaño de las entradas** que toman.

Sin embargo, ya hemos dicho anteriormente que lo que se busca en Teoría de la Complejidad es **comparar costes computacionales de forma abstracta** como si hiciera el proceso de cálculo un dispositivo o autómata perfecto según ciertas condiciones.

Si vamos a comparar algoritmos y problemas, por tanto, tenemos que escoger una referencia base. Por ejemplo, si tomamos la suma como referencia, es obvio que la multiplicación es una función informática con mayor complejidad, ya que es una combinación de sumas (por ejemplo, 14+5 es una suma pero 14 x 5 son cinco sumas de 14 o catorce sumas de 5, es decir 14+14+14+14+14).

En la práctica, lo que se suele hacer es utilizar como **operaciones elementales de referencia aquellas que el ordenador realiza en tiempo acotado**, que resultan ser las operaciones aritméticas básicas (suma, resta, multiplicación, división), asignaciones a variables, los saltos (llamadas a funciones y procedimientos, retorno desde ellos, etc.), las comparaciones lógicas y el acceso a estructuras indexadas básicas, como son los vectores y matrices.

De esa forma, cuando evaluamos la complejidad de un algoritmo nos preguntamos **cuántas operaciones elementales realiza para un tamaño en su entrada determinado y vemos su evolución conforme este aumenta**.

Por ejemplo, si tenemos una lista de "n" elementos y consideramos la función de sacar el primer elemento de la lista, la función no aumenta ni disminuye en complejidad de cómputo con el número de elementos que hay en la lista, ya que se debe ir directamente a por el primer elemento y guardarlo en una variable (dos operaciones elementales).

Pasa lo mismo usualmente con cualquier otro elemento de la lista, si el algoritmo utilizado está bien diseñado. Consideraríamos que tiene una complejidad de O(1). Pero si consideramos la función de encontrar el número más pequeño de una lista de números (suponiendo una búsqueda lineal), esta función sí depende del número de entradas. El dispositivo tiene que "*escanear*" toda la lista para verificar cuál es el mínimo.

Tiene que guardar en una variable el número mínimo, y luego recorrer toda la lista accediendo a cada elemento y compararlo con el mínimo vigente en la variable. Si es menor, actualiza la variable.

Como la complejidad y el tiempo de ejecución es proporcional al número de elementos "n" de la lista, decimos que su complejidad es O(n). Fijémonos que en este caso **el tamaño de la entrada es el número de componentes** sobre el que se va a aplicar la función informática o algoritmo, porque es el factor relevante que debe ser considerado.

También debemos pensar en **tamaños de entrada grandes**, porque los ordenadores de hoy en día son capaces de manejar una gran cantidad de datos. En este sentido, lo que hacemos es despreciar el valor absoluto y quedarnos con cómo se incrementa la complejidad según aumenta el tamaño de la entrada "n".

La complejidad computacional se suele representar con funciones matemáticas de "n" dentro de una "O" grande O(1), O(n), O(log n), etc. donde "n" es el tamaño de la entrada al algoritmo o problema dado. A esto lo llamaremos **orden de complejidad**, y al cabo de unos párrafos se entenderá por qué.

Esta es la **notación de Landau** (también se la llama notación asintótica, porque trata de ver el grado de complejidad que se adquiere tomando el peor caso y en números muy grandes: en el límite). La idea es **despreciar aquellos términos irrelevantes en el límite y quedarnos con lo sustancial**.

Por eso, todos los algoritmos de complejidad constante decimos que tienen un orden de complejidad O(1). Tanto un algoritmo que tarda un nanosegundo como uno que tarda diez horas de ejecución, si su coste es independiente del tamaño del propio problema (de sus entradas). Porque eso implica que son algoritmos completamente escalables.

Técnicamente lo que quiere decir esta notación es que **la diferencia** entre coste real medido en número de operaciones elementales realizadas entre el algoritmo considerado y la función matemática que alberga la O() de la notación **es a lo sumo lineal**.

De ese modo, cuando decimos que buscar el número mínimo de una lista de números de tamaño "n" tiene un orden de complejidad computacional de O(n) estamos diciendo que el número de operaciones a realizar aumenta en relación a "n" como $k \cdot n$, donde "k" es una constante cualquiera. De forma más sencilla: **el coste computacional aumenta como mucho en una cantidad proporcional al tamaño de la muestra**.

Si decimos que el orden de complejidad es O(1), como en el caso de buscar el primer elemento, significa que la complejidad como mucho es $k \cdot 1$ para el tamaño del problema "n". Esto significa que **no importa el**

tamaño de "n" ya que el coste de cómputo en términos de operaciones elementales a realizar se mantiene el mismo.

Por tanto debemos tener claro que **estamos midiendo órdenes de magnitud, no cantidades exactas**. Por eso hablamos de orden de complejidad. Simplemente buscamos saber con qué proporción aumenta la complejidad según aumentamos el tamaño de la entrada de la función en el límite; en tamaños muy grandes. Este concepto se llama **principio de invarianza**.

Otra propiedad de los órdenes de complejidad es que si aplicamos **dos funciones informáticas seguidas (sumadas), el orden de complejidad del conjunto será el mayor** de las dos funciones, ya que el menor termina siendo irrelevante en números grandes. Por ejemplo, O(n) + O(n) = O(n), o también O(n) + O(1) = O(n).

Por otra parte, si aplicamos **dos funciones informáticas en bucle (multiplicadas), el orden de complejidad se multiplica**. De esa forma, por ejemplo $O(n) * O(1) = O(n)$, pero $O(n)*O(n)=O(n^2)$.

Para asimilar mejor esto podemos volver al ejemplo de encontrar un número mínimo en una lista. La función matemática de **sumar todos los elementos de una lista seguiría siendo O(n)**, ya que supone añadir una operación elemental por elemento (la suma) y por tanto la complejidad seguiría siendo proporcional al tamaño del problema.

Sin embargo, si consideramos **ordenar una lista de números de menor a mayor por procedimientos simples, la complejidad es ahora** $O(n^2)$ porque el número de operaciones a realizar aumenta en proporción al propio tamaño del problema (el tamaño de la lista).

Por ejemplo, podemos utilizar el **método de la burbuja** para ordenar los elementos (pueden buscar información en internet) que consiste en recorrer la lista comparando los elementos de dos en dos de tal forma que si el primer elemento comparado es mayor al segundo cambian su posición (se ordenan). En este algoritmo conforme aumenta el número de elementos a ordenar "n", aumentan las operaciones en n^2.

La ordenación de listas es solo un problema básico en teoría de computación y algoritmos. Existen una infinidad de problemas distintos con un montón de algoritmos distintos para solucionarlos. Cada uno de ellos con su orden de complejidad teórico establecido.

A continuación podemos ver una **gráfica con las funciones matemáticas de los distintos órdenes de complejidad** básicos.

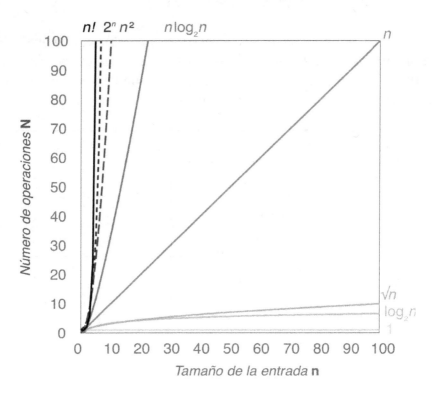

En el eje horizontal tenemos el tamaño del algoritmo (tamaño de la entrada o número de elementos al que se aplica) y en el vertical el número de operaciones elementales. Podemos observar **cómo escala el número de operaciones elementales (y por tanto la complejidad) según el tamaño para cada orden de complejidad** distinto.

Los órdenes de complejidad están **ordenados de menor a mayor**. En primer lugar tenemos el orden de complejidad constante (1), que no escala según el tamaño, luego vemos el orden logarítmico ($\log_2 n$) que escala cada vez más lento y después el orden de raíz ($\sqrt{n}$). Tras él ya tenemos el lineal (n) que escala de forma proporcional.

Seguidamente tenemos el orden loglineal ($n\log_2 n$) y el orden polinomial (n^2) que en este caso es cuadrado pero podría ser de cualquier exponente. Y finalmente tenemos los peores de todos: el orden exponencial (2^n) y el orden factorial (n!).

Finalmente, terminamos este apartado con una **tabla con la evolución de las operaciones elementales** según el tamaño de entrada para los distintos órdenes de complejidad básicos. Así **podemos hacernos una idea de la diferencia de escala y magnitud** de cada uno de ellos.

n	N							
	1	$\log_2 n$	$\sqrt{n}$	n	$n\log_2 n$	n^2	2^n	n!
2	1	1	1.41	2	2	4	4	2
8	1	3	2.83	8	24	64	256	40320
32	1	5	5.66	32	160	1024	4.3×10^9	2.6×10^{35}
100	1	6.64	10	100	664	10^4	1.2×10^{27}	9.3×10^{177}

Cifrados, claves y criptografía simétrica

Al principio de este capítulo hemos visto que la criptografía consiste en cambiar el código de comunicación o los mensajes para que resulte difícil / imposible interceptar información por parte de un intruso. A cada uno de estos sistemas de técnicas destinados exclusivamente a esconder mensajes frente a terceros los llamamos **cifrados**.

Los cifrados más antiguos, llamados cifrados clásicos se pueden resumir en dos tipos distintos:

- Cifrados **por sustitución**. Actúan directamente sobre el conjunto de símbolos del código (al que llamaremos **alfabeto**), sustituyendo unos por otros con una cierta lógica.

- Cifrados **por transposición**. Actúan directamente sobre los caracteres del mensaje, normalmente haciendo permutas dentro del propio mensaje (de ahí el nombre transposición) con una cierta lógica para que sea confuso interpretarlo.

Por ejemplo, uno de los cifrados por sustitución más antiguos es el llamado **Cifrado César**, llamado así por su utilización masiva por parte de Julio César. C9onsiste en desplazar el alfabeto en tres posiciones (A->D, B->E, C->F, etc.). De hecho los cifrados en los que se usa el desplazamiento del abecedario se denominan cifrados César.

Otro cifrado de sustitución famoso es el **cifrado francmasón**, que pueden buscar en internet. En el caso del Cifrado César se hace una sustitución del mismo alfabeto pero desplazado mientras que en el francmasón se sustituye cada símbolo por uno completamente nuevo.

En cuanto a los de transposición, un ejemplo muy simple y fácil de entender es la **escritura inversa o cifrado espejo**. Se trata de poner todos los caracteres del mensaje en el orden inverso al original, como en un espejo [Bitcoin con rigor -> rogir noc nioctiB].

Otro ejemplo de transposición muy utilizado en la antigua roma es un instrumento llamado **escítala**. Este sistema está compuesto por dos varas de madera iguales y una cinta de cuero. Las varas de madera tienen forma de prisma con base un polígono regular. La cinta se enrolla alrededor del prisma y se escribe sobre ella, de modo que cuando se retira se ha realizado una transposición correspondiente al polígono regular de la base del prisma. Pueden buscarlo en Internet.

Un último ejemplo famoso es el cifrado **ÜBCHI**, un cifrado de transposición columnar doble utilizado por el ejército alemán durante la Primera Guerra Mundial y que también pueden buscar. Como es obvio, en las guerras (todas) siempre se ha hecho un uso intensivo de los cifrados y la criptografía.

En cualquier caso, como vemos, **la idea es confundir** para que no se pueda interpretar la información. Cabe destacar que **hay un montón de subtipos** de cifrados por sustitución (monoalfabéticos, polialfabéticos, homofónicos, con fraccionamiento o poligramas...) y transposición (por tablas, con rejillas, con raíles, por matrices...).

Aunque parezcan unas ideas muy sencillas y poco útiles, se pueden complicar muchísimo y lo pueden comprobar buscando información al respecto. De hecho, **esto es lo que se hacía hasta los años 70 del siglo pasado** es decir, hasta prácticamente ayer por la tarde.

Voy incluso más allá: **este tipo de cifrados se sigue utilizando hoy en día**. Solo que en vez de hacer sustitución y transposición de letras como antaño, **se realiza sustitución y transposición binaria** (de bits). Más adelante lo veremos con mayor detalle.

El **problema de los cifrados de sustitución** en general es que como las unidades de información no cambian, dada una cantidad media-alta de mensajes emitidos en dicho código **se puede estudiar la frecuencia** con la que se usan los símbolos para compararlos con los del alfabeto original y distinguir así cuál corresponde a cada uno (por ejemplo, con el cifrado César, D -> A, B ->E, etc.).

Además, este problema no desaparece en los cifrados de transposición simples, ya que la frecuencia de los símbolos no cambia por el mero hecho de permutarlos. **Para la transposición, también hay una herramienta llamada anagramación** que consiste en detectar grupos de símbolos con un determinado patrón. Por eso se complican los cifrados haciendo sustituciones y/o transposiciones complejas.

Al final, **lo más seguro es utilizar una mezcla de sustitución y transposición con técnicas añadidas** como las mencionadas antes (fraccionamiento, homofonía, polisustitución, transposición múltiple con matrices, poligramas...).

Un buen ejemplo de este tipo de cifrados es el llamado **ADFGVX**, utilizado también por Alemania en la primera guerra mundial a partir de 1918. Insistimos en que estos cifrados eran los utilizados hasta hace prácticamente nada, cuando en la segunda mitad del siglo XX se desarrolló el mundo de los dispositivos electrónicos y la computación.

Sin embargo, **aunque no cambió el tipo de cifrados, sí fue cambiando a lo largo de la historia su construcción**. Y es que los cifrados clásicos más sencillos tienen un par de problemas importantes. El primero es que al utilizarse el mismo patrón para todos los mensajes, **una vez descifrado uno de ellos toda la comunicación queda descubierta**. Es decir, tiene carácter retroactivo.

El segundo es que **la seguridad de los mensajes cifrados se reduce conforme aumenta el número de mensajes emitidos**. Por ejemplo, como decíamos antes, el hecho de emitir una cantidad considerable de mensajes permite que mediante análisis de frecuencias se descubran los cifrados por sustitución y transposición muy fácilmente.

Estos dos problemas en conjunto son terribles, y se deben esencialmente a que el **cifrado actúa directamente sobre el código y el mensaje**, y su seguridad depende de ellos. Esto hace que sean cifrados muy rígidos, vulnerables e inseguros.

Así, a lo largo de la historia se fueron desarrollando los **cifrados de clave**, teniendo su punto álgido de progreso a finales del siglo XIX y principios del XX (no confundir con los cifrados de clave pública o asimétricos, que trataremos más adelante). Este tipo de cifrado consiste en mezclar, mediante procedimientos de funciones informáticas (como la sustitución o la transposición) el mensaje a enviar con un '*mensaje*' aleatorio o pseudoaleatorio. Esta pieza de información adicional es lo que llamamos una **clave criptográfica**, y controla la operación de un algoritmo de criptografía.

La idea de la clave es hacer que **la seguridad del sistema no sea tan dependiente del procedimiento de cifrado**. Y así, conforme pasaba el tiempo y se mejoraban los cifrados, **la seguridad descansaba cada vez más en la clave criptográfica** y menos en el procedimiento de cifrado.

Así, se pretendía conseguir que **aunque un intruso en la comunicación conozca el procedimiento de cifrado y descifrado, no puede obtener la información del mensaje sin conocer la clave**. Es la clave criptográfica la que sustenta toda la seguridad y la que debe mantenerse en secreto.

Esta idea la vemos enteramente reflejada en los **principios de Kerckhoffs** de 1883, especialmente en el segundo que es el más famoso y relevante. Según este principio, "*La efectividad de un sistema criptográfico no debe depender de que su diseño permanezca en secreto*".

Así, se termina de enterrar en criptografía la llamada en informática como **seguridad por oscuridad**, basada precisamente en la necesidad de *secreto* y no revelación pública de protocolos, procedimientos, algoritmos y vulnerabilidades para mantener la protección del sistema. Como dijo también el genio matemático Claude Shannon ya mencionado anteriormente, "*el adversario conoce el sistema*".

Así pues, **con el cifrado de clave se evita el carácter retroactivo.** Por una parte, el funcionamiento del sistema criptográfico ya se supone conocido de partida, así que no es relevante su conocimiento por parte del intruso. Y por otro lado, si se descubre una clave solo se pueden descifrar aquellos mensajes cifrados con esa clave, pero no otros.

Si conociendo una clave se pudieran descifrar mensajes cifrados con otras claves, entonces la seguridad ya no descansaría enteramente sobre la clave, sino también sobre el sistema, violando así el Principio de Kerckhoffs. Así, **si se cifra cada mensaje con una clave distinta, el descifrado de cada mensaje es independiente de los demás**. Y por lo tanto paliamos también el segundo problema, según el cual la seguridad disminuía con la cantidad de mensajes emitidos.

Parece claro entonces que **hay que seguir una serie de principios para diseñar bien el sistema**, donde los principios de Kerckhoffs son solo una redacción base. Por ejemplo, un algoritmo bien diseñado debe producir, a partir del mismo mensaje, dos mensajes cifrados completamente diferentes si se usa una clave distinta, y descifrar un mensaje con una clave errónea debería producir un mensaje aleatorio e imposible de interpretar. Es decir, **no debe haber patrones posibles** entre mensajes cifrados con claves distintas.

Las propiedades principales a las que hay que prestar atención en los cifrados de clave son **la aleatoriedad de la clave, la longitud y su frecuencia de uso al cifrar**. Más adelante entraremos con más detalle acerca de la teorización de la seguridad de clave.

A los cifrados de clave en los que una única clave sirve tanto para cifrar como para descifrar mensajes se llaman **cifrados de clave simétrica**, y forman un grupo entero dentro de los cifrados de clave. Así, durante la primera mitad del siglo XX ya se utilizaban **cifrados por sustitución y transposición de clave simétrica**, como el ADFGVX mencionado.

Aparte de evolucionar hacia el cifrado de clave, a lo largo de la historia **se evolucionó también en la aplicación de la criptografía**. Al principio se realizaba manualmente o con instrumentos sencillos (como rejillas o varas como la escítala) y se fue progresando aplicándola cada vez con máquinas más sofisticadas.

Hay que tener en cuenta que **la informática y la criptografía, hasta la segunda mitad del siglo XX, funcionaban con máquinas** porque el transistor se inventó y desarrolló tras la Segunda Guerra Mundial. Desde la segunda mitad del siglo XIX, estas máquinas eran **electromecánicas** y más tarde con tubos de vacío.

2. Conceptos criptográficos básicos

Así, hasta pasada la Segunda Guerra Mundial las telecomunicaciones se realizaban por telégrafo, radio y más tarde teléfono. Y la computación y la encriptación de la información, mediante este tipo de máquinas con engranajes e impulsos eléctricos que sustituían las letras del alfabeto.

El ejemplo más famoso y destacable de estas máquinas son las **máquinas de rotores**, llamadas así por el uso de rotores. Estos eran unos discos rotatorios con las letras inscritas en su perímetro y que componían un complejo sistema de cifrado de clave simétrica por sustitución polialfabética (sustitución con muchos alfabetos).

Se trataba de aplicar el mismo alfabeto sustituido muchas veces de forma distinta para cada carácter del mensaje original, de forma que el análisis de frecuencias y otros sistemas fueran difíciles de aplicar.

Las "*claves*" eran las configuraciones iniciales de la máquina esto es, las posiciones iniciales de los rotores y otras configuraciones de añadidos posteriores. De estas máquinas surgió también el concepto de **cifradores de flujo**. Aunque hay distintos tipos de cifrados de flujo, la idea general de los mismos es que se aplica un carácter de la clave para cada carácter del mensaje original.

Así, son procedimientos criptográficos que utilizan por un lado el flujo de caracteres (letras o bits) que constituyen el mensaje que se quiere cifrar y por el otro el flujo de caracteres que forman la clave y los fusionan en el momento, carácter a carácter. Flujo proviene del inglés *stream* que significa "arroyo, corriente, flujo...." y de hecho al cifrador de flujo se le llama en inglés *keystream*.

Los cifradores de flujo son una aproximación de la **Libreta de un solo uso ideada por Vernam**, que consiste en cifrar un mensaje con una clave aleatoria, igual de larga que el mensaje y que solo se usa una vez (para ese mensaje).

Claude Shannon en 1949 demostró que **la libreta de un solo uso es completamente segura**. Si las claves son aleatorias, no se reutilizan y se mantienen en secreto, la seguridad está demostrada incondicional.

Pero claro, mantener una libreta larga en secreto es complicado...

He nombrado las máquinas de rotores porque el más destacado ejemplo de estas máquinas es la famosa **máquina Enigma**, que utilizaban los nazis en la Segunda Guerra Mundial y que los aliados consiguieron descifrar gracias, entre otros, (y prácticamente en su totalidad) al gran Alan Turing.

Concretamente **en Enigma, estamos hablando de más de 100.000 alfabetos de sustitución distintos** los que utilizaban estas máquinas de rotores, con lo cual eran ciertamente muy poderosas. Los rotores permitían que en cada letra del mensaje se aplicara una sustitución distinta de forma automática, de modo que para mensajes de menos de 100.000 caracteres la seguridad era inmensa.

Este ejemplo es muy famoso porque **se dice que sin haber conseguido descifrar los mensajes que cifraba Enigma, la guerra mundial se hubiera alargado por al menos dos años más** (el campo de la historia-ficción no es el objeto de este libro, en cualquier caso).

Es interesante también saber que la "rotura" de estos cifrados no se debió tanto a las debilidades criptográficas del propio cifrado, sino al mal uso por parte de los operadores alemanes nazis y la consecuente captura de las máquinas y las tablas de descifrado que usaban los operarios.

De todas formas en aquella época, que comprende los años 1920-1970, **todos los cifrados utilizados y todas las máquinas eran similares a Enigma.** Como vemos conforme avanza la tecnología cada vez se van desarrollando mejores métodos criptográficos. Pueden buscar más sobre las máquinas de rotores y Enigma, como siempre, en Internet. Incluso hay una película, llamada *Enigma* precisamente.

Volviendo sobre los cifrados de clave simétrica, la principal desventaja que tienen estos sistemas es que los sujetos que realizan la comunicación tienen que **compartir las distintas claves que se van usando por un canal seguro,** para tras ello poder comunicarse a través de un canal inseguro. Este fue el segundo problema de los nazis, como veremos en el siguiente apartado.

Sin embargo, en su momento también tenían la ventaja de que **las claves, que son como contraseñas, se pueden memorizar mejor que un procedimiento complejo de cifrado**, y se puede distribuir la seguridad del cifrado en varias personas que memorizan varias claves o incluso en varias personas que memorizan partes de una sola clave. De esa forma no depende de ninguna de ellas por separado el descubrimiento de la comunicación.

A modo de recapitulación, como vemos **la evolución de la criptografía fue dejando paso a las máquinas como sustitutos de las personas a la hora de cifrar y descifrar mensajes** de las comunicaciones. Y la seguridad de los cifrados empezaron a descansar sobre las *claves*.

Los mundos de la criptografía, la informática, las telecomunicaciones y la computación como es obvio empezaron a converger a finales del siglo XX debido a sus sinergias. Al fin y al cabo, la criptografía requiere de capacidad de cómputo y las telecomunicaciones, cuyo propósito es distribuir información a distancia, requieren de criptografía para funcionar de forma segura.

Las máquinas se convirtieron más tarde en dispositivos electrónicos aupados por el transistor. Dispositivos que realizan tanto las labores de almacenamiento y cómputo de información como de encriptado y una parte de las telecomunicaciones.

Es hora de actualizar nuestro modelo simplificado de la comunicación del primer capítulo a la criptografía simétrica. Para ello introducimos el **codificador**, que es el dispositivo encargado de cifrar las comunicaciones y actúa en la parte del emisor y el **decodificador** que actúa en la parte del intérprete y hace justo lo contrario: descifrar para que se puedan interpretar los mensajes y obtener la información.

Codificador y decodificador comparten el sistema de cifrado, que es el "código" que utilizan para transformar la información de forma correcta utilizando las claves criptográficas. Las claves se asignan a cada mensaje firmado y se transmiten por un canal seguro distinto al que se quiere asegurar (el canal inseguro).

Por otra parte, aunque en la práctica todos los sujetos de una determinada comunicación son a la vez emisores y receptores / intérpretes y emiten y reciben constantemente información entre ellos, **vamos a representar en este caso a un emisor y un receptor para poder esquematizar todo el proceso de información**. El esquema de la comunicación con criptografía simétrica nos quedaría:

Esquema de comunicación con criptografía simétrica

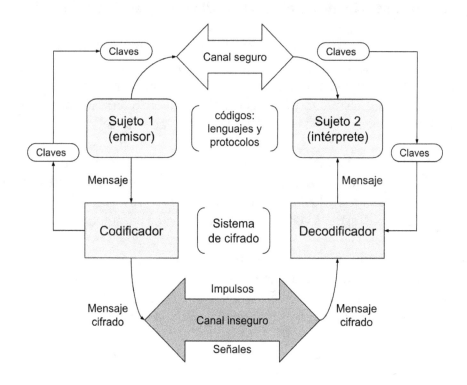

Criptografía asimétrica

Como hemos adelantado en el apartado anterior, si somos avispados podemos darnos cuenta de cuál es **el principal problema de la criptografía simétrica: se requiere de un canal seguro para compartir las claves**. Esto supone una gran desventaja técnica, pues precisamente para asegurar un canal de comunicación se debe tener otro ya asegurado, lo cual es un poco absurdo.

Por ejemplo, una pregunta pertinente es **¿por qué no se envían los mensajes por el canal seguro a través del cual se envían las claves?** Bueno, como mencionamos al principio del escrito, todo depende del contexto comunicativo. **Normalmente el canal seguro es fácil de controlar pero ineficiente, y lo contrario con el canal inseguro**.

Volviendo a la máquina de rotores Enigma, el cifrado funcionaba con unos **libros de claves** (las configuraciones iniciales de la máquina) que se actualizaban constantemente. A principios de cada mes, y conforme avanzaba la guerra con más frecuencia, se distribuía a los operadores un libro con las claves de configuración para cada día del mes.

La configuración consistía inicialmente en el orden de los rotores en la máquina (los tres rotores podían colocarse en órdenes diferentes en su eje) y la posición de los anillos con los alfabetos respecto a los rotores, aunque en posteriores versiones añadieron otros parámetros.

Así, cada día un operador (receptor o transmisor) consultaba su copia del libro de códigos para encontrar la clave (configuración) del día y configurar la máquina de forma correcta. Todo el tráfico enviado por radio aquel día era cifrado y descifrado usando las claves del día.

De esa forma las claves se distribuían mediante libros a los operarios que usaban las máquinas controlando la logística, y **ese era el canal seguro de la comunicación**. Con las claves, se cifraban las telecomunicaciones como la radio en las cuales no se podía controlar la distribución y por lo tanto formaban **el canal inseguro de la comunicación con necesidad de cifrado**.

Como curiosidad, había una disposición que no constaba en los libros de claves y que fue la que llevó más quebraderos de cabeza a los aliados (Alan Turing básicamente). Esa configuración no estaba reglamentada y cambiaba con cada "sesión de transmisión" de las varias que se realizaban durante el día.

Se trata de **la posición inicial de los rotores** (la posición de las letras antes de empezar a cifrar). Cuando se iniciaba una sesión de transmisión de datos cifrados, el operador emisor ponía los rotores de la máquina en su posición por defecto (con las posiciones "AAA" supongo) e introducía al principio del mensaje las posiciones iniciales que iba a utilizar (por ejemplo, "TBL"). Tras ello movía los rotores a dicha posición "TBL" y empezaba a cifrar.

El receptor, igualmente, dado que es un sistema criptográfico de clave simétrica, configuraba la máquina conforme a las claves del día y ponía la posición de los rotores por defecto para desencriptar la posición "TBL" que se iba a utilizar y luego movía los rotores a dicha posición para desencriptar el mensaje. **Dado que esta configuración no venía en los libros, fue difícil de descifrar.**

Sin embargo, los nazis cometían el error de teclear dos veces dichas posiciones iniciales antes de proceder al cifrado del mensaje "TBLTBL" lo cual dejaba un patrón extraño en el mensaje.

El hecho de que los operadores alemanes cometieran el error de inscribir esta secuencia de caracteres dos veces en la máquina (ellos creían que así era más seguro) implicaba que **todas las comunicaciones empezaban con unas determinadas secuencias de caracteres** fácilmente reconocibles, lo que ayudó por otra parte a los aliados a descubrir esta configuración fuera de libros y por tanto a descifrar el sistema Enigma.

El sistema de criptografía simétrica, por lo tanto, es útil pero tiene problemas. Requiere de una comunicación previa por un canal seguro en la que los sujetos se pongan de acuerdo sobre qué claves se van a usar en cada momento.

Además, si consideramos que sólo dos sujetos deben compartir una misma clave, y en una comunicación existen más sujetos, **conforme aumenta el número de sujetos el número de claves se incrementa exponencialmente**. En ese caso por cada pareja de sujetos distinta hay que usar una clave distinta, lo cual hace que estos sistemas de cifrado sean poco escalables, y funcionales solamente para un número reducido de personas.

Pero la historia siguió su curso y como decíamos, a partir de la Segunda Guerra Mundial y con el nacimiento y desarrollo del transistor, los campos de la informática, la computación, las telecomunicaciones y la criptografía seguían fusionándose y alimentándose entre ellos.

A pesar de esto, **la criptografía no empezaría a evolucionar y florecer de verdad hasta 1975**. El motivo es que en los años de posguerra (1950-1975 aprox.), la *NSA* de Estados Unidos acapara todo el talento, conocimiento y recursos en este ámbito e impide y prohíbe cualquier desarrollo público de criptografía. De hecho estos años se suelen denominar como "periodo de **criptosecretismo**".

Debemos tener en cuenta que durante estos años ocurrió la **Guerra Fría** entre USA y la URSS, y en ocasiones el ambiente llegó a estar muy tenso, como en la crisis de los misiles de Cuba. En efecto, durante muchos años la gente pensaba con razón que tarde o temprano empezaría la tercera guerra mundial debido al choque entre estos dos *hegemones*.

Pero a principios de los 70s, con la URSS ya colapsando, la carrera espacial terminando y el movimiento hippie y la contracultura de los 60s en su máximo esplendor, **Estados Unidos asume que no puede controlar más la criptografía porque la tecnología vigente la demanda** a nivel civil (empresas y particulares) en sus telecomunicaciones.

Así, en 1973 y 1974, con el beneplácito de la NSA, la agencia que más tarde se convertiría en el NIST **aceptó propuestas para establecer un estándar de cifrado con unos ciertos requisitos de eficiencia** y seguridad. Ganó un algoritmo propuesto por IBM que finalmente se publicó, primero en el Registro Federal y luego como estándar FIPS.

El algoritmo, llamado *DES (Data Encryption Standard)*, es un algoritmo que combina sustitución y transposición binaria. Además, sigue utilizándose hoy en día (aunque poco) a pesar de que fue sustituido por su hermano mayor el *AES (Advanced Encryption Standard)* en 2002 debido a sus vulnerabilidades y la insuficiente longitud de su clave.

La publicación del DES en 1975 y 1976 supuso un auténtico boom de la criptografía a nivel civil, coincidiendo con el final de la guerra de Vietnam. Ingenieros, matemáticos, informáticos y, especialmente, *Cypherpunks* (lo veremos más adelante) empezaron a interesarse por la criptografía y su potencial para la privacidad y la libertad.

Es en ese contexto cuando en **1976 Ralph Merkle, Whitfield Diffie y Martin Hellman** publican en el *IEEE (Instituto de Ingenieros Eléctricos y Electrónicos)* su artículo *"Nuevas direcciones en Criptografía"* en el cual idearon el famoso **algoritmo Diffie-Hellman**, que otorgaba una forma de **intercambiar claves de forma segura** por un canal inseguro.

Se trata de un algoritmo que explicaremos con detalle más adelante y que **utiliza la complejidad asimétrica de los logaritmos discretos en matemáticas para poder cifrar y descifrar las claves** que se van a compartir para establecer la comunicación.

El **funcionamiento general y resumido** es el siguiente: los dos sujetos de la comunicación eligen dos números aleatorios muy grandes cada uno. De estos números, uno es público y conocido por la contraparte y otro es secreto y privado. Entonces, cada uno realiza una serie de operaciones matemáticas con los dos números públicos y su número privado y se comparten mutuamente esos resultados matemáticos.

Por último, cada uno realiza otro proceso matemático con su número privado y los dos resultados matemáticos compartidos de tal forma que llegan a un mismo número que se utilizará como clave privada de la comunicación mediante criptografía simétrica. Todo este proceso es debido a las propiedades matemáticas del mismo (basado en la exponenciación modular) que permite llegar a ese número secreto, compartido y seguro.

La gracia de este algoritmo es que **sabiendo los resultados del primer procedimiento matemático, que son compartidos por un canal inseguro, un sujeto externo no puede conocer ni el número secreto de cada sujeto de la comunicación ni el número final que se usa como clave privada**, ya que para ello tendría que calcular un logaritmo discreto y eso es muy difícil y costoso.

Calcular un logaritmo discreto se estima que es **un sixtillón de veces más difícil que su inverso (las exponenciaciones modulares)**. Por eso los procedimientos matemáticos que los sujetos de la comunicación hacen para calcular las claves se realizan de forma rápida y efectiva y obtener los números privados a través de los números públicos es complicado.

En cualquier caso, **este algoritmo introdujo la auténtica revolución en el mundo de la criptografía** y la entrada definitiva y por la puerta grande de las matemáticas en este mundo debido a su utilidad proporcionando procedimientos con gran complejidad asimétrica.

Como vemos el concepto que hemos tratado al principio del capítulo es importantísimo, pues es la base de la criptografía. Las **funciones informáticas llamadas unidireccionales** (aunque no se sabe si lo son pues esto depende del problema P = NP) se llaman así precisamente por la magnitud impracticable de la dificultad de revertir el proceso.

Además, el algoritmo de Diffie-Hellman **supuso por tanto que cualquier comunicación a partir de entonces podía establecerse de forma completamente segura**, ya que se podían intercambiar las claves criptográficas de forma segura a través de un canal inseguro y luego cifrar con criptografía simétrica la comunicación (normalmente ambas cosas se hacían por el mismo canal).

La seguridad quedaba controlada por el propio problema matemático en el que se basa el sistema de forma *"determinista"*, a diferencia de lo que sucedía con los algoritmos de sustitución y transposición. Y por si fuera poco, **sentó las bases de la criptografía asimétrica** y de los algoritmos de logaritmos discretos destinados a este fin.

A partir de su algoritmo, en 1979 se publicó el **primer algoritmo de criptografía asimétrica: el RSA** (de sus creadores *Rivest, Shamir y Adleman*), que está basado en la factorización de números primos y el logaritmo discreto. El *RSA* ha sido y sigue siendo hoy el algoritmo de cifrado más utilizado de este tipo.

Si el modelo de criptografía simétrica consistía en usar las mismas claves tanto para cifrar como para descifrar datos, **la criptografía asimétrica consiste en lo contrario, a saber, que el mensaje se cifra con una clave y se descifra con otra**.

Esto significa que existen **dos claves para cada sujeto: la clave pública y la clave privada**. Es por esto que también se le llama criptografía de clave pública:

- La *clave pública* es la **clave criptográfica con la que otros cifran los mensajes** que tienen por destinatario el sujeto que dispone de clave pública. Se llama clave pública porque es irrelevante que la pueda saber todo el mundo, de hecho **se suele publicar** para que terceros ajenos la conozcan y puedan cifrar mensajes destinados a ese determinado sujeto.

- La *clave privada* es aquella con la que **el sujeto destinatario descifra los mensajes** dirigidos a él y, como su propio nombre indica, **debe permanecer en secreto** a resguardo por parte del sujeto pues le permitirá descifrar los mensajes que otros han cifrado con su clave pública para que solo pueda leer él.

El **procedimiento** es el siguiente: imaginemos que Alice quiere enviar un mensaje secreto a Bob. Bob genera su clave privada, que es un número aleatorio muy grande, y a partir de este número muy grande genera su clave pública (que es otro número muy grande) utilizando el procedimiento matemático irreversible. Tras eso envía la clave pública a Alice, que cifra su mensaje con ella y se lo envía a Bob. Finalmente Bob descifra el mensaje con su clave privada.

Pero no solo eso: **si Bob cifra mensajes solo con su clave privada y los emite públicamente, actores externos pueden descifrar el mensaje**

que Bob ha cifrado utilizando su clave pública. De esta forma no solo se consigue confidencialidad, sino también identificación y autentificación del destinatario.

Es por esta razón por la que también se usa la criptografía asimétrica para usarla como **firma digital**, ya que jurídicamente se presume que el firmante es el dueño y poseedor de la clave privada. Por ejemplo, Bob puede firmar un mensaje con su clave privada y luego compartir su clave pública con Alice para que, al descifrar el mensaje, quede comprobada la autenticidad de Bob. Por lo tanto, **la criptografía asimétrica ofrece más usabilidad que la criptografía simétrica**.

También **evita que los sujetos de la comunicación se tengan que poner de acuerdo sobre las claves a utilizar**. Simplemente ambos deben compartir su clave pública y salvaguardar su clave privada. Además, los sujetos son responsables de los mensajes emitidos por ellos mismos, no de todos los mensajes de la comunicación. En caso de que la clave privada de uno de ellos quede descubierta, solo quedarán descubiertos los mensajes emitidos por dicho sujeto, no los de terceros que se comunicaron con él.

Por último, normalmente **evita que haya un crecimiento exponencial de claves como ocurría con la criptografía de clave simétrica**, ya que las claves de un sujeto sirven para todos aquellos que quieran compartir mensajes con ese sujeto por destinatario. Evidentemente, igual que ocurría con los cifrados de clave simétrica, el segundo principio de Kerckhoffs (la seguridad debe descansar enteramente sobre la clave, no sobre el algoritmo) debe cumplirse.

Aun así, la criptografía asimétrica tiene **inconvenientes**. *Grosso modo*:

- En primer lugar, **el tiempo de procesamiento** (cifrado y descifrado) **es mayor** para una longitud de clave dada. Esto se debe al procedimiento matemático, pues es más complejo que las simples sustituciones y transposiciones binarias.

- En segundo lugar, **las claves deben ser también más largas** para un nivel de seguridad exigible dado (del orden de cinco veces).

- Y en tercer lugar, **el mensaje cifrado también suele ser más largo** que en los sistemas de clave simétrica pues el cálculo matemático suele resultar en números muy grandes.

En cualquier caso, los sistemas de clave asimétrica basados en curvas elípticas como el utilizado en Bitcoin tienen características menos costosas (y por eso se usan, obviamente).

También es interesante saber que, para evitar los mayores costes computacionales de la criptografía asimétrica, los protocolos que envían muchos mensajes suelen **usar criptografía asimétrica para compartir entre ellos de forma segura la clave que se va a usar para encriptar los mensajes posteriores con criptografía simétrica**. A esta técnica se le suele llamar *criptografía híbrida*.

Cuando se quiere empezar una transmisión y se establece una sesión determinada, se comparte la clave que se va a usar para enviar la información durante dicha sesión cifrada con criptografía asimétrica y se utiliza esa clave para cifrar la información mediante criptografía simétrica, que es más eficiente y rápida computacionalmente.

Ese es el caso, por ejemplo, del protocolo TCP o también del cifrado SSL que se utiliza en el protocolo HTTP y otros (recomiendo consultarlo en internet para mayor información). De hecho, en eso consiste el algoritmo Diffie-Hellman precisamente.

En conclusión: **la criptografía asimétrica surgida tras el boom de 1975 es claramente un avance revolucionario.** Soluciona de forma eficaz los problemas de la criptografía simétrica y permite establecer conexiones seguras por canales inseguros mediante procedimientos matemáticos considerados funciones unidireccionales.

Sin embargo, **tiene sus propias limitaciones**, ya que es menos eficiente que la criptografía simétrica. La combinación de ambas en un esquema híbrido entraña utilizar lo mejor de ambos mundos cuando se requiere un envío bastante masivo y constante de mensajes, aprovechando la seguridad y la facilidad de una y la eficiencia de la otra.

En el caso de **Bitcoin** y, en general, las criptomonedas, la criptografía asimétrica permite tener **control sobre las comunicaciones de valor** sin depender de un servidor centralizado. Es como una especie de registro de usuarios y contraseñas distribuido. Proporciona la identificación, autentificación, autorización e integridad en la gestión de los fondos.

Finalizamos el apartado actualizando nuestro esquema de comunicación con el funcionamiento de la criptografía asimétrica:

Esquema de comunicación con criptografía asimétrica

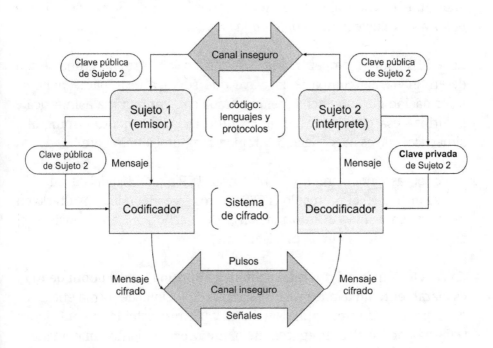

Movimiento cypherpunk

Antes de continuar al siguiente apartado y empezar con la propiedad más importante de Bitcoin, es imprescindible dedicar unos párrafos al **movimiento cypherpunk**, ya que fue el caldo de cultivo que terminó con la creación de Bitcoin. Sobre todos los temas que vamos a tratar en este apartado también encontrarán más información en Internet.

Empezando por la palabra, *cypherpunk* fue acuñada por primera vez por la hacker Jude Milhon en 1992 (*cypher* cifrado y *punk* rebelde), pero el movimiento que describe empezó a surgir mucho antes.

Esta palabra a su vez proviene del término **cyberpunk**, que es un género literario futurista, de ciencia ficción y lleno de distopía, en el que la tecnología es central en el argumento. Normalmente se describe un mundo donde la tecnología se utiliza para controlar a la población de forma invasiva en una especie de tiranía totalitaria.

En contraposición, los protagonistas son usualmente gente marginada, solitaria e introvertida que **se rebela contra esa situación de tiranía tecnológica**. Son una especie de héroes rebeldes que buscan usar la misma tecnología para escapar del control de la tiranía. El estilo suele ser muy *orwelliano:* similar a la celebérrima novela *1984 de Orwell* pero con la tecnología como elemento central y un ambiente más futurista.

Aunque hay distintos tipos, subgéneros y obras dentro del *cyberpunk*, en la mayoría de ellos **la acción se desarrolla en un ciberespacio en el que todas las interacciones están controladas por el gobierno** y por las corporaciones, que se muestran como grandes multinacionales que acaparan el poder político y militar y controlan el gobierno.

En ese sentido, **los protagonistas suelen identificarse como *hackers* defensores de la libre circulación de la información** y decididamente opuestos a los derechos de propiedad intelectual.

Además, suelen ser acérrimos defensores de las tecnologías de cifrado para garantizar la privacidad así como del dinero electrónico y de todas las modernas tecnologías digitales para proteger al individuo de los efectos, el control y la corrupción de corporaciones y gobiernos así como la enajenación y la vigilancia tecnológica.

Se trata de **una metáfora que dibuja un movimiento contracultural y de rebelión basado en una tradición libertaria** y de defensa de los derechos individuales de las personas, así como una profunda desconfianza en el uso de las nuevas tecnologías que, si bien pueden proporcionar mayores niveles de comodidad y progreso, también pueden alienar al individuo y ayudar a controlarlo.

Pues bien, en este concepto es en el que se inspiró la hacker Jude Milhon para bautizar de forma cariñosa el movimiento *cypherpunk*, de los rebeldes del cifrado. Pueden buscar más sobre ello en Internet. Pero veamos ahora un poco el origen y la historia detrás de los *Cypherpunks*.

En el apartado anterior ya hemos explicado que con la invención del transistor, durante los años 50s y 60s el desarrollo de la informática y las telecomunicaciones se aceleró drásticamente, adquiriendo una velocidad sin precedentes (de esa época es la *Ley de Moore* de los transistores, para que nos hagamos una idea).

Pero la criptografía no avanzó a nivel civil hasta los años 70s por el periodo llamado como *criptosecretismo*, en el cual Estados Unidos (y también la URSS, aunque obviamente menos) acaparan todo el desarrollo de la misma para evitar el espionaje y el contraespionaje. Quedando así secuestrada por las agencias de seguridad y utilizada solamente para uso militar, no civil.

En los años 70s ya se da una situación donde el gobierno de Estados Unidos queda muy desgastado y es muy impopular entre los ciudadanos. La Guerra Fría, la carrera espacial, el Movimiento por los Derechos Civiles (de los afroamericanos), la Guerra de Vietnam y, para rematar, la prohibición absoluta de todas las sustancias psicoactivas y la desvinculación del dólar con el oro. Todas estas cuestiones pasan factura en el país en cuanto a su moral y credibilidad.

Encima la computación y las telecomunicaciones se habían desarrollado tanto que empezaba a haber redes en las oficinas de cualquier empresa, no digamos ya de instituciones como universidades y las administraciones públicas. Redes que demandaban **seguridad**.

Todo esto llevó a que Estados Unidos no tuviera más remedio que aceptar que se necesitaban estándares de uso de criptografía para poder asegurar las redes y las telecomunicaciones civiles. También la URSS empezaba a mostrar síntomas de debilidad, la Guerra de Vietnam terminaba y la Guerra Fría estaba en un ambiente menos tenso, por lo que no había excusa que valiera.

De esa forma la criptografía experimenta un boom de desarrollo sin precedentes, y con él empiezan a emerger una serie de activistas que abogan por el uso generalizado de criptografía sólida y tecnologías que mejoran la privacidad como una ruta hacia el cambio social y político. Recordemos que en esas fechas el movimiento hippie era muy reciente, y el ambiente de contracultura permanecía entre la gente.

Al principio eran simplemente personas interesadas en criptografía que, tras ver el potencial que tenía este campo, querían llevar dicha tecnología a espacios más allá del uso puramente militar que era el que se había desarrollado hasta el momento.

Pero según avanza el desarrollo criptográfico junto a la computación y las telecomunicaciones, las aspiraciones de estos activistas se antojaban cada vez más ambiciosas debido a las perspectivas futuras de un mundo digital interconectado por una red de dispositivos electrónicos que intercambian información constantemente.

Más aún sabiendo que en dicha red todos nuestros datos estarían almacenados y al alcance desde cualquier parte del mundo, ya que **internet al principio se diseñó intentando evitar que fallase, no para que fuese seguro**.

Una de las primeras figuras en impulsar la seguridad y que después fue considerado como uno de los precursores del movimiento cypherpunk es **Ralph Merkle, el autor del Árbol de Merkle** tan famoso en Bitcoin y que explicaremos más adelante. Además de diseñar las bases de varios sistemas criptográficos actuales, creó uno de los primeros sistemas criptográficos asimétricos, el **sistema Merkle-Hellman**, que aunque fue roto y no tuvo el éxito del algoritmo RSA, contribuyó ampliamente a establecer las bases fundamentales de este sistema criptográfico.

Otra de las fundamentales precursoras de esta época es la **criptógrafa Shafi Goldwasser**. Autora de, entre otros, un algoritmo no interactivo para demostrar que un determinado número (muy grande) es primo y mejorar así sistemas de cifrado como el ya mencionado RSA.

Responsable también de desarrollar junto a Silvio Micali y otros los **principios de los protocolos de conocimiento cero** (*ZKP, zero knowledge protocols*) cuyo objetivo es probar que se conoce algún o varios secretos a alguien, sin que realmente se revele dicho secreto. Es decir una prueba de conocimiento cero es un método criptográfico por el cual una de las partes puede demostrar a la otra la veracidad de una información sin revelar nada relevante de dicha información.

Pero aunque sus avances fueron múltiples en criptografía y teoría de la computación, quizá sus avances más importantes fueron los relacionados con la **generación de números y funciones pseudoaleatorios**, ya que fueron utilizados para dotar de seguridad a otros algoritmos de cifrado (como veremos en Bitcoin, la aleatoriedad obtenida de buenas fuentes es absolutamente imprescindible).

No nos podemos olvidar de **Ronald Rivest**, coautor del algoritmo *RSA (Rivest, Shamir y Adleman)*, el algoritmo de criptografía asimétrica más utilizado de toda la historia. Inventor de todo el conjunto de sistemas criptográficos *RC (Cifrado de Rivest, RC2, RC4, RC5 y RC6)* y de la familia de funciones hash MD (Message Digest, MD2, MD4, MD5 y MD6).

El último precursor cypherpunk que debemos mencionar de esta época de los 70s y 80s es **David Chaum**, considerado el padre del dinero electrónico nada menos y uno de los *cypherpunk* más convencidos.

Entre sus hitos figuran el ser creador de las **firmas digitales ciegas** (sistema criptográfico de firma digital que permite a una persona obtener un mensaje con una firma o sello otorgados por otra entidad para que pueda ser presentada ante terceros, sin necesidad de revelarle a esta información del contenido específico del mensaje).

Estas firmas permitían hacer pagos irrastreables con dinero digital bancario y propiciaron la creación y publicación teórica también por su parte en 1983 de **eCash**, que fue concebido como un dinero electrónico criptográfico anónimo o un sistema de efectivo electrónico con privacidad. Además en 1989 decidió crear **DigiCash**, una empresa dedicada a servicios de dinero electrónico que implementa eCash.

No obstante, las aportaciones de David Chaum a la criptografía en general fueron inmensas y en un montón de diferentes aspectos. Desde sistemas de votaciones electrónicas fiables hasta protocolos de pruebas de conocimiento cero. También hacía las conferencias anuales llamadas CRYPTO en California, donde juntaba al mayor talento del sector de la criptografía para impulsar la materia.

Chaum era uno de los más rebeldes y convencidos cypherpunk de su época, y su objetivo era llevar la criptografía a su máximo potencial para proteger la privacidad de las personas en el uso de la tecnología. Es por ello que sus trabajos han ido más allá de las firmas digitales, las autenticaciones y las garantías de integridad de los mensajes, proponiendo sistemas de voto y de dinero electrónico seguros.

Y en los años 90 entramos ya en el nacimiento del movimiento cypherpunk y por tanto del origen real de Bitcoin. Mucha gente no lo sabe, pero **las ideas que hoy forman el ecosistema de las criptomonedas llevan gestándose desde los años setenta con el desarrollo de la propia informática y la computación.**

En estos años lo que conocemos hoy como Internet es ya una realidad. La red de redes mundial está ya en funcionamiento y la transición de ARPANET al protocolo TCP/IP es completa. Ya es plenamente posible que personas desde cualquier parte del mundo intercambien información a través de esta red por archivos y correo electrónico. Era una red que, aunque pequeña en comparación a la actual, era plenamente operativa.

En 1991 se publica la World Wide Web ideada por Tim Berners Lee y las disciplinas de la informática, telecomunicaciones y criptografía experimentan un nuevo boom. Por cierto, no hay que confundir Internet con la Web. Internet es la red global de ordenadores derivada de ARPANET y la Web es una de sus aplicaciones: un sistema de documentos con hipertexto (enlaces a otros documentos), que hoy entendemos muy bien y denominamos como *páginas web*.

Durante todo este tiempo, **los precursores *cypherpunk* y los criptógrafos rebeldes se juntaban en listas de correo electrónico**. Se trata de un software parecido a lo que hoy en día entendemos por *newsletter* donde una comunidad de usuarios interactuaba para hablar y aportar ideas y contenido sobre un determinado tema concreto. En este caso, se trataba de espacios muy especializado para frikis del mundillo de la criptografía, la computación y las redes. Espacios donde se reunían, compartían ideas y discutían sobre distintos temas.

Pero en 1992, a raíz de todo este boom, se crea la lista de correo definitiva: la *Cypherpunks mailing list*. En ese año, Eric Hughes, Tim May y John Gilmore empezaron a quedar mensualmente en la empresa de Gilmore para discutir estos temas y decidieron crear esta lista para invitar a más gente y formalizar las conversaciones. En una de esas quedadas, cuando invitaron a Jude Milhon a unirse, es cuando se adoptó el término cypherpunk que terminó también en la lista.

Esta lista aunó el mayor ingenio de este sector y empezó a crecer cada vez más. En 1994 ya tenía 700 suscriptores y en el año 1997 alcanzó los 2000. Esa lista de correos ha sido el **origen no solo de Bitcoin, sino de las mayores contribuciones cibernéticas y sobre todo criptográficas** de toda la historia. En ella discutían, proponían y compartían conocimiento personalidades como el CEO de *Blockstream* e inventor de *Hashcash* **Adam Back** y el ya nombrado David Chaum.

Entre los propios fundadores, **Eric Hughes** fue el inventor del primer servidor de correo de remitente anónimo, **Tim May** fue ingeniero de Intel y solucionó el *problema de las partículas* alfa retirándose a los 30 años y **John Gilmore** fundó *Cygnus Solutions* (una exitosa empresa de software de código abierto GNU y adquirida más tarde por Red Hat) y la EFF (*Electronic Frontier Foundation*, ONG dedicada a proteger jurídicamente los derechos civiles en el ámbito digital y tecnológico).

También estaban en estas listas el físico fundador de Anonymizer **Lance Cottrell**, el ya nombrado Ron Rivest, el célebre activista y creador de GNU **Richard Stallman**, el creador del protocolo SSH **Tatu Ylönen**, la criptógrafa inventora del Proof of Work como concepto **Cynthia Dwork**... e incluso Tim Berners Lee, el creador de la Web.

Otras personas que estaban en esa lista son **Ulf Moeller** (el gran contribuidor de OpenSSL), **John Perry Barlow y Mitch Kapor** (cofundadores junto a John Gilmore de la EFF) y **Julian Assange**, el célebre fundador de WikiLeaks. También, por supuesto, **Nick Szabo**: el creador de BitGold, precursor de Bitcoin y creador de los smart contracts y **Wei Dai**, el creador del paper B-Money que da nombre a la unidad más pequeña de Ethereum.

Hal Finney y Phil Zimmerman, quienes desarrollaron *PGP (Pretty Good Privacy)*, también estaban en esta lista. Finney también era un cypherpunk estricto. Gestionó *remailers* anónimos, desarrolló sistemas PoW y fue el primero en recibir una transacción de Bitcoin de toda la historia (la recibió de Satoshi por valor de 10 Bitcoins, claro). Y por supuesto, como férreo defensor del proyecto, contribuyó corrigiendo errores junto a Satoshi durante el primer año de Bitcoin.

Cuando fundaron la lista Cypherpunk, Tim May y Eric Hughes pronunciaron en la reunión mensual y publicaron después en la propia lista un discurso cada uno. En ellos mostraban cuáles eran los valores y los motivos que justificaban su fundación. Eric Hughes publicó el **Manifiesto Cypherpunk** y Tim May el **Manifiesto Criptoanarquista**. En internet podrán encontrar y leer los discursos originales tanto en inglés como en español.

Empezando por el primero, trata de la privacidad y la necesidad de sistemas anónimos para garantizar plena la libertad de expresión y de comercio. De transacciones de información donde se pueda controlar la revelación de la identidad y el destinatario de la misma. De dinero electrónico anónimo usando criptografía fuerte.

También de este Manifiesto sale la frase "*Cypherpunks write code*", con la que Eric Hughes explica que hay que programar y desarrollar software de código abierto y gratuito para conseguir esta plena privacidad y libertad. Porque los gobiernos y corporaciones no van a hacerlo, ya que no les interesa. Anima a la gente a unirse y a compartir sus desarrollos cooperando para alcanzar dichos fines.

Respecto al segundo, fue creado en 1988 pero publicado y leído en 1992 en la fundación Cypherpunk. En él, May acuña por primera vez el término "*criptoanarquista*", que se puede explicar de forma simple como una ideología que se muestra a favor de la utilización de la criptografía fuerte para hacer cumplir los principios de privacidad y libertad individual y declarar la anarquía en el ciberespacio.

En él, Tim May habla de la capacidad de la informática vigente de hacer un sistema de interacciones intrazables sobre la red gracias a la criptografía fuerte, sistemas de conocimiento cero y otros protocolos similares de autenticación y verificación. También de un gobierno intentando parar todos estos avances apelando a la excusa de la '*seguridad nacional*' y a su uso por parte de delincuentes y mafias.

También en la misma lista y por el mismo autor se publicó el "**Cyphernomicon**" en 1994, un documento en forma de preguntas (FAQ) que recopila las ideas expuestas en la lista de correos, explica las cuestiones más repetidas al respecto del criptoanarquismo como filosofía y de nuevo expresa la necesidad de un sistema de dinero electrónico anónimo y de la privacidad digital.

Se ha incidido a lo largo del libro en la recomendación de consultar en Internet los temas tratados aquí, **pero en esta ocasión es mucho más que recomendable**: prácticamente imprescindible.

Leyendo los documentos anteriormente citados, incluyendo la **Declaración de Independencia del Ciberespacio** formulada por John Perry Barlow en 1996 en Davos, verán en ellos una predicción de Bitcoin y las criptomonedas con una precisión fascinante. Además, podrán entender los valores y el origen que sustentan no solo a las criptomonedas, sino al propio Internet y la Web.

La gente que no sabe esta historia no se puede creer que el origen de Bitcoin fuera tan antiguo, premeditado y con unas ideas tan anárquicas, pero lo cierto es que así fue. Como hemos dicho hasta el padre fundador de la Web, **Tim Berners-Lee**, estaba en esta lista cypherpunk.

Aunque obviamente cada uno tenía sus propias opiniones, todos los participantes tenían un nexo de ideas en común. Se trata de una persona que siempre ha promovido la idea de datos abiertos a nivel mundial y la lucha por derechos como la neutralidad de la red, la privacidad y la apertura de la Web.

Debemos saber y tener en cuenta que las ideas libertarias y anarquistas de privacidad de los individuos frente a los gobiernos y en general terceros presentes en Bitcoin no son las ideas de unos locos que querían realizar tráfico ilícito e inmoral en mercados negros.

Son exactamente las mismas que fundaron internet y que han llevado al profundo desarrollo del ciberespacio que tenemos actualmente. Con herramientas tan poderosas como anteriormente inimaginables (información abierta e ilimitada, plataformas de imágenes y vídeo, redes sociales y aplicaciones de chat, telefonía, videoconferencia, espacio compartido, y un etcétera casi infinito).

Siguiendo con esta historia, el siguiente paso para explicar el origen Bitcoin es la invención de **HashCash** por parte de **Adam Back** en 1997. *Hashcash* fue el origen de lo que hoy llamamos Proof of Work (PoW) o prueba de trabajo que es la base de la seguridad de Bitcoin. Aunque fue Cynthia Dwork la primera en esbozar conceptualmente el PoW, Adam Back lo implementó por primera vez de forma utilitaria y funcional como servicio orientado al cliente final.

En aquella época Internet y La Web ya estaban muy asentados y los correos electrónicos ya eran una herramienta normal y usual. Pero empezaba a haber problemas de correos no deseados o lo que hoy conocemos como **spam** (recomiendo buscar en internet el origen del término, verán que es muy divertido). Se enviaban correos sin que se solicitaran y lo peor y más importante es que se hacían una serie de ataques llamados **ataques de denegación de servicio (DoS)**.

Esta clase de ataques consiste simplemente en **enviar muchas peticiones en muy poco tiempo con el fin de colapsar las infraestructuras** de aquello que se quiere atacar y así impedir que preste el servicio adecuado (denegación de servicio).

Por ejemplo, en este caso, se trataba de enviar muchos correos electrónicos a un servidor para que no pudiera atender tantas conexiones y colapsara, evitando así su funcionamiento normal por consumir sus recursos computacionales. Hay una gran variedad de ataques de este tipo más complejos y sofisticados que buscan otras vulnerabilidades, y la más conocida es el **Distributed DoS o DDoS**.

Pues bien, a partir del trabajo de Cynthia Dwork y Moni Naor, Adam Back **desarrolló un sistema de prueba de trabajo para evitar estos problemas como una contramedida contra el spam** en correos electrónicos y también en blogs.

La idea básica de Hashcash es requerir un trabajo de computación cada vez que se envía un mensaje a través de un protocolo. Así, a una persona que usa correo electrónico o deja un mensaje no le importa esperar un segundo a que este se publique, pero a un atacante que quiere enviar un millón de correos en un segundo sí que le complica la operación por costes y tiempo.

Concretamente, *Hashcash* exige añadir al encabezado del correo electrónico un código con unas determinadas condiciones que solo se puede calcular con un cierto cómputo de procesador predecible. Este código funciona como un "sello" de confianza o un coste verificable para que el receptor del correo asuma que el emisor no es un *spammer*.

Se trata, cómo no, de un *"hash"* calculado a través de una función hash criptográfica (en el siguiente apartado las trataremos).

La premisa es que **si un determinado usuario ha usado su procesador para generar este sello resulta poco probable que sea un *spammer*.** Los receptores del mensaje, además, verifican que efectivamente se ha realizado el "trabajo" con un procedimiento sencillo y poco costoso.

Por lo tanto **HashCash se demostró como una herramienta muy eficaz contra el correo no deseado, aunque no eficiente** (debido a que se ha tenido que recurrir a derrochar cálculo computacional exclusivamente para evitar el correo no deseado).

Las funciones hash criptográficas (que dan el nombre a *HashCash*) y su utilidad como Proof of Work (más adelante lo explicaremos) **son la base más fundamental de Bitcoin.** En Bitcoin se utilizan para proteger la red de los llamados ataques de identidad (o ataques de Sybil) adaptados a la red Bitcoin, entre otros.

La *minería* en Bitcoin, de hecho, consiste en hacer este trabajo de cómputo para "minar" un bloque y poder así añadirlo a la cadena de bloques y obtener una recompensa por ello. Sin el trabajo de Adam Back, seguramente Satoshi no hubiera podido crear Bitcoin.

Finalmente, no podemos terminar este apartado sin describir las aportaciones del gran criptólogo **Nick Szabo**. Sus trabajos más antiguos son de 1994-1995 cuando, en una sencilla página web, se dispuso a publicar ensayos sobre lo que él llamaba '**smart contracts**' (contratos inteligentes), este concepto que parece tan reciente y novedoso.

El más famoso de ellos es un **Glosario** (*Smart Contracts Glossary, 1995*) sobre lo que él entendía por *smart contracts* con todo el vocabulario conceptual que actualmente se utiliza definido y descrito por él mismo. Por ejemplo, en dicho trabajo definía un contrato inteligente como un protocolo de transacción computarizado que ejecuta automáticamente los términos de un contrato. Una definición bastante certera, sin duda.

Él imaginaba colocar contratos en un código que podría ser tanto *trustless* (sin depender de la confianza de terceros) como *self-enforcing* (autoaplicable, que forzara las condiciones de forma automática), con el objetivo de mejorar la eficiencia y eliminar la ambigüedad de las relaciones contractuales. Aunque no lo denominó con esas palabras.

Estos dos términos mencionados, "**trustless**" y "**self-enforcing**" (especialmente el primero) son esenciales pues describen muy bien el objetivo de las criptomonedas (los propios defensores de Bitcoin lo defienden como el dinero sin dependencia ni confianza en terceros).

Szabo ilustró también sus ideas con el famoso **ejemplo de aplicación de un contrato inteligente a una máquina expendedora**. Un individuo inserta monedas en la máquina y, asumiendo que la cantidad insertada es correcta, la máquina entrega la mercancía que el individuo solicita.

Esta interacción predecible requiere poca o ninguna confianza entre las partes contratantes: la máquina expendedora no tiene más remedio que entregar la mercancía al recibir el dinero, porque el contrato está programado. La infraestructura tecnológica de la máquina es simplemente garantizar que el contrato se cumplirá según lo previsto.

Según el propio Szabo, "Los **objetivos generales del diseño de contratos inteligentes** son satisfacer condiciones contractuales comunes (condiciones de pago, gravámenes, confidencialidad e incluso cumplimiento) y minimizar las excepciones maliciosas y accidentales y la necesidad de intermediarios de confianza. Los objetivos económicos relacionados incluyen la reducción de las pérdidas por fraude, los costos de arbitraje y ejecución, y otros costos de transacción".

Szabo tuvo la visión, por tanto, de que estos *smart contracts* podrían ser aplicados en todo tipo de propiedad valiosa para que fuera **controlada por tecnologías digitales para asegurar que las disposiciones del contrato son automáticamente ejecutadas con medios tecnológicos**.

Pensemos en la utilidad que podría tener esto: **la mayor parte de intermediarios** en relación a la gestión de pagos y cobros, reembolsos, atención al cliente, etc. **quedarían reducidos o eliminados**, aumentando así la eficiencia contractual. Desde salarios que se pagan mensualmente de forma automática hasta electricidad que se cobra automáticamente según su consumo, gasolineras, etc.

Por ejemplo, se podría idear un **catastro inmobiliario automático en el que las propiedades queden forzadas y registradas mediante blockchain**. Si una persona quiere vender una propiedad puede ejecutar un *smart contract* programado en esa cadena de bloques pidiendo al comprador una cierta cantidad de dinero.

Al estar el contrato ejecutado por código y el estado distribuido entre muchos ordenadores, es **forzoso y tanto el vendedor como el comprador lo saben**: en el momento en el que el comprador deposite el dinero en el contrato inteligente quedará bloqueado y transferido al vendedor y la propiedad transferida del vendedor al comprador.

Se eliminaría por lo tanto la figura del **notario** y otros intermediarios y no se requeriría de confianza ni por parte del vendedor ni por parte del comprador, ya que el cambio es bastante irrevocable. Además, ni el vendedor ni el comprador necesitarían confianza entre ellos para hacer el intercambio, pues la confianza viene forzada por código.

Como hemos dicho el concepto *"trustless"* o sin confianza es la base de esta nueva revolución tecnológica porque, al fin y al cabo, si se tiene confianza con alguien no importa cómo se realice una transacción económica. Por ejemplo, en el núcleo familiar más cercano normalmente no importa cómo se realice un intercambio y se presupone confianza. De hecho normalmente se transacciona mediante promesas de pago ("Dame 5€ y ya te los devolveré en otro momento").

Pero esto no es aplicable cuando se alquila una película en Netflix o cuando se paga a un proveedor en China. El hecho de poder hacer contratos digitales forzosos e independientes de la confianza de sus partes **abre el comercio de una forma inimaginable**, en la que dos sujetos pueden transaccionar sin ni siquiera saber quiénes son (como en Bitcoin, donde todas las transacciones son pseudónimas).

Hoy, el término *Smart Contract o contrato inteligente* ha sido adoptado por la comunidad crypto para hacer referencia a los contratos **programados, implementados y ejecutados en una blockchain**. En este sentido, los contratos inteligentes son programas de software ejecutados de manera distribuida por los nodos de una red basada en blockchain u otra tecnología de registro distribuido.

Esta es la base y la razón de ser de Ethereum, y cobra aún mayor sentido en una red descentralizada con tecnología de consenso distribuido (como lo es una cadena de bloques). De hecho Ethereum (aunque no vamos a entrar en detalle en este libro) se ideó como una cadena de bloques programable Turing-completa de uso general.

Como tal, Ethereum puede considerarse como una **capa de computación global y distribuida**, que constituye la columna vertebral de los sistemas y aplicaciones descentralizados (tal y como pregona su fundador, Vitalik Buterin, desde 2013). Descentralizados porque se ejecutan no en un ordenador sino en muchos y distribuidos.

Ethereum es el entorno blockchain de contratos inteligentes más famoso hoy en día, e implementa un lenguaje de programación llamado Solidity y una máquina virtual distribuida (Ethereum Virtual Machine, EVM) que se ha convertido en estándar de todos los entornos blockchain que tienen el fin de ejecutar *smart contracts*.

El código de un contrato inteligente se almacena, en forma compilada, en la cadena de bloques de Ethereum y se le asigna una dirección. Para interactuar con el contrato inteligente, las partes envían una transacción a la dirección correspondiente, lo que desencadena la **ejecución del código subyacente a dicha dirección en todos los nodos de la red, independientemente de cualquier operador centralizado o tercero de confianza**.

Por lo tanto, al igual que una máquina expendedora, se puede decir que los contratos inteligentes son autoejecutables, con garantía de ejecución (Vitalik Buterin, 2013). Cuando terminen el libro y hayan comprendido con profundidad Bitcoin, será mucho más fácil y asequible entender el funcionamiento y objetivos de Ethereum, pues está basado internamente en las herramientas y desarrollos que sustentan Bitcoin.

Siguiendo con las proezas de Nick Szabo, este también fue el precursor de Bitcoin con su creación de **BitGold**, un trabajo empezado en 1998. BitGold fue una moneda digital que **ya implementaba gran parte de las propiedades que Bitcoin tiene**, a saber: el uso de una estructura descentralizada para llevar a cabo la contabilidad, un claro enfoque en la privacidad mediante la utilización de la criptografía, funciones de Prueba de Trabajo para proporcionar seguridad e incluso una "cadena de bloques" primitiva.

Aunque BitGold nunca llegó a existir en funcionamiento y se quedó simplemente como un trabajo, proporcionó a Satoshi la base necesaria para crear sus dos papers explicando Bitcoin. De hecho, el parecido entre BitGold y Bitcoin es tan grande que **en internet se especula que Szabo es el creador anónimo de Bitcoin que se esconde detrás del pseudónimo de Satoshi Nakamoto**, aunque Szabo ha negado esta afirmación (también se especula con que puedan ser muchos otros: desde Gavin Andresen o Adam Back hasta Hal Finney).

Una de las diferencias más fundamentales entre BitGold y Bitcoin es el uso de las funciones hash criptográficas. BitGold necesitaba que la prueba de trabajo fuera determinista y cuantificable para que el valor de las unidades monetarias dependiese del trabajo realizado. Como las funciones hash constituyen una prueba de trabajo estadística y no determinista, no le servía esta solución en su sistema. Otras diferencias son la limitación en la oferta de unidades monetarias (BitGold era inflacionario) o que el objetivo de BitGold era ser respaldado por otras monedas digitales y no un activo real per se.

En cualquier caso, lo más importante que le faltaba a BitGold y que hizo a Bitcoin supuestamente el primer activo digital real de la historia fue la **solución del problema del doble gasto**. Aunque fue evolucionando con el tiempo, en la última versión en 2005 era este problema el que se le atragantaba a Nick Szabo.

Esto ocurría porque su sistema **dividía en dos partes la actual blockchain**: por una parte tenía un sistema de "cadena de bloques" por cada pieza de BitGold que se creaba (una trazabilidad en cada unidad emitida para evitar así la impresión masiva de BitGold) y por otra mantenía el sistema de registro y de contabilidad de los propietarios de cada pieza de oro en una "cadena de bloques" diferente con los propietarios históricos del sistema.

Es decir, tenía una "cadena de bloques" por cada unidad emitida y además otra "cadena de bloques" para el registro de cuentas de cada usuario. Encima la propiedad de las unidades monetarias cambiaba según un sistema de votación entre los nodos de la red, haciendo de BitGold un sistema demasiado complejo y enrevesado.

Nick Szabo proponía así su sistema porque **necesitaba controlar con precisión el momento en el que se había creado una unidad de BitGold para calcular su valor** según la dificultad que había supuesto generarla. Unir estos dos registros separados en una única cadena de bloques de la forma en la que lo hizo Satoshi con Bitcoin terminaría de solucionar por fin el problema del doble gasto.

Esto a su vez permitió deshacerse del molesto sistema de votación propuesto por Szabo para pasar a un sistema de red sin requerimiento de permiso o "**permissionless**". En Bitcoin, el cambio de propiedad de las unidades se realiza simplemente esperando que cada nodo de la red acepte el primer cambio válido (en este caso bloques con transacciones) que recibe de cualquier otro nodo por estar en la cadena. Cada nodo asume que todos los demás nodos harán lo mismo.

Satoshi Nakamoto dedica ocho páginas de su paper técnico de Bitcoin a explicar que esta idea tan simple funcionará siempre que los nodos honestos que obedezcan esta regla representen más del 50% de la potencia informática de la red (de ahí el famoso ataque 51%).

Lo cierto es que, sea Szabo el creador de Bitcoin o no, **se puede seguir un viaje de rediseño razonable desde lo que Szabo dejó en 2005 hasta el sistema de Bitcoin que Satoshi publicó en 2008.**

Un viaje además que no es imposible que Szabo haya seguido ya que las mejoras que iba solucionando en su BitGold indican el camino que terminaba en el sistema de Bitcoin. Tienen además un artículo sobre cómo se podría haber realizado este viaje en Internet.

Para terminar, cabe remarcar que **la lista de correo de los Cypherpunks cambiaba de estructura y arquitectura física**, ya que como podemos entender por el tipo de personas que había en ella, los temas tratados y los objetivos a cumplir, el peligro de ser descubiertos y perseguidos era bastante grande y acuciante.

Es por eso que desde 1992 hasta 1997 esta lista de correos mantenía una estructura centralizada en *toad.com*, y desde 1997 hasta 2005 se mantuvo en una estructura descentralizada primero en un software llamado "*Majordomo*" y luego en *GNU Mailman*, aunque realmente no se tienen todos los archivos, trazabilidad y fechas de las listas.

De todas formas, **en esa época de cambio de milenio había ya muchas listas de correo electrónico dedicadas a investigaciones criptográficas y de redes distribuidas**, que son en las que publicaba Satoshi Nakamoto y todas las personas del movimiento Cypherpunk.

En concreto, Satoshi publicó sus famosos dos papers sobre Bitcoin en la lista Cypherpunk corriendo sobre "Majordomo" y bajo el dominio *metzdowd.com*. Pero también publicó en otras listas como *P2P Research* de *listcultures.org* y la suya propia, *Bitcoin List*, más adelante.

Aparte de en listas, publicó en foros como la *P2P Foundation* o sus propios foros sobre Bitcoin que terminarían en *Bitcoin Talk* (*bitcointalk.org*), actualmente en funcionamiento. Incluso intercambió numerosos correos privados con Gavin Andresen, Hal Finney, Wei Dai y otros personajes relevantes.

Diez años después del inicio del trabajo de BitGold por parte de Nick Szabo y tres años después de abandonarlo, Satoshi Nakamoto, el padre fundador de Bitcoin, empezó una revolución sin precedentes en la historia. Consiguiendo, por fin, el objetivo más ambicioso de los

Cypherpunks desde los setenta: **llevar el dinero al mundo digital**. Solucionó, a priori, el problema del doble gasto de tal forma que las transacciones entre sujetos puedan ser anónimas, seguras, inconfiscables, inmediatas, intangibles, a distancia y, sobre todo, al margen de gobiernos y corporaciones.

Tras ese gran proyecto de código abierto (que por supuesto pueden consultar en internet) vinieron luego muchos otros más.

Empezando por Ethereum, hoy en día son miles los sistemas que buscan innovar en todos los ámbitos las *Tecnologías de Registro Distribuido*. Como los algoritmos de consenso basados en *Proof of Stake (PoS)* y *Delegated Proof of Stake (DPoS)*. **Las aplicaciones son casi infinitas si se usan de forma correcta**: catastros y registros de propiedad, expedientes civiles, penales y sanitarios, logística, títulos de propiedad y sus operaciones (acciones y participaciones, bonos de deuda y préstamos, OPVs...) y un largo etcétera.

Lo que se está consiguiendo es **eliminar los intermediarios allá donde antes se requerían**. Esto abre una puerta a otra posibilidad ideal Cypherpunk desde siempre: descentralizar y hacer anónima toda la red de internet. Desde buscadores, almacenamiento y transmisión de archivos y redes sociales hasta monetización y publicidad online.

Sin embargo, **en toda esta selva de innovación y futurismo, Bitcoin sigue siendo el Rey**. Y espero que tengan claro eso tras la lectura completa de este libro.

Funciones Hash Criptográficas

Al principio del libro se ha explicado el concepto de las funciones informáticas *checksum* como aquellas funciones informáticas que dado un input calculan y devuelven un output que **sintetiza** la información del input. Así, como su propio nombre indica, con el input y el output **se efectúa un chequeo** ya que se puede verificar con un cierto grado de eficacia que la información del input es correcta.

También se ha mencionado que el *checksum* es uno de los métodos de detección de errores en la información más usados, y que hay funciones checksum que son prácticamente infalibles. Pues bien, esas funciones checksum infalibles de las que hablábamos son las llamadas **funciones hash criptográficas**.

Las funciones hash criptográficas son un tipo específico y concreto de las **funciones hash en general**. Como veremos en este apartado, las funciones hash son totalmente imprescindibles en la informática y la criptografía. Su uso es prácticamente ilimitado en una cantidad de aplicaciones prácticamente infinita. Es bastante asombroso cómo algo tan simple es tan poderoso.

El origen de la designación **"función hash" proviene de la palabra** *hash* **en inglés, que significa** *picar y mezclar*. Se cree que el primero en utilizar *hash functions* fue un empleado de IBM en 1953, si bien la utilización del término empezó a masificarse diez años más tarde.

El nombre proviene precisamente por su analogía: **las funciones hash** *pican y mezclan* **su entrada para obtener una salida que** *sintetiza o resume* **la entrada**. También se las llama *función resumen, función extracto o digest function* (*digest* significa digerir) lo cual describe su funcionamiento: digiere los datos de entrada.

Usualmente se las compara con una "lavadora" que lava cualquier tipo de datos y devuelve una huella digital única y representativa de dichos datos.

El planteamiento más simple de una función hash "*h(x)*" es que es una función informática que dado un input de datos "*x*" de cualquier tamaño devuelve un output de tamaño fijo y que es siempre el mismo:

$$H : U \rightarrow M ; x \rightarrow h(x)$$

El conjunto **U** representa el **dominio** de la función hash, que es el conjunto de posibles entradas de la función hash. Su tamaño es infinito normalmente. A cada elemento **x** *de* **U** o input concreto se le llama **preimagen** o también **clave o mensaje**, según el contexto.

Por otro lado, el conjunto **M** representa la **imagen** de la función hash. Su tamaño es fijo y pequeño en comparación con **U** y a cada elemento de **M** o de la imagen de una función hash se le llama **código hash o simplemente hash**.

Por ejemplo, si recordamos **el bit de paridad** que explicamos al principio del libro, **cumple exactamente esto**. Aunque se use justo para ocho bits, podría utilizarse para cualquier tamaño de bits en el input y se mantendría el tamaño en el output (un bit).

En este caso el conjunto M sería simplemente {0, 1} y cada uno de los bits de paridad serían un hash. Por otro lado, todas las infinitas posibles combinaciones de cualquier cantidad de caracteres binarios sería el conjunto U, y cada una de esas combinaciones por separado (cada mensaje al que se aplica el bit de paridad) sería una preimagen.

En general, **el dominio U de una función hash suele ser un conjunto de combinaciones infinito, mientras que la imagen suele ser finita, fija y determinada**. De manera más vulgar, lo representamos como **hash(datos) -> output**.

Dentro de esta definición caben muchas funciones con diferentes utilidades. Por ejemplo, una de las más simples y utilizadas es la **división entera modular, es decir: la división con resto**. Imaginemos que queremos montar una lista de un tamaño determinado dentro de la cual queremos ordenar números enteros.

Supongamos que el tamaño es, concretamente, 100. Podemos tomar como función hash el resto de la división entera entre 100 y aplicarla a cada número que vaya a entrar en la lista. Así, todos los elementos podrán ser clasificados y ordenados en cien compartimentos para poder leerlos después.

Así, si tenemos el número 17, 17/100 de forma entera da cero con un resto de 17, y por lo tanto se encasillaría en la posición 17. Si tenemos el número 248, el resultado de la división daría 2 con un resto de 48, así que encasillaríamos ese número en la posición 48 de la lista.

Como podemos observar, tomar el resto de una división entera es una función hash, pues **para cualquier número de cualquier tamaño devuelve otro número entre 0 y 99** que aprovechamos para tomar como la posición de la lista en la cual metemos cada *entrada*. En jerga de informáticos se dice que **la función hash *mapea* cualquier elemento en un elemento entre 0 y 99**.

Las funciones hash tienen un montón de utilidades distintas y hay de muchos tipos y familias. La que acabamos de describir, por ejemplo, se llama **Método de la División** (*Division Method*) y se usa para construir **tablas hash** (*hash tables*), que son listas como la del ejemplo que acabamos de citar. Encontrarán más información en Internet.

Cada familia y tipo de función hash debe cumplir una serie de propiedades y requerimientos para su correcto funcionamiento en el ámbito y las aplicaciones concretas para las cuales se pretenden implementar. A nosotros, para entender Bitcoin y las criptomonedas en sí, nos interesan especialmente las **funciones hash criptográficas**.

Estas funciones destacan porque son **aplicadas específicamente en el ámbito de la criptografía, y eso supone que deben tener ciertas propiedades** para poder cumplir con sus requisitos de seguridad criptográfica. La utilidad y la calidad de una función hash viene determinada por el grado de satisfacción de dichas propiedades.

Las propiedades más generales que deben cumplir las funciones hash criptográficas son las siguientes:

- **Bajo coste computacional y de memoria**. La función hash debe consumir pocos recursos, es decir, ser fácil de ejecutar por casi cualquier dispositivo. Su proceso tiene que requerir **poco cálculo** para un ordenador de referencia y ser **fácilmente almacenable** (tanto su algoritmo como su ejecución deben ser ligeros de espacio en términos de *bytes*).

- **Capacidad de compresión**. Para poder *mapear* unos datos muy grandes (potencialmente infinito) y conseguir representarlo con un output relativamente mucho más pequeño. La idea es que **la función hash comprima los datos**. Es por esto que también se dice que las funciones hash son como un "resumen" de los datos de entrada.

- **Probabilidad uniforme**. Esta propiedad es difícil de entender y de explicar, y de forma rigurosa se define matemáticamente. Significa grosso modo que, si elegimos aleatoriamente una entrada de datos concreta (preimagen o mensaje) todos los hashes tienen la misma probabilidad de salir, y así para todos los mensajes. De forma aún más intuitiva significa que para un observador externo la función hash **otorga un hash 'aleatorio'** a cada una de las entradas (probabilidad uniforme).

- **Determinista**. Para una determinada entrada de datos la función hash **siempre debe devolver el mismo hash**. Por lo tanto, el hash debe ser el resultado de un algoritmo que se aplica **solamente sobre los datos de entrada**. Aunque hay funciones hash no deterministas usadas en ciertas aplicaciones criptográficas, en este libro por regla general entenderemos que las funciones hash deben ser totalmente deterministas.

- **No continuidad o efecto avalancha**. En una función hash es deseable que **pequeños cambios en los datos de entrada ocasionen grandes cambios en el resultado o valor hash**. Esto popularmente en internet se llama efecto avalancha o no continuidad, ya que una función continua supone todo lo contrario: pequeños cambios en la entrada significan pequeños cambios a la salida de la función. La idea es que **el resultado de la función hash, aunque determinista, parezca caótico** y elimine cualquier posible correlación entre entrada y salida (que no estén relacionados). Así, **un pequeño cambio de apenas un bit en la entrada de la función debe proporcionar un hash totalmente diferente** al de la entrada original. Se dice que el efecto avalancha se consigue cuando para cualquier cambio realizado en los datos de entrada, cada uno de los bits del hash o valor de salida tienen una "probabilidad" de cambiar de estado de 0.5 (aproximadamente).

Así pues, como vemos una función hash en resumen es una función que **dada una entrada de datos de tamaño variable, devuelve una salida de datos de un tamaño fijo de forma determinista pero que parece aleatoria, parece ruido, parece caótica**. Una persona humana, a simple vista, debe ver aleatorio el resultado, aunque a todas las personas que utilicen la misma función hash con la misma entrada debe devolverles el mismo resultado.

Los hashes se suelen escribir y representar en hexadecimal, y por eso a veces se representan empezando con "0x" aunque el "0x" no aporte información y no forme parte de los bits del propio hash.

Vamos a ver un ejemplo real. A continuación mostraremos **el hash de las entradas "Bitcoin" y "Bitconi"con la función hash MD2**, hoy en desuso por sus vulnerabilidades y colisiones (más adelante explicaremos qué es esto de las colisiones). La función hash criptográfica MD2 fue creada por Ronald Rivest (mencionado en el apartado anterior) en 1989 y, como siempre, pueden ver su funcionamiento en internet (así como de todas las funciones posteriores MD4, MD5 y MD6 y otras contribuciones de Rivest).

MD2 ("Bitcoin") = "13ddbe65b486469f165b0317c98247f1"
MD2 ("Bitconi") = "2d0645bbf21b95997e2634e2d1573030"

Podemos comprobar que el hash es completamente diferente para cada entrada y parece aleatorio a simple vista, a pesar de que las dos entradas son muy parecidas.

Para cualquier entrada de cualquier tamaño el algoritmo **MD2 devuelve un resultado de 128 bits de información, que representamos con 32 caracteres hexadecimales** (recuerden del capítulo 1). Es una función sencilla de calcular para un ordenador, y requiere pocos recursos de memoria también (un bloque auxiliar de 48 bytes y una tabla de 256 bytes generada indirectamente a partir de dígitos de la parte fraccionaria del número pi).

Lo cierto es que es una función hash bastante funcional y que tiene muy buenas propiedades. Sin embargo, como hemos dicho antes, ha dejado de usarse y de hecho se considera una función totalmente insegura. ¿Por qué sucede esto?

Bueno, he dejado en el tintero una **última propiedad que seguramente es la más importante de todas** en las *funciones hash criptográficas*. Lo he hecho porque esta propiedad requiere mayor explicación que un pequeño párrafo en una lista de puntos.

Se trata de la **resistencia a colisiones**, una propiedad que responde a una medida de cómo de *biyectiva* es una función hash. En una función hash criptográfica se busca que **a cada preimagen de entrada le corresponda un único hash y viceversa**: que cada hash corresponda a una y solo una preimagen de entrada. Al hecho de encontrar algún elemento que rompa esta biyectividad se le llama **colisión**.

Evidentemente, **conseguir la biyectividad completa en una función hash es imposible por definición, ya que el tamaño de los conjuntos es completamente dispar**. Como hemos dicho, el tamaño del conjunto de los datos que se toman como entrada o dominio de la función hash es (potencialmente) infinito, mientras que el tamaño de la imagen de la función hash (conjunto de salida) es acotado (para funciones hash criptográficas usualmente 128, 256 o 512 bits).

Pero esto es lo que se pretende y **cuando se encuentra una colisión en una función hash inmediatamente deja de usarse** por parte de la comunidad de desarrolladores y criptógrafos, aunque a efectos prácticos no implique ningún riesgo su uso habitual. **Por eso MD2 se considera insegura y ha dejado de usarse**: se han encontrado numerosas colisiones.

Como se pretende que no haya colisiones, se trata de **evitarlas**. Y para evitar las colisiones hay dos herramientas distintas. En primer lugar, **hay que construir un buen algoritmo, tal que la función hash cumpla todas las propiedades anteriores**.

Y en segundo lugar, la idea es **escoger un tamaño de hash lo suficientemente grande como para que encontrar dos hash iguales sea muy muy difícil**. O como se dice en la jerga, computacionalmente intratable. Por eso se elige un tamaño de 128, 256, 512 o 1024 bits.

Como veremos en el apartado siguiente, eligir un tamaño de hash a la salida de la función de esa cantidad de bits significa que **el conjunto de posibles hashes es más o menos equivalente al número de átomos del universo visible**. Por tanto, intentar encontrar dos hashes iguales es más o menos equivalente a elegir un átomo aleatoriamente y jugar a adivinar cuál es el átomo que se ha elegido. Suponiendo el uso de una función hash criptográfica de calidad, claro.

Se dice que una función hash es **resistente a colisiones si es** *computacionalmente intratable* **que las haya o encontrarlas**, es decir si es difícil o irrelevante en términos probabilísticos y computacionales. **Hay tres tipos de colisiones** para las cuales las funciones hash deben proporcionar seguridad:

- **Resistencia a primera preimagen**. Dado un valor hash "y", la capacidad de encontrar una entrada "x" tal que hash(x) = y. Es hacer la inversa de la función hash: hacia atrás. Si para una función hash es computacionalmente intratable dicha colisión se dice que es resistente a primera preimagen.

- **Resistencia a segunda preimagen**. Dada una entrada de datos x, la capacidad de encontrar un x' tal que $x \neq x'$ y hash(x) = hash(x'). Es decir, dada una entrada determinada con su hash, encontrar otra entrada distinta con el mismo hash. Si para una función hash es computacionalmente intratable dicha colisión se dice que es resistente a segunda preimagen.

- **Resistencia a '*colisiones iterativas*'**. Directamente encontrar una entrada x y otra x', siendo $x \neq x'$, tal que hash(x) = hash(x'). Sin disponer de x determinado previamente. Este tipo de colisiones son las más fáciles de encontrar con muchísima diferencia, y por eso esta resistencia es la más usada e importante. Si en una función hash es intratable computacionalmente dicha colisión **se dice directamente que es resistente a colisiones (CRHF, Collision Resistant Hash Function)**, puesto que esta resistencia es la más restrictiva.

Cabe **diferenciar bien las colisiones a segunda preimagen de las colisiones iterativas**. En las colisiones a segunda preimagen tenemos una entrada con un hash **determinados** y queremos encontrar otra entrada tal que tenga el mismo hash que la primera entrada.

En las colisiones iterativas no se tiene nada predeterminado, simplemente se trata de encontrar dos entradas cualesquiera que tengan el mismo hash. Por ejemplo, si tenemos el hash anterior de "Bitcoin" y encontramos otra entrada con el mismo hash sería una colisión a segunda preimagen, pero encontrar dos entradas arbitrarias cualesquiera con el mismo hash sería colisión iterativa.

Vamos a reflexionar sobre **por qué las colisiones más fáciles de encontrar son las colisiones iterativas con muchísimas diferencia**. Tomemos como ejemplo la función hash más utilizada en Bitcoin: **SHA-256 (*Secure Hash Algorithm, 256 bits*)**. Las siglas SHA corresponden a "*algoritmo hash seguro*" en inglés y es una función hash criptográfica estándar en el *NIST* de Estados Unidos.

El algoritmo de la función *SHA-256* se llama **SHA-2** (y se utiliza porque *SHA-0* y *SHA-1* fueron rotos e inutilizables por encontrar colisiones).

El algoritmo SHA-2 puede implementarse con muchos tamaños diferentes como salida, y la función SHA-256 es el algoritmo SHA-2 con salida de tamaño **256 bits, es decir, 32 bytes**. Estudiemos qué se necesita para encontrar cada tipo de colisión.

Considerando los hashes como pseudoaleatorios, tenemos que **para encontrar una colisión a primera preimagen de SHA-256 debemos hacer del orden de 2^{256} cálculos de hash**, es decir calcular toda la imagen de la función hash.

Esto actualmente es totalmente intratable de realizar en términos computacionales. Pero además estas colisiones son **difíciles de demostrar**, ya que cualquier persona puede calcular el hash para una determinada entrada y decir que ha hecho el procedimiento contrario encontrando así una colisión de primera preimagen.

Respecto a las colisiones a segunda preimagen, es bastante intrincado y espinoso calcular y saber el orden de hashes necesario, pues depende de la entrada determinada que se tiene y del algoritmo de la propia función hash. Así que no vamos a entrar mucho en ellas.

Eso sí, **encontrar colisiones a segunda preimagen es siempre más fácil que encontrar colisiones a primera preimagen en cualquier función hash**. Por lo tanto el orden de cómputo de hashes necesarios es menor que 2^{256} aunque no mucho menor, y siempre mucho mayor al orden de cómputo necesario para encontrar colisiones iterativas.

Finalmente, el **orden de magnitud de cálculos de hash necesarios para encontrar una colisión iterativa de la función SHA-256 es de 2^{128}**, una cantidad muchísimo menor. Recordemos que estamos tratando con potencias, y 2^{128} es la mitad de la mitad de la mitad... (y así 128 veces) de 2^{256}. Concretamente 2^{128} es la raíz cuadrada de 2^{256}.

Para entender mejor por qué ocurre esto y la magnitud de la diferencia entre ambas cantidades debemos remitirnos a la llamada **paradoja del cumpleaños**, que pueden buscar en internet.

Aunque se llame "paradoja", **no es ninguna paradoja: es un hecho**. Todo el mundo entiende que la probabilidad de que una persona cualquiera cumpla años un determinado día del año (suponiendo homogeneidad en los nacimientos, etc.) es 1 entre 365 y se requieren, de media, 365 personas para que una de ellas cumpla años en ese día.

Sin embargo, la "paradoja" del cumpleaños pone de manifiesto que **en un grupo de 23 personas hay más del 50% de probabilidad de que dos de ellas cumplan años el mismo día**, y que en un grupo de 57 personas hay un 99,66% de probabilidad. De hecho, **se requieren entre 24 y 25 personas de media para que dos de ellas cumplan años el mismo día**. Esto resulta en general bastante anti-intuitivo.

Nuestra intuición quizá nos pueda decir falsamente que se necesita un grupo de 365 personas o de 183 personas (365 entre 2), pero no es así. El error que comete la intuición normalmente es **sustituir el problema** por el de considerar la probabilidad de que cualquier persona cumpla años en una fecha determinada previamente, por ejemplo la fecha de nuestro propio cumpleaños. Pero al **plantear la probabilidad de que en un grupo de personas dos de ellas cumplan años el mismo día la fecha no está previamente determinada**.

Esto implica que **cada persona del grupo puede comparar su cumpleaños con todas las demás, resultando en muchísimas más combinaciones** y así mayor probabilidad de mismo cumpleaños entre dos personas cualesquiera. Fijémonos en todas las potenciales parejas para coincidir cumpleaños que hay si ordenamos las personas. **Cada persona que añadimos al grupo puede coincidir su cumpleaños con todas las demás** ya añadidas al grupo anteriormente.

En un grupo de 23 personas, la primera de ellas podría coincidir el cumpleaños con 22 personas, la segunda con 21 (pues la coincidencia con la primera ya ha sido contada anteriormente), la tercera con 20 y así sucesivamente. Así, tenemos 22+21+20+[...]+3+2+1 combinaciones diferentes que se puede demostrar que equivale a $23 \times \dfrac{22}{2} = 253$ combinaciones diferentes.

Entonces en general, para un grupo de "n" personas existen $\sum_{k=1}^{n-1} k = \frac{n \times (n-1)}{2}$ combinaciones diferentes a considerar. Por ejemplo en un grupo de 57 personas serían $57 \times \frac{56}{2} = 1596$ combinaciones diferentes de comparaciones de cumpleaños que podrían coincidir.

Teniendo esto en cuenta es mucho más fácil de entender la paradoja del cumpleaños y por qué se requieren sólo 24-25 personas de media para que dos cumplan el mismo año. En un grupo de 24 personas tenemos $24 \times \frac{23}{2} = 276$ combinaciones posibles con lo cual es **altamente probable encontrar una coincidencia**.

Como vemos **las combinaciones escalan en** $O(n^2)$ **respecto al tamaño del grupo** (recordemos el apartado de los órdenes de complejidad). Cada persona que añadimos añade un número de combinaciones equivalente al tamaño del grupo. Es más preciso $O(\frac{n^2}{2})$ y de hecho lo más exacto es $O(\frac{n(n-1)}{2})$, pero recordemos que una de las reglas de los órdenes de complejidad es despreciar las operaciones más pequeñas.

Por lo tanto, si el número de combinaciones escala en $O(n^2)$... tenemos que es $O(\sqrt{n})$ más fácil encontrar una coincidencia conforme aumenta el número n de personas. Concretamente en la paradoja del cumpleaños se puede aproximar a $1,25 * \sqrt{n}$.

Pues bien: resulta que **encontrar colisiones a segunda preimagen es equivalente a coincidir el cumpleaños de una persona con nuestro propio cumpleaños**. Tenemos una entrada con un hash determinado (equivalente a uno mismo con su propio cumpleaños) y queremos encontrar otra entrada (otra persona) con el mismo hash (con el mismo cumpleaños).

En el cumpleaños hay 365 posibles cumpleaños y por tanto se requiere una media de 365 personas para que una tenga el mismo cumpleaños que el nuestro... y **en SHA-256 hay 2^{256} posibles hashes y por lo tanto una media de 2^{256} cálculos de hash necesarios para encontrar una entrada con el mismo hash que el nuestro**. Aunque como hemos dicho depende del algoritmo y de los datos de entrada.

En cambio, **encontrar colisiones iterativas es equivalente al problema del cumpleaños**, donde no hay un cumpleaños determinado y cualquier coincidencia es válida, y por lo tanto hay más combinaciones y posibles coincidencias. Igual que se requieren unas $\sqrt{365}$ personas para que dos de ellas cumplan el mismo día...

Se necesitan alrededor de $\sqrt{2^{256}} = 2^{128}$ cálculos de hash para encontrar dos entradas cualesquiera con el mismo hash. De hecho se llama *"birthday attack"* (ataque de cumpleaños) a la forma de encontrar las colisiones iterativas por la paradoja del cumpleaños.

El ataque de cumpleaños consiste en calcular los hash de determinadas entradas aleatorias y guardar tanto la entrada como el hash resultante. Igual que ocurría con las personas y el cumpleaños, cada hash recién calculado puede hacer una colisión con todos los hashes calculados anteriormente, lo cual reduce exponencialmente los intentos a realizar.

Podemos comprender ya la diferencia entre las colisiones a segunda preimagen y las colisiones iterativas: en las primeras tenemos ya una entrada y un hash, por ejemplo hash("Hola") y queremos encontrar otra entrada con el mismo hash. En cambio en las segundas las entradas pueden ser cualesquiera, resultando cada vez mucho más probable encontrar una colisión. Pueden ver el cálculo exacto en internet, para el propósito de este libro es suficiente que entiendan que es mucho, muchísimo más fácil encontrar colisiones iterativas que colisiones a primera y segunda preimagen.

Queda así por lo tanto patente también que **las colisiones iterativas son las más restrictivas en cuanto a seguridad**, pues encontrar una colisión iterativa no implica que se haya descubierto cómo encontrar la entrada de un hash determinado o cómo suplantar un hash de una entrada determinada con otra entrada que tenga el mismo hash.

Una colisión iterativa es solamente una colisión de dos entradas arbitrarias que casi con total seguridad no interesan a nadie, porque las dos entradas son de datos aleatorios. El hecho de que se considere una función hash como insegura cuando se encuentra una colisión iterativa demuestra el margen de seguridad con el que se opera.

Al inicio de las explicaciones sobre el coste computacional de encontrar colisiones hemos partido del supuesto de que los hashes que devuelve una función hash son pseudoaleatorios. Realmente no es así, aunque el objetivo es que parezca pseudoaleatorio en la mayor medida posible.

Las funciones hash más funcionales consisten en procesos recursivos de operaciones binarias (utilizando las puertas lógicas explicadas en el capítulo 1 masivamente). Normalmente consiste en aplicar rondas de operaciones como rotar números, operaciones de suma y *XOR*, etc. diseñadas de tal modo que no se puedan simplificar, es decir que para calcular un hash se deba pasar por todas las rondas sin poder realizar "atajos".

Bitcoin utiliza dos funciones hash: la ya mencionada SHA-256 y RIPEMD-160 (*RACE Integrity Primitives Evaluation Message Digest*), que es una función hash que devuelve 160 bits a su salida. **En Wikipedia mismo pueden estudiar el funcionamiento del algoritmo aplicado por la función hash criptográfica SHA-256** que, como hemos dicho, es la más utilizada en Bitcoin.

Simplificando un poco consiste en un **proceso recursivo de 64 rondas aplicado sobre tramos de datos de entrada de 512 bits**. Es decir, se dividen los datos de entrada en tramos de 512 bits y luego se realiza un proceso iterativo de 64 rondas de operaciones binarias sobre cada uno de los tramos de 512 bits para extraer 256 bits de cada tramo, que luego se suman dando lugar al hash final.

Cabe destacar que como las funciones criptográficas son deterministas y no aleatorias, **es posible usar técnicas de criptoanálisis para romper sus algoritmos y encontrar con mayor facilidad de cómputo colisiones en las funciones**. Aunque se diseñan para que esto sea extremadamente complicado, esto es algo que se puede realizar.

Es más, **cuando se encuentra una colisión realizando un orden de cálculos igual al previsto estadísticamente** que hemos tratado anteriormente, **no se considera que se haya "*roto*" el algoritmo de la función hash**, ya que eso ya se preveía que podía pasar y de hecho la función hash se define para que así sea. Simplemente se considera *insegura* por la corta longitud del hash.

El problema lo tenemos cuando se encuentran técnicas que permiten encontrar colisiones con mayor facilidad computacional de la prevista. Por ejemplo, usando **ataques llamados "por encuentro a medio camino" o MITM** que pueden buscar en internet también, se puede reducir la facilidad computacional de encontrar colisiones de preimagen a $2^{253.5}$ y a 41 rondas de iteración en el algoritmo SHA-256.

Obviamente, la SHA-256 sigue siendo segura porque $2^{253.5}$ sigue siendo computacionalmente intratable. Pero veamos otro ejemplo: MD5. La función hash criptográfica MD5, sucesora de la MD2 utilizada anteriormente, se considera insegura desde que el criptoanalista Hans Dobbertin encontró colisiones en 1996.

Sin embargo, aunque no se hubiese encontrado dicha colisión, **la función MD5 se consideraría en la actualidad igualmente insegura por ser demasiado cortos sus hashes**. MD5 devuelve unos hashes de salida de 128 bits de tamaño, con lo cual para encontrar una colisión iterativa hay que realizar del orden de 2^{64} cálculos de hash.

2^{64} cálculos de hash es actualmente muy asequible de computar (con una configuración en un ordenador potente se pueden hacer 2^{64} cálculos en varios días o varias horas). Sin embargo y a nivel de seguridad práctica, como hemos comentado antes, encontrar colisiones iterativas no supone un problema grave ya que la resistencia a primera y segunda preimagen se siguen manteniendo. Simplemente se actúa con un principio de prudencia al respecto.

Cuando una función hash tiene resistencia a colisiones de primera preimagen y segunda preimagen se dice que es una función hash de un solo sentido (OWHF). Observemos que la definición es ligeramente distinta a la de función unidireccional que se toma en criptografía.

Una función unidireccional se define como aquella que dada una entrada "x" se puede calcular su salida "f(x)" en un tiempo computacional polinomial según el tamaño de datos de entrada mientras que no hay algoritmo que en tiempo polinomial pueda computar una preimagen de f(x) cuando x es escogido al azar.

Si recordamos el apartado de los órdenes de complejidad, cuando decimos que una función tiene tiempo polinomial nos referimos a que, según el tamaño de datos de su entrada "n", se puede calcular su salida en un tiempo que resulta ser un polinomio de dicho tamaño de entrada. Por ejemplo $O(n^4)$ es un orden de complejidad polinómico. En cambio $O(2^n)$ o $O(n!)$ no son tiempos polinómicos.

En cambio lo que buscamos en una función hash en términos de unidireccionalidad es simplemente la resistencia a colisiones de preimagen. También se llama a las OWHF como débiles (y resistencia débil) debido a que no soportan la resistencia a colisiones iterativas como las CRHF mencionadas anteriormente.

Esto es debido a que las funciones hash criptográficas no son procedimientos basados en problemas matemáticos con complejidad asimétrica, sino que son operaciones binarias encadenadas de forma recursiva como hemos visto. Sea como fuere, lo cierto es que de una idea tan simple como la que concierne a las funciones hash se derivan una **gran cantidad de usos**, y vamos a mencionar ahora unos cuantos.

En primer lugar pueden servir **como "nombres" o punteros (*pointers*) de una determinada información: como referencias o identificadores.**

Dado que el hash es como un "resumen" compacto (y en funciones hash criptográficas también único) de una determinada información, se puede construir una base de datos utilizando una función hash que referencie cada archivo o dato con su hash y así buscarlos.

Así es como funcionan las llamadas *hash tables* **(tablas de hash)** anteriormente mencionadas: una estructura de datos para asignar el espacio de memoria de variables, objetos o una determinada información de una lista en un ordenador. De ese modo a la hora de buscar en la base de datos no se requiere realizar una búsqueda lineal pasando por todos los elementos sino hacer el cálculo de la función hash para identificar su ubicación.

También las propias bases de datos de los nodos de las criptomonedas funcionan así. Como veremos más adelante, los bloques se almacenan tomando su hash como referencia, y también las transacciones dentro de los bloques y las unidades y cantidades de Bitcoin que tiene una determinada dirección (u otra criptomoneda). Muchas otras *estructuras de datos* están basadas en las funciones hash para ordenar los datos. Como los árboles de Merkle (más adelante).

Otro uso muy común es por ejemplo para **reforzar la seguridad en la transferencia de un archivo**. Por ejemplo, si se publica en una página web un programa para descargar, se puede garantizar en cierto modo la incorruptibilidad del archivo si también se publica su hash, de tal forma que el usuario que descarga el archivo pueda calcular el hash del archivo y comprobar que es el mismo al mostrado.

Esto ocurre constantemente en la descarga e instalación de paquetes y programas, transmisión de datos, etc. por internet. En general, **su uso como función checksum es bastante generalizado**, y el ejemplo de la descarga de un archivo es solo uno entre incontables que se podrían enumerar. Ese es el motivo del *PGP de Phil Zimmermann*.

Otra forma de usar las funciones hash es como **esquemas de compromiso**. Se trata de revelar el hash de una cierta información en un determinado momento (comprometiendo así aquella información que constituye la entrada del hash) y en otro momento distinto revelar la información de entrada, demostrándose así el compromiso hecho anteriormente sin revelar la información antes de tiempo.

Por ejemplo, el lector puede introducir en una función hash la información *"El día 17 de Diciembre de 2034 a las 13 horas estará nevando en Madrid"* junto a su nombre y la fecha actual, y enviar el hash públicamente a cualquier persona sin que sepa qué información hay en ella. El día 17 podría revelar la información y la gente podría confirmar efectivamente el compromiso y que la apuesta era cierta.

Aunque en este caso no tuviera mucho sentido, sí lo tiene cuando se muestra un compromiso sobre cosas en las cuales revelar la información por la que se compromete puede afectar los eventos relacionados con dicho compromiso.

Esto posibilita también su uso en **firmas y huellas digitales,** tanto en el algoritmo que construye la firma como en la información a firmar. Como también veremos más adelante, **en las firmas digitales se suele firmar el hash de la información**, no la información en sí, para que la firma sea de menor tamaño.

Otro uso potente es en **herramientas de identificación, control de acceso y autentificación.** Por ejemplo para comparar datos entre sí independientemente de la seguridad. Si se calcula el hash de dos conjuntos de datos se comprueba si son los mismos o no.

Finalmente, en criptografía y criptomonedas, su uso también es muy masivo en herramientas más complejas como los llamados **filtros de bloom** o los **acumuladores criptográficos**, herramientas avanzadas de seguridad informática.

La blockchain, al fin y al cabo, no es más que una estructura de datos basada en hashes. Muy parecida a una *hash table*, por cierto. No deja de ser extremamente sorprendente cómo unas funciones informáticas tan sencillas, que no tienen ningún algoritmo matemático particular (solo operaciones binarias encadenadas) pueden ser tan útiles e infalibles.

2. Conceptos criptográficos básicos

En los próximos capítulos iremos viendo cómo las funciones hash son la materia prima fundamental de Bitcoin como lo es el cemento para un edificio.

De hecho, casi podríamos decir que **Bitcoin no es más que una pila de datos hasheados de una forma concreta con unos cuantos adornos**. Pido disculpas a Satoshi y a los entendidos de Bitcoin en general por esta expresión, y espero que sepan ponerla en su contexto.

2. Conceptos criptográficos básicos

3. Las bases de Bitcoin y las criptomonedas

Generadores de claves y aleatoriedad

En este primer apartado vamos a ocuparnos de un punto crucial sobre la generación de claves en un sistema criptográfico. Una cuestión que nos ayudará mucho a comprender la seguridad de Bitcoin y a ser cautos cuando lo utilicemos. Recordemos del capítulo anterior que **las claves privada y pública de un sistema criptográfico asimétrico son como unas contraseñas que permiten desencriptar y encriptar mensajes**, respectivamente.

Dado un mensaje encriptado con una clave no se puede conocer ninguna de las dos claves (ni el mensaje, por supuesto). Además, el procedimiento está hecho para que no se puedan **forjar mensajes encriptados a medida**. Es decir, que se puede demostrar que un mensaje ha tenido que ser encriptado con una y solo una clave privada determinada: la que corresponde a la clave que se verifica.

Ya sabemos que la clave pública se obtiene a partir de la clave privada mediante un procedimiento matemático con complejidad asimétrica. Es este procedimiento matemático el que permite que un mensaje encriptado con una clave pública se pueda desencriptar con la respectiva clave privada y viceversa.

Sin embargo, ¿**cómo se obtiene la clave privada**? La clave privada es una especie de contraseña, solo que un poco diferente a las contraseñas habituales. Para entenderlo bien vamos a reflexionar primero sobre las contraseñas habituales y luego lo extrapolaremos a la clave privada en específico.

La gracia de las contraseñas es elegir una combinación concreta de símbolos entre un número muy grande de combinaciones para que sea intratable adivinarla aleatoriamente. Por ejemplo, el pin de los móviles iPhone es una combinación de cuatro a seis caracteres decimales (números del 0 al 9).

Eso implica que hay 10.000 combinaciones diferentes posibles con cuatro caracteres decimales, 100.000 combinaciones diferentes con cinco caracteres decimales y 1.000.000 combinaciones utilizando seis caracteres decimales. Elegimos una combinación de todas ellas de manera supuestamente aleatoria con la esperanza de que cualquier **otra persona que haga un intento aleatorio tenga muy bajas probabilidades de acertar**.

Pero debemos tener en cuenta **dos puntos importantes** a destacar. Empezando por el primero, en las contraseñas habituales obviamente **intentamos poner combinaciones que nos sean fáciles de recordar**, utilizando reglas o juegos personales para poder memorizarlas.

Reglas implica orden y patrones, y por lo tanto al usar estos juegos y reglas estamos alterando la condición aleatoria de la contraseña y haciéndola más insegura. Por ejemplo, eligiendo el pin 1234 (el pin o contraseña más utilizado del mundo, por desgracia) estamos haciendo que sea irrelevante que haya 10.000 combinaciones. Porque no se ha elegido una aleatoria, sino siguiendo un patrón MUY fácil de suponer y que además suele utilizarse mucho.

Si queremos **complicar un poco el pin**, otra opción es poner nuestra fecha de nacimiento. Todos estaremos de acuerdo en que es un pin más seguro que 1234, pero igualmente inseguro porque alguien que sepa nuestra fecha de nacimiento puede seguir ese patrón y descubrirla fácilmente. Ídem con cualquier otra cualidad personal.

Imaginemos que queremos **hacerlo un poco más complejo todavía**. Por ejemplo, podríamos tomar la frase *"Bitcoin es dinero digital"* y deducir el pin por el número de letras de las palabras de la frase (7267). Este pin sería todavía más seguro que la fecha de nacimiento.

Un intruso que quiera encontrar la contraseña de forma no aleatoria debería saber primero que nos gusta Bitcoin, luego intuir la frase, y finalmente obtener el pin a partir de la frase intuyendo que proviene del número de letras de cada palabra. **Es un juego más complejo**.

Fijémonos entonces en una cosa que parece muy obvia pero es muy interesante. **Cuanto más complejo es el juego de reglas (el "orden") a partir del cual generamos la contraseña, más segura es esta y más difícil es encontrarla por parte de un tercero.**

Aunque pueda sonar absurdo, cuanto más complicamos la contraseña, cuanto más intrincado y confuso es el proceso por el cual obtenemos la contraseña, más seguro es. Y es así porque... **es más aleatoria.** Tiene mayor entropía. Es muy importante que las contraseñas utilizadas sean largas y respondan a un "juego complejo" que aleje cualquier patrón, y como veremos más adelante significa que tengan **buena aleatoriedad.**

El segundo punto a reflexionar es que **la seguridad necesaria y la longitud de las claves dependen del número de intentos que se pueden realizar.** Si intentamos desbloquear el móvil con todas las combinaciones posibles (las 10.000 del pin de cuatro caracteres, las 100.000 del pin de cinco caracteres o las 1.000.000 del pin de seis caracteres) desbloquearemos el móvil con una probabilidad del 100%, ya que hemos probado todas las combinaciones posibles.

Esto, si bien es **computacionalmente intratable** para una persona humana (tardaría mucho tiempo en realizar los intentos) es muy fácil de hacer por parte de un ordenador. Por eso en los móviles se deja realizar unos pocos intentos (normalmente tres) y tras eso el móvil se bloquea y no deja realizar intentos durante un tiempo, ya sea fijo (un minuto siempre) o ascendente (un minuto la primera vez, tres la siguiente, cinco la tercera vez que se bloquea, etc.).

De hecho, **los software que permiten desbloquear móviles robados basan su funcionamiento en quitar este bloqueo** de forma que pueden hacer todos los intentos que quieran sin límites de tiempo. Automatizan los intentos a través del software y así realizar miles de intentos resulta muy fácil. Como resultado, en poco tiempo pueden acertar la combinación y tener acceso al móvil.

Si intentamos adivinar el pin simplemente probando combinaciones aleatorias sin guardar registro de qué combinaciones estamos usando, de media requerimos realizar 10.000 intentos para obtener el pin de cuatro caracteres requerido de un determinado móvil (pues sería repetir un suceso con una probabilidad de 1 de cada 10.000). Pero esto es absurdo, pues podemos repetir combinaciones.

Pero si intentamos las combinaciones de forma secuencial o **guardamos un registro de las combinaciones que ya hemos usado cada vez** e intentamos de manera aleatoria solamente las que no hemos usado, los intentos necesarios medios para obtener el pin se reducen a aproximadamente la mitad (unos 5.000 intentos de media). Esto es debido a que cada intento tiene mayor probabilidad que el anterior (el primero 1 de 10.000, el segundo 1 de 9.999, etc.).

Lo mismo ocurre con el sistema de contraseñas tradicional alfanumérico, y ambos puntos se aplican igual, ya que si recordamos del primer capítulo simplemente se trata de un mensaje en código ASCII que se puede representar como un número decimal o binario.

Una contraseña alfanumérica de por ejemplo ocho caracteres tiene $(10\, números + 26\, letras\, min + 26\, letras\, may)^8 \approx 2*10^{14}$ combinaciones posibles, suponiendo distinción de mayúsculas y minúsculas. Es decir, un orden de doscientos billones de combinaciones diferentes.

Si pudiéramos probar todas las combinaciones posibles en, por ejemplo, el inicio de sesión en una plataforma que use una contraseña de este estilo, podríamos saber la contraseña del usuario. Y $2*10^{14}$ son apenas menos de 2^{48} operaciones, algo muy factible de realizar.

De nuevo, lo que se hace en las distintas plataformas que gestionan usuarios (ya sea correo, Amazon, etc.) es **limitar los intentos que se pueden hacer** para acceder a una determinada cuenta mediante bloqueos y otras herramientas anti-spam como **captchas** (o también pruebas de trabajo como la de HashCash con el correo electrónico).

Debemos entender también, con estos ejemplos, que **nunca jamás estamos completamente seguros de nada** cuando utilizamos una clave para algo. Cuando alguien intenta adivinar la clave de forma aleatoria, tiene una cierta posibilidad de acertar y obtener la clave. Si alguien utiliza tres intentos aleatorios para saber nuestro pin del móvil, tiene una probabilidad de $3/10000 = 0.0003 = 0.03\%$ de acertar, y esa posibilidad va a estar siempre ahí. Lo que pasa es que, al ser remota, consideramos que la seguridad es suficiente.

En Bitcoin, un sistema pensado para almacenar y transmitir valor de forma virtual, el que se pueda adivinar la clave significa que alguien tenga acceso a todos los fondos. Tampoco es solo en Bitcoin: todo el sistema bancario digital funciona obviamente con técnicas de cifrado y, por tanto, sus claves pueden ser obtenidas simplemente por probabilidad. **El punto aquí es hacer que esta posibilidad sea absolutamente remota**.

En los sistemas criptográficos asimétricos, a diferencia de los sistemas de pines y contraseñas, no hay modo de restringir los intentos. Si un intruso tiene un mensaje encriptado y sabe qué sistema de cifrado se utiliza (recordemos que uno de los principios de la criptografía moderna es que toda la seguridad descanse en las claves, no en el algoritmo), puede probar claves privadas aleatorias de forma rápida e indefinida hasta dar con aquella que se está utilizando.

No hay ningún sistema de bloqueo u otro de restricción de intentos que le impida generar una clave aleatoria y probarla con el mensaje encriptado, excepto el coste de memoria y cómputo que supone el propio intento, que suele ser relativamente bajo. Entonces **¿cómo se consigue la seguridad en las claves privadas?** Pues precisamente con las otras dos variables que hemos nombrado: **longitud y aleatoriedad**.

La aleatoriedad y el tamaño de las claves son de extrema relevancia, pues son las dos propiedades que permitirán dar seguridad a nuestro sistema informático. Por eso comentábamos en la historia sobre los Cypherpunks el gran y muy relevante trabajo que hizo Shafi Goldwasser al respecto de la generación de números y funciones pseudoaleatorias de calidad. Obtener aleatoriedad en un sistema informático determinista es más complejo de lo que parece.

Así, **primero buscaremos generar claves con buena aleatoriedad** (lo más alejadas posibles de cualquier patrón, como hemos intuido con las contraseñas) para evitar precisamente que un intruso pueda adivinar la clave de cualquier forma que no sea aleatoria.

Y por otro lado **elegiremos un tamaño de clave que haga computacionalmente intratable hacer intentos de forma aleatoria**. Es decir, que no sea rentable en términos de cálculo computacional y memoria (recordemos que si se guardan las claves ya usadas los intentos medios se reducen a la mitad, pero también tenemos que guardar aproximadamente la mitad de las combinaciones posibles).

Bien, teniendo en mente esto, estamos listos para entender las claves privadas de Bitcoin. Simplificando, **una clave privada en Bitcoin es un conjunto de 256 bits aleatorios** (32 bytes), lo que nos da un total de 2^{256} combinaciones diferentes de claves privadas.

Tomar una de ellas de forma aleatoria es lo mismo que **elegir un número aleatorio decimal entre 0 y 10^{77}** aproximadamente. Así tal cual suena, es increíble pero estamos confiando nuestro patrimonio personal a un número elegido de forma aleatoria, pues $2^{256} \approx 10^{77}$.

Sin embargo, la cosa es que 10^{77} es un número monstruosamente grande, tan grande que no podemos imaginar su magnitud. Tengamos en cuenta que es un uno seguido de setenta y siete ceros es decir:

100.000.000.000.000.000.000.000.000.000.000.000.000.000.00
0.000.000.000.000.000.000.000.000.000

Se estima que en todo el universo actualmente visible y conocido hay unos 10^{80} átomos. Así pues, es aproximadamente equivalente a **elegir aleatoriamente un átomo de todo el universo conocido e intentar adivinar cuál hemos elegido.**

Aunque a priori no lo parezca, el número de posibles claves es tan descomunal que **un ordenador potente** probando combinaciones distintas de forma aleatoria **necesitaría billones de años** para encontrar una clave con fondos.

Anteriormente hemos dicho que un ordenador medio puede calcular unas 2^{64} operaciones en varios días o varias horas. En cuanto a curvas elípticas es razonable tomar la estimación de que **un ordenador potente es capaz de calcular varias decenas de miles de operaciones** por segundo (la operación de Bitcoin). **Pongamos 100.000 op./sec.**

Eso significa que ese ordenador, que hace 100.000 operaciones por segundo, en un año realiza del orden de 10^{12} operaciones. ¿Es esto mucho o poco? Bueno, vamos a comprobar la magia de la evolución exponencial. **Vamos a tomar un cuatrillón de ordenadores potentes calculando operaciones durante un billón de años.**

¿Cuántas operaciones realizan? Aproximadamente 10^{48} operaciones. Lo que significa que, suponiendo una clave aleatoria con buena aleatoriedad, este cuatrillón de ordenadores durante un billón de años tiene una **probabilidad del 0.000000000000000000000001% de encontrar dicha clave privada**.

Todo esto sin tener en cuenta que no solo tendrían que calcular las claves públicas. Los ordenadores tendrían primero que elegir una clave aleatoria, segundo calcular su clave pública, tercero calcular el hash y finalmente examinar en la red de Bitcoin si ese hash dispone de algún derecho para transaccionar. Este último paso es el más costoso, pues implica realizar una búsqueda en una base de datos.

Así pues, **creo que el tamaño queda ya controlado y explicado. Vayamos ahora con la aleatoriedad.** Hemos dicho que las claves privadas de Bitcoin tienen 256 bits (caracteres binarios) que se suelen representar en hexadecimal o en caracteres alfanuméricos.

Recordemos las nociones del capítulo 1: un carácter hexadecimal representa cuatro caracteres binarios y con dos caracteres hexadecimales se representa un byte. Por lo tanto, **en hexadecimal una clave privada de Bitcoin tiene 64 caracteres.**

Un ejemplo de clave privada de Bitcoin en hexadecimal es el siguiente: *"E9873D79C6D87DC0FB6A5778633389F44532133030DA61F20BD67FC233A A33262"*. Aunque como ya sabemos cuando se escribe en hexadecimal se suele añadir "0x" delante.

Procediendo de igual forma que hemos hecho antes con las contraseñas y pins habituales, vamos a imaginar que elegimos la **clave privada formada por doscientos cincuenta y seis ceros binarios**. Nos proponemos utilizar *"0x0000000000000000000000000000000000000000 00000000000000000000000000000000"* como clave privada.

¿Tendría algún sentido hacer esto? Esta clave, aunque sea del tamaño adecuado, **posee aleatoriedad nula**: cualquiera podría intentar justo esta clave y acceder a los fondos que contiene, porque sigue un patrón, un cierto orden. Un patrón basiquísimo además. Lo mismo pasaría si elegimos por ejemplo la clave "0x0101010101 [...]" o cualquiera que tenga algún patrón previsible o sencillo.

Dado que se trata de nuestro dinero o nuestro patrimonio, es crucial en las criptomonedas **que la clave sea lo más aleatoria posible**. Que aleje cualquier patrón o correlación entre los caracteres de la clave.

Una buena forma de conseguir buena aleatoriedad es **lanzar al aire una moneda doscientas cincuenta y seis veces**, y apuntar en un papel un "0" cada vez que sale *cara* y un "1" cada vez que sale *cruz*. Luego convertir eso en hexadecimal y usarlo como clave privada de Bitcoin.

No es solo una curiosidad, **hay gente que ha obtenido sus claves privadas así**. Es una buena forma primero porque se consigue buena aleatoriedad de forma muy simple (lanzar una moneda es un proceso caótico en el que *cara* y *cruz* de la moneda tienen aproximadamente la mitad de probabilidad de salir). Y segundo porque el procedimiento es físico, se realiza fuera de los ordenadores y por lo tanto la seguridad en ese sentido es máxima.

Tengamos en cuenta también que **de nada sirve obtener una clave con buena aleatoriedad si para ello utilizamos una página de internet**, ya que entonces nuestra clave queda descubierta para todo el mundo. Como todos los dispositivos actuales están conectados a internet, resulta peligroso hasta hacerlo en el propio dispositivo.

Al hacerlo lanzando una moneda evitamos todos los riesgos que supone confiar en el mundo virtual. Incluso utilizando un software descargado y sin tener conexión a internet estamos confiando en que el software no se ha corrompido y funciona correctamente.

En cualquier caso, los algoritmos computacionales que tratan de aleatoriedad informática (pseudoaleatoriad) se llaman **generadores de pseudoaleatoriedad**. Hay distintos tipos y familias también, pueden buscarlo en Internet. Incluso **las funciones hash criptográficas** de calidad pueden usarse como generadores, debido a sus propiedades.

Afortunadamente, ni Bitcoin ni los sistemas criptográficos nacieron ayer, y **actualmente hay herramientas estandarizadas para la generación de claves privadas de Bitcoin**. Concretamente, el BIP-39 propone estandarizar la creación de claves utilizando una **frase semilla (seed phrase)** para generar a partir de ella todas las claves.

BIP-39, por cierto, significa *"la 39 propuesta de mejora de Bitcoin"*. Los BIP (*Bitcoin Improvement Proposal*) son el proceso formal utilizado por la comunidad de Bitcoin para proponer ideas, sugerir cambios y realizar mejoras en Bitcoin de forma transparente y descentralizada.

La frase semilla es un conjunto de 12 a 24 palabras mnemotécnicas ordenadas (usualmente 12, 18 o 24) extraídas aleatoriamente (con buena aleatoriedad) de un diccionario redactado por el propio estándar BIP-39 que contiene 2048 palabras.

Esta frase semilla **se procesa con una función informática que a su vez usa una función hash criptográfica pero más compleja.** Más compleja para dotar de mayor seguridad al sistema evitando la posibilidad de ciertos tipos de ataques. La función se llama **PBKDF2** (*Password-Based Key Derivation Function 2* o *Función de Derivación de Clave Basada en Contraseña*, sucesora de PBKDF1) y, como su propio nombre indica, construye una clave a partir de una contraseña (en nuestro caso, la frase semilla).

Dicha función, que es como un formato para derivar claves, **se utiliza con la función hash HMAC-512** a la que se pasa la frase semilla y una serie de bits formados por la palabra "mnemonic" y una contraseña opcional. Esta función realiza entonces 2048 pasos recursivos para devolver un *hash*, una **clave** en este caso, de 512 bits.

Esta clave es la denominada **clave privada maestra**, formada por la clave en sí, de 256 bits, y un "código de cadena" de 256 bits utilizado para a partir de la clave **derivar todas las claves privadas y públicas** de nuestra **wallet** formada por la frase semilla.

La forma de derivar las claves es un poco compleja y atañe varias cuestiones técnicas, pero vamos a explicar una simplificación que ayudará a comprender el funcionamiento de las carteras de Bitcoin con frase semilla. El original está redactado en el **estándar BIP-32**.

La pregunta que debemos hacernos es: **¿cómo derivamos infinitas claves a partir de una sola de forma determinista?** Si pensamos un poco y somos avispados, concluiremos que **podemos utilizar una función hash** para derivar, con un formato, todas las claves a partir de nuestra clave privada maestra.

Por ejemplo, podemos tomar el hash de nuestra clave privada maestra concatenada con bits diferentes para tener diferentes claves privadas, y a partir de estas calcular las correspondientes claves públicas. De hecho, voy más allá: podemos hacerlo **concatenando en forma de árbol** para que sea más eficiente su cálculo, más sencillo y más directo.

Fijémonos en la estructura de claves privadas siguiente. La idea es la siguiente: tomamos la clave privada maestra (**MprivK**) y tomamos su hash concatenando a la misma un bit a "0" y un bit a "1" respectivamente, obteniendo así las primeras dos claves privadas (*privK1* y *privK2*). A partir de esas dos, tomamos el hash volviendo a encadenar un "0" y un "1", obteniendo *privK3*, *privK4*, *privK5* y *privK6*.

Y así sucesivamente, creando cada vez un árbol más profundo.

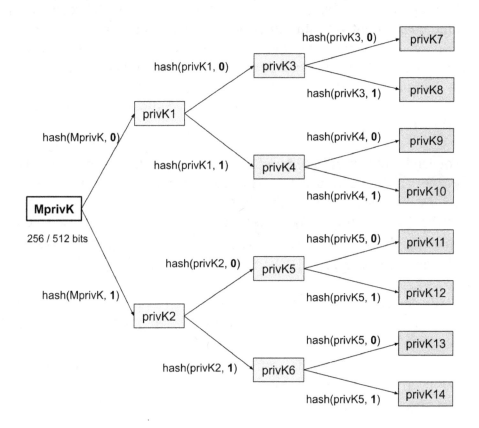

Así, a partir de la clave privada maestra obtendremos de forma determinística todas las claves privadas de la cartera, que se pueden crear indefinidamente e infinitas de ellas. Además, debido a su estructura en árbol, se pueden obtener solo algunas de ellas de forma eficiente y se pueden **organizar las claves en** *cuentas* diferentes según el uso que se le dé a dichas claves.

También es fácil ver que **a partir de una clave privada se pueden saber y generar todos los "hijos" pero no el padre**. Es por eso por lo que se pueden organizar en cuentas. Sin embargo, esto implica que si se revela una clave privada por accidente quedan reveladas esa y todas las generadas a partir de esa. Esto también ocurre en el sistema original (el no simplificado) así que obviamente hay que ir con cuidado.

¿Y qué hay de las claves públicas? Pues estas se generan a partir de las claves privadas que vamos derivando. Precisamente **la diferencia más fundamental entre la simplificación que hemos hecho y el estándar original de derivación de claves dado por BIP-32 es que en este último se pueden derivar claves públicas de otras claves públicas**, sin requerir la clave privada. También claves públicas hijo a partir de claves privadas padre. Para ello se utiliza el código de cadena de la clave privada maestra.

Volviendo sobre la la frase semilla, para obtener esta se toman entre 128 y 256 aleatorios a partir de los cuales se generan números que representan entre 12 y 24 palabras. Por lo tanto, suponiendo que se utilizan 12 palabras para construir la frase semilla, tenemos una entropía inicial de $2048^{12} = (2^{11})^{12} = 2^{132} \approx 5.4 * 10^{39}$ combinaciones diferentes (pues hay 2048 palabras en el diccionario).

Pero además en cada iteración de la función PBKDF2 se aumenta la extensión de la clave, con lo cual en términos de seguridad esta aumenta en 11 bits ($2048 = 2^{11}$) y se realizan 2048 iteraciones. De esta forma la seguridad total del proceso es de $2^{132+11} = 2^{143}$. Lo mismo sucede con las frases semillas de más palabras, solo que son de una seguridad aún más reforzada.

Cabe destacar que las frases semilla de 12 palabras y con entropía de 128 bits ya son lo suficientemente seguras como para que nadie pueda encontrar nuestra frase si tiene buena aleatoriedad. De hecho, quizá tenga más sentido utilizar esas para poder recordar mejor la frase. Si se utiliza la de 24 "por si acaso", que es una práctica de seguridad a mi juicio recomendable (mayor seguridad nunca está de más) hay que tener en cuenta que es más difícil de memorizar y más fácil de perder.

En cualquier caso, gracias a los estándares BIP-32 y BIP-39 ya no hace falta guardar todas las claves privadas de Bitcoin individuales sino simplemente 12-24 palabras con las cuales accedemos a todos nuestros fondos. Este procedimiento es el que utilizan todas las *wallets* o billeteras Bitcoin y, por extensión, las de casi todas las criptomonedas que se utilizan hoy en día.

A continuación podemos ver el procedimiento real del BIP-32: cómo a partir de una entropía determinada (128-256 bits) se generan todas las cuentas y direcciones de forma ilimitada:

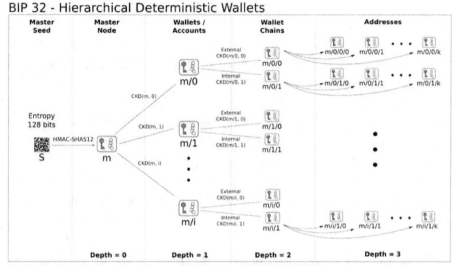

Child Key Derivation Function ~ CKD(x,n) = HMAC-SHA512(x $_{Chain}$, x $_{PubKey}$ || n)

Se denominan **HD Wallets (Hierarchical Deterministic Wallets o Billeteras Deterministas Jerárquicas)**, por la forma con la cual se obtienen las claves ya que se generan de forma jerárquica y determinista.

Aunque explicar con detalle el BIP-32 excede el contenido de este libro, la principal diferencia con nuestro esquema simplificado es que se aplica un sistema de extensión y derivación de claves (*Child key derivation, CKD*) que permite hacer un sistema de derivación de claves tanto públicas como privadas y un estándar para claves tales que se puedan construir todas las claves derivadas a partir de una (*non-hardened keys*) o evitar que se pueda hacer esto (*hardened keys*).

Recordamos que todos los conceptos los pueden y deberían buscar en internet para ampliar conocimiento.

Firmas criptográficas

En el último apartado del capítulo anterior hemos explicado el funcionamiento de las funciones hash, funciones que se benefician de la complejidad asimétrica para crear funciones *"unidireccionales"* que permiten el proceso de datos en un sentido pero no en el inverso. El motivo de las comillas no es otro que reflejar que no son realmente unidireccionales sino que **es computacionalmente intratable** ir en sentido inverso.

Explicamos también sus características, la necesidad de la resistencia a colisiones y finalmente sus usos. Entre estos usos figuraba el de realizar tareas de **compromiso ciego a futuro**, es decir, el poder emitir una cierta información relevante para el futuro sin comprometer dicha información. Así, cuando el momento futuro llegue, usar la propia función hash para verificar en efecto que el compromiso era correcto.

Estos compromisos son una de las bases de las **firmas criptográficas** aplicadas en Bitcoin, aunque no son propiamente firmas criptográficas. Una firma digital es un mecanismo criptográfico aplicado sobre un mensaje que cumple dos requisitos:

1. **Autenticación**. Permite al receptor del mensaje identificar al emisor y confirmar que el mensaje ha sido emitido por él.

2. **Integridad**. Asegura que el mensaje no ha sido alterado desde que fue firmado por el emisor.

Podríamos pensar que las funciones hash pueden servir como firmas criptográficas. Por ejemplo, podemos extraer el hash de *"Dentro de dos días lloverá, Alice Smith, 7 de Diciembre de 2027, 39cb8u4la"* utilizando la función SHA-256 y publicarlo (resulta en formato hexadecimal el hash '*0xe5dd99188e72c5d7ca6a947d4d8237589fe6a8f61f2ed9c673f77a1749472 f5c*') como firma digital.

Para realizar las labores de autenticación e integridad, al cabo de dos días debemos publicar el mensaje y así cualquiera, calculando el hash de la información puede verificar que es el mismo que el publicado dos dias antes como firma digital. Dado que en la información hemos puesto la **identificación** (Alice Smith) y una **marca de tiempo** (llamadas *timestamp*) y que las funciones hash son incorruptibles ambos requisitos *parecen* quedar cubiertos.

Es relevante indicar que **los últimos dígitos del mensaje** (39cb8u4la) corresponden a dígitos de aleatoriedad para **garantizar mayor seguridad**, ya que como el mensaje principal es bastante común (una frase cualquiera junto a una fecha y un nombre) otro agente podría conseguir encontrar la respuesta probando frases usuales y nuestra información quedaría descubierta (hoy en día se pueden calcular billones de hashes por segundo en un solo dispositivo).

Sin embargo, hay un problema bastante obvio. Suponiendo que Alice Smith es el identificador del emisor, para que nadie suplante su identidad debe permanecer en secreto. Por ejemplo, una vez revelada la información del mensaje anterior otro emisor podría firmar mensajes por parte de Alice emitiendo el hash "Mañana hará sol, Alice Smith, 7 de Diciembre de 2021".

Esto implica que **la autenticación no está realmente asegurada**, porque nadie asegura que es realmente el emisor el que ha emitido el mensaje. Y no solo a partir del primer mensaje: alguien puede asegurar que es Alice Smith sin que se pueda realmente demostrar que efectivamente lo sea. Por lo tanto, las funciones hash como tal **sin un algoritmo más complejo que las contenga no pueden funcionar como firmas criptográficas**.

En consecuencia, para realizar firmas criptográficas se utilizan sistemas de criptografía asimétrica, que explicamos en el capítulo anterior. **Con un sistema de criptografía asimétrica sí se puede garantizar la autenticidad del emisor**, porque este mantiene su identificación en secreto con su clave privada, mientras que se verifican sus mensajes con su clave pública.

Por ejemplo, se reconoce que **un mensaje firmado que se puede descifrar con la clave pública de Alice implica que lo ha firmado la**

clave privada de Alice. Para que alguien reconozca que efectivamente ha sido Alice quien ha firmado, es suficiente con que Alice mantenga su clave privada en secreto y nadie excepto Alice pueda acceder a ella.

Siendo por tanto la entera responsabilidad de Alice mantener en secreto su clave privada. Pero **no es necesario para verificar la firma revelar la identificación de Alice, sino solo la clave pública**. Con lo cual nadie puede firmar mensajes por Alice siempre y cuando mantenga su clave privada en secreto.

Así, un esquema de firmas criptográficas basado en criptografía asimétrica funcional tiene que realizar **tres funciones básicas**:

- **GenerarClaves ( )**: Es una función que no recibe ninguna entrada (o como mucho entropía y/o datos aleatorios), la realiza el emisor y devuelve las claves pública y privada que usará este. En el apartado anterior ya hemos visto cómo se generan las claves privadas, y en los siguientes explicaremos cómo se generan las claves públicas (y aún más adelante las direcciones) a partir de las claves privadas.

- **Firmar (mensaje, clavePrivada) -> (firma)**: Es una función que también realiza el emisor, recibe como entrada el mensaje a firmar y la clave privada del emisor, y devuelve el mensaje firmado (firma).

- **Verificar (mensaje, clavePublica, firma)**: Es una función que realiza el receptor o el verificador de la firma. Utiliza la clave pública para verificar la firma de esta sobre el mensaje. Al aplicar el algoritmo de criptografía asimétrica con la clave pública sobre la firma, debería obtenerse el mismo mensaje que el recibido como parámetro en la función. Devuelve verdadero o falso, según si el mensaje obtenido a partir de la firma es el mismo que el proporcionado.

Aunque como hemos visto simplemente con una función hash criptográfica *per se* no se pueden construir sistemas de firmas criptográficas, sí se puede conseguir con algoritmos más complejos que implementan funciones hash. Por ejemplo con las llamadas *Lamport signatures* (**firmas de Lamport en honor a su creador**).

La principal ventaja de los sistemas de firmas digitales con funciones hash criptográficas es que a priori **son resistentes a computación cuántica** si están bien diseñados. La computación cuántica puede romper procedimientos matemáticos, pero no puede romper las funciones hash debido a sus propiedades (solo reducir el proceso de forma cuadrática, usando el algoritmo de Grover).

El hecho de que las funciones hash sean resistentes a computación cuántica es uno de los muchos motivos que hace que el argumento de que *"la computación cuántica destrozará el sistema Bitcoin"* carezca de sentido, pues la blockchain en sí está asegurada por hashes (como veremos más adelante) y las funciones hash no son vulnerables.

Lo que la computación cuántica sí puede romper es el algoritmo de criptografía asimétrica basado en curvas elípticas (tanto ECDSA, el anterior utilizado en Bitcoin, como las firmas Schnorr utilizadas actualmente y que más adelante explicaremos en detalle). Sin embargo, para proteger el sistema **bastaría con actualizar el protocolo** de tal forma que se permitan esquemas de criptografía asimétrica resistente a computación cuántica, como las firmas de Lamport.

Así, cualquier persona que traslade sus fondos a un par de claves generadas con este sistema estaría libre de riesgo. En cualquier caso, tampoco es muy relevante porque si la computación cuántica rompe los sistemas de criptografía basado en curvas elípticas, prácticamente todos los sistemas actuales serían vulnerables mucho antes que Bitcoin (incluídos, por supuesto, los utilizados por los bancos).

Si no se usan actualmente las firmas basadas en hash es porque son muy pesadas e ineficientes. Aunque tampoco vamos a desarrollar el funcionamiento de las firmas de Lamport porque es bastante complicado entenderlo bien y excede del objetivo del libro, por ejemplo suponiendo que se usa como función hash la SHA-256, el tamaño de una clave pública por defecto es de 16 kilobytes (16.000 bytes), frente a los 256 bits (32 bytes) del sistema de curvas elípticas. Además, **en las formas más básicas de las firmas de Lamport solo se puede firmar una vez o como mucho un par de veces** con un mismo par de claves, ya que si se firma una tercera vez con 2^{64} intentos de media se podría encontrar una firma válida por parte de un intruso y firmar suplantando la identidad del sujeto. Y como hemos dicho más arriba, 2^{64} intentos es algo relativamente fácil de hacer en los ordenadores actuales.

Y por otro lado, **estas firmas no tienen las propiedades matemáticas** que sí tienen las basadas en algoritmos matemáticos como el logaritmo discreto, la factorización de primos o las operaciones en curvas elípticas. Por lo tanto también son menos interesantes porque con ellas no se pueden construir los esquemas de *smart contracts*. Y son estos los que permiten aplicaciones muy interesantes como la Lightning Network, que veremos más adelante en el libro.

Aunque existen mejoras que reducen el tamaño y aumentan las veces que se puede utilizar una clave privada (aumentan la eficiencia y eficacia del sistema) manteniendo la seguridad, **en general este tipo de firmas basadas en hashes son impracticables** frente a los esquemas de criptografía asimétrica actuales, por mucho que sean a priori seguras frente a computación cuántica.

En cualquier caso, la cuestión es que si en algún momento se requiriese de un sistema de cifrado resistente a computación cuántica bastaría con actualizar el sistema de claves de Bitcoin, ya que la red y la cadena de bloques quedarían completamente seguras igualmente. Si no se hace de momento es porque no se ve una amenaza creíble de que eso suceda y no resulta ventajoso hacerlo.

Como veremos más adelante, **el tamaño importa y mucho** en Bitcoin, pues es una de las mayores lacras de la descentralización. **Los desarrolladores de Bitcoin buscan que el sistema sea seguro, pero también son pragmáticos**.

Deben establecer un balance entre la descentralización de la red y la seguridad del sistema, y también tener en cuenta la escalabilidad del mismo. Aportar seguridad extra que no es necesaria a expensas de una desventaja para la descentralización y escalabilidad de la red (como ocurre actualmente con los sistemas criptográficos resistentes a computación cuántica) es absurdo.

Lo mismo ocurre con el algoritmo basado en la multiplicación de números primos RSA anteriormente nombrado, que a pesar de ser más eficiente que los sistemas basados en hashes sigue siendo demasiado pesado. Además, es difícil de gestionar bien para un propósito como Bitcoin ya que **es más fácil cometer errores humanos y revelar las claves sin querer**.

Eso sí, el algoritmo RSA y derivados son los algoritmos de criptografía más usados de la historia. Aunque no se usen en Bitcoin, la gran mayoría de las cosas aseguradas hoy en día con criptografía usan este algoritmo. Empezando por todos los certificados SSL que se utilizan en la red (cada vez que entramos a una página web con HTTPS, por ejemplo).

De todas formas hay que admitir que la mayor ventaja de los sistemas de firmas criptográficas basados en criptografía de curvas elípticas (que son los usados en Bitcoin), y de los basados en la multiplicación de números primos, es las **diferentes funcionalidades que permiten dichos cifrados debido a sus propiedades matemáticas**.

El problema del logaritmo discreto

El sistema criptográfico RSA, basado en la factorización de números primos, fue publicado en 1979 y desarrollado a lo largo de la década de los ochenta, y también al final de esa época se empezó a desarrollar el **problema del logaritmo discreto** aplicado al ámbito de la criptografía.

Este desarrollo culminó en el más famoso algoritmo de este tipo: el DSA (*Digital Signature Algorithm*, en español *Algoritmo de Firma Digital*), estandarizado por Estados Unidos en 1991 y actualmente utilizado como Estándar de Firma Digital (DSS).

La diferencia más fundamental entre RSA y DSA es que mientras RSA es un algoritmo funcional y seguro tanto para firmas digitales como para cifrar comunicaciones, **DSA sirve solamente para firmas digitales**, pues se considera inseguro para cifrar comunicaciones.

El problema del logaritmo discreto se basa en la diferencia de complejidad entre las operaciones inversas de **la exponenciación modular y el logaritmo discreto**. Para entender mejor y de forma intuitiva este problema, vamos a explicar la aritmética modular considerando un caso más simple: la división de números enteros.

Fijémonos en que **cuando dividimos números racionales nunca hay residuo o resto en la división**. Por ejemplo, tomemos la división $14 \div 3 = 4,666\ldots = 4,\hat{6}$. Para cualquier división, intuitivamente (y perdónenme los matemáticos) podemos ver que tenemos infinitos decimales. Y eso implica que podemos dividir dos números cualesquiera sin tener un resto, aunque a cambio tenemos que redondear pues no podemos escribir y gestionar decimales infinitos.

Por el contrario, cuando consideramos una **división entre números enteros (división discreta)**, forzando al cociente a ser entero, dado que no podemos dividir las unidades, obtendremos un residuo distinto de cero siempre que el dividendo no sea múltiplo del divisor. Por ejemplo $14 \div 3 = 4$ con residuo 2 (ya que $3 \times 4 = 12$ y $3 \times 5 = 15$).

A la operación que nos da el residuo de una división entera de forma directa en informática también se le suele llamar **módulo**, y en aritmética modular se escribe '*mod n*'. Siguiendo el ejemplo anterior, $14 \, mod \, 3 \equiv 2$ pues el residuo resultante de dividir 14 entre 3 es 2.

Una forma fácil de imaginar el funcionamiento del módulo y las operaciones modulares es mediante relojes. Tomemos como ejemplo el módulo 12, y el resultado de $26 \, mod \, 12 \equiv 2$. Este resultado es equivalente al resultado que tenemos si, dado un reloj y empezando en el cero, contamos 26 posiciones de las agujas del reloj y nos quedamos en la posición final resultante. Así, tras 12 posiciones volveríamos al 0, tras 24 volveríamos otra vez al 0 y luego contaremos dos posiciones más para llegar a 26. Resultado: 2.

Igualmente, si consideramos por ejemplo $11 \, mod \, 4 \equiv 3$ tenemos que imaginarnos un reloj de 4 números en el cual contamos 11 posiciones y el resultado es la posición final en la que nos quedamos. De esta forma, con 4 posiciones daríamos la vuelta completa y volveríamos al cero, lo mismo cuando llevamos 8 posiciones y en la 11 resultaría 3.

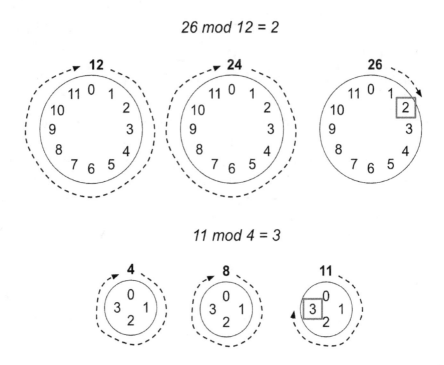

26 mod 12 = 2

11 mod 4 = 3

Cabe destacar que **cuando el número a calcular es negativo, la operación módulo es equivalente a mover las posiciones en sentido contrario** a las agujas del reloj. Por ejemplo, $-9 \bmod 4 \equiv 3$ pues es equivalente a tener un reloj de 4 números y movernos desde el cero 9 posiciones en sentido contrario: 321032103 -> 3.

$$- 9 \ mod \ 4 = 3$$

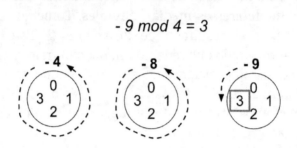

Podemos observar que la operación modular es una **operación cíclica**, que considera un número según los periodos del módulo a calcular. Si tomamos todos los números enteros y calculamos su módulo de otro número determinado 'n', nos salen **como resultado los números de '0' a 'n-1' ordenados y por ciclos**. Por ejemplo, del 4 y el 9:

Nums.	0	1	2	3	4	5	6	7	8	9	10	11	12	13	14	15	16
Mod 4	0	1	2	3	0	1	2	3	0	1	2	3	0	1	2	3	0
Mod 9	0	1	2	3	4	5	6	7	8	0	1	2	3	4	5	6	7

Vemos que cuando tomamos todos los números enteros módulo 4, nos devuelve los números [0-3] ordenados y por ciclos. Lo mismo con el módulo 9, solo que en este caso es el rango de números [0-8]. Y este ciclo se cumple ordenado de forma indefinida hasta el infinito. **Esta observación nos servirá para comprender cómo funciona la criptografía mediante el logaritmo discreto.**

Si dos números enteros 'a' y 'b' al dividirlos entre otro número entero 'n' dan el mismo residuo, se considera y se dice que 'a' y 'b' están en la **misma clase de equivalencia módulo 'n'** ya que son equivalentes según el módulo 'n'. Esto se representa como $a \equiv b \pmod n$ significando que ambos números son equivalentes frente a 'n'.

Es decir, que al dividir 'a' y ' b' entre 'n' se obtiene el mismo resto. También se dice que **'a' y 'b' son congruentes con el módulo 'n'**. Por ejemplo, $11 \equiv 8 \, (mod \, 3)$ ya que el resto de dividir 11 entre 3 es el mismo que el que resulta de dividir 8 entre 3 (que es 2).

Es relevante remarcar también que **aplicamos el signo de equivalente, con un igual de tres rayas, porque no existe una relación de igualdad** entre los términos. Por eso lo hemos escrito así desde el principio.

Aunque no vamos a entrar en profundidad en ellas, se pueden realizar **operaciones aritméticas modulares** (operaciones con módulos), y existen propiedades al respecto.

Por ejemplo, $(a+b) \, mod \, n \equiv (a \, mod \, n + b \, mod \, n) \, mod \, n$. De esta forma, $(11+14) \, mod \, 3 \equiv (11 \, mod \, 3 + 14 \, mod \, 3) \, mod \, 3$ ya que tenemos:

- Por un lado $(11+14) \, mod \, 3 = 25 \, mod \, 3 \equiv 1$
- Y $(11 \, mod \, 3 + 14 \, mod \, 3) \, mod \, 3 = (2+2) \, mod \, 3 = 4 \, mod \, 3 \equiv 1$.

A la parte de las matemáticas que estudia las operaciones aritméticas con módulo se la denomina **aritmética modular**. Una de las operaciones estudiadas es la exponenciación modular, que es la operación inversa del logaritmo discreto (nuestro objetivo).

La **exponenciación modular** calcula el residuo cuando un número entero positivo 'b' (la base) se eleva a la potencia 'e' (el exponente, un número entero también), b^e, y es dividido por el entero positivo 'n', llamado módulo. Se representa por $b^e \, mod \, n$.

Es decir, **se trata de aplicar la operación módulo a una operación de potencia con números enteros**. Por ejemplo, $5^3 \, mod \, 13 \equiv 8$, pues $5^3 = 125 = 9 \times 13 + 8$. Este tipo de operaciones son muy fáciles de realizar incluso para números muy grandes por un ordenador mediante un algoritmo lógico utilizando exponenciación binaria y no hay ningún problema con ellas.

3. Las bases de Bitcoin y las criptomonedas

Ahora debemos recordar (o saber) que **una de las operaciones inversas de la potencia es la operación logaritmo**, que se define como $\log_b(x) = e \Leftrightarrow b^e = x$ donde se dice que 'b' es la base del logaritmo y 'e' es el exponente, que es lo que queremos encontrar.

Es decir, que si cuando calculamos por ejemplo $2^4 = 16$ estamos elevando 2 al exponente 4 (multiplicando cuatro veces 2), cuando realizamos la operación $\log_2(16) = 4$ estamos calculando, dada una base y un número, **cuál es el exponente** que aplicado sobre la base nos da el número del cual queremos saber su logaritmo.

Por tanto **es una función inversa de la exponenciación**. Por ejemplo, $\log_3 21 = 2.77124 \ldots$. lo cual tiene sentido pues $3^2 = 9$ y $3^3 = 27$ con lo cual es verosímil que $3^{2.77124 \cdots} = 21$. Decimos que es "*una de las operaciones inversas*" porque la otra es la **raíz** que consiste en, dado un número y un exponente, calcular la base tal que elevada al exponente nos da el número.

Pues bien, igual que tenemos la exponenciación modular, existe una operación "modular" de logaritmo, que es la que llamamos **logaritmo discreto**, y es la operación inversa a la exponenciación modular. Es decir, calcular el logaritmo discreto de un número 'x' consiste en buscar un exponente 'e' entero tal que al elevar una base 'b' entera a ese exponente y dividirlo entre un módulo 'n' nos da el mismo residuo que al dividir 'x' entre el módulo 'n':

$$\log_b(x) \bmod n \equiv e \Leftrightarrow b^e \equiv x \,(mod\ n)$$

En el ejemplo anterior, sería calcular "x" de la ecuación $5^x mod\ 13 \equiv 8$. Es decir, $\log_5(8) mod\ 13 \equiv 3$ pues $5^3 \equiv 8\,(mod\ 13)$. Cabe remarcar que una de las características de los logaritmos discretos es que **no existe esta operación para cualesquiera número, base y módulo**, y por tanto puede no existir una solución. Por ejemplo, el logaritmo discreto $2^x mod\ 15 \equiv 7$ no existe para ningún valor de 'x'.

Las operaciones de logaritmo discreto, **a diferencia de la exponenciación modular, son absolutamente complejas de realizar**. Si recordamos ahora el apartado de complejidad asimétrica, resulta que este es un caso **perfecto para realizar sistemas de criptografía**. Más adelante entraremos con más detalle sobre su complejidad.

Vamos ahora a explicar cómo y por qué se aplica esto a la criptografía. Antes hemos comprobado que la operación módulo 'mod n' restringe **el número de soluciones de un determinado problema a aquellos números enteros que van desde el número '0' hasta el número 'n-1'**. Es como un reloj: limita las soluciones a unas concretas solamente.

También hemos verificado que **cuando tomamos todos los números enteros módulo otro número 'n', nos da estos números (0 hasta n-1) ordenados y por ciclos** hasta el infinito. Por ejemplo, si tenemos $X \, mod \, 3$ y 'X' son los números enteros, las soluciones que nos da son $[0, 1, 2, 0, 1, 2, 0, 1, 2, \, ...]$.

Pues bien, para no entrar en definiciones y conceptos matemáticos complejos, **vamos a ver primero un par de ejemplos** muy sencillos de logaritmos discretos. Consideremos el cálculo de las exponenciaciones modulares $2^x mod \, 13$ donde 'x', el exponente, son los distintos números naturales positivos:

x	0	1	2	3	4	5	6	7	8	9	10	11	**12**	13	14	15
$2^x mod \, 13$	1	2	4	8	3	6	12	11	9	5	10	7	**1**	2	4	8

x	16	17	18	19	20	21	22	23	**24**	25	26	27	28	29	30
$2^x mod \, 13$	3	6	12	11	9	5	10	7	**1**	2	4	8	3	6	12

Si nos fijamos en los primeros 12 exponentes ('x' entre '0' y '11') podemos ver que **tenemos todos los números del 1 al 12 permutados**: en un orden diferente al habitual; saltados. Y además resulta que **en los 12 exponentes siguientes se sigue repitiendo el mismo orden**.

Es decir: si en vez de tomar los números naturales módulo 13 calculamos su exponenciación modular con base '2', **tenemos como antes ciclos de los números de forma indefinida, pero desordenados y sin el '0'**. Lo mismo ocurre si calculamos $5^x \bmod 17$ para todos los números naturales. El ciclo resultante en este caso es el siguiente:

[1, 5, 8, 6, 13, 14, 2, 10, 16, 12, 9, 11, 4, 3, 15, 7], [1, 5, 8, 6, 13, 14, 2, 10, 16, 12, 9, 11, 4, 3, 15, 7], [1, 5, 8, 6, 13, 14, 2, 10, 16, 12, 9, 11, 4, 3, 15, 7] ....

Como vemos, de nuevo tenemos todos los números del '1' al '16' por ciclos indefinidos y sobre todo: **desordenados.**

Cuando ocurre esto con una determinada base y un módulo, en aritmética modular se dice que **la base es una raíz primitiva del módulo**. Por ejemplo, en los casos mostrados, '2' es una raíz primitiva *módulo 13* y '5' es una raíz primitiva *módulo 17*.

A la raíz primitiva también se le llama **generador** y se representa por 'g'. Esto es debido a que la raíz primitiva "*genera*" el conjunto de números que va de '1' a 'n-1' de forma desordenada y **uniforme**.

Además, se puede demostrar que **si el módulo 'n' considerado es un número primo 'p', existe al menos una raíz primitiva** de dicho número y se pueden generar estos ciclos mostrados. Por eso hemos utilizado los números 17 y 13, que son ambos números primos.

Entonces, los logaritmos discretos son tan útiles en criptografía por los siguientes dos puntos:

1. **Calcular un logaritmo discreto concreto es complejo** y no hay un algoritmo determinado y específico para ello. Además, **cuando el módulo es un número primo 'p', todavía es más difícil** calcular logaritmos discretos.

2. Si tomamos como **módulo un número primo 'p'** y como base un generador de 'p', *mapeamos* todos los números naturales a un número del conjunto [1 a p-1] en ciclos desordenados.

Si además 'p' es un número primo muy grande, **es muy complicado predecir dado un número del conjunto [1 a p-1] a qué exponente corresponde** a no ser que se calcule toda la secuencia (lo cual es absolutamente impracticable si 'p' es suficientemente grande).

Así pues, creo que es de sentido común tomar **el exponente 'x' como clave privada y el resultado de la exponenciación modular como clave pública**. Calcular la clave pública a partir de la privada es muy sencillo (es calcular la exponenciación modular con la clave privada) pero calcular la clave privada a partir de la pública es complicadísimo.

Supongamos que queremos que las claves tengan 512 bits (por seguridad y para tener un tamaño de clave predecible para guardar en un ordenador). La idea es elegir como módulo 'n' un número **primo 'p' ligeramente menor que** 2^{512} (pues 2^{512} obviamente no es primo) y un **generador 'g' de este número primo**. Existen algoritmos rápidos que calculan ambas cosas sin problemas. Estos números pueden (y deben) ser públicos: no hay problema con su revelación.

Seguidamente elegimos un **número aleatorio entre 1 y** 2^{512} (usando un generador de aleatoriedad adecuado, como hemos visto). Si comprobamos que ese número es menor que el número primo 'p', podemos cogerlo **como clave privada 'a'**. A continuación, calculamos la **clave pública 'A' como** $A = g^a \bmod p$.

Como hemos visto se trata de una exponenciación modular con el generador 'g' como base, la clave privada 'a' como exponente y el primo 'p' de módulo. Un cálculo sencillo de realizar. **A partir de 'A' nadie debería poder saber qué número es 'a'** sin calcular un número desproporcionadamente enorme de exponenciaciones modulares.

Lo más curioso del problema del logaritmo discreto es que no hay ninguna prueba de que sea difícil computarlos, pero **tampoco hay ningún algoritmo estándar general** ni formas de hacerlo demostradas que puedan calcular un logaritmo discreto concreto.

Se cree que el problema del logaritmo discreto es un problema NP, pero no está demostrado. La razón por la que la gente cree que es muy difícil y en la cual descansa su seguridad es que muchísimos expertos a lo largo de los años han intentado obtener formas de calcularlos y ninguna de ellas se realiza en tiempo polinomial.

Los pocos algoritmos que existen son exponenciales y muchos de ellos son solo para logaritmos discretos de determinadas condiciones y grupos. Uno de los mejores, llamado *Baby-step giant-step o algoritmo de Shanks* en honor a su creador, reduce la complejidad a O($\sqrt{p}$) donde 'p' es el número primo elegido (por fuerza bruta se requiere O(p)). Además, se aproxima que **el coste de calcular un logaritmo discreto es un sextillón de veces más alto que el de realizar la exponenciación usada para transformar los números.**

Vamos a ver ahora cómo se aplica esto poniendo como ejemplo el **protocolo criptográfico Diffie-Hellman** de establecimiento de claves, del cual de nuevo recomiendo que busquen mayor información en internet. Se trata de aprovechar las propiedades matemáticas de la exponenciación modular y el logaritmo discreto para compartir una clave común entre dos participantes de una comunicación criptográfica a través de un canal inseguro.

Utilizando de nuevo el modelo de Alice y Bob, Alice tiene sus claves privada "a" y pública $A = g^a \bmod p$ mientras que Bob tiene las suyas "b" y $B = g^b \bmod p$ (recordemos que tanto 'p' como el generador 'g' son números públicos, es decir que no importa que sean conocidos).

Alice y Bob comparten sus claves públicas A y B y se utiliza como **clave criptográfica para la comunicación** $K = g^{a \times b} \bmod p$. El motivo es que gracias a las propiedades de los logaritmos discretos, **ambos pueden calcular K sin conocer la respectiva clave privada de su interlocutor:**

- Alice calcula:

$K = B^a \bmod p = (g^b \bmod p)^a \bmod p = (g^b \bmod p) \times (g^b \bmod p) \dots$
$[.. a \text{ veces } ..] \times (g^b \bmod p) \bmod p = g^{b \times a} \bmod p = g^{a \times b} \bmod p = K$

- Bob calcula:

$$K = A^b \bmod p = (g^a \bmod p)^b \bmod p = (g^a \bmod p) \times (g^a \bmod p) \, ...$$

$$[.. \, b \; veces \, ..] \times (g^a \bmod p) \bmod p = g^{a \times b} \bmod p = g^{b \times a} \bmod p = K$$

Es decir: como vemos ambos pueden calcular una única clave en la que ambos están de acuerdo solo usando la clave pública del interlocutor y su propia clave privada. Sin revelar nada. Así, con 'K' pueden establecer un intercambio de información por criptografía simétrica totalmente seguro habiendo "compartido" las claves por un canal inseguro.

Ya sabiendo el funcionamiento básico del algoritmo criptográfico basado en logaritmos discretos, como deberes sugiero al lector que busque en internet, investigue y entienda el *sistema de cifrado ElGamal*, utilizado para cifrar y descifrar mensajes con este mismo sistema e implementado en *PGP* y también el *algoritmo de firma digital DSA* anteriormente mencionado más arriba.

Ambos sistemas utilizan las propiedades matemáticas de los logaritmos discretos de forma similar al protocolo Diffie-Hellman, de modo que nadie conozca las claves privadas y se puedan aún así encriptar mensajes.

Recordemos que **cualquier mensaje puede ser reducido a un número binario muy grande mediante código ASCII**, y por tanto un número decimal muy grande al que se pueden aplicar toda clase de matemáticas. Además, y como veremos con Bitcoin, cuando el objetivo son firmas digitales, se toma el 'hash' de la información para comprimirla y garantizar la integridad de los datos y a la vez la eficiencia del algoritmo criptográfico.

Como hemos visto, aunque suene técnico, **el problema del logaritmo discreto no tiene tanto misterio**. Simplemente se trata de tomar una operación modular que devuelva el conjunto de números del módulo desordenados. Y a diferencia de la división, cuyo resto está ordenado, el logaritmo discreto cumple esta propiedad (números desordenados y sin que haya un algoritmo general y obvio para obtener cada uno de ellos).

Criptografía de curvas elípticas

Una vez comprendido el problema del logaritmo discreto, la forma de aplicarlo en los protocolos criptográficos y su funcionamiento, ahora nos será mucho más fácil asimilar la criptografía de curvas elípticas.

Fue en 1985 cuando Neal Koblitz y Victor Miller propusieron por primera vez (de forma independiente) el uso de curvas elípticas para construir sistemas de cifrado. Este desarrollo fue finalmente implementado y estandarizado en el **algoritmo ECDSA (*Elliptic Curves Digital Signature Algorithm*)**.

La criptografía de curvas elípticas deriva su funcionamiento del problema del logaritmo discreto. Para entender cómo y por qué, debemos desvelar la mejor cualidad de las matemáticas. Y es la abstracción de los conceptos y sus estructuras lógicas para aplicarlas de forma general allí donde sean válidas.

El edificio de las matemáticas está tan bien construido y es tan riguroso que establece muy bien sus definiciones y las propiedades lógicas que se derivan de ellas. Así, cualquier otra estructura lógica que encaje con las definiciones comparte las mismas propiedades. Veamos a qué nos referimos de forma más concreta.

En álgebra abstracta, se define como **logaritmo discreto de 'y' en base 'g'**, donde 'g' e 'y' son elementos de un **grupo**, a la solución 'x' de la ecuación $g^x = y$. Además, para que tenga utilidad en criptografía necesitamos que sea un **grupo cíclico finito.** Como vemos, tenemos en la definición las palabras "*grupo cíclico finito*" que definen al logaritmo discreto. Vamos a desgranar poco a poco qué significa esto.

En primer lugar, grosso modo en matemáticas un **conjunto** es una serie de elementos que se pueden considerar en sí mismos como un objeto. Así, por ejemplo tenemos el conjunto de los números naturales $N = \{0,1,2,3...\}$ o el de los enteros $Z = \{-3,-2,1,0,1,2,3...\}$ o el de los números primos $P = \{2,3,5,7,11,13,17...\}$.

Por otro lado, se define en matemáticas una **estructura algebraica** como un **conjunto** no vacío y unas **operaciones** que se pueden aplicar a dicho conjunto. El álgebra abstracta es precisamente la rama de las matemáticas que estudia las estructuras algebraicas.

Seguidamente, definimos **grupo** como una estructura algebraica formada por un conjunto no vacío con una operación que combina cualquier par de elementos para componer un tercero dentro del mismo conjunto y que satisface las propiedades asociativa, existencia de elemento neutro y elemento inverso para todos los elementos.

Por ejemplo, el conjunto de los números enteros y la operación suma $\{Z,+\}$ forman un grupo. El resultado de la operación suma sobre dos elementos cualesquiera de 'Z' forma parte de 'Z', y se cumplen todas las propiedades anteriores. La propiedad asociativa, existencia de elemento neutro (que es es el '0') y el elemento inverso de un elemento cualquiera del conjunto 'a' es '-a', que también está en el conjunto.

Además, es un **grupo cíclico** ya que se define que un grupo es cíclico cuando con uno de sus elementos y su inverso se puede generar a todos los otros del conjunto utilizando la operación del grupo. Y el conjunto de los números enteros positivos se puede generar a partir del elemento {1} y su inverso {-1}. Para ello solo hay que seguir la serie:
{1-1, 1, -1, 1+1, -1-1, 1+1+1, -1-1-1, ...} = {0, 1, -1, 2, -2, 3, -3, 4, -4, ...}

Justamente de ahí es de donde viene el concepto de **generador** mencionado en el apartado anterior: es un elemento que genera al grupo cíclico. Sin embargo, $\{Z,+\}$ es un **grupo cíclico infinito**, pues el número de elementos del conjunto de los números enteros es infinito.

Necesitamos un grupo cíclico finito para poder aplicar la definición de logaritmo discreto de forma correcta y rigurosa, y en este punto es donde entra la **aritmética modular**. Como vimos en el apartado anterior, con las operaciones con *módulo* conseguimos limitar los resultados de operaciones matemáticas a un conjunto de soluciones determinadas.

Por eso en el problema del logaritmo discreto realizamos operaciones sobre un número primo 'p' muy grande, lo que resulta en el conjunto de números dados por [1, p-1]. Es decir, si tomamos por ejemplo p=13 restringimos las soluciones a [1, 12].

Entonces, teniendo en cuenta esta definición de la aritmética modular, en el problema del logaritmo discreto estamos tomando la operación de **multiplicación módulo p** junto al **conjunto de números [1, p-1]**. Este conjunto con esta operación forma el llamado **grupo multiplicativo de enteros módulo p** (donde 'p' es un número primo cualquiera a elegir) y representado usualmente por $(Z_p)^{\times}$ o $(Z/pZ)^{\times}$. Por ejemplo $(Z_{13})^{\times}$ o $(Z/13\,Z)^{\times}$ con el ejemplo anterior.

Estos grupos, para cualquier número primo 'p', son grupos cíclicos finitos pues la operación de *multiplicación módulo p* sobre dos números del conjunto *[1, p-1]* da como resultado otro número entre *[1, p-1]* como hemos visto antes, y además cumple las propiedades asociativa, de existencia de elemento neutro (es el '1') y todos los elementos tienen su inverso dentro del mismo conjunto.

Además, como vimos en el apartado anterior todo el conjunto se genera con la raíz *primitiva módulo p* que es el *generador*, así que son grupos cíclicos, y como el conjunto es finito son grupos cíclicos finitos. **Por eso el problema del logaritmo discreto encaja con la definición de álgebra abstracta** que hemos dado anteriormente.

Bien, pues la idea es que **la definición de logaritmo discreto se puede aplicar a cualquier grupo cíclico finito**. Eso es lo que hay que entender en este apartado para dar el salto de los sistemas criptográficos de logaritmos discretos como el DSA a los basados en curvas elípticas. Es por eso por lo que se dice que la criptografía elíptica proviene del logaritmo discreto.

Lo que se hace en la criptografía elíptica es **tomar otro grupo cíclico distinto, utilizando para ello un conjunto y una operación matemática distintos** a los del logaritmo discreto original. Como vemos, las matemáticas definen unas estructuras lógicas y se estudian y demuestran unas propiedades. Y cualesquieras otras estructuras lógicas que encajen con las definiciones, comparten las mismas propiedades (tal como decíamos al principio).

Normalmente en criptografía se suelen elegir **grupos en los cuales no existen algoritmos para calcular los logaritmos discretos** y en los que la complejidad de cálculo en el caso promedio resulta tan difícil como en el peor de los casos.

En el caso de los sistemas de criptografía basados en curvas elípticas, se utilizan los llamados **subgrupos cíclicos de curvas elípticas sobre cuerpos finitos**. Más adelante explicaremos por qué se utilizan estos grupos, primero vamos a desglosar qué significa esto.

Cabe destacar en primer lugar que **las curvas elípticas no son elipses**. Aunque su definición es más complicada y farragosa, digamos que de modo sencillo las curvas elípticas son aquellas que vienen definidas por la ecuación: $y^2 = x^3 + mx + n$ donde "m" y "n" son cualquier número entero con determinadas condiciones (por sus raíces).

Si recordamos conocimientos básicos de la ESO, simplificando mucho las ecuaciones son equivalencias entre un número variable 'x' y otro número variable 'y' que se representan en un plano con un sistema de ejes de coordenadas cartesianas donde a cada número de 'x' le corresponde su 'y'. Cuando hacemos esto estamos representando **curvas elípticas sobre el cuerpo de los números reales**.

Por otro lado, un **cuerpo** en álgebra abstracta se define como una estructura algebraica (definida anteriormente) que tiene dos operaciones llamadas multiplicación y adición que cumplen las propiedades aplicables en la aritmética de los números racionales. Es decir, grosso modo: **un conjunto con dos operaciones equivalentes a adición y multiplicación bien definidas**. Un cuerpo finito es, como se intuye, un cuerpo definido sobre un conjunto finito de elementos.

Precisamente el problema que tenemos **al aplicar las curvas elípticas sobre el cuerpo de los números reales** (con las operaciones de suma y multiplicación de números reales) **es que las aplicamos sobre un cuerpo infinito**, ya que tiene infinitos elementos. Y recordemos de la definición del logaritmo discreto que **necesitamos un grupo cíclico finito para poder aplicarlo** (lo cual es también obvio, pues en caso contrario no sería un logaritmo discreto ni aritmética modular).

Por lo tanto necesitamos un cuerpo finito sobre el que representar las curvas elípticas. Si vemos la ecuación ($y^2 = x^3 + mx + n$), queda claro que para poder representarla sobre un conjunto de elementos es necesario que las operaciones de suma y multiplicación estén bien definidas en este conjunto.

Para ello utilizamos, de nuevo, los **grupos formados por los conjuntos de números enteros módulo 'p'** $Z_p = \{0,1,2,3 \dots p-1\}$ donde 'p' es un número primo junto a la **suma** ($+$) y **multiplicación** ($\times$) módulo 'p' para definir el cuerpo sobre el que se aplican las curvas elípticas. Usualmente representados por F_p o GF(p) [de *Field*, en inglés, y *Galois Field*].

Así, en vez de representar las curvas elípticas en un plano continuo con ejes cartesianos se construye una "rejilla" discreta de puntos con los distintos elementos del grupo Z_p en cada eje de coordenadas.

De esa forma, se define la **curva elíptica como el conjunto de elementos (x, y) donde 'x' e 'y' son elementos del conjunto** Z_p **que cumplen la ecuación** $y^2 = x^3 + mx + n \, mod(p)$. Los parámetros 'm' y 'n' también deben ser elementos de Z_p y cumplir unas condiciones. A ese conjunto de puntos se le añade el punto 'O', llamado **punto en el infinito** y que sirve como elemento neutro con el fin de que las matemáticas estén bien definidas y se cumplan todas las propiedades de forma correcta.

Es decir, una curva elíptica $E(F_p)$ sobre un cuerpo finito de enteros F_p está formada por, en lenguaje matemático:

$$E(F_p) = \{m, n \in Z_p, (x,y) \in Z_p^2 : y^2 = x^3 + mx + n \, mod(p)\} \cup \{O\}.$$

Vamos a poner un ejemplo, que se entenderá mejor. Usaremos $m=-3, n=7, p=17$. De esa forma tenemos el conjunto de enteros Z_{17} y la curva elíptica $y^2=x^3-3x+7\,mod(17)$.

A continuación podemos ver cómo sería dicha curva elíptica sobre el cuerpo de los números reales R (es decir, representada sobre un plano con ejes cartesianos normales):

y2 = x3 - 3x + 7 sobre los números reales (R)

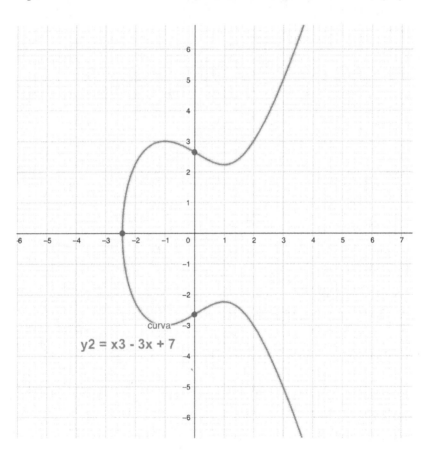

Y ahora vamos a ver cómo quedaría esta curva elíptica si la representamos sobre el cuerpo F_{17}, formado por los números $\{0, 1, 2, 3, 4, 5, 6, \dots 12, 13, 14, 15, 16\}$ y la suma y la multiplicación módulo 17.

Es decir, **consideramos como puntos que forman parte de nuestra curva elíptica aquellos (x, y) que tras calcular las dos partes de la ecuación y obtener el resto frente a 17 son equivalentes.**

y2=x3-3x+7 sobre el conjunto Z(17)

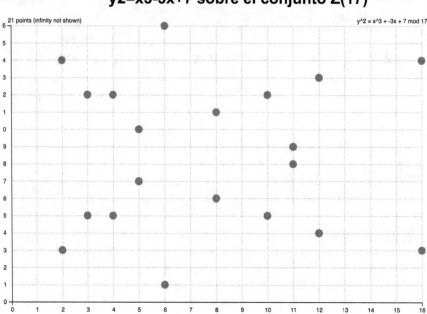

Como vemos, el punto (x=2, y=3) está en nuestra curva elíptica porque por una parte $2^3 - 3 \times 2 + 7 = 9$ y por otro lado $3^2 = 9$. Por consiguiente, se cumple la ecuación $y^2 = x^3 - 3x + 7$ en aritmética modular módulo 17 (usando la suma y multiplicación modulares).

Si tomamos otro ejemplo sencillito, podemos ver que el punto (5, 7) también forma parte pues $5^3 - 3 \times 5 + 7 = 125 - 15 + 7 = 117$ y $7^2 = 49$, y ambos números son equivalentes módulo 17 (es decir, $117 \, mod(17) \equiv 15 \equiv 49 \, mod(17) \equiv 15$).

Los puntos de la curva elíptica (por ejemplo los 21 puntos anteriores de Z_{17}^2) se llaman **puntos racionales**, y este conjunto de elementos pueden formar **subgrupos cíclicos finitos** con una operación de suma muy peculiar que vamos a relatar a continuación. Por eso estas operaciones también encajan con la definición original de logaritmo discreto.

Vamos a ver ahora cómo se forman estos *subgrupos cíclicos finitos* debido a las propiedades de las curvas elípticas.

Bien, en primer lugar podemos observar que **las curvas elípticas son simétricas respecto al eje X**. Esto, además de permitirnos la conmutatividad en las operaciones, servirá para reducir el tamaño de las claves de criptografía elíptica. Dado que una clave pública es un punto en la curva, con la coordenada "x" y un bit de información para saber si el punto se encuentra en la parte superior o inferior de la curva nuestra clave pública queda totalmente determinada.

Pero la propiedad que necesitamos es que **dados dos puntos P y Q pertenecientes a la curva, la recta que pasa por dichos puntos P y Q necesariamente corta la curva en un tercer punto de la curva 'R' o en el punto infinito definido anteriormente 'O'.**

Además, **cuando la recta pasa por un único punto tangente P, corta la curva solamente en otro punto 'R' (o en el punto infinito O).**

Esta propiedad nos permite definir una **operación de suma** y de multiplicación por un número entero (a partir de la suma) tal que el conjunto de puntos de la curva elíptica (por ejemplo los 21 puntos mostrados anteriormente sobre el conjunto de números Z_{17}^2) sean un grupo cíclico finito. Concretamente, se define:

- Cuando una recta intersecta por tres puntos la curva elíptica (P, Q y R) tenemos la ecuación **P+Q+R=O** (por eso necesitamos el punto en el infinito O).

- Cuando una recta es tangente a la curva, solo intersecta en dos puntos y es equivalente a que Q=P y por tanto tenemos la ecuación **Q+Q+R=2Q+R=O.**

- El inverso de la operación suma es el reflejo en el eje de las abscisas, **R'=-R**.

A continuación mostramos una fotografía con los distintos casos de las operaciones mencionadas:

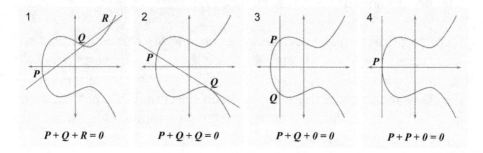

| $P+Q+R=0$ | $P+Q+Q=0$ | $P+Q+0=0$ | $P+P+0=0$ |

De esta forma, de la operación (1) tenemos que $P + Q = - R = R'$. O por ejemplo de (2) resulta $2Q = - P = P'$. En la siguiente imagen podemos ver cómo calcular los resultados de las distintas formas de operar con estas curvas:

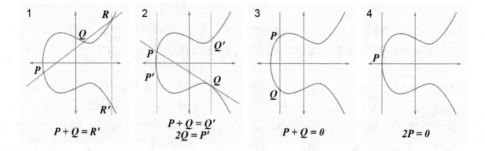

| $P+Q=R'$ | $P+Q=Q'$
$2Q=P'$ | $P+Q=0$ | $2P=0$ |

Esto implica como vemos que **podemos sumar puntos y multiplicar puntos por un número entero cualquiera** bajo este sistema.

Por ejemplo, si queremos obtener el punto 3P dado un punto P cualquiera tenemos que 3P=2P+P, con lo cual trazamos una recta tangente a P y donde corte la curva, el punto inverso es 2P. Seguidamente trazamos la línea que intersecta 2P y P y donde intersecta de nuevo con la curva, ese punto correspondería a -3P. El punto inverso (el simétrico respecto al 'eje X') sería 3P.

Si queremos calcular 9P realizamos el mismo procedimiento: $9P = 2 \times (2 \times 2P) + P$ con lo cual tenemos que trazar la tangente a P y el inverso del punto donde intersecta es 2P, luego trazamos la tangente a 2P y el inverso del punto donde intersecta es 4P. Volvemos a trazar la recta tangente a 4P y el inverso del punto donde intersecta con la curva es 8P. Finalmente sumamos P + 8P para obtener el punto 9P.

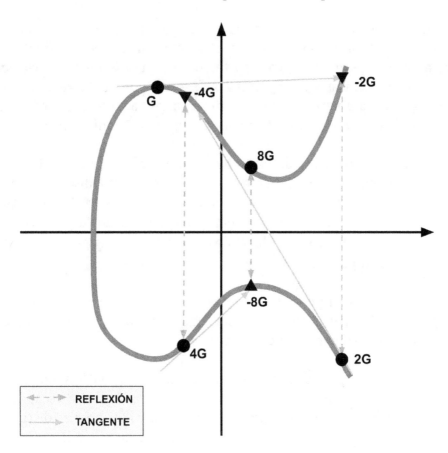

Esta operación **es completamente realizable en curvas elípticas sobre cuerpos finitos** como la que hemos visto antes en Z_{17}^2. **La suma así definida junto a los puntos racionales de la curva elíptica forman un grupo**, pues la operación satisface la propiedad asociativa (A + B) + C = A + (B + C), existencia de elemento neutro (el punto 'O') y el elemento inverso (la simetría de la curva).

Por lo tanto, si tenemos esta operación y los puntos racionales de una curva elíptica sobre un cuerpo finito, **ambos forman un grupo finito** ya que tenemos un número finito de puntos racionales. **Nos falta que el grupo sea un grupo cíclico** para poder tener el logaritmo discreto bien definido. Para ello se requiere que uno de sus elementos, el **generador**, genere a todos los otros del conjunto utilizando la operación del grupo.

Aunque esto en general se puede conseguir para todos los puntos racionales de la curva, usualmente **se toma un generador que solo genera una parte (la mayor parte) de los puntos de la curva** por cuestiones técnicas y de seguridad. Así, se elige un punto generador G que genera una parte del conjunto de puntos racionales y junto a la operación de suma definida forman un **subgrupo**. De ahí esa palabra.

Por tanto hemos obtenido los **subgrupos cíclicos de curvas elípticas sobre cuerpos finitos** y el problema del logaritmo discreto queda completamente definido en curvas elípticas con la operación suma que acabamos de explicar. Dada una curva elíptica sobre un cuerpo discreto como la anterior sobre Z_{17}, eligiendo un punto 'G' como generador este genera **subgrupos cíclicos** de los puntos de la curva.

¿Y cómo genera el punto G los demás puntos racionales? Pues con la **operación de multiplicación escalar, que no es más que una suma de 'G' un número determinado de veces**.

Igual que en el apartado anterior ocurría con la potencia de 5 módulo 17 con diferentes exponentes, cuando se multiplica de forma escalar un punto G cualquiera de la curva (G, 2G, 3G, 4G, etc.) se obtienen distintos puntos de la curva de forma cíclica, de tal forma que cuando se llega a un determinado escalar se vuelve a obtener G (teniendo así el subgrupo cíclico de los puntos de la curva con G como generador).

De nuevo igual que en el ejemplo del logaritmo discreto, la idea es **utilizar un número primo muy muy grande para el cuerpo Z_p** (no 17 como en el ejemplo simplificado). Y luego elegir un punto de la curva como generador **G de tal forma que todos o casi todos los puntos sean generados** por dicho punto.

Cabe destacar que el número de puntos racionales generados por G que forman el subgrupo cíclico se puede calcular matemáticamente sin tener que generarlos todos a partir de G (con el llamado teorema de Hasse). En cualquier caso, **se elige un 'G' tal que el número de puntos siempre es similar a 'p' y del mismo orden de magnitud**.

Tras elegir 'p', la curva elíptica a aplicar y el punto generador "G", se elige un número aleatorio 'a' como clave privada y se calcula la clave pública como el punto A = aG con la operación suma anteriormente definida sobre la curva elíptica (usando un algoritmo mediante ordenador, claro).

Igual que ocurría con el problema del logaritmo discreto, se pueden diseñar así sistemas para la comunicación con criptografía asimétrica. Siguiendo el mismo procedimiento que el del algoritmo de Diffie-Hellman original se obtiene el mismo pero para curvas elípticas **(Elliptic-Curve Diffie-Hellman, ECDH)**.

Por ejemplo, si suponemos que Alice tiene la clave privada 'a' y la clave pública 'A' y Bob tiene la clave privada 'b' y la clave pública 'B', ambos pueden calcular la clave pública compartida 'K' compartiendo sus claves públicas. Esto es debido a las propiedades matemáticas de la suma sobre curvas elípticas, resultando así el sistema **ECDH**:

- Bob: K = bA = baG = abG
- Alice: K = aB = abG = baG

Como podemos observar, realmente en el sistema de curvas elípticas no interviene ningún logaritmo discreto como tal, sino que es la inversa de la multiplicación escalar del punto G para dichas curvas elípticas lo que no está definido. Es decir, dado el punto A racional de la curva y el punto G, obtener el número entero 'a' tal que A = aG.

Como hemos elegido como operación del grupo cíclico finito una 'suma' (de puntos) y no una multiplicación, la exponenciación modular y el logaritmo discreto resultan multiplicación y división escalar de puntos, respectivamente.

Llegados a este punto cabe preguntarse **por qué es necesario utilizar este sistema tan confuso y rebuscado** teniendo los sistemas basados en el problema del logaritmo discreto original. Bien, la respuesta es que en principio **es un sistema mucho más seguro que el del logaritmo discreto original**.

Debemos recordar que la clave privada al final es un número entero aleatorio entre un abanico muy grande, tan grande que adivinarlo es más difícil que elegir un átomo al azar de entre todos los átomos del universo visible. Esto hace que mediante la fuerza bruta sea computacionalmente intratable encontrar la clave privada.

Pero **la clave pública sí está relacionada con la clave privada de forma determinista** (a través de un algoritmo, ya sea del problema del logaritmo discreto o el del inverso de la multiplicación escalar de la criptografía elíptica). La clave pública no es aleatoria: hay realmente un proceso que relaciona una y otra, y por tanto **puede haber procedimientos que hagan necesaria menos computación de la requerida por fuerza bruta** para encontrar la clave privada, haciéndolo computacionalmente tratable (en potencia).

En el apartado anterior ya mencionamos que hay pocos algoritmos encontrados que solucionen en un tiempo menor que el aleatorio medio los problemas de logaritmos discretos. Algunos funcionan para solo determinados grupos, otros para todos. Pero ninguno de ellos consigue que se pueda calcular un logaritmo discreto en tiempo polinomial (recordemos el apartado de órdenes de complejidad).

Todos ellos requieren tiempo exponencial respecto al tamaño del grupo (al tamaño del número primo 'p'). Lo mismo ocurre con la criptografía de curvas elípticas, solo que además **es mucho más difícil encontrar algoritmos generalizados para calcular el procedimiento inverso y romper el protocolo criptográfico**.

En general y sin entrar en detalles técnicos, se supone que **los algoritmos de criptografía elíptica son más seguros que otros algoritmos asimétricos como RSA para un tamaño de clave concreto**.

Mantener la seguridad con tamaños de clave más pequeños es imprescindible para Bitcoin, como veremos más adelante, porque su descentralización depende entre otros del tamaño de los archivos que deban soportar los nodos de la red. La decisión de usar criptografía elíptica por parte de Satoshi no fue arbitraria.

Bitcoin utilizaba anteriormente el algoritmo de firmas digitales ECDSA con la curva elíptica **secp256k1**, que estudiaremos más adelante. Esta curva corresponde a la ecuación $y^2=x^3+7$ y está determinada sobre el cuerpo finito de números enteros que forma un número primo 'p' muy grande y muy cercano a 2^{256}. Además, obviamente, se utiliza un generador 'G' que genera la mayor parte de los puntos de la curva de forma segura.

ECDSA es, teóricamente, la versión de DSA en curvas elípticas. Pero en la práctica es un algoritmo bastante más farragoso, poco elegante y rebuscado porque se tuvo que hacer así para saltar la patente de Schnorr. Y es que poco antes de que saliese el estándar público de firmas digitales ECDSA, Claud Schnorr patentó el sistema de firmas digitales que lo permitía. Así, se tuvo que modificar ECDSA para que su sistema no interfiriera con la patente de Schnorr.

Así, **el procedimiento ECDSA para obtener firmas digitales difiere del original de DSA por culpa de Schnorr.** La comunidad y los desarrolladores del mundo crypto (especialmente los cypherpunks) odian a Schnorr y dicen que no hay que nombrarlo por haber patentado una cosa así. Sea como fuere, Satoshi decidió utilizar ECDSA porque el algoritmo y las firmas de Schnorr, claramente superiores en funcionalidad, estaban patentados.

Actualmente se utilizan las firmas del algoritmo Schnorr porque la patente caducó en 2008, meses antes de publicarse Bitcoin. Como es un esquema claramente superior, Bitcoin lo implementó en su última actualización de 2021-2022 (llamada Taproot, la analizaremos al final del libro). En adelante **en todos los apartados en los que utilicemos criptografía elíptica para explicar el funcionamiento de las cosas en Bitcoin se supondrá el sistema Schnorr**, que es el usado actualmente.

Como habrán podido comprobar, lo que se busca con la criptografía asimétrica (similar a las funciones hash) es **hacer que un par de claves (pública y privada) relacionadas entre sí** *parezcan aleatorias* para un tercer usuario y no pueda encontrar una relación entre ellas.

La diferencia más fundamental entre ambas es que las funciones hash no sirven para *encriptar y desencriptar* mensajes, solo *sintetizarlos*. Además, en la criptografía elíptica **se busca que las propiedades matemáticas permitan combinar claves** de forma segura para permitir las comunicaciones en canales inseguros, entre otros.

La criptografía de curvas elípticas, a través del algoritmo de Schnorr, es la base del sistema de claves de Bitcoin y es lo que nos permite mantener los fondos a buen resguardo. También es la responsable de que se puedan hacer *smart contracts* (dinero programable) y soluciones de capa 2 como la *Lightning Network*.

En el próximo capítulo veremos **cómo funcionan las claves y las firmas de transacciones en Bitcoin**, y también cómo se generan las direcciones a partir de ellas.

Árbol de Merkle

Vamos a volver ahora a las funciones hash del capítulo anterior para explicar otro concepto fundamental de Bitcoin. Ya indicamos que más allá de su uso como checksum para verificar bloques de información, **las funciones hash actúan frecuentemente en bloques de información formando estructuras de datos complejas**.

Por ejemplo, mencionamos las **tablas hash**, que son tablas de datos indexadas con hashes y una función hash. También las **listas de hash** que se usan en dichas tablas entre otros. Otra estructura es la **cadena de hash**, que consiste en aplicar una función hash al resultado dado por otra función hash (que puede ser la misma o una diferente).

Esta estructura es absolutamente imprescindible en Bitcoin, ya que nos permite apilar compromisos de información para que esta sea incorruptible y a la vez fácil y eficiente de gestionar.

Si suponemos que 'x' es un bloque de datos dado cualquiera y 'h()' una función hash, la **cadena de hash de longitud 4 es** $h(h(h(h(x))))=h_4(x)$. Aunque parezca que es absurdo hacer esto, es indispensable en el mundo de la ciberseguridad. Por ejemplo, las cadenas de hash **sirven para hacer distintas claves de uso para una misma clave**.

Esto es lo que se hace en el esquema llamado en inglés OTP (One-Time Password o contraseña de un solo uso) para autenticarse en algún sitio cada vez con una clave de un solo uso, como su propio nombre indica. La *verificación de doble factor (2FA)* utilizada por plataformas y redes sociales es esto mismo, ya sea a través de código por mensaje SMS o una app móvil de códigos OTP como Google Authenticator, FreeOTP, andOTP y OTP Auth.

Lo que se hace en los OTP es dada una clave o contraseña semilla 'x' se calculan 'n' hashes en cadena y se van usando como código OTP progresivamente $h_{n-1}(x)$, $h_{n-2}(x)$, etc. El verificador puede verificar que el código es correcto porque guarda cada vez $h_n(x)$, $h_{n-1}(x)$, etc.

Por ejemplo, la primera vez que el usuario usa un OTP tiene que usar $h_{n-1}(x)$ como contraseña. Así, el verificador tiene guardado $h_n(x)$ en memoria y deja entrar al usuario pues $h_n(x)=h(h_{n-1}(x))$. Seguidamente reemplaza en memoria $h_n(x)$ por $h_{n-1}(x)$, de forma que cuando el usuario vuelva a iniciar sesión tenga que hacerlo con $h_{n-2}(x)$ porque $h_{n-1}(x)=h(h_{n-2}(x))$. Y así sucesivamente. Si buscan en internet podrán ver que los códigos OTP son una cadena de hash.

Pues bien, otra **estructura de datos que utiliza funciones hash es la patentada en 1979 por Ralph Merkle, anteriormente mencionado en este libro, y llamada en su honor Árbol de Merkle**. Consiste en apilar distintos hashes en forma de árbol, donde cada hoja del primer nivel es un dato que queremos comprometer (para que sea incorruptible) y cada rama es el hash resultante de dos datos distintos del nivel inferior.

Un árbol de Merkle tiene la siguiente forma:

Estructura de datos en árbol de Merkle

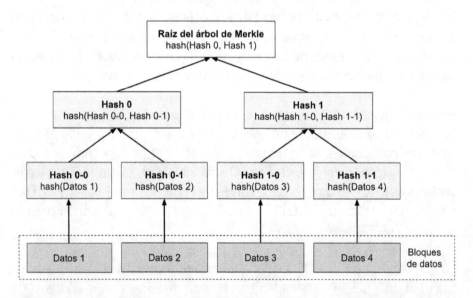

Vamos a pensar ahora en la posible utilidad que tiene esto, teniendo en cuenta que en informática se suelen manejar y gestionar una cantidad monstruosamente grande de datos.

Imaginemos que queremos **comprometer una serie de datos independientes**, es decir, *firmar* sobre una gran cantidad de datos diferentes de forma que estos sean íntegros una vez comprometidos. Una opción es concatenar la información a comprometer toda junta, obtener el hash del conjunto y publicar dicho hash.

El problema es que cada vez que queramos verificar una sola parte independiente de todos los datos comprometidos mediante el hash **tendremos que aportar y revelar todo el bloque conjunto de información para que se pueda verificar**.

Es decir, supongamos que publicamos $h = h(x_1, x_2, x_3, x_4)$ donde los distintos 'x' son bloques de información independiente que comprometemos con el hash. Para verificar, por ejemplo, x_2, tendríamos que revelar todos los datos para que así se confirme el compromiso de x_2. Lo cual es negativo para la privacidad y la eficiencia.

Debemos entender que **toda esta información** (hashes, información propiamente dicha o mensajes, claves, firmas) **debe almacenarse y transmitirse** entre ordenadores si el objetivo es alcanzar un consenso de confianza sobre algo (y como veremos Bitcoin trata justo de eso). Por lo tanto el tamaño, la organización, el tráfico de datos y el tiempo de ejecución son absolutamente prioritarios.

Si la concatenación de hashes es un problema solamente porque no queremos comprometer información extra para verificar, entonces existen otras soluciones como las **listas de hash** o las cadenas de hash, o una mezcla de ambas.

Sin embargo y como ahora veremos, **si el problema es el tamaño y la cantidad** de los datos a transmitir para verificar, **el árbol de Merkle resulta totalmente útil** para apilar compromisos de hash.

Lo que se hace es que para comprometerse sobre una cantidad de datos independientes muy grande se publica **la raíz de Merkle** del dibujo anterior (también llamado hash raíz). Esta raíz, como vemos, resulta de la concatenación de hashes dos a dos en forma de árbol.

Vamos a comparar la publicación de compromisos usando el hash de la concatenación de la información y árboles de Merkle, utilizando para ello el esquema mostrado anteriormente. Imaginemos que queremos comprometer los bloques de datos o información D1, D2, D3 y D4.

Por una parte comprometemos el hash h(D1, D2, D3, D4) es decir, tomamos el hash de la concatenación de los distintos bloques de información (o de sus hashes, como en el esquema). Por otro lado, realizamos el árbol de Merkle de la foto anterior y comprometemos el hash raíz resultante. Como vemos **el tamaño del compromiso es el mismo en ambos casos, pues es simplemente un único hash**.

Si ahora queremos verificar por ejemplo el compromiso de D2, para hacerlo **con el hash de la concatenación tenemos que revelar** (y transferir) D2 pero también D1, D3 y D4. Es decir: **toda la información** que hemos concatenado. Si se trata de grandes bloques de información tenemos que revelarlo todo.

En cambio, para que alguien pueda verificar D2 **con la estructura de árbol de Merkle, basta con revelar Hash 0-0, Hash 0-1 y Hash 1**, ahorrando así en este caso como mínimo un cuarto de la información necesaria para verificar (en este caso tan sencillo).

Pero es que **si queremos comprometer 1.000 datos distintos, con la concatenación tendríamos que revelar los 1.000 datos o sus hashes para verificar uno de ellos, mientras que con el árbol de Merkle solo serían necesarios 10 hashes y el dato que queremos verificar**.

La estructura en árbol hace que solo deba revelarse un hash por nivel o altura del árbol, y los niveles escalan en potencias de dos. Como $2^{10} = 1024$, para comprometer 1.000 datos tendríamos un árbol de Merkle de 10 niveles, y por tanto bastaría con revelar 10 hashes para verificar el compromiso de un dato concreto.

A continuación podemos observar cómo se construiría un árbol de Merkle de 9 elementos y cómo se aplica este razonamiento en dicho árbol, que tiene 4 niveles debido a que $2^3 = 8$ y $2^4 = 16$, y por lo tanto necesitamos 4 niveles para comprometer el noveno elemento (un elemento huérfano). Suponemos que queremos verificar el dato 'D5'.

En gris claro están marcados los elementos que tendremos que revelar y en gris oscuro los calculados con la función hash. Vemos que para verificar el compromiso de 'D5' dentro de la raíz del árbol de Merkle solo necesitamos revelar 'D5' y cuatro hashes, uno por cada nivel.

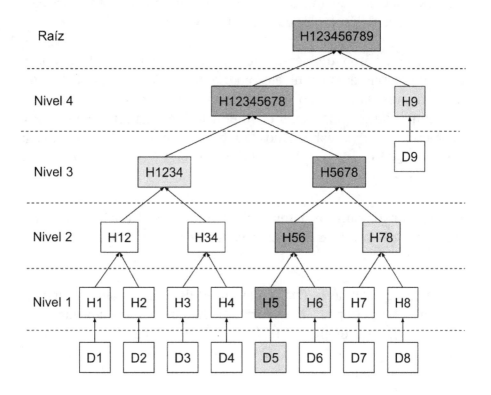

La verificación se realiza porque se puede calcular la raíz del árbol y comprobar que es la misma que la que habíamos publicado como compromiso anteriormente, y para ello hace falta solo una fracción de los elementos comprometidos.

De esa forma, si tenemos un árbol de 1.000 datos distintos como decíamos antes y hay por ejemplo diez mil sujetos que quieren verificar el compromiso de un determinado dato, con el primer esquema tendríamos que revelar diez mil veces los 1.000 datos (o sus hashes) mientras que en el segundo solo diez mil veces diez hashes, con lo cual se limita mucho el tráfico de datos.

Pero es que además, este esquema resulta aún **mucho más potente conforme la cantidad de datos independientes a comprometer aumenta**. En términos de órdenes de complejidad, el esquema de la concatenación tiene un orden O(n) para verificar los compromisos, mientras que el esquema del árbol de Merkle sigue la función O(log n) donde "n" es el número de datos a comprometer.

Cada nivel del árbol de Merkle multiplica por dos la capacidad. Con un árbol de Merkle de once niveles podríamos comprometer hasta 2.048 datos diferentes teniendo que revelar solo once hashes. De hecho, si tuviéramos que comprometer un millón de datos distintos, con un árbol de Merkle solo necesitaríamos 20 hashes para verificar cada dato comprometido, ya que $2^{20} = 1.048.576$ y tendríamos un árbol de 20 niveles de profundidad.

Así, **la transmisión de datos resulta mucho más eficiente con este sistema**. Cada nivel extra en el árbol de Merkle permite apilar el doble de datos y su verificación solo aumenta en un hash extra a revelar.

Un apunte quisquilloso. **Cuando un árbol de Merkle tiene un número de elementos impar, hay varias soluciones para abordarlo**. El elemento 'D9' del dibujo es un ejemplo de ello: queda suelto (impar). El dibujo refleja una de las opciones más básicas, que es arrastrar el hash suelto al último nivel.

Bitcoin, no obstante, no lo gestiona así. Lo que hace es duplicar el elemento suelto y completar el árbol de Merkle ya con un número de elementos par. Una de las formas más interesantes es la que gestiona *Monero*, que intenta balancear de forma perfecta el árbol binario.

Terminamos este breve apartado con una recapitulación o breve **resumen de algunas de las distintas estructuras de compromisos con hashes** que se pueden construir (con funciones hash criptográficas), así como sus utilidades y sus ventajas y desventajas:

- **Lista de hashes**: el tamaño del compromiso es muy grande O(n), pues hay un hash por cada bloque de información independiente a comprometer. El tamaño de la verificación, no obstante, es muy sencilla O(1) puesto que solo hay que revelar la información que se quiere verificar. El tiempo de ejecución de la verificación también es poco, dependiendo de cómo se use la lista de hashes.

- **Hash de una concatenación** [$h(x_1, x_2, x_3, x_4)$]: la información del compromiso es pequeña, pues con un hash se puede comprometer todo. Sin embargo, la verificación es muy grande puesto que hay que revelar toda la información comprometida o sus hashes. Por otro lado, el tiempo de ejecución es pequeño puesto que solo se calcula un hash.

- **Cadena de hashes** [$h(x_1, h(x_2, h(x_3, h(x_4))))$]: consiste en hacer una cadena de hash concatenando cada bloque de datos con el hash anterior de forma recurrente. El compromiso es pequeño, pues es un solo hash. Sin embargo, el tamaño de la verificación en general es grande y el tiempo de ejecución también (dependen ambos de la posición del dato a verificar en la cadena). Puede ser útil para esquemas de compromisos ordenados, como hemos visto antes en el esquema OTP.

- **Árbol de Merkle**: el compromiso es pequeño (un solo hash), la verificación también (logarítmica respecto al número de datos) y el tiempo de ejecución es también pequeño (logarítmico respecto al número de datos). Es un esquema muy interesante para comprometer grandes cantidades de datos independientes y verificarlas de forma eficiente y escalable.

Evidentemente, hay muchas estructuras de datos distintas que se pueden formar con hashes, y también sin ellos. Pueden buscar más información sobre estructuras de datos en Internet.

Dinero digital tradicional

Aunque no vamos a tratar la comprensión económica de Bitcoin, sí es importante entender un poco **cómo funcionan los sistemas de pagos digitales tradicionales** y sus problemas. Para ello es interesante remontarse hasta los orígenes del dinero.

Antes de la adopción del dinero como concepto de *medio de intercambio generalmente aceptado*, los agentes económicos comerciaban mediante **trueque**. Como sabemos ahora, el problema del trueque es que tiene que haber una **coincidencia de preferencias** en mercancías que son de pura utilidad. Por ejemplo, si Alice tiene ovejas y quiere intercambiar algunas de ellas por tomates, tiene que buscar no solo a alguien que tiene tomates; sino a alguien que tiene tomates **y** quiere ovejas.

Una evolución de este sistema es realizar una especie de *trueque enrutado o encadenado*, a otros niveles mayores. Por ejemplo, siguiendo el ejemplo anterior supongamos que Carol tiene pimientos y quiere ovejas, y Bob quiere pimientos pero no tiene ovejas, tiene tomates.

Si Alice, Bob y Carol se conocen, podría resultar factible que Bob intercambiara sus tomates a Alice por ovejas como medio de intercambio para obtener sus ansiados pimientos intercambiando las ovejas con Carol. Este sería un trueque de un nivel superior: un trueque *enrutado* de dos niveles en el que las ovejas funcionan para Bob como medio de intercambio.

Este *trueque enrutado*, como veremos más adelante, **es la base fundamental de la Lightning Network de Bitcoin**. Un sistema que permite, mediante incentivos, transferir Bitcoin a coste casi cero. El motivo de llamarlo así, trueque enrutado, es porque nos permitirá comprender mejor los enrutamientos de canales Lightning.

En cualquier caso, podemos comprobar fácilmente que los principales problemas del trueque, por muchos niveles de enrutamiento que haya, son *grosso modo* dos. A saber:

- En primer lugar **los agentes económicos deben conocerse y conocer todas sus preferencias** para organizar la sociedad económica (tener mucha información)

- Y en segundo lugar los bienes deben ser duraderos y fácilmente intercambiables en términos de **costes de transacción**.

Por poner un ejemplo del segundo problema, en el relato anterior las ovejas funcionaban como medio de intercambio y realizaban dos transacciones. Si durante una de las transacciones se hubiera perdido el ganado, lo hubieran robado, o simplemente se lo hubiese comido un lobo las ovejas no habrían podido ejercer como medio de intercambio.

Además, es difícil transportar ovejas de un lado a otro con lo cual la distancia ejerce como un límite al uso de las ovejas como medio de intercambio.

Este tipo de **características** (durabilidad, utilidad, riesgo de pérdida o robo, divisibilidad, transportabilidad, densidad de valor, etc.) que conforman los costes de transacción son las que fueron conformando con el tiempo en las distintas civilizaciones los **distintos medios de cambio y dineros utilizados**.

No es casual que los ejemplos más típicos de medios de cambio sean el trigo, la sal (de donde proviene la palabra *salario*) o los metales. El hecho de que existan costes de transacción ha dado lugar a lo largo de la historia en numerosas ocasiones a los sistemas que llamaremos por ahora sistemas de **instituciones y recibos de custodia**.

Por ejemplo, si pensamos en una sociedad que utiliza el trigo como medio de intercambio, el trigo *per se* puede ser útil para utilizarlo en pequeñas transacciones donde se intercambian puñados de granos de trigo de forma rápida y efectiva, pero no para aquellas transacciones en las cuales se transfiere una gran cantidad de trigo o las que ocurren en un futuro distante (pues el trigo se pone malo).

Encima tiene poca densidad de valor, lo que dificulta aún más su transportabilidad en grandes transacciones.

3. Las bases de Bitcoin y las criptomonedas

Los costes de transacción de los activos reales, con el tiempo, dieron lugar a **instituciones** encargadas de depositarlos (en este caso el trigo) y emitir "**certificados**" de depósito del trigo almacenado, que pueden transferirse en intercambios reduciendo los costes de transacción.

Donde antes se debía mantener un depósito privado, velar por la seguridad del trigo, tener mulas para cargarlo y llevarlo hasta la persona con la que se intercambia, ahora todas esas funciones se delegan con la especialización del trabajo en una institución encargada de custodiar ese trigo y emitir, mantener y validar certificados de depósito de trigo que son fácilmente intercambiables entre los distintos agentes económicos.

El uso de instituciones implica también el necesario mantenimiento de un **registro de cuentas** donde se pueda anotar y definir la propiedad de aquello custodiado. En pocas palabras catalogar *qué le pertenece a quién* en un registro seguro e idealmente incorruptible.

Una vez institucionalizados los medios de pago de esta forma, uno puede preguntarse **para qué sirven entonces los propios medios de pago**, pues resultan totalmente irrelevantes: si se utilizan los certificados para transaccionar y se utiliza un registro para contabilizar la propiedad, los depósitos en sí resultan caros de mantener e inútiles a priori, pues no se usan para nada.

Da la sensación de que **se pueden desvincular los medios de pago reales (el trigo) de sus certificados de propiedad**, pues la confianza y el valor ha pasado a depositarse más en el certificado y la institución que en el depósito de trigo que lo respalda.

Ante esta situación, **las instituciones se ven obviamente con incentivos de emitir más certificados** que depósitos tienen por múltiples razones y/o directamente **eliminar los propios depósitos** para evitar así los costes de mantenimiento del medio de pago en sí.

Al fin y al cabo si se termina depositando toda la confianza en la institución centralizada y sus certificados, parece que los depósitos dejan de tener una función monetaria. Las instituciones suelen ser además gobiernos u otras grandes instituciones similares (o convertirse en ellas) con poder de ejercer violencia, así que tampoco tienen un coste muy relevante por realizar estas prácticas.

Por lo tanto, se da una especie de **tensión entre medios de pagos 'reales' con determinadas propiedades monetarias** (capacidades naturales para mantener y transferir valor pero con costes de transacción y mantenimiento elevados) **y los medios de pago financieros o certificados institucionales** (papel sin valor intrínseco que supuestamente está respaldado por el medio de pago real y que supone la confianza en una institución externa, pero que tiene costes de transacción bajos).

Es importante recordar que los costes de transacción incluyen todo aquello que hace que transaccionar sea más difícil. Desde la posibilidad de robo hasta la caducidad pasando por su transportabilidad, su utilidad, su forja o escasez o algo tan aparentemente poco relevante como la homogeneidad y la capacidad de cuantificar su valor.

Por ejemplo, utilizar ovejas como medio de intercambio también es problemático porque dos ovejas no son iguales: una puede dar más lana, o más carne, que otra. Es difícil cuantificar su valor a la hora de ser intercambiadas y dicho valor puede cambiar con el tiempo por factores más allá de la demanda.

Hasta tal punto ha llegado la tensión entre medios de pago reales y financieros que actualmente y desde 1971 cuando Nixon desvinculó el oro del dólar **vivimos en un entorno mundial que se rige enteramente por los certificados** por primera vez en toda la historia de las civilizaciones.

Hoy no usamos medios de pago 'reales', y tiene sentido porque en un mundo extremadamente global como el nuestro la transportabilidad es crucial. Y los activos reales no son fácilmente transportables (hasta el nacimiento de Bitcoin, supuestamente). La utilización de un activo real supondría un gran problema de eficiencia para el comercio.

Nuestro sistema monetario actual se sustenta sobre el papel moneda, que es **fiduciario** (se basa en la confianza de los demás, sin respaldo) y **fiat** (forzoso por decreto, y en parte por eso generalmente aceptado). Este sistema monetario, sin embargo, es sobre todo digital y es tan complejo que desentrañar solo un boceto de su funcionamiento es una tarea ardua y que requiere un gran esfuerzo.

Se supone que el papel moneda es un pasivo estatal o de la institución que lo emite. También que su valor reside en la confianza depositada por parte de los usuarios que lo utilizan en que las instituciones sigan usándolo como dinero forzoso, pidiendo a sus ciudadanos abonar sus impuestos con este pasivo y manteniendo el valor según su demanda.

Pero lo importante, si somos avispados, es que todo lo que hemos narrado acerca del sistema de instituciones y certificados de custodia y el sistema monetario actual resulta de **especial atractivo para el uso de criptografía**: crear y emitir certificados (claves) y validarlos, asegurar la propiedad de las cosas manteniendo un registro de transacciones incorruptible, etc.

Incluso podemos decir que las transacciones y los intercambios con dinero son como una especie de **comunicación de valor** entre distintos sujetos en la cual dicho valor y su transmisión **requieren ser cifrados** para que otros intrusos y terceros no puedan interferir en la comunicación de ninguna manera. Esto, aunque pueda parecer fácil, es realmente muy difícil de conseguir.

Se ha de asegurar que cada certificado corresponde a cierta propiedad, que no se pueden falsear certificados o emitir nuevos, que la institución correspondiente hará las transacciones que deseamos o canjeará el certificado por los medios de pago de respaldo, que los costes de transacción quedan efectivamente reducidos, etc.

Ahora procederemos a explicar de forma simplificada **cómo funcionaban los pagos tradicionales con las instituciones actuales (los bancos) y las mejoras** que se fueron dando (especialmente por parte de los cypherpunks) mediante criptografía. Mejoras que llegaban conforme nos adentramos en un ciberespacio digital formado por una red global de ordenadores (Internet).

El **funcionamiento tradicional de las transacciones** de valor consiste en que las instituciones mantienen y modifican el registro de cuentas sobre la cantidad de valor que tiene cada agente económico.

Por ejemplo, supongamos que tenemos en el sistema a Alice con 10$ y a Bob con 0$. Alice quiere comprarle un donut a Bob, así que acude al banco, ingresa sus 10$ y le pide que, con su permiso, transfiera 5$ a Bob. El banco transfiere los fondos, Bob confirma que efectivamente según el registro del banco tiene en su cuenta un valor de 5$ y procede a servir el donut a Alicia.

Funcionamiento tradicional de las transacciones

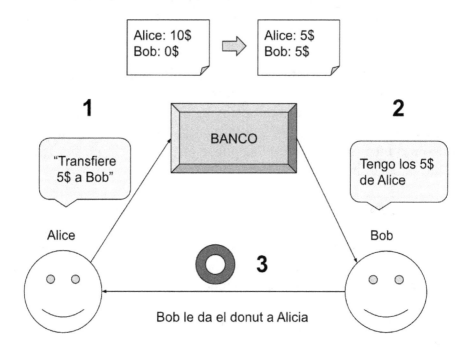

Creo que es obvio que hay muchos problemas en este esquema, pero el más importante es que **absolutamente todo depende del banco**, en el que hay que depositar confianza plena. El banco conoce a todos los agentes, sus cuentas y sus transacciones y es el encargado de operarlas y hacer las transferencias de valor.

La privacidad de los agentes es nula, el banco puede fallar, puede ser hackeado, puede simplemente censurar las transacciones si quiere (impidiéndole a Alice transaccionar) y el registro puede ser modificado por él mismo o por terceros no autorizados.

Por último, **requiere todo un sistema de intermediarios muy caros** que deben estar activos en cada transacción (recordemos que no podemos hacer transferencias, operaciones bancarias o compras en bolsa por citar algunos ejemplos durante el fin de semana e incluso por la noche, porque las instituciones encargadas de ello están cerradas).

Quizá nos pueda sorprender pero casi todo hoy en día funciona con este método de transacciones tradicionales: desde las tarjetas de crédito y las transferencias bancarias hasta el mercado primario de la bolsa o el catastro inmobiliario.

Aunque parezca alucinante, hoy en día el valor se resume en libretitas de registro supuestamente seguras manejadas por instituciones supuestamente controladas por otras instituciones, a la cabeza de las cuales se ubican el banco central y los estados. En cambio si se fijan **Bitcoin nunca cierra, siempre se puede operar** y siempre sus gráficos están cambiando.

Evidentemente y teniendo en cuenta que el objetivo es tener un mecanismo de transferencia de valor abierto y anónimo, el primer paso de mejora sería **encriptar el registro de cuentas mediante un sistema de criptografía asimétrica**, de tal forma que Alice tuviera su clave privada y el banco tuviera la clave pública de la misma.

Así, Alice puede firmar transacciones por ejemplo para Bob dando su autorización y confirmando que quiere hacer la transacción a la cuenta de Bob. Se garantiza por tanto la autenticidad e integridad gracias al aporte de la firma de Alice, de forma que nadie pueda **forjar** una transacción sin la autorización de Alice.

Pero aún con este paso seguiríamos teniendo una completa dependencia con el banco. El banco mantiene, gestiona y modifica el registro como quiere, y es quien supuestamente verifica las firmas. Es, en definitiva, la autoridad, y este sistema permite la protección frente a cualquier intruso... excepto el propio banco (u otra institución).

Así que todas las medidas a continuación van destinadas precisamente a evitar esta dependencia. Para ello usaremos las herramientas que hemos visto hasta ahora en este libro. En este sentido y **con el objetivo en mente de crear un sistema monetario digital, tenemos que tener presente que los bits pueden ser copiados** igual que los certificados en papel, a diferencia de los activos reales. Y por tanto, garantizar la confianza en el valor es complicado.

La primera mejora al respecto sería el **dinero electrónico corriente (E-cash)** basado en firmas digitales. Se trata de que el banco pueda emitir monedas electrónicas criptográficas firmadas por él que sean intercambiables por parte de los agentes del sistema.

De esta forma, **el banco tendría que mantener un registro de las 'monedas' en circulación** firmadas por él mismo (por ejemplo con un número de serie 'SN') y las transacciones realizadas con esta moneda serían opacas al banco. La confianza en el valor de estas monedas, además, se mantendría (por ser firmadas por el banco).

Es decir, en nuestro ejemplo, Alice depositaría 5$ y solicitaría una 'moneda' digital. El banco crearía una firma criptográfica verificable (con cualquier protocolo de criptografía asimétrica) y se la entregaría, registrando la moneda recién firmada a su nombre.

Con esa moneda digital, Alice pagaría a Bob por su ansiado donut y Bob podría comprobar que la moneda es correcta (bien acudiendo al banco, bien con la propia clave pública del banco). Entonces podría exigirle al banco que le otorgue los 5$ correspondientes a esa moneda.

El banco, tras comprobar que efectivamente es una moneda correcta porque lleva su propia firma, actualizará el registro de monedas eliminando la moneda digital y otorgando los 5$ a Bob, que podría finalmente vender el donut a Alice estando seguro de que posee los fondos (el valor) acordado durante la venta:

Esquema del dinero electrónico corriente (E-Cash)

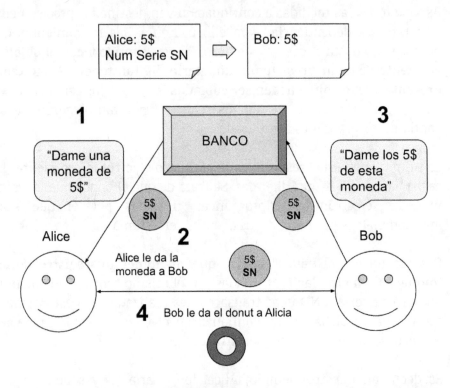

Como vemos **el banco debería tener un registro de todas las monedas digitales emitidas y válidas** (sus firmas electrónicas o números de serie) y registrarlas como no válidas cada vez que se solicita reintegrar una moneda para evitar el doble gasto de las mismas (pagar dos veces con la misma moneda).

Así pues con el dinero electrónico basado en firmas criptográficas conseguimos cierta independencia frente al banco a la hora de transaccionar. Concretamente siempre que se transaccione con las monedas, pues en ese caso no es el banco quien ejecuta la transacción sino que son los agentes directamente los que lo hacen.

Fijémonos en que **el registro de cuentas en este punto es totalmente prescindible**: el banco podría simplemente emitir y registrar monedas. Por ejemplo Alice va al banco (sin tener ni abrir una cuenta), deposita sus 5$ y a cambio el banco le otorga su moneda digital registrada. Bob de forma similar con su moneda registrada acude al banco y pide canjear la moneda por 5$ que le devuelve el banco. El banco solo tiene que registrar las monedas (los 'SN').

Sin embargo, **el problema es que el banco necesita saber quién es Alice y puede enlazar la moneda firmada y todas sus transacciones a Alice**. Además, por supuesto, se sigue dependiendo del banco para emitir y verificar las monedas y es este quien dispone del registro y por tanto puede fallar y censurar.

Una segunda mejora sencilla de privacidad es utilizar el esquema de **firmas ciegas de David Chaum** (mencionado en la historia cypherpunk anteriormente), haciendo un sistema que denominaremos como **Chaumian E-Cash**.

El esquema de firmas digitales ciegas de David Chaum permite que **el banco pueda firmar una moneda electrónica a Alice sin que este sepa realmente que es Alice** (preservando Alice su identidad en el anonimato). De esta forma, resultaría imposible de trazar las monedas electrónicas firmadas por el banco y enlazarlas a Alice.

Alice (es decir, quien solicita la emisión de una moneda) mantiene su privacidad pues el banco realiza una firma a ciegas para emitir su moneda. Bob, por otra parte, recibiría una moneda firmada a ciegas por el banco. Y si bien no podría saber para quién ha emitido el banco la moneda, podría verificar que la moneda es correcta y ha sido emitida criptográficamente por el banco.

El banco, por su parte, al poderse verificar que la firma es correcta no tendría más remedio que asumir que es su moneda firmada (con su SN, como hemos visto antes), actualizar el registro y otorgarle los 5$ correspondientes a Bob, independientemente de cuándo y para quién ha emitido la moneda y cuántas transacciones se han hecho con ella.

Así podríamos **desvincular y asegurar la desvinculación del banco de la identidad de los agentes** que transaccionan.

El sistema de dinero electrónico de Chaum tenía también otra propiedad bastante inteligente. Y es que, el hecho de que el banco no pueda saber la identidad de Alice hace que **Alice pueda entregar la misma moneda a dos agentes diferentes antes de que estos la validen**, produciéndose así un doble gasto.

Pues bien, este sistema estaba diseñado de tal forma que si Alice entregaba la moneda (que es una firma electrónica) a dos agentes diferentes, **el banco podía saber en ese caso la identidad de Alice** (por criptografía) y actuar en consecuencia.

De esta forma, dado que no se puede evitar en su totalidad el doble gasto, se añade un castigo en caso de que se produzca para desincentivar que se haga. Se hace posible la detección del doble gasto 'offline', es decir, sin que el banco participe activamente verificando.

Aunque este es un paso considerable, de nuevo seguimos teniendo el mayor de los problemas. Y es que sigue **siendo el banco el que en última instancia realiza todo el proceso**, tiene el registro y permite que los agentes transaccionen. Además, **es el banco (o el estado) el que tiene que aceptar e implementar el sistema**, algo sin duda complicado dado que les perjudica enormemente en favor del individuo.

Sigue siendo una institución centralizada la responsable de aceptar todo el proceso y realizarlo de forma íntegra. Así, la mejora es poco práctica y es fácil de prohibir o evitar.

Por ejemplo, **el banco puede decidir que no quiere hacer eso**, que no quiere realizar los depósitos. O que no quiere reingresar una cierta moneda. O directamente alguien hackea el banco y se pierde todo el registro de valor. O le persiguen los estados.

Hemos resuelto muchos problemas pero la pregunta del millón, y la que más costó resolver al movimiento cypherpunk a lo largo de su historia, es **cómo hacemos para crear un dinero electrónico que sea verdaderamente 'peer-to-peer', es decir entre agentes individuales, sin que medie institución alguna** y de forma que se pueda garantizar la confianza en el valor transmitido. Es decir, sin que se pueda imprimir o copiar de forma masiva ni hacer un doble gasto.

El **problema del consenso distribuido** es el más importante con diferencia que soluciona finalmente la tecnología blockchain y lo abordaremos en el siguiente apartado. Básicamente se trata de cómo hacer que, considerando los agentes económicos como una red entre pares (p2p) que transaccionan entre ellos, haya un consenso en todos ellos sobre quién tiene propiedad para poder transaccionar, cuánta propiedad existe y cómo se realizan los cambios de la misma.

El objetivo es **evitar mediante este consenso que tenga que existir en última instancia un mediador externo** a la transacción responsable último de verificar las transacciones y mantener un registro de valor.

Finalmente debemos remarcar de nuevo que esto que estamos especificando con el dinero y la transacción de valor monetario **puede ser extendido a muchísimos otros ámbitos de la sociedad, por eso las distintas criptomonedas tienen tantos potenciales usos diferentes**.

En este apartado hemos usado un banco y depositantes como ejemplo porque es muy intuitivo, es en lo primero que se pensó y es lo que pretende sustituir Bitcoin. Pero podría ser cualquier otro mediador.

El registro podría ser un registro de propiedad cualquiera (como el catastro, el registro de sociedades, el registro de vehículos matriculados...) **y el banco los notarios y el estado que los gestionan** y los modifican, y los agentes económicos podrían ser propietarios de inmuebles y vehículos o empresarios.

O también podría ser el banco la Bolsa de Nueva York (New York Stock Exchange, NYSE) o cualquiera de las diferentes instituciones que controlan y regulan los activos financieros (cámaras de compensación, otras bolsas como la CME, organismos regulatorios, etc.) y los operadores de las mismas (brokers, corredores de bolsa u otros intermediarios). Así, los agentes económicos simplemente serían los propietarios y operadores de los distintos activos financieros.

Incluso podría ser el banco una empresa, el registro de valor las acciones emitidas en circulación y los agentes económicos sus accionistas. O podríamos extenderlo a expedientes médicos de un sistema sanitario y los usuarios y pacientes de dicho sistema. De hecho se pueden plantear incluso sistemas de votación electrónica con garantías mediante esta tecnología.

Como vemos en cualquier ámbito **donde haya que garantizar mediante una institución externa la confianza** en que algo es genuino y verdadero de forma digital (especialmente si hay transacciones), **esta tecnología puede actuar eliminando la institución o agente intermediario** (el *Man In The Middle*).

Por lo tanto, las **tecnologías de registro distribuido** apuntan a ser una innovación muy revolucionaria con potencial de descentralizar muchas cosas que hoy en día están completamente centralizadas, y de derrumbar instituciones mediadoras que hasta hoy eran imprescindibles y ahora resultan del todo innecesarias. Poca broma.

Algoritmos de consenso distribuido

En línea con lo que comentábamos en el apartado anterior, existe una serie de problemas cuando se intenta crear un sistema de transferencia de valor electrónico funcional. Recordemos que **el objetivo es crear un sistema de dinero electrónico** *'trustless'*, es decir, sin tener que depositar la confianza en terceros externos.

El hecho de que todos los bits sean iguales y puedan ser copiados sin mayor consideración hace que diseñar un sistema efectivo sea bastante complicado. En concreto, a grandes rasgos debemos tener en cuenta los siguientes posibles problemas:

- **Robo de fondos**. El sistema debe ser tal que sea muy difícil o imposible robar los fondos que un usuario tiene.

- **Privacidad**. Un tercero ajeno a la transacción entre dos usuarios no debe poder identificar a los mismos y se debería intentar esconder la mayor parte posible de detalles y características de la transacción realizada. Esto, además, es indispensable para conseguir la *inconfiscabilidad* (ya sea frente a robos o frente a estados u otros agentes).

- **Problema del doble gasto**. Dado que los bits se pueden copiar, se debe tener un sistema robusto frente al doble gasto de una unidad monetaria. Esto resulta más complicado aún cuando los tiempos de la transacción son distintos (el comprador debe abonar primero el dinero al vendedor o viceversa, o simplemente el servicio o producto del vendedor requiere tiempo para ser realizado o entregado mientras que el pago es instantáneo). Todavía es más complicado si el producto o servicio intercambiado es físico o requiere de medios físicos para ser realizado (por ejemplo, la compra de unos zapatos).

- **Operar sin autorización**. Imaginemos que tenemos un sistema donde los fondos están asegurados y no pueden ser robados pero un tercero puede utilizar los fondos de un usuario sin su consentimiento expreso (comprar o vender). O impedir al usuario legítimo operar con sus fondos. En ese caso, de nuevo, sería un sistema frágil e inútil.

- **Irreversibilidad**. Aunque este puede ser un problema confundible con el del doble gasto, no lo es. Si reflexionamos un poco tiene sentido que busquemos que un sistema monetario sea irreversible, de forma que **si se ya ha realizado una transacción ésta no pueda ser revocada** y no haya forma de volver atrás en el tiempo al estado anterior de la misma pues sería un hecho constitutivo de fraude. Necesitamos un sistema a prueba de posibles manipulaciones (de nada sirve el sistema si alguien puede manipular una transacción ya realizada).

- **Universalidad**. Esta propiedad es importantísima. Debemos tener en cuenta que uno de los motivos por los que se quiere eliminar los intermediarios (las instituciones como los bancos) es que estos pueden decidir quién puede acceder al sistema monetario y quién no (ya sea censurando, exigiendo requisitos, o simplemente fallando). Nuestro objetivo es que literalmente **cualquier agente pueda acceder a este sistema monetario sin pedir permiso a nadie**, sin que nadie lo sepa. Es por eso que buscamos lo que se llama en inglés un sistema '*permissionless*': en el que no se requiera ningún permiso.

Creo que resulta obvio que necesitamos que nuestro sistema sea una **red p2p** (primer capítulo), con un protocolo informático universal y que no privilegie ni censure a nadie por sus características o por su identificación. Pero el mayor problema de la construcción de un sistema monetario *trustless* siempre fue el del **consenso**.

Si suponemos una red p2p de agentes que transaccionan valor de forma digital, ¿cómo hacemos para que haya un **consenso sobre la propiedad del valor** (de las monedas), así como de las transacciones realizadas de tal forma que todos lo acepten y estén de acuerdo en ese consenso sin poder hacer trampas?

En el caso del dinero tradicional, es el banco (o el intermediario de turno) el que en última instancia tiene el registro de propiedad y por lo tanto dictamina qué le pertenece a cada cuál. O bien es el estado el que, regulación mediante, decide cómo es el registro y cómo se modifica. Reflexionemos sobre lo complicado que resulta este problema.

La primera idea que se nos debe ocurrir es que, si el banco tenía un registro de la propiedad, ese registro de la propiedad deben tenerlo y mantenerlo todos y cada uno de los usuarios de la red, puesto que el objetivo es crear un sistema en el que todos los usuarios son iguales y nadie dispone de privilegios sobre los demás.

Este concepto es lo que se denomina en jerga cripto como **'distributed ledger' o libro mayor distribuido**, según el cual la contabilidad de una determinada cosa resulta distribuida entre muchas personas.

Por lo tanto, tenemos que buscar una forma de hacer que **todos los usuarios de la red tengan por fuerza el mismo registro de la propiedad y de las transacciones**, el mismo libro de contabilidad distribuida que permita que haya un consenso sobre el valor y que nadie pueda violentar ni manipular de ninguna manera.

O de forma aún más sencilla: cómo hacemos para que el registro que tiene cada nodo sea una copia exacta de sus iguales por fuerza mayor evitando los problemas anteriormente mencionados.

Pensándolo bien, tiene sentido buscar de alguna forma en el protocolo informático que regula la red p2p **forzar con una serie de reglas que solo haya un único registro válido (de nuevo, de propiedad o de transacciones o de cuentas)**.

Así, si alguien no tiene ese mismo registro distribuido directamente se encuentra fuera del protocolo puesto que no está hablando 'el mismo lenguaje de comunicación' que los otros usuarios de la red (recordemos las nociones explicadas sobre los protocolos).

De igual forma, debe ser el propio protocolo el que, siendo claro en sus reglas, no debe ofrecer privilegios a nadie y permitir la entrada a cualquiera que cumpla las reglas universales del protocolo.

Si se pudiera conseguir algo así crearíamos un algoritmo de **consenso distribuido tolerante a fallos** pues si algunos nodos de la red fallaran por cualquier motivo o salieran de la red, el protocolo seguiría operativo y el registro distribuido seguiría intacto ante estos sucesos. Siempre que una parte de la red, preferiblemente mayoritaria, se mantenga y funcione correctamente habría consenso y la red sería útil.

Existen desde antes de la creación de Bitcoin muchos protocolos que son de consenso distribuido y tolerantes a fallos, destacando por ejemplo **Apache ZooKeeper** o la familia de protocolos **Paxos**.

No obstante, cuando intentamos diseñar un sistema monetario digital de pagos descentralizado, no solo queremos que este sea tolerante a fallos, sino también que sea **tolerante al comportamiento malicioso activo de los usuarios**. Necesitamos que el sistema sea robusto frente a aquellos que quieren dañarlo de forma deliberada y a la vez que cualquiera pueda acceder al mismo, algo que es harto difícil.

Esta propiedad se llama **tolerancia a fallas bizantinas (***byzantine fault tolerance***)**, ya que hereda su nombre del **problema de los generales bizantinos** publicado por Robert Shostak, Leslie Lamport y Marshall Pease en 1982. El problema tiene su origen en un experimento mental planteado para evaluar el potencial malicioso de un sistema informático distribuido cuando se pretende conseguir un objetivo común.

El problema consiste en un conjunto de **'m' generales** bizantinos que asedian una ciudad y que deben decidir si atacarla o retirarse. De todos ellos, hay uno solo de rango superior al que se le llama el *comandante*, y es el único que puede dar órdenes a los demás generales (que son tenientes).

Solo hay **dos tipos de órdenes: atacar o retirarse**, y los tenientes se comunican entre ellos una vez recibida la orden del comandante. Los **generales pueden ser leales o traidores** (incluyendo el comandante).

Que un comandante sea traidor implica que puede dar órdenes contradictorias a sus tenientes, y que un teniente sea traidor significa que puede decir a los otros tenientes que el comandante les ha indicado la orden contraria a la que realmente ha indicado. Que sean leales significa todo lo contrario: su comportamiento es correcto y acorde.

Pues bien, se puede demostrar que, **si tenemos un número de generales traidores 't' necesitamos que el número de generales totales 'm' sea igual o mayor a 3t+1** para conseguir consenso en caso de que los mensajes enviados entre los generales no estén firmados, y 3t en caso de que los mensajes enviados sí estén firmados. Con la ventaja añadida de que en este último caso si el comandante es traidor queda descubierto inmediatamente.

A continuación podemos ver un ejemplo de cómo se adquiere consenso suponiendo que los mensajes no están firmados. El algoritmo es que **los tenientes se reenvían entre sí la orden recibida de su comandante y deciden por mayoría de mensajes recibidos**.

Problema de los generales bizantinos: comandante traidor

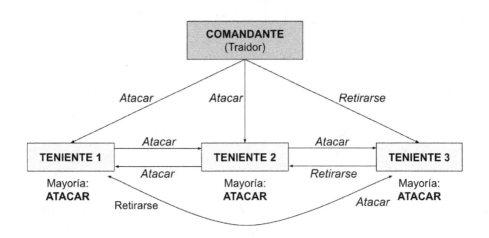

Es decir, el algoritmo que deben realizar los tenientes para tomar su decisión es: si la mayoría de los mensajes recibidos es atacar, atacan y si es retirarse se retiran. En el esquema suponemos que es el comandante el traidor, pero si fuera un teniente el resultado sería el mismo.
Como siempre, pueden obtener más información buscando en internet o simplemente comprobarlo por su cuenta.

Podemos ver que actuando por mayoría de mensajes recibidos **los generales se ponen de acuerdo en una misma acción aunque uno de ellos sea un traidor**, y se demuestra matemáticamente que esto ocurre cuando hay '3t+1' generales donde 't' es el número de traidores.

Como los mensajes no están firmados, los traidores pueden mentir (enviar una cosa diferente a diferentes agentes) sin consecuencias directas. Si en cambio los mensajes están firmados, un sistema de generales bizantinos puede soportar que **hasta un tercio de sus participantes sean maliciosos y actúen de forma deshonesta**.

También existen otras condiciones. Una condición suficiente es que todos los generales deben estar comunicados entre sí o poder estar comunicados entre sí. Si no ocurre esto entonces hay otros requerimientos mínimos de comunicación.

En cualquier caso, la cuestión es que ya había también algoritmos tolerantes a fallos bizantinos antes de Bitcoin. Por ejemplo un protocolo versión extendida del anteriormente mencionado Paxos es tolerante a fallos bizantinos. Incluso ZooKeeper tiene tolerancia a algunos fallos bizantinos.

Entonces, ¿por qué decimos que Bitcoin ha solucionado por primera vez el problema de los generales bizantinos? **¿Cuál ha sido el avance real de Bitcoin**? La cuestión principal es que hasta Bitcoin, todos los protocolos preexistentes eran tolerantes a fallos bizantinos utilizando para ello la **identidad de los agentes**.

Es decir, en esos sistemas anteriores **se necesitaba saber exactamente quién estaba participando en el protocolo**: el número y la identidad de todos los participantes. Esos protocolos no soportaban tolerancia a fallos bizantinos cuando no se conoce a todos los participantes del sistema. Requerían que se conociese no solo el número de participantes sino también su identificación.

Y recordemos que nuestro objetivo es que el sistema a diseñar sea "**permissionless**" es decir, que cualquiera pueda entrar en este protocolo manteniendo su privacidad y sin pedir permiso a nadie, sin tener que identificarse. Además por supuesto de descentralizado: que ningún agente del protocolo tenga privilegios (como el comandante).

De hecho, precisamente los ataques a los que son más vulnerables los protocolos anteriores son los llamados **Sybil attacks (ataques Sybil)**. Se trata de crear de algún modo identidades con comportamiento malicioso en el sistema de tal forma que estas terminen siendo mayoría y evitar así el funcionamiento normal del sistema.

Como en estos algoritmos es crucial el número de participantes y sus identificaciones, basta con replicar identidades. Estos protocolos tienen que realizar vastos filtrados con muchos requisitos de identificación cuando un nuevo usuario o nodo utiliza el protocolo.

Esto es lo que consigue solucionar Bitcoin: conseguir un sistema descentralizado tolerante a fallos bizantinos sin requerir identidad. Podríamos llamarlo algo así como *tolerancia ciega a fallos bizantinos*. En Bitcoin no importa ni el número de participantes (nodos) ni su identificación para conseguir un consenso.

Pero entonces, si Bitcoin no identifica a los participantes del protocolo, ¿cómo evita los ataques de Sybil? Si cualquiera puede utilizar el protocolo Bitcoin y entrar en el sistema, ¿cómo se consigue evitar el problema de los generales bizantinos?

La respuesta corta, básica, sencilla y segura para hacerlo lleva con nosotros desde 1997 y la hemos nombrado en varias ocasiones a lo largo de este libro. Con especial énfasis en el apartado del movimiento cypherpunk.

Al igual que ocurría con el Hashcash de Adam Back para evitar los correos basura o spam, se trata de **hacer que las identidades sean costosas**. Que participar del consenso, es decir modificar el registro distribuido, tenga un coste realizable y verificable de forma anónima.
La idea es exigir la realización de un trabajo comprobable, cuantificable e incorruptible para desincentivar la creación masiva de identidades

maliciosas con el objetivo de que termine siendo impracticable realizar un ataque de Sybil.

Me refiero, por supuesto, al *Proof of Work (PoW, prueba de trabajo)*, archiconocido en el mundo de las criptomonedas y la tecnología blockchain y cuyo propósito es exclusivamente este: hacer que Bitcoin pueda ser *permissionless* y a la vez tolerante a fallos bizantinos.

Que crear identidades, en definitiva, sea irrelevante para conseguir un consenso o no porque este viene definido por una **prueba de trabajo**. En el siguiente y último apartado de este capítulo vamos a estudiar con mayor profundidad este concepto y su aplicación a Bitcoin, cerrando así la lista de conceptos preliminares necesarios para comprenderlo.

Proof of Work (PoW)

En el apartado anterior hemos visto que para conseguir un consenso en un sistema distribuido, necesitamos que este sea tolerante no solo a fallos del sistema (desconexiones, etc.) sino también a agentes maliciosos que pretendan derribar dicho sistema (fallos bizantinos). Para ello necesitamos realizar un **filtrado de identidades** de una u otra manera. Es decir, que utilizarlas de forma maliciosa sea costoso.

La mayoría de lectores conocerán el famoso **CAPTCHA** (*Completely Automated Public Turing test to tell Computers and Humans Apart* o prueba de Turing completamente automática y pública para diferenciar ordenadores de humanos).

El CAPTCHA es una especie de test que un usuario que navega por ejemplo en una página web o rellena un formulario debe realizar para certificar que no es un bot (una identidad falsa) y que es un ser humano real. También la **verificación por SMS** a través del teléfono móvil, los **KYC** y otras formas de identificación son filtros de identidades que tratan de evitar la suplantación de identidad y la saturación del servicio.

Sin embargo, en Bitcoin por un lado queremos preservar la privacidad de los usuarios y por otro **no queremos que nadie haga de 'portero'** eligiendo quién puede entrar y quién no, o de gestor con privilegios sobre los otros nodos de la red. Pero claro, ¿cómo se puede hacer un filtrado de identidades sin ni siquiera identificar y sin que haya nadie controlando ese filtrado (es decir, que sea completamente P2P)?

Como dice Tadge Dryja, "**what works is work**" es decir, lo que funciona es el trabajo. La idea es conseguir un método para exigir que cualquier participación en el consenso (es decir, la modificación del registro distribuido entre pares) realice un trabajo.

Pero no nos sirve cualquier tipo de trabajo. Es necesario que se cumplan una serie de **propiedades para poder mantener un protocolo funcional** y con un consenso inequívoco a largo plazo. Para ello, debemos tener en cuenta las siguientes características:

- **Unidireccional**. El trabajo tiene que ser forzoso e irrevocable. Una vez realizado, no puede servir para nada más. Tiene que consumir tiempo y recursos sin posibilidad de trampas o atajos.

- **Demostrable**. No solo es necesario que sea cuantificable, que por supuesto, sino que debe ser fácilmente demostrable la realización del mismo con una prueba irrefutable que no se pueda falsificar.

- **Universal**: el trabajo debe ser igual para todos, sin privilegio alguno de nadie sobre cualquier otro. Además, debe poder hacerlo cualquiera: cualquiera debe poder tener acceso a realizar dicho trabajo.

- **Regulable**: la cantidad de trabajo exigida debe poderse cambiar según las condiciones del protocolo distribuido. Según la participación de los agentes en el protocolo y la demanda por modificar el registro distribuido, la cantidad de trabajo debe aumentar o disminuir para que el trabajo nunca sea demasiado exigente ni demasiado fácil.

- **Verificación rápida e independiente del trabajo**: como el trabajo es regulable y a veces puede ser mucho y otras veces poco, si la verificación depende de la cantidad de trabajo puede ser problemático porque puede saturarse la red y su comportamiento puede ser impredecible.

- **Anónimo**: el trabajo es precisamente para evitar la identificación, así que no debemos pedir absolutamente ningún tipo de dato. El trabajo debe ser completamente privado.

En el capítulo anterior ya vimos que las funciones hash ante una entrada determinada y de tamaño indefinido, proporcionan una salida determinada de tamaño fijo y que, aunque no es aleatoria, es lo más parecida posible a la aleatoriedad.

Entre sus propiedades destacábamos que las funciones hash son **unidireccionales**: dado un hash es 'imposible' saber cuál es la entrada que devuelve dicho hash. Además, no hay atajos posibles: si quieres conocer el hash de una determinada entrada debes necesariamente calcular el hash, no hay trampas que se puedan realizar.

Por otro lado, los hashes son **demostrables**. Debido a la resistencia a colisiones, dada una entrada y un hash podemos estar seguros de que a dicha entrada le corresponde ese único hash y viceversa.

Si además escogemos una función hash de código abierto, tenemos que esa función hash es **universal**, ya que cualquiera puede acceder a ella sin ningún tipo de autorización. Es completamente accesible. Y además es completamente **anónimo**: dada una entrada y un hash puede haberlo calculado cualquiera; no hay identificación o trazabilidad.

Como vemos, parece que las funciones hash pueden sernos muy útiles para realizar las **pruebas de trabajo (proof of Work, PoW)** para evitar la creación masiva de identidades: de momento cumplen cuatro de las propiedades que necesitamos para nuestro sistema.

Pero **¿cómo hacemos pruebas de trabajo a partir de una función hash**? Al fin y al cabo, calcular un hash es algo muy poco costoso; un ordenador potente medio puede calcular entre miles de millones y billones de hashes por segundo. Necesitamos una prueba de trabajo que consuma tiempo y recursos computacionales.

La respuesta está en un cuarto tipo de colisión que no tratamos en el apartado de las funciones hash porque las vamos a tratar aquí, llamadas **colisiones parciales**. Es el mismo procedimiento que el utilizado en HashCash, de Adam Back, mencionado en el apartado de Cypherpunks.

Imaginemos que exigimos a alguien que nos encuentre una entrada tal que nos proporcione un hash de cuatro dígitos hexadecimales que sea **igual a 0x0000** dada una función hash buena cualquiera que devuelva hashes de cuatro caracteres hexadecimales (16 bits).

Como la salida de una función hash por definición '*parece*' aleatoria en su comportamiento (recordemos las propiedades de una función hash), ese sujeto **necesitará calcular alrededor de** $16^4 = 2^{16} = 65536$ **cálculos de**

hash distintos con distintas entradas para encontrar una concreta cuya función hash proporcione un output de 0x0000. Esto es debido, como ya sabemos, a la probabilidad y combinatoria.

En código hexadecimal hay dieciséis símbolos posibles, y estamos exigiendo que el carácter sea uno concreto de todos ellos. Así pues, dado un comportamiento aleatorio hay una probabilidad de 1/16 de que salga dicho símbolo. Y por lo tanto *de media* una de cada dieciséis veces saldrá dicho símbolo. Multiplicando este resultado cuatro veces por tener cuatro caracteres resulta en $16^4 = 2^{16} = 65536$.

De esta forma, los hashes constituyen una buena **prueba de trabajo estadística**. Si diversos sujetos obtienen una entrada tal que su hash es 0x0000, podemos estar seguros de que, aunque entre en juego el azar, cada sujeto ha realizado *de media* $2^{16} = 65536$ cálculos de hashes para obtenerla. Además, para verificar que el resultado es válido y fidedigno tan solo hay que pasar la entrada obtenida por la función hash y ver que el hash resultante es 0x0000.

Como sabemos la función hash **SHA256**, que es la principal en Bitcoin, devuelve hashes de **64 caracteres hexadecimales (256 bits)**, no de cuatro caracteres hexadecimales (16 bits).

La idea de las colisiones parciales de hashes es exigir que **el hash resultante tenga unos primeros dígitos determinados para calibrar la cantidad de trabajo que alguien ha realizado**. Es decir, requerir que un hash determinado sea *parcialmente igual* a otro dado.

En nuestro ejemplo, exigiríamos que **los primeros cuatro caracteres hexadecimales del hash** obtenido por la función SHA256 sean obligatoriamente ceros para que la información que compromete dicho hash sea válida y digna de ser tenida en cuenta.

Entonces, con la colisión parcial de hashes ya tenemos un trabajo propiamente dicho que consume tiempo y recursos. Si exigimos ocho ceros en el hash, han de calcularse *de media* $16^8 = 2^{32} = 4294967296$ hashes distintos. Cuatro billones ya es algo costoso para un dispositivo.

Además, este trabajo es **regulable**, ya que según el número de caracteres que queramos forzar a que sean iguales la cantidad de trabajo necesaria es una u otra. Es muy fácilmente regulable.

Y por si fuera poco, **su verificación es rápida e independiente de la cantidad del trabajo**. Para cualquier exigencia de ceros, la verificación consiste en obtener el hash de la entrada que supuestamente da el hash correcto y comprobar que efectivamente la colisión parcial se cumple: que el número de ceros coincide con el exigido.

Este procedimiento para pruebas de trabajo es muy ventajoso, puesto que con el cálculo de un solo hash podemos **verificar** cualquier trabajo realizado por otro agente: la colisión parcial de hashes es **O(1) para verificar trabajo y además casi no consume memoria para ello**.

Así pues, ahora sí tenemos una prueba de trabajo cuantificable y que cumple todas nuestras propiedades. Solo mediante la fuerza bruta calculando hashes constantemente se puede encontrar la colisión parcial. Una prueba de trabajo concreta depende mucho del azar, pero para muchas pruebas de trabajo la media de cálculos de hash realizados es completamente predecible. Por eso decimos que es una prueba de trabajo '*estadística*'.

¿Cómo aplicamos esta prueba de trabajo? La idea es que la información a aplicar en el protocolo, es decir la modificación del registro distribuido, quede comprometida en el hash con la prueba de trabajo válida. Es decir: que forme parte de la entrada del hash.

Pero claro, como el hash es determinista, dada una entrada siempre se devuelve el mismo hash. Necesitamos que dentro de la entrada de la función hash haya algo más aparte de la información que queremos comprometer para que se pueda realizar la prueba de trabajo.

Ese algo más es un campo de datos que llamamos *nonce*. Para que nos hagamos una idea de qué es el *nonce*, es una palabra inglesa que significa "de un solo uso". Se trata de un dato cuyo único propósito es cambiarlo para calcular hashes distintos.

Así, **al cambiar el nonce cada vez (por eso es de un solo uso) cambia la entrada y por tanto cambia el hash resultante**. Por ejemplo, vamos a imaginar que queremos enviar el mensaje "Hola Pepito" a alguien que nos exige que el hash del mensaje tenga cuatro ceros para confirmar que hemos realizado un trabajo y que no se trata de un mensaje spam.

Para ello añadimos una variable al final del mensaje (el *nonce*) y pasamos por la función hash SHA256 "Hola Pepito 0", "Hola Pepito 1", etc. y así sucesivamente hasta encontrar un hash con cuatro ceros.

Utilizando un programa que lo automatice tenemos que el hash de "Hola Pepito **12596**" resulta *0x00009045b732859e5349d52a3b8cfa5e97 7b7e2551ff9392625e3b5c6ae66dda*, el cual cumple nuestros requisitos de trabajo exigidos. Por lo tanto, **12596 sería el *nonce* que entregaríamos como prueba de trabajo** a nuestro interlocutor.

Como vemos hemos tenido que hacer 12596 cálculos de hash para encontrar un nonce que cumpla las exigencias de la colisión parcial de hash, lo cual es un alivio puesto que hemos computado menos que la media de hashes necesarios para esa cantidad de ceros (65536, como hemos visto antes). Pero **el número de cálculos de hash computado es del mismo orden de magnitud** que el exigido.

Así es exactamente **como funcionaba Hashcash**. Cuando se envía un correo electrónico mediante SMTP, además del cuerpo del mensaje, el asunto, la dirección de correo, etc. (es decir, los campos 'visibles') se envían unos parámetros incluídos en la cabecera del correo.

Pues Hashcash simplemente exigía incluir en la cabecera del correo electrónico un *nonce* que, al pasarlo junto al correo electrónico por una función hash, proporcionara un hash determinado. Así se evita el spam.

Sin embargo, hemos de deshacer una simplificación que hemos realizado hasta ahora. Y es que en la prueba de trabajo, **realmente no se exige que el hash tenga un número de ceros determinado, sino que sea menor (más pequeño) que otro hash determinado**.

Si volvemos a nuestro ejemplo de "Hola Pepito", podemos comprobar que exigiendo la colisión de un cero más tenemos que el hash de "Hola Pepito **1805995**" es *0x00000ddfaa2dad81ea8c4720ca1a1c9f814d5216742 0de62d716c49462ac6629* y si exigimos otro cero más tenemos que el hash de "Hola Pepito **15289894**" es *0x0000008a210768030bd3ad99c4 22062791ee41ef10d35337e5a7bf9bb2982493*.

Como vemos **cada cero extra que exigimos aumenta el trabajo necesario en una cantidad enorme (16 veces más de media)**. Lo que al principio nos costó doce mil quinientos hashes, con un cero más son un millón ochocientos mil, y con otro quince millones de hashes.

Por lo tanto la prueba de trabajo así definida aunque es regulable, **es poco regulable**. Solo podemos aumentar o disminuir la cantidad de trabajo exigida con un factor de dieciséis, una cantidad monstruosa. Necesitamos mayor flexibilidad a la hora de regular el trabajo.

Para comprender cómo funciona realmente el PoW tenemos que recordar que **el hash puede ser interpretado como un número decimal**. Concretamente con SHA256, al ser un output de 256 bits, se puede interpretar como un número entre 0 y 2^{256}.

Pues bien, en la práctica **lo que se hace en Bitcoin para comprobar el trabajo y calibrar la cantidad de trabajo a realizar es exigir que el hash sea menor a un número dado: un hash límite**. Así, dado que el hash tiene un comportamiento aleatorio podemos establecer con precisión la cantidad de hashes media que alguien debe computar para obtener un hash válido.

Esto es equivalente a exigir una cantidad de ceros, con la diferencia de que en vez de regular el trabajo con un factor de 16 (o de 2 en caso de exigir ceros binarios) **exigiendo que el hash sea menor a un número podemos variar la dificultad con otros múltiplos distintos a los del código**. La regulación es mucho más flexible.

Por ejemplo, si pasamos de exigir que el hash sea menor que *0x0000F...* a que sea menor que *0x0000B...* estamos aumentando un 50% la cantidad de trabajo necesaria. Si en cambio exigimos *0x0000E...*estamos exigiendo un 6,25% más de trabajo.

Otra forma de verlo es que si exigimos que el hash resultante debe ser menor a 2^{50}, esto significa que el hash debe tener un mínimo de 256-50=206 bits a cero seguidos y por lo tanto que aquel que lo consiga habrá tenido que hacer alrededor de 2^{206} cálculos de hash.

Si exigimos que el hash resultante debe ser menor a 2^{49} (equivalente a exigir 207 bits a cero) estaríamos multiplicando la dificultad por 2, pero por ejemplo podemos exigir que el hash resultante tenga que ser menor que 2^{50}-98354420 para reducir la dificultad **solo un poquito**.

Es por eso que, como veremos, **los hashes de los bloques de la blockchain tienen siempre un número elevado de ceros al principio del hash**: porque el hash límite es muy pequeño. Debemos tener esto claro porque aunque la gente utilice los ceros hexadecimales para hacerse una idea de la dificultad, el funcionamiento del protocolo realmente es exigir un hash menor a un número dado.

Veamos un **ejemplo real**: el hash del último bloque minado mientras escribía estas líneas del libro es el de altura 788081 con hash *0x000000000000000000013e5da86d8311a50d71e3fad1833ec5059d29cee 6515b* que como vemos tiene 19 ceros de los 64 dígitos hexadecimales.

De dicho bloque, la dificultad en términos de este hash límite, también llamado **hash target**, es: *0x00000000000000000005c7390000 [...]* y podemos observar que se cumple que el **hash del bloque es menor, a pesar de tener los mismos ceros hexadecimales**:

Hash del bloque: 0x0000000000000000000**5c739**00000 [...]
Hash target: 0x0000000000000000000**13e5d**a86d8 [...]

Por lo tanto, **los números de ceros nos sirven para tener una idea del orden de magnitud del trabajo exigido, pero no de su cantidad aproximada**. Por ejemplo en el bloque anterior, diecinueve ceros significa que se han tenido que hacer alrededor de $2^{19*4}=2^{76} \approx 7.5 \times 10^{22}$ hashes. Pero esta cantidad no refleja la cantidad de trabajo real; es solo una aproximación.

A la cantidad de trabajo exigida en Bitcoin también se la suele llamar **dificultad**, y así es como aparece en los exploradores de blockchain por internet (más adelante lo veremos). El motivo es obvio: el hash límite (máximo) exigido es una métrica de la dificultad que supone minar un bloque de Bitcoin.

Más adelante veremos que **la dificultad en Bitcoin es un tema muy confuso y extraño, pues hay distintas formas de medirla**. Además, la forma original de representarla que se implementa en el software de Bitcoin es muy poco elegante. Esto hace que interpretar la dificultad conforme aparece en los exploradores y escáneres de la blockchain de Bitcoin, así como en otras páginas relacionadas, sea bastante difícil.

Recapitulando, el llamado **Proof of Work (PoW) o prueba de trabajo** es fundamental en Bitcoin, pues es el que garantiza que cualquiera pueda sumarse a la red y al protocolo (sin pedir permiso o *permissionless*) y a la vez que haya seguridad frente a ataques de Sybil relacionados con las identidades (pues se requiere trabajo para contribuir al sistema).

Es el concepto fundamental de minar Bitcoin y es una forma muy segura de eliminar estos ataques de forma drástica y efectiva, aunque ineficiente para algunos. Manteniendo, por supuesto, la más absoluta descentralización en el protocolo y en la red.

Además y como tendremos ocasión de descubrir más adelante, el PoW hace que **cuanto más se usa Bitcoin y cuanto mayor valor tenga, más seguro será el sistema**, generando así un efecto red que se une al de la escasez en la emisión de las unidades monetarias. Y en Bitcoin se prioriza siempre la **máxima seguridad** y la **máxima descentralización**.

Por si fuera poco, es un sistema eficaz y completamente predecible puesto que **verificar un trabajo o(n) como por ejemplo el cálculo de cien trillones de hashes requiere o(1)** es decir calcular un solo hash.

De igual forma, **guardar la prueba del trabajo en el registro distribuido solo requiere los datos de entrada (incluyendo el *nonce*) y su tamaño es independiente de la cantidad de trabajo realizado** con lo cual de nuevo es un sistema o(1) en cuanto al espacio requerido.

Por lo tanto es también un sistema completamente **escalable en cuanto a la cantidad de trabajo exigida**. La escalabilidad es una propiedad muy tenida en cuenta en los sistemas blockchain y en general en muchos ámbitos de la informática, y consiste en la capacidad de un sistema informático de adaptarse a las variaciones de escala de los datos.

De hecho, **una forma de aproximar todo el trabajo realizado por la red de Bitcoin de forma rápida es simplemente saber cuál es el hash con más ceros conseguido**. Como obtener hashes con ceros es una cuestión estadística, el hash con mayor número de ceros ofrece una muy buena estimación del cálculo de hashes que se ha tenido que hacer por la red durante toda su existencia.

Como curiosidad, el hash más pequeño de Bitcoin hasta la fecha (2023) es el del bloque 756951, y tiene 24 ceros hexadecimales. Por lo tanto resulta que se han realizado unos $2^{4 \times 24} = 2^{96} \simeq 8 \times 10^{28}$ hashes a lo largo de toda la historia de Bitcoin.

La prueba de trabajo es odiada por mucha gente porque usa y desperdicia mucha energía calculando hashes inútiles: la mayoría de los *nonces* probados no sirven para nada. También porque se pueden realizar "**ataques del 51%**" (que trataremos más adelante) y porque afecta a los mercados de chips, procesadores y tarjetas gráficas debido a su uso intensivo para poder obtener la prueba de trabajo.

Pero lo cierto es que **es esto lo que permite que Bitcoin sea descentralizado, anónimo, escalable, funcional y sobre todo seguro.** Cualquiera puede lanzarse a realizar pruebas de trabajo sin pedir permiso a nadie y todo el mundo tiene la misma probabilidad de conseguir encontrar una, independientemente incluso de los hashes que ya lleve calculados que hayan sido fallidos.

El procedimiento Proof of Work es además fácilmente implementable y programable, y es no-interactivo. Esto significa que **un único sujeto realizando 1000 hashes por segundo es equivalente a 1000 sujetos realizando 1 hash por segundo.**

La única comunicación que se realiza con la red es cuando un bloque ha sido minado y hay que distribuirlo para que los nodos actualicen el registro. Por último, además, el hecho de que utilice recursos de la vida real como prueba garantiza también la irreversibilidad: **el tiempo y la energía perdidos en la prueba de trabajo no se pueden deshacer.**

La única desventaja remarcable y genuina del PoW es que, como cada vez se requiere más trabajo para conseguir una prueba, **cada vez es más impracticable por parte de individuales minar bloques.**

Esto ha propiciado la aparición de las llamadas **mining pools** o 'pools de minado', también denominados en español fondos de minería que son como fondos hechos con software donde muchos dispositivos comparten recursos computacionales para minar bloques en conjunto. Así, si consiguen minar uno de ellos se reparten la recompensa.

En la práctica, y ahí es donde reside el problema, **han proliferado una especie de conglomerados dedicados exclusivamente a minar mediante máquinas especializadas** en hacer este tipo de operaciones (cálculo de hashes) de forma extremadamente rápida, quedando la potencia de cómputo de Bitcoin bastante centralizada.

De hecho **mucha gente argumenta que Bitcoin ya no es realmente descentralizado** debido a estos conglomerados, anteriormente en su mayoría ubicados en China, que minan muchos de los bloques de la red. **Y cierta parte de razón tienen,** pues al final son las pruebas de trabajo lo que dan seguridad a Bitcoin y su centralización puede ser peligrosa.

Y es que parece que la idea original de Satoshi cuando creó Bitcoin era que cada nodo de la red fuera también minero, y de esa forma todos los nodos realizarían todas las funciones de la red: pruebas de trabajo, verificación de bloques, mantenimiento del registro, etc.

Aunque como veremos más adelante, **no queda tan claro que sea así**, al menos a mi juicio. Especialmente por la forma con la cual diseñó la dificultad de la prueba de trabajo en el sistema.

En cualquier caso, Bitcoin es un sistema de transferencia de valor funcional y su oferta es no solo escasa sino completamente determinada de antemano. Cuanto mayor es la demanda de Bitcoin más sube su precio, **incentivando así a realizar cálculos de hashes de forma masiva para minar Bitcoin**.

Como es entendible, los atractivos para minar no son los mismos cuando Bitcoin está a 100$ que cuando está a 40.000$. Su oferta limitada y el aumento de su valor ejercen de aliciente no solo para aumentar las tasas de minerías en el presente y en el futuro, sino también para la investigación en este campo. Acelerando así cada vez más el cálculo de hashes en la red.

En el próximo capítulo veremos cómo todos los elementos explicados en este capítulo se utilizan para construir el sistema de Bitcoin. Estudiaremos cómo se combinan estas bases para crear piezas que, bien montadas, forman el puzle que otorga a Bitcoin las características que lo definen y que tanto se recitan.

3. Las bases de Bitcoin y las criptomonedas

4. Bitcoin pieza por pieza

¿Blockchain o hashchain?

Empezamos este capítulo con una simplificación de la característica más fundamental de Bitcoin: lo que he bautizado como la **hashchain**. Imaginemos que queremos hacer una red descentralizada de compromisos de tal forma que aquellos mensajes que uno coloca en la red queden comprometidos para siempre.

Para ello necesitaremos una red p2p de nodos (o clientes) con las mismas condiciones. También necesitaremos una función hash, pues ya sabemos que una de sus utilidades es realizar compromisos sobre mensajes que sean irrevocables.

Y finalmente requerimos la última característica mencionada sobre Bitcoin, la prueba de trabajo, para por un lado evitar el colapso de la red a causa de los compromisos spam y por otro conseguir un **consenso en la propia red de los compromisos válidos** realizados.

Supongamos una serie de mensajes m_1, m_2 [...] m_n, una función hash h(), un nonce como variable aleatoria $'r'$ y un hash máximo h_m que no hay que superar para poder garantizar la prueba de trabajo correspondiente. Definimos entonces como **hashchain** al esquema:

- $h_1 = h(m_1, r)$ con $h_1 < h_m$
- $h_n = h(m_n, h_{n-1}, r)$ con $h_n < h_m; \forall n = 1, 2, 3, 4...$

Fijémonos en la simplicidad del sistema. Lo que estamos haciendo es, para el primer mensaje comprometido, tomar el mensaje y calcular, variando la variable $'r'$ (el nonce), el hash del mensaje concatenado a dicha variable hasta que encontramos un hash que satisface nuestra prueba de trabajo (como en el ejemplo de "Hola Pepito"). Para los mensajes a partir del primero, concatenamos al mensaje el hash del mensaje anterior y de nuevo una variable $'r'$ *nonce* que, cambiándola cada vez, nos permitirá calcular un hash que satisfaga nuestra prueba de trabajo. Esto resulta en un esquema de cadena como el que sigue:

$$h_n = h\big(m_n, h\big(m_{n-1}, h\big(m_{n-2}, h([\dots]), r\big), r\big), r\big)$$

Como vemos es una idea **muy similar a la de la cadena de hashes, pero creada de dentro hacia afuera como una '*cebolla de hashes*'**. Además, por supuesto, le añadimos una regla de prueba de trabajo.

Esta es la idea esencial de la blockchain: es una cadena de hashes + un sistema de prueba de trabajo. Con la diferencia de que en la blockchain el equivalente al 'mensaje' de la *hashchain* no es un compromiso, sino una estructura de datos más compleja y que veremos más adelante.

Con este esquema conseguimos:

- Primero, una serie de reglas muy determinadas, estrictas y **fáciles de establecer en un protocolo**, pues son simples operaciones y comparaciones matemáticas.

- Segundo, el hecho de que haya prueba de trabajo y un orden secuencial posibilita que haya un **consenso en la red** y no haya confusiones dentro de la misma donde cada nodo tenga un registro diferente sobre los compromisos realizados (el registro debe ser el mismo para todos, recordemos).

- Y tercero, **los mensajes del sistema se vuelven más seguros con el tiempo por la estructura de cebolla de hashes.**

En cuanto al primer y segundo puntos, la idea es que **cuando un nodo encuentre o tenga un compromiso con una prueba de trabajo válida automáticamente difunda el compromiso** como un mensaje por la red a los otros nodos (lo que en el mundillo se llama "*broadcast*").

Por otro lado, por protocolo (establecido en las reglas de comunicación) **cada nodo debe actualizar su registro de compromisos encadenados cuando recibe un compromiso nuevo y válido** que se puede poner sobre la última capa de la cadena.

A continuación podemos ver un ejemplo de hashchain con un hash máximo $h_m = 00\,FF$. La cadena quedaría así:

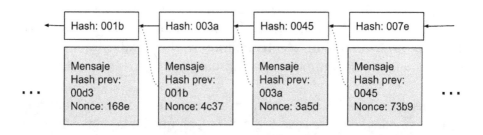

La prueba de trabajo consigue el consenso porque, además de exigir un requisito demostrable y sin posibilidad de atajos, evita la difusión masiva de compromisos y permite que los nodos se actualicen debido al lapso de tiempo resultante entre capa y capa de la *hashchain*. La posibilidad, aunque remota, de que dos compromisos válidos distintos y de la misma capa se efectúen al mismo tiempo (fraccionando así el registro compartido y por tanto la red en dos o más partes) es lo que se llama **fork** y lo trataremos más adelante.

Respecto al tercer punto, pensemos en el mensaje m_1 dentro de la cadena que va hasta m_n. Ya explicamos en su momento lo complicado que es no ya calcular la entrada de un hash, sino simplemente romper la función mediante colisiones iterativas. Pues bien, si tenemos un registro hasta h_n, intentar **modificar el mensaje m_1 aunque sea levemente implica cambiar drásticamente todas las n-1 las capas superiores y sus hashes**. Supone romper toda la cadena de hashes superpuestos, pues cada hash forma parte del mensaje de la capa siguiente.

En el ejemplo anterior, si modificamos el mensaje del segundo bloque el hash deja de ser '0x003a' lo cual lastra toda la cadena posterior. Así pues, **cada vez que se crea una capa sobre un mensaje la incorruptibilidad del mismo aumenta en un hash extra**.

Esto hace que subvertir el registro y cambiarlo para por ejemplo recuperar la propiedad de unas unidades monetarias de forma maliciosa sea prácticamente imposible. Por lo tanto conseguimos que la publicación de compromisos sea irrevocable (el doble gasto).

Y por eso entre otros motivos se dice en Bitcoin que **cuanto más tiempo lleve una transacción en la blockchain más seguro es que el pago o la transacción efectivamente se ha realizado**. Es lo que comúnmente se denomina como *confirmaciones* en la blockchain.

De hecho, las *wallets* (software programado para gestionar criptomonedas, en este caso Bitcoin) exigen que haya una cantidad de bloques determinada sobre la transacción antes de confirmar que se han recibido los fondos.

Una última idea que deberíamos tener en este punto para nuestra hashchain es la de **ajustar la dificultad de la prueba de trabajo** según la frecuencia a la que se publican los compromisos para así garantizar siempre la seguridad del sistema y evitar el spam a toda costa.

Es decir: ajustar el tamaño del hash máximo h_m. Si aumenta la demanda de publicación de compromisos se incrementa la frecuencia de publicación en el registro compartido y puede dar lugar a caos, confusión y no consenso, además de otra serie de ineficiencias y posibles fallos que también veremos en el próximo apartado.

En Bitcoin, como mucha gente sabe, **la dificultad necesaria para conseguir minar un bloque se ajusta cada 2016 bloques con el objetivo de que haya un bloque cada 10 minutos de media**, aunque la frecuencia de publicación de bloques puede variar de manera muy considerable a corto plazo. Entre dos bloques concretos el lapso de tiempo puede hacerse muy grande.

Así, esos 2016 bloques *tienden* a ser dos semanas aproximadamente y de media, pero no de forma exacta. En el anterior capítulo ya indicamos que la dificultad en Bitcoin es un tema farragoso y muy confuso. Así pues, vamos a dedicar el siguiente apartado precisamente a entrar en esta cuestión con mayor profundidad y explicar cómo se realiza la sincronización de bloques en Bitcoin.

Sincronización de bloques

En el anterior apartado hemos explicado un concepto al que hemos llamado *hashchain*, pero la tecnología de las criptomonedas, el algoritmo de consenso distribuído por excelencia, se llama **blockchain** es decir: cadena de bloques. ¿Qué son los bloques y por qué se utilizan? Bien, se trata de una cadena de bloques por dos motivos diferentes.

En primer lugar pensemos que, remitiéndonos a la *hashchain*, podríamos tener como mensajes en la cadena cada una de las transacciones que se realizan. Sin embargo, esto conlleva una serie de problemas asociados.

Recordemos que para evitar fallos de seguridad, de falta de consenso, de spam y de doble gasto necesitamos que haya un **tiempo suficiente para que la red pueda actualizar** el registro distribuido. Si utilizáramos cada transacción como mensaje de la cadena, nuestro sistema estaría limitado a una transacción cada cierto tiempo (10 minutos en Bitcoin).

Una cantidad irrisoria que significaría la absoluta inutilidad de nuestro sistema de transacción de valor. La solución entonces para mantener la seguridad y la cantidad de transacciones a la vez es **agrupar las transacciones en bloques** y hacer una *blockchain* donde cada bloque tiene una cantidad considerable de transacciones.

Así podemos tener un tiempo suficiente entre bloque y bloque y a la vez una cantidad aceptable de transacciones. La prueba de trabajo se aplica por tanto sobre los bloques de transacciones y se ajusta la dificultad para que *de media* se publique un bloque cada 10 minutos.

En segundo lugar, **para el correcto funcionamiento del sistema se requiere una serie de datos adicionales**. Entre otros para poder parametrizar la dificultad y ajustarla cada 2016 bloques.

Antes de mostrar todos los diferentes datos que tiene un bloque (cosa que haremos en el siguiente apartado) es el momento de explicar **cómo se ajusta la dificultad de minado o de la prueba de trabajo** en Bitcoin.

Es también momento de explicar que existen unas páginas web, llamadas **exploradores de blockchain o escáners de blockchain**, donde se publica toda la blockchain y donde se pueden ver todos los datos. En el capítulo anterior ya las mencionamos también precisamente por la dificultad de los bloques. Las más famosas son **blockstream.info** y **blockchain.com**, y se recomienda utilizarlas para comprobar y asimilar los conceptos que se van a explicar ahora.

Hemos dicho antes que un bloque de Bitcoin es añadido a la blockchain cada 10 minutos *de media*, ¿pero por qué de media? ¿cómo funciona ese procedimiento? Bueno, tengamos en cuenta que como hemos visto **las pruebas de trabajo son aleatorias, y la cantidad de gente utilizando recursos computacionales para encontrarlas puede ser muy variable**.

Ajustar completamente o intentar ajustar de forma muy exacta el tiempo que tarda en minarse un bloque de Bitcoin es imposible, impracticable y peligroso. De nuevo recordemos que lo que queremos es que la red tenga tiempo para actualizarse en todos los sentidos, y la dificultad también es uno de ellos.

Por eso en Bitcoin las cosas funcionan de forma lenta, para poder garantizar la seguridad del sistema. Lo que se hace es que, por protocolo, **la dificultad se ajusta cada 2016 bloques minados automáticamente mediante un cálculo matemático**, ajustando así el hash máximo permitido en la prueba de trabajo.

Para poder hacer eso necesitamos dos parámetros. El primero es saber en qué número de bloque estamos. Esto se registra en una propiedad llamada **height o altura**, que refleja con un número entero la cantidad de bloques que preceden en la blockchain a un bloque dado.

Por ejemplo, mientras escribo estas líneas el último bloque minado tiene una altura de 788081, lo que significa que hay 788081 bloques minados en toda la historia de Bitcoin y que ese bloque corresponde al minado por vez 788081, y que a él le preceden 788081 bloques minados. Esta propiedad, sin embargo, no está registrada en la blockchain como un dato más del bloque, ya que **se puede calcular de forma externa** y la blockchain se intenta optimizar para que solo estén registrados la menor cantidad de datos posible.

El segundo parámetro, que sí está incluído en los bloques, es la llamada **timestamp o marca de tiempo,** medida en **Unix time** (tiempo unix). Consiste en un número entero de 4 bytes que refleja los segundos que han pasado desde la medianoche UTC del 1 de enero de 1970. Con los dos elementos definidos, el procedimiento establecido en el protocolo cada 2016 bloques es el siguiente:

- En primer lugar, se considera un **tiempo teórico**. La emisión de 2016 bloques, a un tiempo que queremos conseguir de 10 minutos por bloque, equivale a un tiempo total de dos semanas (son 1.209.600 segundos).

- En segundo lugar, se calcula el **tiempo de emisión de los últimos 2015* bloques** a través de la marca de tiempo (timestamp). Concretamente se resta la marca de tiempo del primero de estos 2015 bloques a la del último bloque para obtener el tiempo real de los últimos 2015 bloques.

- Finalmente, **se dividen ambas magnitudes** y se multiplica la dificultad actual por el resultado de la división o ratio entre estas dos magnitudes, adoptando la ratio un **máximo de 4 y un mínimo de ¼.** Es decir, que la dificultad puede como máximo multiplicarse por cuatro y dividirse por cuatro.

Es decir, de forma más matemática:

$$Dificulta\ d_{NUEVA} = Dificulta\ d_{ANTERIOR} \times \triangle\ Tiempo$$

$$1/4 < \triangle\ Tiempo = \frac{Tiempo\ Teórico\ (2016\ bloques\ x\ 10\ minutos)}{Tiempo\ Real\ (Timestamp)} < 4$$

*Nota: se toma el tiempo de los últimos 2015 bloques porque Satoshi erró dejando otro *bug* en Bitcoin [otro más :)]. Se llama *'off-by-one'* (fuera por uno) o *Time Warp Bug* (error de distorsión del tiempo) y supone a su vez una alteración de alrededor del 0.5% en la dificultad.

Cabe destacar que **la marca de tiempo no necesariamente tiene que ser exacta**. Incluso se puede dar el caso de dos bloques minados seguidos con un timestamp sin orden cronológico: que el primero tenga una fecha posterior al segundo, y que la red acepte ambos bloques sin problema. Los nodos tienen dos reglas para aceptar un bloque según su *timestamp*: las **Block Timestamp Security Rules** (*reglas de seguridad del Timestamp*).

La primera es la del **tiempo pasado**, según la cual el timestamp debe ser superior a la mediana de los once bloques anteriores (más adelante veremos dónde se visualiza).

La segunda es la regla del **tiempo futuro** según la cual el timestamp de un bloque no puede estar más de 2 horas adelantado respecto del tiempo interno del nodo comparado con el tiempo de sus pares en la red. Estas dos reglas aseguran que la diferencia de tiempo entre el '*real*' (el de la red) y el publicado en la cadena (el del *timestamp*) son parecidos (suele haber una diferencia de menos de un 1%).

Lo cierto es que tampoco importa mucho, pues por un lado **a lo largo de 2016 bloques no es muy relevante la diferencia**, y por otro recordemos que cada bloque minado (con su hash con prueba de trabajo) debe tener el hash del bloque anterior. Por lo tanto **la diferencia de tiempo agregada no cambia mucho por el hecho de no ser exacto el timestamp**.

¿Por qué se utilizan 10 minutos entre bloques y 2016 bloques (o dos semanas) para ajustar la dificultad y no otros tiempos diferentes? Pues realmente **no tiene ninguna justificación técnica**. Hay gente en internet que especula que Satoshi eligió el número 2016 para hacer referencia a la Orden Ejecutiva 6102 de los Estados Unidos, que pedía la confiscación de oro de propiedad privada en 1933, y es 2016 al revés.

Lo cierto es que nadie lo sabe, y **es probable que eligiese estos tiempos porque supuso que eran bastante óptimos**. Por un lado hacer transacciones cada 10 minutos es algo soportable por la gente que quiere transaccionar valor (una transferencia actual tarda hasta un día) y da tiempo a la red a actualizarse, y por otro ajustar la dificultad cada 2016 bloques permite que la gente que mina bloques no se vuelva loca cambiando la dificultad cada poco tiempo y con un algoritmo complicado a la vez que garantiza la seguridad ajustando la prueba de trabajo en un tiempo adecuado y evitando faltas de consenso.

Aquí podemos ver un **gráfico de la velocidad de publicación** de los bloques de Bitcoin durante un año (fuente *bitcoinvisuals.com*):

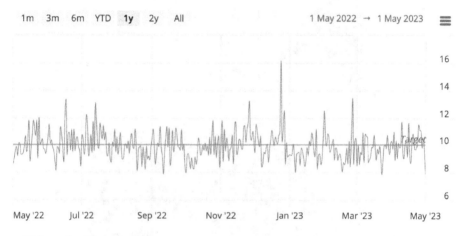

Block Speed

Daily median time between bitcoin blocks. Excludes first day.

Unit: Minutes
Source: BitcoinVisuals node (bitcoind)

Podemos ver que los tiempos entre bloques oscilan muy cerca de la media, ubicada en los 10 minutos entre bloques. En el corto plazo, eso sí, la publicación de bloques puede irse a los 15, 20 incluso 30 minutos. Según los picos de *hashrate* se tarda más o menos en minar un bloque.

El tiempo que se tarda en minar y publicar un bloque determinado encaja bien con una distribución estadística de un proceso de Poisson. En las gráficas a continuación se representa la probabilidad del tiempo de minado y publicación de los bloques en la red de Bitcoin.

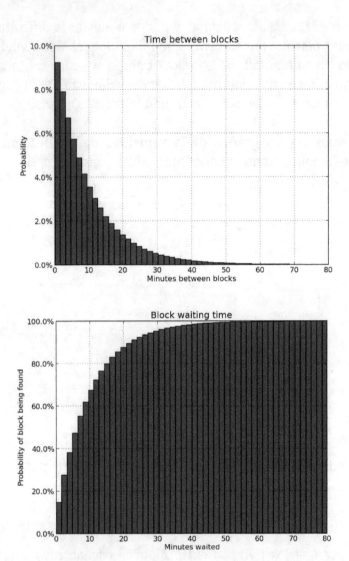

Bien, pues para terminar este apartado vamos a explicar **todas las formas de medir, calcular y representar la dificultad en Bitcoin**.

En primer lugar tenemos el término *'Bits' o 'diff'* en un bloque de la blockchain, que es la forma más confusa e irritante de medir la dificultad. Es un campo de cuatro bytes dentro de la estructura de datos del bloque que sirve para identificar de forma reducida el *target hash o hash máximo* mencionado en el capítulo anterior.

Se suele representar en hexadecimal (con ocho caracteres; recordemos que un byte se representa con dos caracteres hexadecimales) aunque hay gente y exploradores de Bitcoin que lo representan en decimal.

Este campo de datos tiene una estructura que se denomina de **exponente-mantisa**, pueden buscarla en internet y sirve para representar un número con decimales de forma empaquetada.

De los cuatro bytes, uno de ellos (el primero, dos caracteres hexadecimales) se utilizan para representar un **exponente** y los otros tres caracteres representan un número hexadecimal normal, llamado **mantisa**, de forma que se utiliza la siguiente fórmula:

$$hash\ target = 2^{8 \times (exponente - 3)} \times mantisa$$

Vamos a poner un **ejemplo para verlo mejor**. Para ello calcularemos el target hash del ejemplo del apartado "Proof of Work" del capítulo anterior, justo como he hecho yo para construir el ejemplo.

El campo de '*Bits*' del bloque del ejemplo, de altura *788081*, es *0x1705c739* o traducido al decimal *386.254.649*. Por lo tanto el exponente es el primer byte (*0x17*) que en decimal es *23*, y la mantisa es los tres bytes restantes (*0x05c739*). La mantisa no es necesario calcularla en decimal porque el resultado, como veremos, será hexadecimal. Pues bien, aplicando la fórmula tenemos:

$$hash\ target = 2^{8 \times (23-3)} \times 0x05c739 = 2^{160} \times 0x05c739$$

Ahora debemos recordar que **para escribir el número 2^{160} en hexadecimal tenemos que dividir el exponente entre 4**, pues con un dígito hexadecimal podemos escribir lo mismo que con cuatro dígitos binarios ($16 = 2^4$). Con lo cual resulta que con cuarenta ceros (*160/4=40*) podemos escribir 2^{160} en hexadecimal:

$2^{160} \equiv 0x\ 0000000000000000000000000000000000000000$

```
(sí, hay 40 ceros)
```

Y para multiplicarlo por la mantisa, igual que cuando multiplicamos por diez en el sistema decimal, solo tenemos que añadirle los dígitos delante (como $54 \times 100 = 5400$):

$hash\,target = 2^{160} \times 0\,x\,05\,c\,739 =$
$= 0\,x\,05\,c\,739000000000000000000000000000000000000000$

Pues bien, **ese es el hash target: el hash máximo que puede tener el bloque minado del ejemplo**. Como vemos no tiene ceros a la izquierda, pero esto es debido a que está truncado. Un hash de la función SHA256 tiene 256 bits y por tanto 64 dígitos hexadecimales. La mantisa tiene 6 dígitos, que junto a los 40 ceros del exponente suma un total de 46 dígitos. El resto hasta 64 (es decir, 18 dígitos) son los ceros a la izquierda que hay que completar para representar el hash target:

$hash\,target = 0\,x\,[000000000000000000]\,05\,c\,739000000000000000$
000000000000000000000000

Así es como obtenemos el hash target a partir de la dificultad empaquetada en el campo de Bits de un bloque de la red y que pueden ver en los exploradores de blockchain. Y por eso encaja también que el hash del bloque es menor al hash target:

$hash\,target = 0\,x\,0000000000000000005\,c\,739000000000000\,[...]\,000$
$hash\,bloque = 0\,x\,00000000000000000013e5\,da\,86\,d\,8311\,a\,50\,[...]\,15\,b$

$hash\ target \geq hash\ bloque$

Así pues, el campo **'Bits' almacena de forma empaquetada con un exponente y una mantisa un número truncado pero que puede ser establecido con bastante precisión** (con los dos bytes se representa cualquier exponente y con los seis de la mantisa se afina el número).

Si el concepto resulta difícil de asimilar, una idea es comprender que **es lo mismo que la notación científica** utilizada sobre todo en Química y en general por las calculadoras, también basada en el esquema exponente-mantisa.

Tomando $2^{50} \approx 1.1258999\mathrm{e}15 = 1.1258999 \times 10^{15}$. En esta notación se usa el mismo esquema de **exponente-mantisa** siendo *15* el exponente y 1.1258999 la mantisa, y fijémonos que solamente con el exponente y la mantisa definimos el sistema sabiendo la notación y que estamos en base 10. Los decimales de la mantisa dan la precisión del número, pero no el orden de magnitud, que lo otorga el exponente:

$1.1258999 \times 10^{15} = 1125899900000000 \approx 1.125 \times 10^{15} = $
1125000000000000

Pues es exactamente lo mismo, si persisten dudas se recomienda volver a leer el procedimiento para asimilar el concepto.

Por último vamos a explicar el término llamado *Dificultad, Difficulty, Complejidad o Complexity* en los exploradores de blockchain para cada bloque. Este término **no se encuentra en los bloques, pero se calcula a partir del campo** *Bits* que hemos estudiado anteriormente.

En internet se dice que este dato representa el número de hashes aproximado necesario para minar el bloque, pero es falso. Por ejemplo, la Dificultad del bloque del ejemplo es *48.712.405.953.118,43* con lo cual en internet se dice que esto significa que se requiere haber calculado una media de *48712405953118* hashes (28 billones de hashes) para haber minado el bloque. Pero realmente son muchos más.

Lo primero que debemos saber para comprender esta medida de la dificultad es que **en Bitcoin hay una dificultad mínima que no se puede sobrepasar**. Concretamente, el hash target de un bloque no puede ser más grande que uno dado: el *hash target máximo*.

Tengamos en mente que si solamente estuvieran implementadas en Bitcoin las características anteriores, la dificultad, especialmente en los primeros años cuando casi nadie estaba interesado en Bitcoin, podría haber caído incluso a cero.

Pero no, Satoshi diseñó el protocolo Bitcoin con **una dificultad mínima de 32 bits a cero (ocho ceros hexadecimales a cero)**.

Es decir, que todos los hashes deben empezar como mínimo con ocho ceros hexadecimales. Concretamente, el **número de dificultad mínima que puede haber en el campo *Bits* visto anteriormente es *0x1d00FFFF*** que corresponde al exponente *0x1d=29* y a la mantissa *0x00FFFF*. Aplicando la fórmula anterior:

$$hash\ target\ máximo = 2^{8 \times (29-3)} \times 0\ x\ 00\ FFFF = 2^{208} \times 0\ x\ 00\ FFFF$$

Y como 208/4=52, tenemos que el hash target máximo es la mantisa con 52 ceros detrás:

hash target máximo =
0 *x* 00 *FFFF* 0000000000000000000000000000000000000000000000000000

De nuevo recordamos que la mantisa tiene 6 dígitos, más los 52 ceros suman 58 y un hash extraído del SHA256 tiene 64 decimales, con lo cual nos faltan seis ceros que debemos añadir delante para mantener el mismo número en formato hash, obteniendo así los **ocho ceros**:

hash target máximo =
0 *x* 00000000 *FFFF* 00000000000000000 [...] 0000

Pues bien, a esta se la llama **dificultad mínima o dificultad 1 en Bitcoin**. A partir de aquí, **el término Dificultad se calcula como un múltiplo de esta dificultad mínima**.

Por ejemplo, Dificultad = 4 significa que la dificultad actual es 4 veces superior a la dificultad mínima, y así sucesivamente. En el bloque de ejemplo anterior la dificultad es *48.712.405.953.118,43* lo que significa que **la dificultad es casi cuarenta y nueve billones de veces superior a la dificultad mínima, todo un desafío**.

Aquí podemos ver claramente cómo la seguridad de Bitcoin es impresionante, y **cómo minar Bitcoin ha quedado completamente fuera del alcance del usuario particular** con un ordenador normal, truncando la pretensión de Satoshi con el modelo original.

Para calcular el número de hashes esperado para minar el bloque anterior debemos multiplicar su dificultad por $2^{32}=4294967296$ (que corresponde con el número de hashes esperado para la dificultad mínima, pues ocho ceros hexadecimales son 32 bits a cero).

Resultando una cantidad total de *209.218.190.478.119.366.064.865,28* hashes o **doscientos nueve trillones europeos de hashes para minar un solo bloque**. Recordemos, *de media*, como valor esperado. Esta cifra es equivalente a $2{,}09 \times 10^{23}$, y tiene el mismo orden de magnitud que el número que estimamos en el apartado de Proof of Work a partir de los ceros hexadecimales, que era $7{,}5 \times 10^{22}$.

Para los curiosos, decir que sale casi el triple porque calculando los ceros hexadecimales no tenemos en cuenta los dígitos significativos. Los tomamos como si fuera una 'F'. Si vemos el hash target, el primer dígito significativo es '5', lo cual multiplica la cantidad de hashes necesaria en $16/5 \approx 3.2$ veces. Así, tenemos que $7{,}5 \times 3{,}2 = 24$ que ya se aproxima muchísimo más a la cantidad media esperada exacta de hashes necesarios. Más aún se aproximaría si tomáramos más dígitos.

Así pues, se requieren $2{,}09 \times 10^{23}$ hashes calculados de forma inútil para conseguir minar un bloque de Bitcoin. **Esta es la cantidad de hashes media de la red cada diez minutos**. Dividiendo el número anterior entre 600 segundos que es lo que tiene 10 minutos llegamos a una tasa de 3.48×10^{20} **hashes por segundo**.

Aquí llegamos a la tercera definición de la dificultad en Bitcoin: **los terahashes por segundo**. Dado que 1 *Terahash* $= 10^{12}$ *hashes*, tenemos que la tasa de dificultad estimada en terahashes es de $3{,}48 \times 10^{8} = 348.000.000$ TH/s. Es decir, de **348 millones de Terahashes por segundo**, lo que significa que se han tenido que calcular 348 millones de billones hashes cada segundo para poder minar el bloque en 10 minutos.

Este resultado es totalmente verosímil a la tasa de hash que hay en internet, llamada *hashrate*, de la que pueden ver gráficos en cualquier *explorador de blockchain.* Si miran en un gráfico la hashrate del 3 de Mayo de 2023, que es cuando se publicó el bloque analizado, comprobarán que esta está alrededor de 346-347 millones de Terahashes por segundo, y encaja como un guante con nuestro cálculo.

De hecho, **esta hash rate (H) se calcula en los gráficos de internet como** $H = 2^{32} \times Dificultad / Tiempo$, que es exactamente como lo hemos calculado nosotros. **La única diferencia es que los *exploradores de blockchain* toman el tiempo real de publicación de los bloques** (a partir del *timestamp* de los mismos) **y hacen una media** de todos los bloques de las últimas 24 horas, suavizando y a la vez afinando así la tasa estimada de hashes de la red de Bitcoin.

Para terminar, y como segunda curiosidad, vamos a responder **por qué la dificultad en Bitcoin se escribe con esta fórmula tan absurda:**

$$hash\, target = 2^{8 \times (exponente - 3)} \times mantisa$$

Pues el motivo es que la dificultad (el *hash target*) está expresada en lo que podríamos llamar "**notación científica de base 256 (o un byte)**". Recordemos que un byte admite 256 combinaciones.

Igual que en notación científica se escribe 1.1258999×10^{15}, la dificultad en Bitcoin se escribe en formato 1.1258999×256^{x}. Por eso vemos el $2^{8 \times (XXX)}$ pues $2^{8} = 256$.

En cuanto a por qué se resta 3 al exponente, es porque la mantisa tiene 3 bytes, y un byte son 2^{8} combinaciones. Si queremos tener la notación en base 256 debemos restar al exponente el orden de magnitud de la mantisa que son 3 bytes.

La headerchain

Ahora que ya sabemos cómo se sincroniza y ajusta la blockchain ha llegado el momento de bajar a un nivel inferior y comprender con mayor profundidad el funcionamiento de los bloques. En este punto tenemos que hacer un inciso importante, y es que la *blockchain*, aunque se llame así, tampoco es una cadena de bloques: se trata de una **cadena de cabeceras o *headerchain*.** Ahora entenderemos por qué.

Si recordamos la estructura del **árbol de Merkle** del capítulo anterior, veíamos que esta servía para acumular compromisos de hashes de forma eficiente y sin tener que revelarlos todos, ya que una cantidad de datos 'X' requiere con esta estructura para su verificación **O(log X)** pues cada vez que se duplican los datos aumenta en solamente uno la cantidad de datos necesarios para la verificación.

Pues bien, **el árbol de Merkle es lo que se utiliza para acumular las transacciones de un bloque de Bitcoin**. Para ello se toma el hash de cada una de las transacciones (más tarde veremos en detalle las transacciones en sí) y luego se construye el árbol de Merkle con los hashes de todas ellas para que estén todas comprometidas en su raíz.

Debemos tener en cuenta que si publicamos el hash de la raíz de Merkle estamos publicando todos los compromisos que esta alberga a la vez y con un espacio de o(1): para cualquier número de transacciones el tamaño del compromiso es siempre el mismo, los 256 bits del hash. Y luego, como hemos dicho, para verificar que una transacción está en el bloque basta con aportar una prueba por cada nivel del árbol de Merkle.

Así, **el bloque está formado por un *header* (una cabecera) y un árbol de Merkle**. En el *header* no hay transacciones, sino que simplemente se pone la raíz del árbol de Merkle y se aplica el hash del bloque (la prueba de trabajo) sobre esta raíz (y los demás datos del header).

De esa forma, todas las transacciones quedan comprometidas en la raíz del árbol de Merkle, y es esta raíz de Merkle la que se coloca en el *header* del bloque sobre el que se va a realizar la prueba de trabajo (que como hemos visto, consiste en encontrar un hash que sea menor que el hash target). Por lo tanto, **realmente la cadena no es una cadena de *bloques*, sino una cadena de *headers* de bloques: la *headerchain*.**

Transacciones en un bloque: árbol de Merkle

Cada bloque de Bitcoin tiene su propio *header* y su propio árbol de Merkle de transacciones. El *header* tiene un peso de 80 Bytes y es realmente el que genera la *blockchain*. A continuación vamos a describir todos los campos de datos que contiene el *header* de un bloque:

- **Versión (4B)**: es un campo de 4 bytes que se utilizaba (y se utiliza, aunque su funcionamiento no es el que se esperaba) para indicar la versión de Bitcoin que se está implementando y evitar forks debido a actualizaciones. En el fondo tiene poca utilidad, pues se puede poner en el campo de versión lo que uno quiera, sea verdadero o falso. Sin embargo, se utiliza **para ver que hay consenso sobre una versión del protocolo entre los mineros** antes de realizar los cambios. Por ejemplo: si en el último mes el 98% de los bloques se minaron con una versión que va a salir próximamente, se supone que los mineros están de acuerdo y dispuestos a actualizar a esa versión, con lo cual es "seguro" realizar la actualización (lo veremos más adelante cuando tratemos los forks).

- **Hash previo (32B)**: el hash del header anterior, de 32 *Bytes* (o 256 bits). Para hacer cumplir así la cadena.

- **Raíz del árbol de Merkle (32B)**: el hash de las transacciones del bloque, un campo también de 32 bytes. Como hemos dicho antes, se toma el hash de cada transacción (los datos en bytes, recordemos que podemos calcular el hash de cualquier dato, incluso de una imagen PNG) y con ellos se construye el árbol cuyo hash raíz se ubica en este campo. A cada uno de los hashes de las transacciones se les llama **TXID** (de Transaction ID o Identificación de la Transacción).

- **Timestamp (4B)**: El campo también de 4 bytes para representar con un número entero los segundos que han pasado desde el 1 de Enero de 1970 (Unix time). Como hemos indicado anteriormente, es esencial ya que es la marca de tiempo que se utiliza para ajustar la dificultad de la prueba de trabajo de la red. En los exploradores de blockchain también aparece como '*fecha y hora*', '*sello de tiempo*', etc.

- **Bits (4B)**: el campo de dificultad de 4 bytes del cual hemos hablado extensivamente en el apartado anterior, también llamado "diff" o "difficulty target" y que es representado con un esquema de exponente-mantisa. Lo cierto es que este campo realmente **tampoco es estrictamente necesario, puesto que la dificultad se puede calcular indirectamente a partir de los Timestamps** de los bloques internamente por protocolo por parte de cada nodo sin necesidad de apuntarlo en el bloque. Además, se mantiene constante durante 2016 bloques, lo cual es un poco feo (poco elegante y poco eficiente).

- **Nonce (4B)**: Este es el campo utilizado para variar el header de tal forma que el hash cambie y se pueda realizar la prueba de trabajo para minar el bloque (el header, mejor dicho). Igual que en el apartado de Proof of Work estábamos haciendo una prueba de trabajo con Hola Pepito 0, Hola Pepito 1, etc. hasta encontrar el nonce=12596 tal que h("Hola Pepito 12596")= *0x00009045b732859e5349d52a3b8cfa5e977b7e2551ff9392625e3b*

5c6ae66dda, estos 4 bytes se utilizan para cambiar el hash del header y poder obtener uno válido según la prueba de trabajo. Es la variable "r" que hemos utilizado en la hashchain.

A continuación mostramos **el *header* de nuestro bloque de ejemplo en datos en bruto (*raw*) en hexadecimal**, tal y como se guardan y se interpretan los datos. Podemos ver primero los 4 bytes de la versión, seguidamente los 32 bytes del hash previo, los 32 bytes de la raíz del árbol de Merkle de las transacciones, los 4 bytes del timestamp, los 4 bytes del campo de dificultad "bits" y los 4 bytes del nonce.

Y ahora vamos a ver **los datos según como nos los proporciona la función *'getheader'*** (obtener header) del **RPC** del software de Bitcoin. Esta nos ofrece los datos del header en un formato de archivo legible por humanos, comúnmente conocido como formato *JSON* (Notación de Objetos de JavaScript) y nos calcula otros datos relevantes al respecto.

He señalado **en negrita los campos que sí forman parte de la información del header**. Los demás datos se calculan a partir de los datos del header u otros datos de la blockchain y se muestran porque son información de interés y utilidad para el usuario que usa esta función en el RPC de Bitcoin (para poder navegar por los distintos datos, interpretar la información más fácilmente, etc.):

```
{

"hash":
"00000000000000000000013e5da86d8311a50d71e3fad1833ec5059d29c
ee6515b",
"confirmations": 403,
"height": 788081,
"version": 1073676288,
"versionHex": "3fff0000",
```

"merkleroot":
"1e1e346ddde55de303229a07aad47efc5c0780551ae70331366e227eb
95a22a0",
"time": 1683113135,
"mediantime": 1683110428,
"nonce": 1401564854,
"bits": "1705c739",
"difficulty": 48712405953118.43,
"chainwork":
"00000000000000000000000000000000000000000475ff2da899f86d99
975ee64",
    "nTx": 4592,
"previousblockhash":
"0000000000000000000509b7e5ad9c421d509f33528e796c62448abbc
d8f4c44",
"nextblockhash":
"00000000000000000003f46f99713329aef3bdf9888e7f73db525ff41
852cdcb"

}

Un detalle importante a observar es que si comparamos los campos de datos del header en bruto en hexadecimal frente a los del *JSON*, vemos que **los bytes están cambiados de orden**. Por ejemplo, la versión aparece como 0x0000ff3f en los datos en bruto y como 0x3fff0000 en los datos del JSON. Y lo mismo con todos los otros campos.

En todos los campos **los últimos bytes son los primeros en colocarse y así hasta los primeros** (recordemos que un byte son dos dígitos hexadecimales, por eso se cambia el orden de dos en dos dígitos). Esto es debido al orden en el que Bitcoin almacena memoria, una propiedad informática que se llama *endianness* (y que pueden buscar en internet). Se trata de la forma en la que se almacenan los datos de mayor tamaño que un byte, pues la memoria interna también se "trocea" en bytes.

En este sentido, se llama *big-endian* a la forma de almacenar los bytes ordenados desde el principio hasta el final, y *little-endian*, la que utiliza Bitcoin, a la forma de almacenar los bytes empezando desde el final y terminando en el principio de los datos.

Por lo demás, todo lo que nos facilita el JSON es bastante intuitivo: tenemos por orden el **hash del header** del bloque que estamos considerando, luego las **confirmaciones** del bloque, que significa la cantidad de bloques que hay por encima de ese bloque, luego tenemos la **altura** (*height*) del bloque, la **versión** en decimal y hexadecimal, la **raíz del árbol de Merkle** (*merkleroot*) de las transacciones del bloque y el **timestamp** (*time*) en segundos Unix y en decimal.

Seguidamente, el '*mediantime*' es el tiempo mediano de los últimos 11 bloques de la cadena (recordemos, para aplicar las **reglas de seguridad del timestamp** vistas en el apartado anterior). Luego tenemos el **nonce** y la dificultad en '**Bits**' y en múltiplos de la dificultad mínima, como ya hemos visto antes (*Difficulty*).

Tras ellos tenemos el campo '*chainwork*' que representa la cantidad de hashes media necesaria para minar el bloque (como la hemos calculado nosotros antes) pero en hexadecimal y formato hash de 256 bits, por eso resulta ilegible.

Después tenemos *nTx* que es el número de transacciones que hay en el bloque, en este caso 4592 y finalmente el **hash del bloque anterior y el hash del bloque posterior**, para que podamos pedirle al software que nos dé los mismos datos pero del header anterior o posterior.

Vamos a hacer ahora un par de apuntes relevantes sobre los campos.

En primer lugar cada bloque actual de Bitcoin tiene alrededor de 4.000 transacciones (si va lleno), lo que supone un árbol de Merkle de como máximo unos 12-13 niveles ($2^{12}=4096$). Es decir, que **para demostrar que una determinada transacción está en un bloque se requieren 12-13 hashes solamente**.

Es importante remarcar que dicho número de transacciones es en los bloques minados tras las actualizaciones posteriores, que veremos más adelante. En los bloques de Bitcoin de las primeras versiones, que son los que vamos a tratar en este y el siguiente capítulo, hay alrededor de 2.000 transacciones porque estaban limitados a 1 MB *real*.

En segundo lugar y mucho más importante, debemos tener en cuenta que **el tamaño del nonce es muy pequeño**. Concretamente, 4 bytes son 32 bits, lo cual deja espacio para 2^{32} *nonces* diferentes.

Esto es muy poco, recordemos que en el ejemplo de los apartados anteriores hemos visto que se requiere calcular unos $10^{23} \simeq 2^{[70-80]}$ hashes para minar un solo bloque. Es decir, que es un espacio irrisorio para las tasas de *hashrate* actuales.

Otra forma de compararlo es que para la dificultad mínima se requieren ocho ceros hexadecimales (32 ceros binarios), con lo cual 2^{32} es el número de cálculos de hash esperado para minar un bloque con la dificultad mínima.

Parece absurdo y de hecho lo es un poco. ¿Por qué hizo esto Satoshi? Pues lo cierto es que no tenemos ni idea. Quizá podríamos pensar aquí, de nuevo, que fue porque **no creó Bitcoin en principio con la idea de que la minería fuera tan extensiva**. Como cree la mayor parte de gente alrededor de Bitcoin.

Pero si ese fuera el caso, **¿por qué habría dejado para el *nonce* un espacio equivalente a la *dificultad mínima*?** No tiene mucho sentido dar al nonce exactamente el espacio que requiere la dificultad mínima. Quizá se equivocara simplemente, es dudoso que no lo viera venir.

O quizá Satoshi pensara que con el *nonce* y variando el *timestamp* sería suficiente para un nodo futuro medio realizar la prueba de trabajo y dejó solo 4 Bytes de nonce para ahorrar espacio. O tal vez vio que había muchas formas de cambiar el hash de un header y no se lo planteó. No lo sabemos. Pero aún sigue así el código.

Entonces, ¿qué es lo que se hace para minar bloques cada vez que se utiliza todo el espacio del nonce? La respuesta es que **se modifican datos de los otros campos del header**. Sí, así tal cual.

Concretamente, se puede cambiar el *timestamp* segundo a segundo (siempre y cuando no varíe mucho respecto a la fecha exacta) y se puede utilizar incluso el campo de la *versión* para minar el bloque, pues como dijimos antes no es relevante y solo sirve para alcanzar un consenso cuando se va a lanzar una actualización. Pero lo que más se suele hacer es **cambiar la raíz del árbol de Merkle cambiando el orden de algunas transacciones** (ya que así cambia la estructura de hashes).

Lo más lógico en cualquier caso es **juntar las distintas técnicas**: dado un orden de transacciones determinado, se mina en una horquilla de X segundos respecto a la fecha actual, y dentro de cada segundo se realizan los 2^{32} cálculos de hash que permite el *nonce*.

Una vez terminada la horquilla de segundos se reordenan las transacciones, se calcula la nueva raíz del árbol de Merkle y vuelta a empezar. Así se optimizan las modificaciones al hacer la prueba de trabajo, ya que el mayor coste computacional es el de cambiar el árbol de Merkle (requiere más cálculo de hashes).

Finalmente, vamos a **destapar una simplificación realizada a lo largo del libro**. Para realizar la prueba de trabajo en Bitcoin no se calcula un solo hash cada vez, sino dos. Esto es debido a que el hash requerido es la salida de la función hash SHA-256 aplicada dos veces sobre el header. Es decir, **SHA-256(SHA-256(header))**.

Si tomamos los datos en hexadecimal bruto del header del ejemplo anterior y tomamos su hash dos veces seguidas (podemos hacerlo online incluso) comprobaremos que el resultado es el mismo que el dado por el apartado *'hash'* del JSON que devuelve la función *getheader*, aunque en este caso lo tenemos en formato *little-endian* de nuevo:

5b51e6ce299d05c53e83d1fae3710da511836da85d3e0100000000000000000000

Lo mismo ocurre con todos los demás. El motivo por el que se hace esto supuestamente es porque así se evitan una serie de ataques llamados **length extension attacks o ataques de extensión** de longitud, aunque en la práctica tampoco es que sea algo muy necesario y existen dudas y debate sobre si es práctico en el mundo criptográfico y más en concreto entre la comunidad de desarrolladores de Bitcoin (entre otros).

A la función hash consistente en aplicar dos veces la función SHA-256 se la denomina **SHA-256d**, y como siempre pueden buscar más información sobre ella y sus supuestas ventajas en internet. También los TXID se calculan con esta función hash es decir, se hashean dos veces [**TXID = SHA256(SHA256(TX)**]. Y luego ya se construye el árbol de Merkle.

Todos los cálculos que hemos hecho en este y en los apartados anteriores son para una prueba de trabajo. Y dado que una prueba de trabajo supone el cálculo de dos hashes, **todos los resultados que hemos obtenido en los apartados anteriores son verdaderos tomando como único hash al resultado de la función SHA-256d**. Realmente se han realizado el doble de cálculos de hash SHA-256 que el considerado.

En cualquier caso, como hemos visto, el orden de magnitud del número de hashes actual para minar un bloque ($2^{[70-80]}$) hace que **duplicar la cantidad tampoco parezca demasiado**, es solo aumentar una potencia de dos más en un cúmulo de decenas de potencias de dos.

Terminamos el apartado con una imagen del **diagrama de flujo seguido para construir y minar un bloque**. Así tendremos una mejor perspectiva de los conceptos y quedará más claro el procedimiento.

Primero se definen los campos del header y se recopilan las transacciones. Se calcula el árbol de Merkle y se concatenan todos los datos. Seguidamente se eligen y concatenan nonces hasta conseguir la prueba de trabajo exigida para dicho bloque y finalmente se propaga.

Aunque haya términos que ahora todavía no hemos tratado, como la *'mempool'* o la *'transacción coinbase'*, más adelante los explicaremos en profundidad. De todos modos como siempre buscando en internet podrán hacerse una buena idea de los conceptos.

Recordamos también que **este es el diagrama de flujo 'teórico'**, porque en la práctica se utilizan también bits del timestamp y el cambio de la raíz de Merkle para calcular nuevos hashes debido al reducido tamaño del nonce. Pero el algoritmo es equivalente.

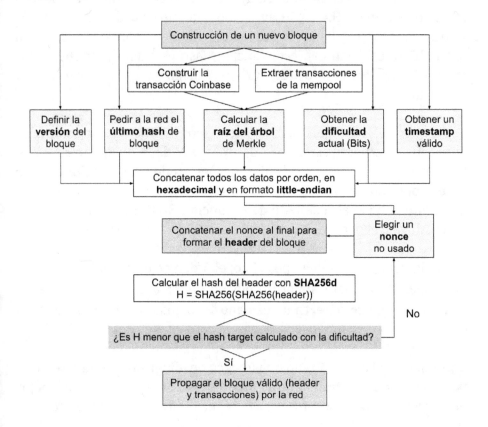

Como vemos, aunque *header* y transacciones suelen ir de la mano, son dos cosas separadas y no se necesitan mutuamente. Más adelante en el libro veremos la utilidad de esta separación aplicada a las llamadas *Wallets SPV* (también denominados como 'nodos ligeros' o *light nodes*).

Claves y firmas en Bitcoin

Ya sabemos de anteriores capítulos que las transacciones de valor en Bitcoin funcionan con un sistema de criptografía asimétrica basado en curvas elípticas, sobre el cual hemos esbozado su funcionamiento interno. También que usa una curva elíptica llamada **secp256k1**.

Sabemos que en estos sistemas hay una clave privada, que debe ser secreta, y una pública, que como su propio nombre indica puede ser (y debe poder ser) publicada en cualquier lado. También sabemos que una clave privada de Bitcoin grosso modo no es más que un número entero decimal aleatorio entre 0 y 2^{256} o un número binario aleatorio de 256 bits (32 Bytes) o una clave hexadecimal aleatoria de 64 dígitos.

Igualmente hemos explicado la importancia de la entropía y la aleatoriedad en las claves privadas y de utilizar un buen **Generador de números pseudo aleatorios criptográficamente seguro (CPRNG)** para obtener aleatoriedad fiable y que nuestra clave privada sea computacionalmente intratable de descubrir.

De hecho mencionamos que podíamos obtener nuestra clave privada tirando una moneda al aire 256 veces y apuntando en un papel '0' cuando el resultado sea cara y '1' cuando el resultado sea cruz para asegurar la aleatoriedad. Incluso vimos el procedimiento para generar claves a partir de una frase semilla utilizando funciones hash de forma ilimitada y segura, como en una **wallet jerárquica determinista (HD)**.

La clave pública, por su parte, se obtiene con la multiplicación de la **clave privada como un número escalar por el generador G de la curva elíptica en la forma: K = kG**, definiendo la multiplicación como la hemos definido a partir de la suma en las curvas elípticas.

Esta clave pública puede ser representada por las **coordenadas 'x' e 'y' del nuevo punto K** en la curva elíptica con dos números de 32 bytes cada uno (tamaño total de 64 bytes o 512 bits). Pero dado que la curva elíptica es simétrica respecto al eje de las X la clave pública puede **reducirse a un tamaño de 33 bytes** (32 bytes de la coordenada X y un bit más para indicar en qué lado del eje está). Se requiere un byte entero extra porque como ya hemos mencionado no hay forma de utilizar un bit por separado: los datos se agrupan en bytes de 8 bits.

¿Por qué las coordenadas de claves públicas tienen 32 bytes? Bueno, esto es debido al propio diseño de la curva elíptica *secp256k1*. El nombre, aunque no lo parezca por ser tan técnico, lo dice todo. Así que vamos a desglosarlo para comprender su funcionamiento.

El término *'sec'* proviene de **Standards for Efficient Cryptography (SEC)** y *'p256'* viene de que el Z_p (el conjunto utilizado en el *cuerpo* sobre el que se aplica la curva y los *subgrupos cíclicos* generados) es del orden de 2^{256}. Es decir: es una curva hecha para claves de 256 bits. El término k1 es más técnico, pueden leerlo en el documento de la SEC.

Concretamente, el conjunto sobre el que se establece la curva elíptica es Z_p donde p = FFFFFFFF FFFFFFFF FFFFFFFF FFFFFFFF FFFFFFFF FFFFFFFF FFFFFFFE FFFFFC2F = $2^{256} - 2^{32} - 2^9 - 2^8 - 2^7 - 2^6 - 2^4 - 1$.

¿Por qué? Pues porque este es un número primo muy cercano a 2^{256} y que **genera una curva elíptica muy eficiente, rápida, funcional, práctica y estudiada** matemáticamente para que sea segura. Esta curva a su vez, genera un espacio de puntos donde las coordenadas de los mismos son números en un rango menor a 2^{256} pero muy cercano a dicho número (igual que vimos con el espacio Z_{17}, que daba un conjunto de 21 puntos con coordenadas entre 0 y 16).

El punto generador 'G' es, en hexadecimal:

G = **02** *79BE667EF9DCBBAC55A06295CE870B07029BFCDB2DCE28D959F2 815B16F81798* en **forma comprimida** (33 bytes).

G = **04** *79BE667EF9DCBBAC55A06295CE870B07029BFCDB2DCE28D9 59F2815B16F81798483ADA7726A3C4655DA4FBFC0E1108A8FD17B448 A68554199C47D08FFB10D4B8* en **forma descomprimida** (65 bytes).

Este punto 'G' genera un *subgrupo* de puntos de la curva elíptica, como hemos dicho antes, que viene definido por el **orden 'n'**. Se trata del orden del subgrupo generado por 'G' y en la práctica es el número máximo que puede tener la coordenada 'x' de una clave pública. Así, el valor de la coordenada 'x' de 'K' solo puede ir de '0' a 'n-1'.

n = FFFFFFFF FFFFFFFF FFFFFFFF FFFFFFFE BAAEDCE6 AF48A03B BFD25E8C D0364141

Si nos fijamos en las definiciones de 'G', podemos ver que el primer byte es '04' en la forma descomprimida y '02' en la comprimida. Esto es porque **de forma estándar se usa el primer byte para definir cómo es un punto en la curva**. Se usa '04' para la forma descomprimida y '02' y '03' para cada lado de la curva en la forma comprimida. Por lo tanto, los tamaños de las claves de Bitcoin son **33 bytes** para las claves comprimidas y **65 bytes** para las descomprimidas, en realidad.

Hemos explicado también que Bitcoin **usaba** el algoritmo ECDSA, que es el algoritmo DSA basado en curvas elípticas, porque cuando se empezaron a desarrollar los sistemas de criptografía elíptica un tipo llamado Claus Schnorr patentó su sistema de firmas digitales llamado **algoritmo de firma de Schnorr** impidiendo el uso abierto de este algoritmo y su mejora.

El algoritmo de Schnorr es eficiente, limpio y genera firmas digitales cortas. Como no estaba disponible porque la patente caducó en 2008, Satoshi publicó su invento con el ECDSA que, si bien es parecido pero con modificaciones para no salir perjudicado por la patente, es más feo, poco elegante, ineficiente y permite menos juegos con las claves.

En Noviembre de 2021 finalmente Bitcoin hizo su **actualización taproot** y al fin dejó a un lado ECDSA para implementar el sistema simple de firmas basadas en criptografía elíptica que Schnorr patentó.

Vamos a explicar ahora cómo se utiliza el algoritmo de firmas de Schnorr en Bitcoin (ECDSA es parecido pero más engorroso).

Supongamos que tenemos a Alice con su clave privada 'a' y su clave pública A = aG y que quiere firmar el mensaje 'm' (más adelante veremos que los mensajes son las transacciones, recordemos también que cualquier información se puede interpretar como números). Para firmar, Alice genera una nueva clave privada aleatoria "k" y su clave pública correspondiente K = kG, ambas **de un solo uso que se utilizarán simplemente para firmar "m"**. El esquema es el siguiente:

1. Se crea el nuevo par de claves **k** (escalar, 32B) y **K=kG** (punto en la curva, 33B). 'k' es privada de Alice y 'K' es pública.

2. Alice calcula el número **s = k - hash(m, K)a**. Es decir, se concatenan los datos del mensaje a la clave pública de un solo uso 'K' y se toma su hash, este se multiplica escalarmente por la clave privada de Alice 'a' y se resta a la clave privada de un solo uso 'k' (resultando 's' que es también un número).

3. **Se utiliza como firma el conjunto (s, K)**, que se publica junto a la clave pública 'A' (más adelante veremos cómo y por qué). La firma (s, K) tiene un tamaño de entre 71 y 73 bytes en las versiones más antiguas de Bitcoin con ECDSA y 64 bytes en las más modernas con las firmas de Schnorr. En ECDSA 's' y 'K' suman 65 bytes si K tiene forma comprimida, y se añaden hasta 9 bytes de información extra que en general son marcadores y tamaños para que el software identifique los datos. Con Schnorr se consigue que no se requiera ni siquiera el byte para representar en qué parte del eje X se encuentra 'K'.

4. **Para verificar la firma** un tercero utiliza el mensaje 'm', la clave pública de Alice 'A' y la firma (s, K) y calcula el punto en la curva **sG = K - hash(m, K)A = kG - hash(m, K)aG.** O lo que es lo mismo: K = sG + hash(m, K)A donde todo es conocido.

Reflexionemos un poco sobre el procedimiento.

Para firmar un mensaje, se genera una clave privada de un solo uso y se realiza una multiplicación de curvas elípticas para computar la clave pública de un solo uso correspondiente.

Después se concatena el mensaje a firmar con dicha clave pública y se toma el hash de esa entrada de datos, y finalmente se calcula "s" con operaciones aritméticas simples. De esa manera para firmar Alice publica simplemente 'K' y 's'.

Cuando se requiera verificar su firma, basta con tener publicado 'A' y el mensaje "m" para que un tercero realice la multiplicación de curvas elípticas hash(m, K)A y la suma de curvas elípticas K-hash(m, K)A y comprobar que es igual a la multiplicación de curvas elípticas 'sG'.

Pensemos en las formas posibles que hay de **conocer 'k' o 'a' o de generar (*forjar*) una firma** como (s, K) por parte de un tercero intruso y comprobaremos que es **imposible**. Ya sabemos que tratar de obtener 'k' y 'a' de forma aleatoria es exactamente igual hacerlo con la fórmula de 's' o sin ella: computacionalmente intratable y similar a intentar adivinar un átomo elegido de todo el universo visible.

Por otro lado 'a' y 'k' están mezcladas, de hecho el propósito de crear las claves de un solo uso 'k' y 'K' es precisamente enmascarar ambas claves. Si no tuviéramos dichas claves la firma s = hash(m, K)a sería absurda porque bastaría con hacer una división escalar para obtener 'a', algo completamente factible [a = s / hash(m, K)].

El hecho de que la multiplicación de un escalar (muy grande) por un punto de la curva elíptica sea una función unidireccional también impide que conociendo 'K' y 'A' se puedan conocer sus respectivas claves privadas 'k' y 'a'. Y aunque un tercero intente generar un par de claves 'k' y 'K' para un mensaje 'm' dado al no conocer 'a' no puede calcular 's' y forjar así una firma sin el permiso de Alice.

Una pregunta que nos podemos hacer es **por qué concatenamos la clave pública 'K' al mensaje 'm'**, es decir, por qué " hash(m, K) " y no " hash(m) " sin más.

Bueno, supongamos que tenemos 's = k - hash(m)a' e imaginemos que, como no podemos conocer 's', generamos un número 's' cualquiera. Tenemos que $sG = K - hash(m)A$ por lo tanto $K = sG + hash(m)A$ donde todos los datos los conocemos y se trata de operaciones que podemos realizar sin problema, así que podríamos calcular 'K' para cualquier mensaje 'm' que queramos. De esa forma **podríamos construir (*forjar*) una firma válida para cualquier mensaje que queramos sin el permiso de Alice**, haciéndonos pasar por ella. A pesar de no conocer sus claves privadas nuestra firma forjada se verificaría correctamente.

En cambio, **el hecho de que se tome el hash también sobre 'K' hace que no podamos despejar y calcular 'K'**: si K = sG + hash(m, K)A dada una 's' cualquiera no podemos calcular su 'K' correspondiente pues 'K' se encuentra también dentro del hash, y sabemos que las funciones hash son unidireccionales también. K = hash(K) no es despejable , y por eso es de vital importancia que la fórmula sea esa.

Expliquemos ahora **por qué las claves 'k' y 'K' son de un solo uso**. El motivo es que **si Alice usa la misma 'k' para firmar dos mensajes 'm_1'** y 'm_2', publicando las 's_1' y 's_2', **revelaría su clave privada personal 'a'**. Planteemoslo como un simple sistema de dos ecuaciones:

$$s_1 = k - hash\left(m_1\,,\,K\right)a \;\Leftrightarrow\; k = s_1 + hash\left(m_1\,,\,K\right)a$$
$$s_2 = k - hash\left(m_2\,,\,K\right)a \;\Leftrightarrow\; s_2 = s_1 + hash\left(m_1\,,\,K\right)a - hash\left(m_2\,,\,K\right)a$$
$$s_2 = s_1 + \left[hash\left(m_1\,,\,K\right) - hash\left(m_2\,,\,K\right)\right]a$$

Por lo tanto tendríamos $a = \left(s_2 - s_1\right)/\left[hash\left(m_1\,,\,K\right) - hash\left(m_2\,,\,K\right)\right]$ donde todos los datos son conocidos: podemos despejar 'a'. Así pues **'k' (y su respectiva clave pública 'K') tienen que ser unas claves nuevas para cada mensaje diferente**, y se debe asegurar que las diferentes 'k' no se conocen (mantenerlas en secreto).

En el apartado sobre criptografía elíptica también mencionamos que una de sus ventajas es que **se pueden hacer muchas cosas interesantes debido a sus propiedades matemáticas**, y esto va más allá de las simples firmas digitales individuales. Podemos comprender esto con unos cuantos ejemplos a continuación.

Supongamos que tenemos de nuevo a Alice con sus claves 'a' y 'A=aG' y a Bob con sus claves 'b' y 'B=bG'. Tenemos que:

$$aB = a\,(bG) = b\,(aG) = bA = (ab)\,G = cG = C$$

Esta es una propiedad muy interesante, ya que permite por ejemplo **compartir claves** y el establecimiento de una comunicación a través de un canal inseguro fácilmente, como en el protocolo Diffie–Hellman visto anteriormente.

Si 'C' no es público, es un punto en la curva que solo pueden calcular Alice y Bob por su cuenta, y de una forma tal que ambos mantienen la privacidad de sus claves (utilizan su propia clave privada y la clave pública del otro para calcularlo). Además, ninguno de los dos puede calcular 'c' porque no conoce la clave privada del otro: 'c' no existe.

También **sirve para demostrar que Alice es Alice y Bob es Bob (autenticidad)**. Por ejemplo, supongamos que Bob quiere comprobar que Alice es quien dice ser y que su clave pública es 'A'. Bob podría proporcionarle su clave pública 'B' a Alice y pedirle que calcule 'aB'.

Como aB = abG = baG = bA, Bob puede comprobar que efectivamente Alice tiene la clave privada 'a' que corresponde con su clave pública 'A' calculando 'bA'. Recordemos que podemos generar todos los pares de claves que queramos, así que Alice puede hacer lo mismo con otro par de claves para comprobar que Bob es Bob.

Otra propiedad interesante es la siguiente:

$$D = A + B = aG + bG = (a + b)\,G$$

La aplicación más básica de esta propiedad es hacer **claves combinadas, donde para firmar se requiera tanto el consentimiento de Alice como el de Bob**. Si exigimos una firma sobre 'D', es decir, un 's' y un 'K' tal que $sG = K - hash\,(m\,,K)\,D$, estamos pidiendo que se calcule $s = k - hash\,(m\,,K)\,d = k - hash\,(m\,,K)\,(a + b)$.

Alice puede generar un par de claves de un solo uso k_a y K_A y Bob las suyas k_b y K_B y se pueden compartir las claves públicas de un solo uso K_A y K_B entre ellos para construir $K = K_A + K_B$. A partir de esta pueden calcular $s_a = k_a - hash(m, K)a$ y por su parte Bob $s_b = k_b - hash(m, K)b$. De esa forma tenemos que $s = s_a + s_b = k_a + k_b - hash(m, K)(a + b)$.

Así, para que una firma sea válida sobre D = A + B hay que verificar que $sG = (s_a + s_b)G = K - hash(m, K)(A + B)$ donde $K = K_A + K_B$. Como vemos 's' y 'K' solo las pueden construir Alice y Bob colaborando, y lo hacen además sin revelarse las claves el uno al otro.

En el caso de Bitcoin, **estas propiedades de las claves permiten hacer pagos condicionales, cuentas compartidas y otros contratos inteligentes de forma muy sencilla.** A lo largo del libro veremos cómo estas propiedades hacen posibles distintas aplicaciones, aunque el abanico completo de posibilidades todavía está siendo investigado.

Cada vez se descubren más cosas distintas e interesantes que se pueden hacer y que son la base del **dinero programable**, que es una cualidad no solo de Bitcoin sino en general de todas las criptomonedas.

Además, un tercero no puede distinguir una clave combinada de una clave normal. Para un observador 'A', 'B', 'C' y 'D' son indistinguibles. Solo Alice y Bob saben que 'C' y 'D' son cosas más complejas, y solo lo revelan cuando firman. Hasta entonces nadie lo sabe ni lo puede saber.

Cerramos este apartado explicando por encima las **direcciones de Bitcoin** y su diferencia con las claves. Y es que, si bien las claves son el proceso interno de Bitcoin, para su uso corriente no se utilizan las claves públicas sino las direcciones, que son las claves públicas procesadas mediante funciones hash y con información adicional.

Además, estas direcciones no están representadas en lenguaje hexadecimal, sino en un formato diferente. Las direcciones más antiguas se representan en **Base58**, que es un formato alfanumérico de letras mayúsculas y minúsculas donde se han eliminado algunos caracteres que puedan causar confusión. En concreto la "l" minúscula, la "O" y la "I" mayúsculas y el número "0" (el cero).

El formato **se llama base58 porque es un lenguaje con 58 símbolos diferentes** para almacenar información (los 62 del alfabeto latino usual menos esos cuatro), y se usa obviamente para evitar confusión, para acortar la longitud de las claves , para establecerlas en códigos QR, etc. En general, para ser usadas y gestionadas por seres humanos.

En cualquier caso, hay distintos tipos de direcciones según la 'versión' de las mismas y de la transacción de Bitcoin que se esté realizando. Más adelante explicaremos en detalle acerca de estas direcciones.

De momento podemos quedarnos con que **una dirección es una cadena de caracteres alfanuméricos derivada de la clave**, que existen diferentes tipos de direcciones en Bitcoin con distintas funciones, y que esos tipos se reconocen usualmente por los caracteres con los que empiezan las direcciones.

Transacciones y modelo UTXO

Es momento ahora de entrar más en profundidad con las transacciones. Por el momento sabemos que estas terminan siendo *hasheadas* (tomando el hash de sus datos) y a su hash se le llama **TXID (Identidad de Transacción)**. Recordemos también que se calculan dos hashes superpuestos para obtener el TXID.

Estos TXID que representan a las transacciones **se aglutinan en un árbol de Merkle** cuya raíz se ubica en el *header* del bloque en cuestión para tomar también su hash (doble hash, SHA256d) y realizar la prueba de trabajo. Como vemos la base más importante de Bitcoin con diferencia es la función hash SHA-256.

Pensemos ahora qué necesitaríamos registrar en una transacción para tener un buen sistema de valor, pues al fin y al cabo Bitcoin y en general las criptomonedas son un registro distribuido con consenso en una red entre pares iguales. Creo que a este respecto hay cuatro propiedades que tienen sentido en el registro de una transacción:

- **Quién gasta** los fondos, los envía o los transfiere.
- **Quién recibe** los fondos, a quién se transfieren.
- **Cantidad** de valor transferida en la transacción.
- **Autorización** de quien gasta los fondos.

Así pues, este sería un registro borrador de lo que podríamos entender por una transacción primitiva si queremos diseñar un sistema de valor:

TXID

De: Alice
Para: Bob
Cantidad: 5
Auth: sigAlice(m)

El **TXID** sería el doble hash concatenado de estos datos, que son los que definen la transacción.

La idea es **identificar** a Alice y a Bob (con sus claves públicas) para poder hacer el **balance** (descontar o contar en sus '*cuentas de valor*' la **cantidad** de la transacción). El *sigAlice(m)* es la **autorización mediante firma** del emisor (Alice en este caso) como consentimiento para realizar la transacción, pues como hemos visto en el apartado anterior solo ella puede hacer la firma con su clave privada.

Obviamente exigir una firma al receptor es absurdo y redundante. No obstante, la pregunta del millón acerca de esto es **qué debe firmar Alice para prestar su consentimiento de realizar la transacción**, cuál es el *mensaje 'm'* a firmar.

Tengamos en cuenta que **el mensaje "m" debe ser público para que se pueda verificar la firma** (recordemos: Alice firma con su clave privada y con la clave privada de un solo uso, su firma está formada por el cálculo 's' y la clave pública de un solo uso 'K' y para verificar la firma se debe aportar el propio mensaje y la clave pública personal).

Una idea feliz y útil es que **Alice firme toda la transacción excepto su propia firma** es decir, que el *mensaje* a firmar sea todos los datos de la transacción concatenados de igual forma que el hash de un header se toma sobre toda la información del mismo concatenada. Sería una forma de que Alice diera su consentimiento sobre todos los datos.

Pero hay algo incluso más simple y eficiente y que seguiría cumpliendo igualmente la propiedad de reflejar el consentimiento de Alice. Y es **tomar el hash de los datos de la transacción (excepto la firma) y que Alice firme sobre dicho hash.** Si se cambia cualquier dato de la transacción cambia el hash y por lo tanto toda la firma resulta inválida, impidiendo a un tercero *forjar* una firma de Alice.

Hemos de remarcar no obstante que **el hash de la transacción sin la firma no es el TXID que hemos mencionado antes, pues el TXID es el hash de la transacción completa incluyendo las firmas.** Aunque en internet veremos mencionado que el TXID es el hash de la transacción sin la firma, no es verdad.

El hash que identifica una transacción es el que se aplica sobre toda ella, incluyendo las firmas. Mientras que el hash sobre el que se aplica la firma se realiza sobre la transacción sin las firmas (pues no se puede firmar sobre la propia firma, es imposible obviamente). Más adelante veremos que esto generaba un problema interesante en Bitcoin.

En el apartado del funcionamiento del dinero tradicional hemos mencionado muy por encima cómo **los registros de propiedad del valor han sido una constante a lo largo de la historia del dinero**, ya estuviera este respaldado en objetos del mundo real (trigo, sal, perlas, oro y plata, etc.) o como meros apuntes contables 'respaldados' por grandes instituciones. Sin embargo y aunque no lo parezca, hay varias formas distintas de diseñar un registro de valor.

El primer modelo y el más intuitivo para todos es el **modelo basado en cuentas**, que es el que hemos utilizado en dicho apartado y también en todas las explicaciones hasta ahora de este apartado.

Consiste en representar mediante cuentas individuales para cada agente o sujeto el valor que tiene disponible para transaccionar. Con este modelo **es como la gente tiende a pensar en sus cuentas bancarias** (aunque realmente la operativa de un banco es muchísimo más compleja y no hay billetes en las cuentas).

En este sistema cuando aparece una transacción de Alice hacia Bob lo que se debe hacer es primero ver que Alice tiene fondos suficientes en su cuenta para realizar la transacción. Si es así, comprobar la autorización y actualizar las cuentas de Alice y de Bob, restando la cantidad correspondiente a Alice y sumándola a la cuenta de Bob.

Este modelo tan simple es el **modelo utilizado en el criptosistema Ethereum**, pero no en Bitcoin. En Bitcoin se utiliza un sistema de registro de valor más sofisticado y más seguro. A mi juicio y al juicio de casi todos los *bitcoiners*, es un sistema claramente superior. Además, el modelo de Bitcoin es más sencillo de mantener, aunque también tiene algún problema menor como veremos después.

El modelo de Bitcoin se llama modelo UTXO *(Unspent Transaction Outputs o salidas de transacciones no gastadas)*. Más adelante explicaremos el porqué de ese nombre. En este caso representamos una transacción como una especie de función (como las funciones hash) en las que hay **entradas** que consumen valor y **salidas** que otorgan nuevo derecho de valor.

Por ejemplo, en el caso anterior, una transacción de modelo UTXO tendría una entrada correspondiente a la cantidad de 5 de valor que va a gastar Alice y una salida que son los 5 de valor que va a recibir Bob y que podrá utilizar más adelante. **La perspectiva no es sobre cuentas individuales y balances, sino sobre derechos de valor independientes.**

Por lo tanto, una de sus características es que **las unidades de valor no son todas iguales.** Cuando la gente dice que Bitcoin es fungible hay que tomarlo un poco con pinzas porque realmente no es del todo cierto. Las unidades de valor que Alice gasta se "consumen" y se generan nuevas unidades de valor para Bob, que tiene el derecho de gastarlas cuando crea conveniente: son diferentes y se pueden diferenciar.

Por otro lado (y esto es más difícil de imaginar) las unidades que Alice "gasta" y que forman parte de la **entrada de la transacción están referenciadas a la salida de otra transacción anteriormente realizada en favor de Alice.** Es decir, que las entradas consumen las unidades de valor creadas en las salidas de transacciones previas.

La transacción previa con una salida de 5 de valor para Alice es la que le permite hacer la nueva transacción con ese valor en la entrada y consumirla para generar una salida de 5 para Bob. A las entradas de las transacciones también se las denomina **Inputs**, y a las salidas **Outputs**.

Dado que así explicado el modelo es difícil de comprender, **a continuación dejamos un esquema** de ejemplo de su funcionamiento que seguidamente comentaremos. Como podemos observar, **las transacciones dejan de ser necesariamente bilaterales** y no hay nada 'moviéndose' entre cuentas. Solo derechos de valor *consumidos* en las entradas y *generados* de nueva acuñación en las salidas:

Modelo UTXO: entradas que consumen salidas de transacciones

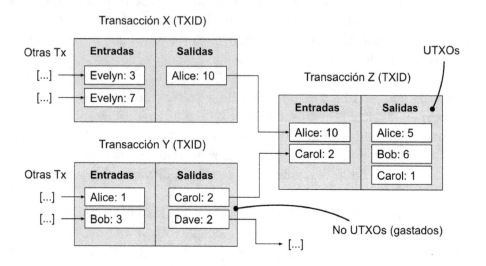

En la *Transacción X* Evelyn consume 3 unidades y 7 unidades de dos transacciones distintas porque tenía salidas de otras transacciones por valor de 3 y 7 respectivamente, y esas salidas se 'gastan' en la *Transacción X* como entradas. A cambio, Alice recibe una salida de 10 que puede consumir en una entrada de cualquier transacción, y es lo que hace en la *Transacción Z*.

Fijémonos que Alice en la transacción Z consume toda la salida que tenía de la *Transacción X*, pero como solo paga 5 a Bob el resto se lo devuelve a ella misma en una salida por valor de 5, **recogiendo así el 'cambio' pagándose a ella misma con una salida nueva**. Lo mismo sucede con Carol, que le paga 1 a Bob con la salida de la *Transacción Y* y se devuelve a sí misma la unidad que le queda.

¿Por qué se llama modelo UTXO? Recordemos que UTXO significa Unspent Transaction Outputs o *"salidas de transacciones no gastadas"* y si nos fijamos **todo el valor que existe en el sistema con este modelo es precisamente el conjunto de las salidas de las transacciones que no han sido gastadas** (aún) en otras transacciones.

De hecho, **el registro de valor propiamente dicho consiste en un inventario de las salidas no gastadas.** A cada una de las salidas de transacciones no gastadas se las denomina UTXO igual que el modelo, y son las que forman el valor o dinero que tiene un agente. Otorgan derecho a consumirlos en las entradas, y una vez consumidos dejan de ser UTXOs y generan nuevos UTXOs diferentes. Podemos observar así que las "monedas" del sistema están constituidas por los UTXOs.

Lo que Alice hace en la *Transacción Z* del ejemplo es la forma con la que se efectúan transacciones unilaterales con un valor menor al UTXO que se posee. Porque seguramente a Alice le pagaron 10 en un mismo UTXO en una transacción previa, y ahora debe gastarlo entero y generar otro.

De hecho, l**a inmensa mayoría de las transacciones tienen como mínimo dos salidas precisamente porque en una de ellas se recoge el 'cambio'** de la misma persona. Esto es debido a que es muy improbable tener un UTXO justo del tamaño en valor que se exige en un pago.

Otra cosa a destacar es que **puede haber en una sola transacción muchísimas entradas y salidas, en principio ilimitadas** aunque están limitadas por los bloques.

Por ejemplo, en la *Transacción X* Evelyn combina dos UTXOs suyos de 7 y 3 unidades de valor para hacer un pago de 10 unidades, pues parece que no tenía UTXOs mayores o iguales a 10 unidades. Si los UTXOs de Evelyn hubieran sido de 7 y 4 unidades, podría haberlos consumido igualmente y devolverse a sí misma el cambio de 1 unidad.

Bien, pues las tres **reglas** del modelo UTXO son las siguientes:

1. **Una salida no utilizada (un UTXO) debe utilizarse al completo.** No se puede utilizar una fracción de un UTXO. Si tenemos un UTXO de 10, cuando lo utilicemos en una entrada debe ser 10. Cuando se quiere pagar menos, que suele ser lo usual, se hace lo que Alice hace en la *Transacción Z*: consumir todo el UTXO y construir un UTXO menor para 'recoger el cambio', igual que al comprar con billete grande en un establecimiento cualquiera.

2. **Una salida ya utilizada no puede volver a utilizarse**. Por eso el modelo se llama *salidas de transacciones no gastadas*. Porque las monedas en posesión, los 'títulos' de propiedad son justamente salidas de otras transacciones que no han sido utilizadas. Se puede pensar también como que cada salida es un derecho del usuario que la obtiene a utilizarla en otra nueva transacción como entrada, y cuando se usa ese derecho se consume.

3. **La suma de las cantidades de valor de las salidas debe ser menor o igual que la suma de las entradas**. Como es obvio, para evitar el doble gasto. Si tengo UTXOs por valor de 10 y los consumo en una entrada, los nuevos UTXOs otorgados deben sumar un valor *menor o igual* a 10, si no estaría creando unidades de valor de la nada. Más adelante explicaremos el por qué del **'menor o igual que'**.

Como hemos indicado, se puede consumir un solo UTXO en una entrada para crear diversos UTXO a diferentes personas en la salida y viceversa: se pueden consumir muchos UTXOs de diferentes transacciones anteriores (y de diferentes o una misma persona) en una misma entrada para construir un solo UTXO en la salida.

Es el valor determinado por los UTXOs que tiene un usuario lo que define la cantidad de valor que tiene a su disposición, y lo '*transacciona*' consumiendo esos UTXOs para generar otros UTXOs nuevos para otros usuarios o para sí mismo (cambio). Cabe resaltar también que **las salidas están ordenadas e indexadas, también más adelante veremos por qué**.

Ahora vamos a explicar y desentrañar qué **datos forman los *inputs* y *outputs*** (entradas y salidas) de una transacción suponiendo como ejemplo una transacción de dos entradas y dos salidas. Es decir, cuál es la información que se utiliza en los mismos para que el sistema funcione correctamente y sea determinista.

Como veremos tiene bastante sentido todo. La clave es entender qué datos se necesitan para que haya *autorización* en la transacción otorgada por el emisor de la misma.

Modelo UTXO: desglose de las entradas y las salidas

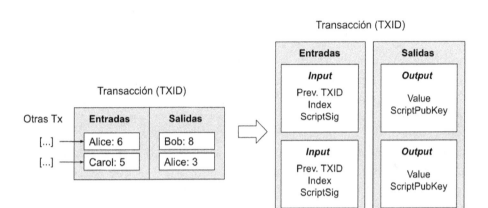

Empezando por los inputs, estos tienen tres campos de datos distintos:

- En primer lugar el **Prev TXID** es decir, el hash de identificación TXID de la transacción previa en la cual está la salida que se va a consumir en dicho input. Es decir, indica la transacción en la cual está ubicada el UTXO que vamos a consumir.

- En segundo lugar tenemos el **Index**, que es un número que representa *la salida concreta* que corresponde a nuestro UTXO y que queremos gastar en la entrada. Como una transacción puede tener múltiples salidas, si por ejemplo el Index es 2 estamos refiriéndonos a la tercera salida, al tercer output de la transacción (el primero tiene Index = 0). **Por eso decíamos antes que las salidas de las transacciones estaban ordenadas**.

- Por último, **scriptSig** representa en su forma más simple la firma, en este caso de Alice o Carol, sobre la transacción (sin las firmas es decir sin los propios *scriptSigs*). De forma más general los scriptSig constituyen una **prueba de que se cumplen las condiciones establecidas en el scriptPubKey de la transacción anterior**. Luego lo veremos con más detalle, pero debemos saber que un *script (guión)* en informática es un programa con una serie de instrucciones que deben ser interpretadas.

En cuanto a las salidas, el **Value** es el valor o la cantidad de la salida creada y **scriptPubKey** es en su forma más simple la clave pública del propietario del nuevo UTXO o el hash de dicha clave pública junto a unas instrucciones para forzar que se tenga que aportar una firma válida cuando se consuma el UTXO en una nueva entrada.

Como vemos, vuelve a salir la palabra *script* porque de forma general se trata de un campo de datos que establece las condiciones en las que el UTXO creado puede utilizarse y la forma que debe tener el *scriptSig* para que el UTXO pueda gastarse.

Como *scriptPubKey* bloquea los fondos (el UTXO) con unas condiciones y *scriptSig* desbloquea los fondos aportando pruebas que satisfacen las condiciones que impone el *scriptPubKey*, también se les llama **script de bloqueo (*lock*) y script de desbloqueo (*unlock*)** respectivamente.

Hemos de decir aquí que **buena parte de la nomenclatura de Bitcoin es bastante confusa y poco rigurosa**, y cuando tratemos los forks más adelante lo comprobaremos en todo su esplendor. En este caso, los términos scriptSig y *scriptPubKey* tienen su origen en las primeras versiones de Bitcoin, donde *scriptSig* era el script de la firma y *scriptPubKey* contenía la clave pública que debía desbloquear los fondos.

Pero actualmente, con las nuevas versiones, **ni *scriptSig* contiene firma alguna ni *scriptPubKey* contiene clave pública alguna**. Luego veremos por qué, primero explicaremos la versión base de Bitcoin. Los nombres se han terminado manteniendo por inercia y los términos '*scripts de des/bloqueo*' definen mejor qué significan estos campos de datos.

Otra cuestión importante es que como habrán podido observar en la entrada no se define ninguna cantidad monetaria: **el valor (Value) solo se encuentra definido en la parte de los outputs** porque no es necesario indicarlo en la parte del input.

Lo que hace el software para verificar que la transacción es correcta es ir a la transacción indicada a partir del *TXID*, encontrar la salida definida por el *Index* y comprobar que el *scriptSig* de la entrada satisface las condiciones establecidas en el *scriptPubKey* de dicha salida. Y así para todas las entradas que tiene la transacción: se verifica de dónde procede cada UTXO. Después simplemente **comprueba que la suma de los valores de los outputs de la transacción son iguales o menores que los de los outputs a los que se refieren los inputs de la transacción**, verificando así que es una transacción válida.

El Value no es más que un número entero que representa *satoshis* (no *Bitcoins*). Un satoshi es la cienmillonésima parte de un Bitcoin, es decir $1\,BTC = 100.000.000\,sats = 10^8\,sats$. Por lo tanto, **tener un Bitcoin es tener una suma de valor en los UTXOS de 100.000.000, y si en una transacción pusiéramos en el campo de Value 100.000.000 estaríamos transfiriendo un Bitcoin**.

Así es, un Bitcoin no es más que un concepto abstracto y de interfaz de usuario, y en realidad el sistema está construido con las unidades enteras que se han llamado *satoshis* (o de forma abreviada *'sats'* en honor a su creador). Por lo tanto, el sistema Bitcoin acepta hasta ocho decimales de un Bitcoin pues $0,00000001\,BTC = 1\,sat$.

De igual forma, la cantidad máxima de unidades de valor que habrá nunca en Bitcoin es $2.100.000.000.000.000\,satoshis$, no 21 millones de Bitcoin. Es decir, dos mil cien billones de satoshis. El sistema en sí no sabe qué es un Bitcoin ni le importa: funciona con satoshis.

Es importante remarcar otra vez que **la firma de cada entrada en** *scriptSig* **es una firma sobre el hash de toda la transacción quitando todos los** *scriptSig*, de tal forma que cada entrada está otorgando el consentimiento sobre toda la transacción. Por otro lado, como hemos descrito *scriptPubKey* establece unas condiciones a cumplir, y en *scriptSig* se aportan las pruebas para satisfacer dichas condiciones y poder usar el UTXO.

Así pues, yendo a un nivel más de abstracción, **tener valor, dinero o monedas en Bitcoin en el fondo significa poder crear un** *scriptSig* **tal que satisfaga el** *scriptPubKey* **de una transacción anterior para poder consumir la salida en una nueva transacción y crear otra salida para alguien, transfiriendo así el valor en ese nuevo UTXO.**

Eso es lo que significa poseer dinero en Bitcoin, y como vemos no tiene nada que ver con cuentas o balances y es un poco extraño. Ahora bien, la pregunta es: **¿Por qué querríamos tener un modelo así?** ¿Qué aporta de más este modelo respecto al modelo basado en cuentas que es mucho más sencillo, intuitivo y fácil de entender?

Pensemos en los potenciales problemas que podría tener un modelo de registro basado en cuentas. En primer lugar, es un modelo **mucho más seguro frente a ataques y errores**. De forma intuitiva se puede entender: los errores sobre los valores (Value) de las cuentas son mucho más factibles que los que se pueden tener en un modelo UTXO.

Es más fácil equivocarse o falsear un simple número en una cuenta que un UTXO entero. Al fin y al cabo, las reglas impuestas en el modelo UTXO suponen que simplemente verificando en el momento de la transacción, estas resultan forzadas.

Cualquier pequeño cambio quedaría rápidamente descubierto. En cambio, en el modelo basado en cuentas se puede modificar el registro en cualquier momento y no habría forma de demostrarlo excepto volviendo a realizar el registro desde el principio.

En segundo lugar, este modelo **fomenta mucho más la privacidad y la eficiencia**, pues es muy fácil firmar con distintas claves cada vez y tener un montón de UTXOs distintos que se separan y se juntan de nuevo. Además se pueden combinar no solo distintas entradas y salidas sino 'transacciones' de valor diferentes en una única transacción, enmascarando así cada una de ellas.

En cambio en un modelo basado en cuentas o no se puede tener cuentas ilimitadas o el consumo de recursos es mucho mayor, ya que hay que mantener cada cuenta creada en el registro para siempre. Además, como las transacciones están vinculadas a cada cuenta, quedan enlazadas con ella y son fácilmente trazables los movimientos.

Pero lo más esencial y la mayor ventaja del modelo UTXO es frenar un tipo de ataques llamados **replay attacks o ataques de repetición**.

El nombre de estos ataques lo dice todo. Imaginemos que publicamos una transacción válida en un modelo basado en cuentas de forma que a Alice se le restan 5 y a Bob se le suman esos 5 en su cuenta, y un agente malicioso como por ejemplo el propio Bob replica la misma transacción y la publica de nuevo en la red.

¿Podría esto hacer que a Alice se le resten 5 dos veces y a Bob se le sumasen 5 dos veces? Así Bob ganaría el doble de fondos. Las dos transacciones serían idénticas para los nodos y por tanto válidas. Como las transacciones no están vinculadas entre ellas ni con el registro, sino solamente a la cuenta, se podría dar el caso.

La forma de evitar esto en los modelos basados en cuentas es **que cada transacción lleve consigo un identificador** para que si una transacción con el mismo número se replica dos veces la segunda ya no tenga ninguna validez (como por ejemplo el *nonce* de las transacciones de Ethereum tan famoso).

Sin embargo esta solución tiene también problemas, entre ellos que **cada nodo debe almacenar y rastrear todos los números de las distintas transacciones por cada cuenta distinta y verificar que ninguno coincide**, lo cual es no solo farragoso sino algo que consume mucho más espacio y muchos más recursos aún.

En el modelo UTXO, como veremos más adelante, **queda mucho más asegurado el problema del doble gasto** (que unas unidades monetarias se gasten dos veces) justamente **porque las unidades monetarias se invalidan en el mismo momento en el que se gastan**. No se registran las distintas cuentas que existen sino los UTXOs directa y solamente.

Además es menos costoso de mantener en espacio y recursos porque **los nodos solo tienen que rastrear y guardar los UTXOs del sistema y no todas las cuentas y transacciones que existen** para saber cuánto valor tiene cada agente en el sistema.

Las salidas ya gastadas en otra transacción y las transacciones válidas que las contienen pueden simplemente "desecharse" (ya no tienen valor monetario). En eso consiste la **base de datos UTXO**, el registro más importante de Bitcoin y que mantiene la trazabilidad de todos los UTXO del sistema en cada momento. Más adelante la detallaremos.

Aunque sea un modelo muy contraintuitivo, realmente está muy bien pensado y es una idea genial la que tuvo Satoshi al implementar un modelo así. Su desventaja más remarcable, además de la complejidad del modelo, sería **que no existe una completa fungibilidad**: las 'monedas' (UTXO) son diferentes entre sí.

Por lo tanto se pueden potencialmente identificar y censurar su gasto, o puede ocurrir que unas monedas valgan menos debido a que se ha encontrado algún uso indebido (tráfico ilegal) en una salida del pasado de las que provienen.

También que **el software externo que usa Bitcoin como las 'wallets' (carteras de Bitcoin) tiene algunos problemas y su desarrollo es un poco más complejo**. Y por último el problema llamado *dust (polvo)* que más adelante explicaremos, pero que también puede tener un modelo basado en cuentas.

Aparte de los datos de las entradas y las salidas y la información relativa a ellas, **una transacción tiene un par de datos más**: un campo de 4 bytes para la **versión** de la propia transacción que se pone al principio y un campo de una propiedad llamada **locktime** que es el aperitivo básico de los contratos inteligentes y el dinero programable.

Locktime es **una propiedad de tiempo de otros 4 bytes que indica cuándo es válida la transacción que se realiza**. El funcionamiento de esta propiedad es el siguiente:

- Si se indica 0x00000000 (todos los bytes a cero) implica que no hay ninguna condición de bloqueo y la transacción es válida inmediatamente.

- Si el locktime es **menor a 500 millones en decimal, se interpreta como una *height* o altura (explicada anteriormente) mínima** para que la transacción sea válida. Actualmente teniendo Bitcoin unos 15 años los nuevos bloques tienen una altura de aprox. 800.000. Por lo tanto 500 millones de bloques da para un margen de unos 9.500 años de bloqueo de transacción, ciertamente un margen más que suficiente.

- Si el locktime es **mayor a 500 millones en decimal, se interpreta como tiempo Unix mínimo en el timestamp** (segundos desde 1970). Como la propiedad locktime tiene un tamaño máximo de 4 bytes, **hay de margen hasta Febrero de 2106** para poder usar esta propiedad porque se alcanzará entonces el tamaño máximo de 4 bytes. Para entonces deberá haberse encontrado una solución a este problema, si es que Bitcoin todavía existe. O esta propiedad dejará de tener sentido. Actualizar el sistema para solucionar esto por protocolo de forma sencilla **supone un hard fork** (explicaremos más adelante lo que es) de la red y por eso no se actualiza. Es uno de los *bugs* a futuro de Bitcoin (aunque 2106 queda bastante lejos).

Así pues, recapitulando las reglas de consenso por protocolo para validar las transacciones son:

1. **Comprobar que los outputs referidos en los inputs son UTXOs** (que no se han consumido todavía)

2. Verificar que la suma de dichos UTXOs que se van a utilizar en los **inputs** es **igual o mayor** (explicaremos más adelante por qué o qué significa esto) que la suma de los **outputs** de la transacción

3. Evaluar que las **firmas son correctas** sobre toda la transacción y los *scriptSigs* **satisfacen el** *scriptPubKey* del UTXO a consumir

4. Por último verificar que la transacción **cumple el locktime** indicado en la misma (sea en tiempo mínimo o en altura mínima) según los datos del bloque en el que está.

A continuación dejamos un **ejemplo de una transacción real de Bitcoin** (de las antiguas, claro, pues las actuales como veremos son diferentes) en hexadecimal y el significado de los distintos datos por orden:

0100000001 04dde43b0e4724f1e3b45782a9bfbcc91ea764c7cb1c245f
balfefa175c3a5d0**01000000**6a4730440220519f7867349790ee441e83
e545afbd25b954a34e0733cd4da3b5f1e5588625050220166730d053c3
672973bcb2bb1a9776747837023b647e3af2ac9c15728b0681da012102
36ccb7ee3a9f154127f384a05870c4fd86a8727eab7316f1449a0b9e65
bfd90d**ffffffff**02**5d36010000000000**1976a91478364a559841329304
188cd791ad9dabbb2a3fdb88ac**605b030000000000**1976a914064e0aa8
17486573f4c2de09f927697e1e6f233f88aC**00000000**

- **01000000**: número de versión de la transacción (4 bytes)
- 01: número de inputs en la transacción (1 byte)
- 04dde43b0e4724f1e3b45782a9bfbcc91ea764c7cb1c245fbalf
  efa175c3a5d0: TXID del UTXO que se va a gastar en la entrada
  de la transacción (32 bytes)
- **01000000**: Index del UTXO en la transacción previa (4 bytes)
- 6a: tamaño del scriptSig para que el software de Bitcoin pueda
  saber hasta dónde leer para obtener el scriptSig (1 byte)
- 4730440220519f7867349790ee441e83e545afbd25b954a34e07
  33cd4da3b5f1e5588625050220166730d053c3672973bcb2bb1a
  9776747837023b647e3af2ac9c15728b0681da01210236ccb7ee
  3a9f154127f384a05870c4fd86a8727eab7316f1449a0b9e65bf
  d90d: el propio scriptSig (106 bytes,es el conjunto (s, K))
- **ffffffff**: el llamado número de secuencia (4 bytes, al principio
  era básicamente inútil, más adelante explicaremos más sobre
  este campo de datos de las entradas)
- 02: el número de salidas de la transacción (1 byte)
- **5d36010000000000**: el Value (valor) de la primera salida en
  satoshis (8 bytes)
- 19: el tamaño del primer scriptPubKey (1 byte)
- 76a91478364a559841329304188cd791ad9dabbb2a3fdb88ac:
  el scriptPubKey de la primera salida (25 bytes)
- **605b030000000000**: el Value (valor) de la segunda salida en
  satoshis (8 bytes)
- 19: el tamaño del segundo scriptPubKey (1 byte)
- 76a914064e0aa817486573f4c2de09f927697e1e6f233f88aC:
  el scriptPubKey de la segunda salida (25 bytes)
- **00000000**: el locktime que hemos tratado justo ahora (4 bytes)

Como vemos tenemos los 4 bytes de la **versión**, seguidamente el **número de inputs** que hay en la transacción (es un campo variable que puede crecer hasta los 9 bytes, igual que el número de outputs) y los datos de las distintas entradas ordenados: el hash o **TXID** de la transacción de cuyo UTXO se realiza la entrada en un campo de 32 bytes, luego el **Index** que representa el índice del output de dicha transacción que se está consumiendo, el *sigScript* y el **número de secuencia**, que es un campo de las entradas diseñado inicialmente para un propósito que nunca cumplió.

Hoy en día, **el número de secuencia a menudo se desactiva configurándose en 0xffffffff**. Cada entrada tiene su número de secuencia pero como en las transacciones que estamos explicando no tiene ninguna utilidad lo hemos obviado. Más adelante explicaremos para qué se utiliza hoy en día.

El campo de datos del *sigScript* es variable, y por eso existe el campo del tamaño del *sigScript*, que también es variable hasta 9 bytes y refleja el tamaño en bytes del scriptSig. En este caso, dicho campo es *0x6a* que en decimal es 106, indicando que el scriptSig tiene 106 bytes.

Tras ellos tenemos el **número de outputs** y los campos de las salidas ordenados (el **Value** o la cantidad de valor de la salida, el **tamaño** del *scriptPubKey* en bytes y el ***ScriptPubKey*** y finalmente el campo de 4 bytes del **locktime**.

A continuación dejamos **otra transacción en formato JSON** según lo que el software devuelve con el comando *'getrawtransaction'*. Es una transacción con **dos entradas y dos salidas**:

```
    "result": {
"txid":
"dbebe45e62370aeab972a9bbbee80f99febe6c904fe49b68efe7cc877
a6cfd73",
"hash":
"dbebe45e62370aeab972a9bbbee80f99febe6c904fe49b68efe7cc877
a6cfd73",
"version": 1,
```

4. Bitcoin pieza por pieza

```
"size": 439,
"vsize": 439,
"weight": 1756,
"locktime": 0,
"vin": [
                {
"txid":
"756c1cf676c73b951ecb3b281b375858938b503c2b9b296d9d1cd59e8
39daea0",
"vout": 0,
"scriptSig": {
"asm":
"3046022100b999de2e23127ec2edf16e2f267b4c2df57b9766059369c
ee85cbc0a41be6882022100d09c405f825eec986ca2bf6f35d1267ad7d
595042fca4b4f7af3f9adfea68d33[ALL]
040bf69616981e5970c992a0762f441abcadfed9fc4630fa5e1b82ab00
e81d16905d3820e073e1bd4a9dcfed336f4bf25edc634c2e174989767d
299748359c2daf",
"hex":
"493046022100b999de2e23127ec2edf16e2f267b4c2df57b976605936
9cee85cbc0a41be6882022100d09c405f825eec986ca2bf6f35d1267ad
7d595042fca4b4f7af3f9adfea68d330141040bf69616981e5970c992a
0762f441abcadfed9fc4630fa5e1b82ab00e81d16905d3820e073e1bd4
a9dcfed336f4bf25edc634c2e174989767d299748359c2daf"
                },
"sequence": 4294967295
                },
                {
"txid":
"7ba03bdf67824990fbdd1a48b3fdc42ab3bcddb8b808c2c30e4d3cc4c
206be52",
"vout": 1,
"scriptSig": {
"asm":
"304502201193da6f0c1b3f15497415fd757434393749391331bd7ca
1ac183580ad4273022100e435bd3c48929d9789810634af47a0461e684
dd490132a9c5757af86296ce0d7[ALL]
046cc9eeffe66726abb725d191537f87c023202eb13ede9031d7adb80e
cb0ddc9aa380cb2659747b850ea577cf04f01248ca9291976523a94ef0
a907e6bb15bd55",
"hex":
```

"48304502201193da6f0c1b3f15497415fd75743439374939191331bd7
ca1ac183580ad4273022100e435bd3c48929d9789810634af47a0461e6
84dd490132a9c5757af86296ce0d70141046cc9eeffe66726abb725d19
1537f87c023202eb13ede9031d7adb80ecb0ddc9aa380cb2659747b850
ea577cf04f01248ca9291976523a94ef0a907e6bb15bd55"
                    },
    "sequence": 4294967295
            }
        ],
    "vout": [
                {
    "value": 0.03916,
    "n": 0,
    "scriptPubKey": {
    "asm":"OP_DUP OP_HASH160 e1e1ffc33423807d6914de9767
38bbdc01477c2d OP_EQUALVERIFY OP_CHECKSIG",
    "hex": "76a914e1e1ffc33423807d6914de976738bbdc01477c2d88ac",
    "reqSigs": 1,
    "type": "pubkeyhash",
    "addresses":
    ["1MbMmrTQKMc8Rm6NEV3p3bvppJGfPfiwxy
"
                        ]
                    }
                },
                {
    "value": 0.00077452,
    "n": 1,
    "scriptPubKey": {
    "asm": "OP_DUP OP_HASH160 19e75cce5ff697a01e14
ec3ebcc9a4523e44caf1 OP_EQUALVERIFY OP_CHECKSIG",
    "hex": "76a91419e75cce5ff697a01e14ec3ebcc9a4523e44caf188ac",
    "reqSigs": 1,
    "type": "pubkeyhash",
    "addresses": [
    "13My49TJZcDaefotVemRhN3uTYp5nSEukn"
                        ]
                    }
                }
        ],
    "hex":

```
"0100000002a0ae9d839ed51c9d6d299b2b3c508b935858371b283bcb1
e953bc776f61c6c75000000008c493046022100b999de2e23127ec2edf
16e2f267b4c2df57b9766059369cee85cbc0a41be6882022100d09c405
f825eec986ca2bf6f35d1267ad7d595042fca4b4f7af3f9adfea68d330
141040bf69616981e5970c992a0762f441abcadfed9fc4630fa5e1b82a
b00e81d16905d3820e073e1bd4a9dcfed336f4bf25edc634c2e1749897
67d299748359c2dafffffffff52be06c2c43c4d0ec3c208b8b8ddbcb32
ac4fdb3481addfb90498267df3ba07b010000008b48304502201193da6
f0c1b3f15497415fd75743439374939191331bd7ca1ac183580ad42730
22100e435bd3c48929d9789810634af47a0461e684dd490132a9c5757a
f86296ce0d70141046cc9eeffe66726abb725d191537f87c023202eb13
ede9031d7adb80ecb0ddc9aa380cb2659747b850ea577cf04f01248ca9
291976523a94ef0a907e6bb15bd55fffffffff02e0c03b0000000000197
6a914e1e1ffc33423807d6914de976738bbdc01477c2d88ac8c2e01000
00000001976a91419e75cce5ff697a01e14ec3ebcc9a4523e44caf188a
c00000000",
"blockhash":
"00000000000000001edf662a4eeb4d55cb841803cde8d10d58cd5bf47
e0585b8",
"confirmations": 441660,
"time": 1396534416,
"blocktime": 1396534416
    },
```

Fijémonos en que se ha puesto en negrita '**vin**' y '**vout**' que representan **las entradas y las salidas** con sus respectivos campos . El '**vout' dentro del 'vin' representa el índice del UTXO** al que se refiere la entrada.

También tenemos al principio el **TXID** y el **hash** de la transacción que en este caso son lo mismo (más adelante sabremos por qué hay un campo de TXID y otro de hash), la **versión** y el **locktime** y unas medidas del tamaño de la transacción. Luego al final del bloque tenemos en "**hex**" toda la transacción en hexadecimal, el **hash del bloque** al que pertenece la transacción, las **confirmaciones** (número de bloques por encima del bloque al que pertenece la transacción) y el tiempo del bloque o **timestamp** en tiempo Unix.

Advertimos además que **el scriptSig sale en hexadecimal y en "asm"** que significa *assembly* es decir, 'montado o ensamblado' (lenguaje ensamblador). Es información escrita en lenguaje de Bitcoin Script para que se pueda leer por un humano.

Lo mismo ocurre con el scriptPubKey, que está en ambos formatos (todo esto vamos a explicarlo bien en el próximo apartado). Como vemos el comando nos traduce también el **'Value' a Bitcoin** automáticamente, aunque el sistema funciona en satoshis.

Las dos transacciones que acabamos de mostrar son buenos ejemplos de las llamadas **Transacciones Legacy** para diferenciarlas de las **Transacciones segWit**, fruto de una actualización de Bitcoin de 2017.

Las transacciones SegWit son más novedosas y ventajosas y son las que se utilizan actualmente en Bitcoin, pero para entenderlas hemos de **comprender primero el funcionamiento de las transacciones Legacy**.

Por eso más adelante en este capítulo explicaremos los distintos tipos de transacciones Legacy y en el último capítulo introduciremos SegWit explicando los problemas que soluciona y el por qué de esta actualización a partir del sistema Legacy.

Las transacciones Legacy son las tradicionales de Bitcoin, las primogénitas, y funcionan tal y como hemos explicado aquí. Cuando los datos en hexadecimal dados por "hex" de la transacción se pasan por la función hash SHA256 dos veces se obtiene el ya mencionado TXID que es la identificación: **TXID = SHA256(SHA256(transacción))**. Sin embargo, de nuevo, el TXID de la transacción mostrada se encuentra en formato *little-endian* (los bytes al revés). A continuación muestro el TXID de la transacción dada por el comando (little-endian) y el calculado por mí de forma manual (big-endian) por orden:

```
dbebe45e62370aeab972a9bbbee80f99febe6c904fe49b68efe7cc877a6cfd73
73fd6c7a87cce7ef689be44f906cbefe990fe8bebba972b9ea0a37625ee4ebdb
```

Podemos observar que es exactamente el mismo hash pero "al revés".

Cada vez vamos entrando con mayor profundidad en las entrañas de Bitcoin, y lo cierto es que las transacciones son bastante complejas como espero que hayan podido comprobar. En los siguientes tres apartados explicaremos con mayor detalle **qué son esos intrigantes** *scriptSig* **y** *scriptPubkey*.

Ahora que ya sabemos cómo funciona el modelo UTXO de Bitcoin, cuando consultemos un *explorador de blockchain* como blockchain.info debemos recordar que, **aunque parezca que las transacciones se realizan y "consumen" desde una dirección de Bitcoin, es falso**.

Es solo un esquema del propio explorador de blockchain, que crea su propia base de datos y la muestra en la web de esa forma para que sea más fácil de usar, aunque realmente no funcione así el sistema. Lo mismo ocurre con los comandos del software de Bitcoin, que devuelve muchos datos de las transacciones como acabamos de ver.

Los datos que se incorporan realmente en una transacción son los que están en el apartado "hex" y que hemos visto aquí. Los otros los incorporan los softwares (ya sea el explorador o el software de Bitcoin) para proporcionar utilidad y que sea más fácil navegar y utilizarlos.

Cabe destacar de nuevo que los términos y conceptos en Bitcoin son confusos. Por ejemplo, se le llama *transacción (tx)* **al conjunto de datos** mostrado anteriormente, con todas sus entradas y sus salidas. **Pero también se le llama transacción, pago o modelo de transacción a un conjunto {salida, entrada}** que constituyen un pago único con unas condiciones de bloqueo (scriptPubKey) y desbloqueo (scriptSig).

Aunque intentaré utilizar *transacción* para referirme al conjunto de datos y *pago* o *modelo de transacción* al conjunto de una saliida y una entrada, es posible que se mencione como *transacción* ambos conceptos. Tanto en este libro como, sobre todo, en la información y documentación sobre Bitcoin en Internet.

Bitcoin Script y los Opcodes

Es el momento ahora de entrar con más detalle a ver los *scriptSig* y los *scriptPubKey* de las transacciones de Bitcoin. Como hemos indicado anteriormente, se trata de **datos que establecen las condiciones con las cuales los fondos se pueden utilizar.**

Por simplificación hemos dicho que en principio se trata de una clave pública que pueda utilizar los fondos (*scriptPubKey*) y una firma por parte de dicha clave pública sobre el hash de la transacción que verifica que se posee la clave privada y autorización (*scriptSig*). Pero esto es solo para el primer modelo de transacción de Bitcoin, en las versiones más antiguas. Realmente estos scripts pueden ser bastante más complejos.

Y es que en programación **un script es un programa o secuencia de instrucciones que es interpretado o ejecutado**, así que el hecho de que contengan la palabra "script" ya deja entrever que tienen bastante sustancia y que son los que hacen que Bitcoin sea dinero programable.

Es debido a este motivo que los campos de scriptSig y scriptPubKey tienen un tamaño variable y requieren marcadores para especificarlo, puesto que si son campos con instrucciones su tamaño dependerá del programa que ejecuten. Como comprobaremos más adelante, Bitcoin permite establecer **diferentes tipos de *scriptPubKey* y *scriptSig***, dando flexibilidad y pudiendo programar así diferentes condiciones.

scriptPubKey y scriptSig están programados con un lenguaje de programación llamado **Bitcoin Script**, creado por Satoshi en exclusiva para Bitcoin y mejorado por la comunidad de desarrolladores. Bitcoin Script destaca por su **tremenda sencillez** tanto en sintaxis como en posibilidades y en su forma de interpretar el propio lenguaje.

Ni siquiera es turing-completo y no tiene posibilidad de hacer "*loops*" informáticos (sentencias del estilo: mientras ocurra esta condición, ejecuta estas órdenes) y por lo tanto su consumo a nivel de recursos de CPU es totalmente predecible.

Es un programa que está basado en órdenes fijas e inamovibles llamadas **opcodes** (u OP CODES u OP_CODEs) que hacen una función determinada muy concreta. Opcode viene de '*operation code*' es decir, "*código de operación*" que ya lo dice todo y es un concepto muy expandido en informática.

Un opcode es un código que realiza una operación determinada que la red Bitcoin ha definido previamente para su funcionamiento. **En Bitcoin, se reserva un espacio total de 1 byte (ocho bits) para definir opcodes, lo que significa un total de 256 opcodes disponibles** para definir y utilizar en los scripts.

De ellos, **actualmente solo una parte están activos** y los demás son espacio a definir para posibles actualizaciones y funciones en el futuro que otorguen mayor funcionalidad al sistema. Es muy importante señalar que **la sencillez de este programa es totalmente intencional** para prevenir cualquier tipo de '*bug*' o resquicio de error.

Recordemos que, al fin y al cabo, estamos **hablando de dinero**, de un sistema de transacción de valor, y **la seguridad es absolutamente prioritaria**. Cuanto más complejo es un programa o un lenguaje de programación, es más susceptible a fallos, errores y *exploits*. Más aún si permite bucles interminables o ejecutar órdenes recurrentes.

Esta no es una precaución de algo que podría ocurrir pero en la práctica no ocurre: **la segunda criptomoneda más grande actualmente, Ethereum, ha tenido numerosos bugs y hackeos muy importantes** a lo largo de su historia, siendo el más relevante el **The DAO Hack**.

Este incidente ocurrió en Junio de 2016 sobre una organización descentralizada autónoma (DAO) que operaba con *smart contracts* en la red de Ethereum y que pretendía establecerse como una firma de inversión de capital riesgo basada en criptografía, estrenándose con una de las campañas de *crowdfunding* más grandes de la historia.

Unos usuarios explotaron una vulnerabilidad en los contratos inteligentes (la famosa *re-entrancy o reentrada*) que les permitió desviar un tercio de los fondos a una cuenta controlada por ellos. En total desviaron 3,6 millones de ETH por valor de 50 millones de euros.

La red de Ethereum no es tan descentralizada como Bitcoin y está operada por organizaciones, como la Ethereum Foundation (EF) o la Enterprise Ethereum Alliance (EEA). Esto propició que gran parte de la comunidad de Ethereum decidiera de manera controvertida restaurar aproximadamente todos los fondos a The DAO.

El incidente dividió a la comunidad de Ethereum y también así la cadena de bloques de Ethereum en dos ramas, cada una con su propia criptomoneda (provocándose un **hard fork**, más adelante los trataremos en profundidad), donde la cadena de bloques original continuó como Ethereum Classic (ETC) y la restaurada el ETH actual.

Este no es el único incidente que ha tenido Ethereum, y estos incidentes ocurren porque **Ethereum utiliza en su blockchain un programa mucho más complejo** llamado **Solidity**, que sí permite un montón de operativas incluyendo bucles y es mucho más vulnerable a errores, bugs explotables, estafas, hackeos, etc.

Aunque conocer el funcionamiento de Ethereum sobresale con creces el objetivo de este libro, debemos comprender que **Ethereum NO nació con el objetivo de ser un sistema monetario** como sí hizo Bitcoin y por lo tanto es algo totalmente diferente y aparte de Bitcoin.

Ethereum se diseñó para ser básicamente un **enorme ordenador descentralizado**, en el que las operaciones computacionales realizadas se ejecutan en toda una red de ordenadores (los nodos) que validan dichos cómputos y los guardan y preservan como tales, con el objetivo de crear aplicaciones prácticas distintas de las puramente monetarias.

Valga este ejemplo como prueba de que **es importante mantener la funcionalidad de una criptomoneda bajo control** si con ello se prioriza la seguridad. Incluso Bitcoin a pesar de su simpleza tenía varios problemas en sus primeras versiones del software como el llamado **OP_LSHIFT bug** (por ubicarse en este *opcode*, pueden buscar más en

Internet). Desde entonces se exige una serie de reglas establecidas que garantizan un correcto comportamiento en la red. Para que veamos la importancia de mantener las cosas simples.

Así pues, volviendo sobre Bitcoin, **Bitcoin Script es un lenguaje muy simple con un máximo de 256 operaciones a realizar predecibles e inamovibles**, limitando así la posibilidad de bug, fallos o ataques de cualquier tipo. Pueden buscar en internet una lista de los opcodes funcionales actualmente y las operaciones que realizan para tener una mayor comprensión de cómo funciona este programa.

También se llama Bitcoin Script al intérprete que procesa el lenguaje, y funciona como una **pila o stack**. Es una estructura de datos vertical similar a una baraja de cartas en la cual se amontonan o apilan datos (**push**) o se eliminan de la pila (**pop**) desde su parte superior de forma ordenada usando *opcodes, las* operaciones anteriormente mencionadas.

La característica principal de los *stacks* en informática es que los datos se gestionan con el método llamado **LIFO (***Last In First Out o el elemento último en entrar es el primero en salir***)**. Si los datos están apilados, solo se puede acceder al último de la pila y para acceder a otros de niveles inferiores se tienen que recorrer los de los niveles superiores.

Además, el intérprete de Bitcoin Script **lee de izquierda a derecha** y cada elemento leído se sitúa en la cima de la pila, amontonándose así los datos a ejecutar. Tras haber leído todos los datos y haberlos apilado, estos se ejecutan secuencialmente según su nivel en la pila y se eliminan conforme se ejecutan.

No se preocupen por el entendimiento completo del funcionamiento de Bitcoin Script porque **en los siguientes apartados vamos a ver con ejemplos cómo funciona y será mucho más fácil de comprender** conceptualmente, aunque siempre pueden buscarlo todo en internet.

De momento basta con quedarse con la idea. Como comprobaremos en los siguientes apartados, **el lenguaje Script de Bitcoin**:

1. Es simple y requiere de un procesamiento mínimo.

2. Su funcionalidad es limitada, lo que aporta mayor seguridad al sistema.

3. Al ser un lenguaje Turing Incompleto no posee bucles, por lo que se asegura que el programa deja de repetirse y termina. Así, se evita la posibilidad de que ocurran errores y códigos maliciosos en la red Bitcoin.

4. Su simplicidad le permite ser implementado en una amplia gama de dispositivos.

5. No hay un estado anterior o posterior a la ejecución del script (no hay variables ni estados, es "*stateless*"). Toda la información necesaria para ejecutar el script debe estar contenida en él.

6. Está basado en una estructura de datos de "*stack*" o pila y puede usar **dos tipos de pila. Una principal y otra alternativa.** Esta última se emplea para almacenar datos de cálculos de pasos intermedios u otros (lo veremos más tarde).

7. El lenguaje de script de Bitcoin es pequeño, basado en los opcodes que representan instrucciones. Actualmente solo una parte tiene funcionalidad y pueden definirse hasta 256 instrucciones, ya que cada *opcode* se expresa en un byte.

Finalizamos este apartado con una serie de **opcodes importantes** que debemos tener en cuenta para los siguientes apartados (en internet pueden verlos todos de forma detallada).

En adelante vamos a poner en práctica, entender y explicar el funcionamiento de Bitcoin Script, los opcodes y los *scriptSig* y *scriptPubKey* con diferentes ***modelos de transacción estandarizados*** que se pueden utilizar en Bitcoin y que tienen distintas funciones. También qué significan estos estándares.

Entre los opcodes más utilizados se encuentran los siguientes:

- **OP_DUP** (0x76): duplica el elemento de más arriba de la pila.

- **OP_RIPEMD160** (0xa6): realiza un hash con la función RIPEMD160 sobre el elemento de más arriba de la pila.

- **OP_SHA256** (0xa8): realiza un hash con la función SHA256sobre el elemento de más arriba de la pila.

- **OP_HASH160** (0xa9): realiza un doble hash con SHA256 y luego RIPEMD160 sobre el elemento de más arriba de la pila.

- **OP_HASH256** (0xaa): realiza un doble hash las dos veces con SHA256 sobre el elemento de más arriba de la pila.

- **OP_0** y **OP_FALSE** (0x00): añade un '0' a la pila.

- **OP_1** y **OP_TRUE** (0x51): añade un '1' a la pila.

- **OP_EQUAL** (0x87): Comprueba si los dos primeros elementos de la pila son iguales, devuelve '1' si lo son, y '0' si no lo son.

- **OP_CHECKSIG** (0xac): Coge los dos primeros elementos de la pila y realiza cálculos de curvas elípticas para saber si el segundo es una firma válida para el primer elemento, que debe ser una clave pública. Devuelve '1' si la verificación es correcta, '0' si no es correcta.

- **OP_VERIFY** (0x69): Marca la transacción directamente como inválida si el primer elemento de la pila es '0' y en caso contrario elimina ese último elemento de la pila.

- **OP_EQUALVERIFY** (0x88): Es una conjunción de OP_EQUAL y OP_VERIFY

- **OP_RETURN** (0x6a): Marca la transacción como inválida directamente e independientemente de todo lo demás.

- **OP_IF, OP_NOTIF, OP_ELSE y OP_ENDIF**: Se trata de opcodes que permiten añadir condicionalidad. Serán muy relevantes en el último capítulo del libro.

P2PKH (Pay To Public Key Hash) y P2PK

El modelo más utilizado de transacción en Bitcoin es el llamado **P2PKH (Pay To Public Key Hash o "pagar a un hash de clave pública")**. La idea de este modelo es enviar dinero a una clave pública de Bitcoin, pero de una forma un tanto peculiar: en vez de poner la clave pública que puede utilizar esos fondos, se hace un doble hash de la clave pública en SHA256 y en RIPEMD160 y se utiliza dicho hash.

Es decir, se paga a un hash de clave pública y es este quien identifica quién puede gastar los fondos: **RIPEMD160(SHA256 (clave pública))**. RIPEMD160 es una función hash que devuelve una salida de 160 bits (20 bytes), representados con 40 caracteres hexadecimales.

Se hace esto por dos razones principales, como ahora veremos. En primer lugar porque **ofrece aún mayor anonimato** al poseedor del UTXO cuando va a gastar sus fondos, pues ni siquiera se conoce su clave pública.

Y en segundo lugar, **se reduce el tamaño del *scriptPubKey*** en trece bytes. La clave pública tiene 33 bytes en su forma reducida (una coordenada de la curva elíptica más 1 byte para indicar en qué parte del eje de las X se ubica) y 65 bytes en su forma descomprimida (las dos coordenadas de la curva). En cambio el hash definido tiene 20 bytes.

Como hemos adelantado anteriormente, *scriptPubKey* es un conjunto de datos que contiene un 'programita' muy sencillo programado con *opcodes* con las instrucciones que se deben satisfacer para utilizar los fondos que hay en la **salida** que tiene dicho *scriptPubKey*.

El *scriptSig*, a su vez, es otro 'programita' en *opcodes* que contiene las pruebas que hay que aportar para satisfacer las condiciones del *scriptPubKey* de un determinado UTXO en la **entrada** de una transacción.

Bien, pues teniendo eso en mente, la idea del esquema o modelo de transacción **P2PKH** es la siguiente:

4. Bitcoin pieza por pieza

- **scriptPubKey**: contiene RIPEMD160(SHA256(clave pública)) del usuario que podrá gastar esa salida y las instrucciones para verificar que una firma es válida y se ha hecho con la clave privada correspondiente a la clave pública hasheada.

- **scriptSig**: se proporciona la firma a verificar por el *scriptPubKey* (s, K) y la clave pública sin hashear.

Vamos a analizar un ejemplo real con la segunda transacción aportada en el apartado de *Transacciones y el modelo UTXO*, pues es una transacción P2PKH clásica (aunque antigua).

Para ello tomamos el formato *'asm'* de los datos, que como hemos mencionado significa *ensamblado* y se encuentra escrito en el lenguaje de *Bitcoin Script* legible por los humanos:

- scriptSig (segunda entrada):
  304502201193da6f0c1b3f15497415fd75743439374939191331
  bd7ca1ac183580ad4273022100e435bd3c48929d9789810634af
  47a0461e684dd490132a9c5757af86296ce0d7**[ALL]**
  046cc9eeffe66726abb725d191537f87c023202eb13ede9031d7
  adb80ecb0ddc9aa380cb2659747b850ea577cf04f01248ca9291
  976523a94ef0a907e6bb15bd55

- scriptPubKey (primera salida): **OP_DUP OP_HASH160**
  e1e1ffc33423807d6914de976738bbdc01477c2d
  OP_EQUALVERIFY OP_CHECKSIG

Estudiemos estos datos. En primer lugar, en cuanto al scriptSig todo lo que se encuentra delante del [ALL] es la **firma (s, K)** y todo lo que va después del [ALL] es la **clave pública**. La firma tiene 142 caracteres hexadecimales (71 bytes) y la clave pública 130 (65 bytes) porque está **descomprimida**. Si nos fijamos empieza por *0x04*, el byte para marcar claves descomprimidas.

[ALL] es una *'flag'*, un marcador, llamado **SIGHASH_ALL**. Se utiliza un byte para señalarlo (en hexadecimal es 0x01) que indica qué se está firmando (todo: ALL). Permite colaboración en la construcción y firma de las transacciones y posibilita esquemas como *Coinjoin*.

En cuanto a la firma, **son 71 bytes porque estamos viendo una transacción Legacy de Bitcoin antigua que funcionaba con ECDSA**. Contiene 32 bytes del número **'s'**, otros 33 bytes de la clave pública de un solo uso **'K'** y además 6 bytes que representan **marcadores de posición y tamaño** de los datos.

Son marcadores de 1 byte cada uno y se aplican al conjunto (s, K) y también a 's' y a 'K' por separado, sumando así los 71 bytes (tres marcadores de posición y tres de tamaño). Por ejemplo el byte 0x30 con el que empieza el *scriptSig* indica que empieza la firma (posición).

Respecto al *scriptPubKey*, como vemos contiene una **cadena de 40 caracteres hexadecimales**: es RIPEMD160(SHA256(clave pública)), el hash de 160 bits (20 bytes). Vemos que esta cadena está rodeada de **opcodes** que son las instrucciones que debe verificar el *scriptSig*.

Si bien todavía no hemos explicado el funcionamiento de estos opcodes en profundidad, si han comprendido el apartado anterior ya podrán hacerse una idea intuitiva de qué es lo que hace el *scriptPubKey*.

Debemos recordar también que **el *scriptSig* verifica un *scriptPubKey* de una transacción anterior**, la del UTXO gastado en la entrada, y no el *scriptPubKey* mostrado arriba, pero como ambos son del modelo P2PKH podemos ver el funcionamiento.

Bien, pues ahora **vamos a explicar poco a poco qué es lo que hace el software (intérprete) de Bitcoin Script para evaluar si una entrada P2PKH es válida**. Recordemos que es un *stack o pila* y que lee los datos de izquierda a derecha.

En primer lugar obviamente le echa un vistazo a cada entrada por separado. Las entradas, recordemos, tienen tres campos de datos: **el scriptSig y el TXID y el Index** del UTXO que se está gastando. De cada entrada toma el *scriptSig* y añade los datos a la pila, y luego con el TXID y el Index busca y encuentra la salida a la que apuntan comprobando que no ha sido gastada (es decir, que es un UTXO). En el siguiente capítulo estudiaremos cómo y dónde lo busca).

Seguidamente, una vez comprobado que es un UTXO, el intérprete lee los datos del *scriptPubKey*. Cabe destacar que **el intérprete ejecuta las órdenes (los opcodes) según los lee**. Pero como en el *scriptSig* del modelo P2PKH no hay opcodes, solo añade datos a la pila.

Sin embargo, cuando empieza a leer los datos del *scriptPubKey* ya empieza a ejecutar acciones sobre la pila, pues este sí tiene opcodes que realizan acciones sobre la pila.

A continuación **mostraremos un esquema del funcionamiento** de la ejecución utilizando dos columnas para representarlo. La primera de ellas son los **datos a leer** desde arriba hacia abajo y la segunda es la **pila de datos principal** del propio intérprete de Bitcoin Script.

El esquema consiste en **seis pasos que después explicaremos**, y en cada uno de ellos Bitcoin Script realiza unas determinadas tareas. Tras esos seis pasos finalmente (si todo es correcto) la pila termina con un valor superior de '1'. Como es distinto de cero, implica que la transacción es válida para el intérprete de Bitcoin Script.

Dos reglas importantes a tener en cuenta para comprender el funcionamiento del procedimiento son:

- Las cosas que son **constantes se añaden al stack (push) y las operaciones simplemente se ejecutan** sobre la pila.

- Para que la transacción (o mejor dicho la entrada P2PKH) sea válida no debe fallar nada en los scripts y **el elemento superior del stack debe ser *True* (es decir, distinto de cero)** cuando se terminan las operaciones. Cualquier fallo prematuro detiene la ejecución de Bitcoin Script y declara la transacción inválida.

Vamos con el **esquema del modelo de transacción P2PKH**, luego explicaremos exactamente qué es lo que ocurre en cada paso. Los pasos están marcados con los números entre corchetes [] :

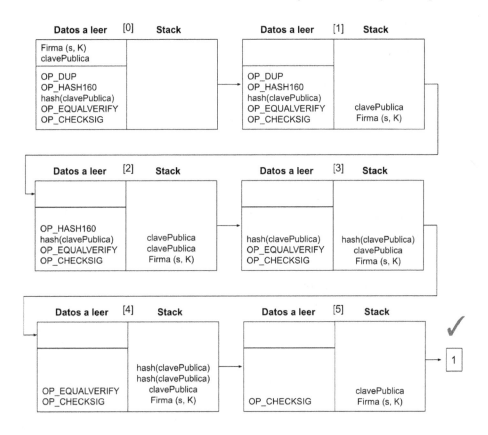

Lo que ocurre en cada paso es lo siguiente:

1. El intérprete lee la firma y la clave pública del *scriptSig* y, como son constantes (no opcodes), los añade, 'apila' en el *stack* por orden (en un *stack* se añade y elimina por arriba).

2. Se empiezan a leer los datos del *scriptPubKey*. Se ejecuta el opcode OP_DUP que **duplica el último elemento** del stack es decir: la clave pública.

3. Se ejecuta el opcode OP_HASH160 que realiza un **doble hash sobre el último elemento** del stack, que es de nuevo la clave pública: RIPEMD160(SHA256(clavePublica))

4. Tenemos el hash de la clave pública del *scriptPubKey*. De nuevo una constante, así que se añade a la pila.

5. Se ejecuta el OP_EQUALVERIFY, que como explicamos antes es una combinación de dos comandos. El primero **comprueba si los dos últimos elementos del stack son iguales** y los elimina del stack. Si son iguales añade un '1' al stack y si no lo son añade un '0'. Tras ello se ejecuta el segundo comando, según el cual si el primer elemento del stack es un '0' rompe directamente el algoritmo y se declara la transacción como inválida y si es *True* (distinto de '0') elimina el elemento (y sigue el algoritmo).

6. Se ejecuta el comando OP_CHECKSIG que **comprueba que la firma es válida para la clave pública** porque ambos están arriba del todo de la pila y elimina ambos elementos. Si la firma es válida para esa clave devuelve '1' y si no lo es devuelve un '0'.

Conclusión: **si todo es correcto, el stack termina con un '1' y se valida la entrada que gasta el UTXO P2PKH por ser el primer elemento distinto de '0'**. Si ocurre cualquier fallo durante el proceso, resulta inválida toda la transacción y se desecha. Por ejemplo si no coinciden los hashes de las claves públicas o si la firma no es válida para la clave pública proporcionada. Y este proceso se realiza para todas las entradas.

Como vemos la forma de funcionar de Bitcoin Script es tal que **deja poco margen para errores** o malas interpretaciones: es un lenguaje muy simple y estricto. Por lo tanto, a las reglas de validación de la prueba de trabajo, de los bloques y de las transacciones se añaden las reglas del intérprete de Bitcoin Script para obtener el consenso.

Este modelo de transacción **P2PKH constituye la gran mayoría de pagos realizados en la cadena de bloques**, ya sea tal y como lo hemos mostrado aquí (el básico, *Legacy*) o actualizado con las nuevas funcionalidades (que veremos más adelante).

Debido al funcionamiento de Bitcoin Script, existen otros dos modelos de transacción particularmente absurdos pero bastante interesantes que explicamos a continuación:

- **UTXO que cualquiera puede consumir**: si dejamos el campo del *scriptPubKey* vacío, cualquiera puede consumir dicho UTXO.

Basta con que el scriptSig contenga un "1", OP_TRUE, OP_1 o simplemente cualquier tipo de dato distinto de '0' pues en todos los casos terminará de ejecutar el intérprete de Bitcoin Script y el primer elemento de la pila será distinto de '0'. Así, la transacción se declarará válida. Sucede lo mismo si el *scriptPubKey* tiene datos arbitrarios distintos de '0' (constante).

- **UTXO que no se puede consumir (nadie, nunca)**: Consiste en poner OP_RETURN en el *scriptPubKey* del UTXO de una transacción. Sea cual sea el *scriptSig* que consuma dicho UTXO, es imposible consumirlo en ninguna entrada porque este comando rompe el algoritmo y declara la transacción inválida.

Sobre estos dos modelos hay dos anécdotas interesantes que contar. Como mucha gente sabe y se ha indicado antes, la oferta máxima de Bitcoin son 21 millones (más tarde explicaremos por qué) pero realmente **hay y habrá menos de 21 millones de Bitcoin disponibles**.

Un estudio de 2017 de *Chainalysis* estimó que había entre 2,78 millones y 3,79 millones de Bitcoin perdidos para siempre, y en 2017 había unos 16 millones de Bitcoin en circulación. Haciendo una inferencia simple, dado que actualmente (Marzo de 2024) hay unos 19,65 millones de Bitcoin en circulación, **es probable que alrededor de 3-3,5 millones de ellos se hayan perdido para siempre, con lo cual realmente solo habrá en el futuro entre 16 y 16,5 millones de Bitcoin 'operativos'**.

Pues bien, **hay distintas formas de que se pierdan Bitcoin para siempre, y esta del UTXO que no se puede consumir es una de ellas**. Si construimos un output con un Value de 1 BTC y con un OP_RETURN en el scriptPubKey, ese Bitcoin se perderá para siempre.

Y esto ha ocurrido y seguirá ocurriendo por múltiples causas: errores accidentales (sobre todo en los primeros años, o si se copian mal los datos), gente que quiere bloquear sus Bitcoin como donación para la comunidad, etc. Otra forma de bloquear Bitcoin para siempre es obviamente perder las claves de Bitcoin (ya no se pueden gastar los UTXO que esta podía desbloquear).

También ocurre que los mineros de forma accidental o a propósito renuncian a las recompensas de minar un bloque o a las tarifas (*fees*) que los usuarios pagan para que introduzcan su transacción en el bloque (todo esto lo veremos con mayor detenimiento más adelante).

La segunda anécdota interesante es que también con el UTXO que no se puede consumir **se puede usar la blockchain de Bitcoin para dejar un mensaje escrito para siempre**. Consiste en construir un output de Value '0' con un *scriptPubKey* formado por un OP_RETURN seguido de datos de cualquier tipo.

Desde nombres personales y apodos hasta declaraciones de amor o de casamiento pasando por mensajes polémicos, se ha visto de todo. Permitir grabar un mensaje en la blockchain para siempre mientras ésta dure es un caramelo bastante jugoso.

Sin embargo, **muchos miembros de la comunidad de Bitcoin creen que el uso de OP_RETURN es irresponsable** en parte porque la intención de Bitcoin era proporcionar un registro de transacciones financieras, no un registro de datos arbitrarios. Además la demanda de almacenamiento de datos externo replicado masivamente es esencialmente infinita.

Esto ha propiciado que, **desde la versión 0.9.0 de Bitcoin Core** (Bitcoin Core es el software de Bitcoin para los nodos, que implementa desde el intérprete de Bitcoin Script hasta todas las herramientas para su funcionamiento correcto en la red) **estos datos se pueden eliminar**.

Esto es debido a que los UTXOs que contienen un OP_RETURN se pueden considerar como si no fueran UTXOS ni información relevante de la blockchain (pues ni tienen relación con ninguna transacción ni son fondos que se puedan utilizar o gastar) y por lo tanto se pueden eliminar del registro.

Una decisión inteligente pues se almacenaban datos arbitrarios incluso como imágenes, inflando la **base de datos UTXO** de Bitcoin (los nodos mantienen una base de datos de UTXOs actualizada, más adelante lo veremos en profundidad). Los '*ordinals*' que se pusieron tan de moda en su momento y dispararon las fees del mercado por ser *NFTs* en Bitcoin, son una variación de esto: son satoshis ordenados e indexados.

Por otra parte, **desde la versión 0.12 las reglas de retransmisión estándar de los nodos permiten una sola salida con OP_RETURN por cada transacción** siempre que la longitud total de un *scriptPubKey* sea como máximo de 83 bytes, para limitar aún más este comportamiento. También más adelante entraremos en profundidad acerca de qué son las reglas de retransmisión estándar.

Bitcoin nació con propósitos monetarios y su función sigue siendo estrictamente monetaria, y es menos costoso y mucho más eficiente almacenar datos no monetarios en otro lugar distinto. Así que tiene sentido que la comunidad restrinja el *spam* emitido a la red.

Terminamos este apartado explicando también el modelo de transacción de Bitcoin más simple y antiguo, llamado **Pay to Public Key (P2PK, pagar a una clave pública)**. Habiendo comprendido el funcionamiento de P2PKH es fácil entender este modelo primogénito.

P2PK es el modelo de transacción predecesor a P2PKH y que se utilizó hasta 2011. Actualmente no se usa porque ha quedado obsoleto, y es sencillamente el final del modelo P2PKH, el paso [5]:

- *scriptPubKey*: "clavePublica OP_CHECKSIG"
- *scriptSig*: firma con la clave privada

Así, el intérprete añade primero la firma al stack y luego la clave pública encima de ella, y luego ejecuta el comando OP_CHECKSIG para verificar que la firma es correcta según la clave pública. P2PKH nació precisamente para sustituir a este modelo de transacción por sus ventajas de anonimato y tamaño, como hemos indicado antes.

Nota: siendo rigurosos, actualmente la validación en Bitcoin Script se realiza en dos ejecuciones distintas. Primero se ejecuta una vez con el scriptSig, y luego se copia el stack y se hace una segunda ejecución con el scriptPubKey. Para evitar posibles *exploits* anteriores en el scriptSig.

Multifirmas y P2SH (Pay To Script Hash)

Bien, creo que ahora es momento de entender con mayor claridad **por qué existen diferentes modelos normalizados de transacción en términos de *scriptPubKey* y *scriptSig*.** Esto es debido a que, a pesar de su sencillez, en Bitcoin Script es fácil crear UTXOs inutilizables o que otra persona pueda consumir si se construyen scripts complejos.

Por otro lado, también comprendemos mejor ahora por qué Bitcoin Script es un lenguaje tan extraño y simple, y respecto a esto cabe apuntar que **todos los nodos de la red deben realizar los algoritmos** para validar una transacción con Bitcoin Script. Si el objetivo es la eficiencia y la seguridad, es muy importante tener un lenguaje tipo Bitcoin Script que impida la creatividad excesiva. Más aún si hay dinero en juego.

La normalización de las transacciones (P2PK, P2PKH, etc.) ayuda a implementar funcionalidades de forma simple y segura a los programadores de software externo como carteras (*wallets*) de Bitcoin (de las cuales también hablaremos más adelante).

En prácticamente todas las criptomonedas actuales existen modelos de transacciones estandarizadas también por esto. Por ejemplo, los famosos ERC de Ethereum (*Ethereum Request for Comments)*. Los ERC-721, ERC-1155 o ERC-20 son estándares de determinadas utilidades que se pueden hacer en la red.

De hecho en Bitcoin no es nada recomendable salirse de estos estándares pues la equivocación puede significar la pérdida de los fondos. Para hacer pruebas e innovaciones se recomienda el uso de la **red Testnet** de bitcoin (una red y cadena de bloques casi idéntica a la Bitcoin creada para hacer tests, pueden buscar sobre ella en Internet).

En este sentido, **P2PKH es el estándar o modelo más simple y frecuente de transacciones en Bitcoin, pues es un pago normal y corriente**. La idea de este apartado es seguir explicando un par de modelos de transacciones estándar más con otras funcionalidades.

El primero es el modelo primogénito de las llamadas **transacciones multifirma (multisig, también llamadas** *Pay-to-multisig* **o pagar a una multifirma)**. Su nombre ya da una pista de lo que es. La idea detrás de las transacciones multifirma es programar que un determinado UTXO deban desbloquearlo determinadas claves públicas, en plural.

Concretamente, es un esquema en el que **dadas N claves públicas diferentes, un mínimo de M de ellas deben firmar para poder gastar o consumir el UTXO**. También se le denomina **multifirma M-de-N** donde M es el umbral de firmas requeridas para validar la transacción.

Por poner un ejemplo, una transacción multifirma 3 de 5 es aquella en la que se indican 5 posibles claves públicas que pueden firmar y se requiere que al menos 3 de ellas firmen la transacción. Más adelante trataremos por qué esto es más interesante de lo que parece y mencionaremos algunas de las **muchas aplicaciones** que podría tener.

El aspecto del *scriptPubKey* y el *scriptSig* (o scripts de des/bloqueo) de una transacción multifirma tradicional es el siguiente:

- **scriptPubKey**: M <PK1><PK2 [...] <PKN> N OP_CHECKMULTISIG

- **scriptSig**: **OP_0** <Firma PK1 > <Firma PK2> [...] <Firma PKM>

Donde como hemos dicho 'N' es el número total de claves públicas enumeradas y 'M' es el mínimo de firmas requeridas para gastar el UTXO. 'PK', por cierto, significa "Public Key"; clave pública en inglés.
Es decir, en el *scriptPubKey* se pone el número mínimo de firmas que pueden desbloquear, las firmas ordenadas, el número total de firmas que pueden desbloquear y el opcode OP_CHECKMULTISIG.

En cuanto al *scriptSig* debe contener las M firmas de las M claves públicas requeridas para validar de las N publicadas en el *scriptPubKey*, **precedidas por un '0', OP_0 u OP_FALSE**. La abreviatura PK1 significa 'Public Key 1', es decir 'Clave Pública 1'. Igual que con P2PKH, **el intérprete primero apila todos los datos del scriptSig y luego todos los del scriptPubKey (porque son constantes) y finalmente se ejecuta OP_CHECKMULTISIG.**

Lo que hace este último opcode es tomar cada una de las firmas por orden y comprobarlas con cada clave pública hasta que encuentra una coincidencia (si no encuentra ninguna coincidencia devuelve '0' y se declara inválida la transacción). El proceso se repite hasta que se hayan verificado todas las firmas requeridas o no queden firmas suficientes para dar un resultado exitoso.

Todas las firmas deben coincidir con una clave pública, y además **las firmas deben colocarse en el *scriptSig* en el mismo orden en el que se colocaron sus claves públicas correspondientes en el *scriptPubKey*.**

Esto es debido a que las claves públicas no se vuelven a verificar si fallan en alguna verificación anterior de firmas. Luego estudiaremos su funcionamiento con más detalle. Si todas las firmas son válidas, se devuelve '1', en caso contrario devuelve '0' (transacción inválida).

Quizá el lector se pregunte por qué las firmas del *scriptSig* vienen **precedidas por '0', OP_0 u OP_FALSE**. Se trata de un **error o *bug*** (otro más) en la implementación original del opcode OP_CHECKMULTISIG cometido ya por Satoshi desde el principio de Bitcoin.

El error consiste en que el opcode **OP_CHECKMULTISIG cuando se ejecuta elimina un elemento de más de la pila**, así que hay que poner un elemento extra para que funcione. En una actualización de Bitcoin posterior se exigió por protocolo que ese elemento extra solo pudiera ser '0' para evitar errores y confusión.

Además, **este error tampoco se puede solucionar** (entendiendo por solucionar actualizar el funcionamiento del opcode para que no borre un elemento de más) porque supone una actualización que **implicaría cambiar reglas críticas de consenso** mediante un hard fork (más adelante lo veremos con detalle).

Así que se seguirá con este prefijo del '0' para que se añada al stack y el intérprete lo elimine al ejecutar OP_CHECKMULTISIG *sine die*. A continuación podemos ver como ejemplo el aspecto que tendrían los **scripts de una transacción multifirma tradicional 3 de 5**:

- **scriptPubKey**: 3 <PK1> <PK2> <PK3> <PK4> <PK5> 5 OP_CHECKMULTISIG

- **scriptSig**: 0 <Firma PK2> <Firma PK3> <Firma PK5>

Y este sería el proceso que realizaría el intérprete de Bitcoin Script:

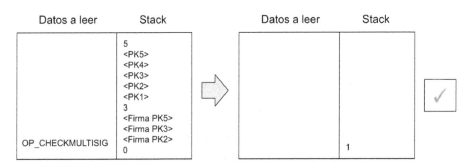

Podemos observar que hemos escogido las firmas de las claves 2, 3 y 5, pero cualquier otra combinación de tres firmas correspondientes a las cinco claves públicas enumeradas también valdría, siempre y cuando estén **ordenadas igual que en el** *scriptPubKey*.

El algoritmo que ejecuta el opcode **OP_CHECKMULTISIG** de forma más rigurosa y profunda es el siguiente:

1. Elimina N del stack (número de claves públicas, en este caso 5)
2. Extrae las N claves públicas de la pila.
3. Elimina M de la pila (firmas requeridas, en este caso 3)
4. Saca las M firmas de la pila.
5. Extrae un elemento más de la pila y lo ignora (este es el error)
6. Recorre todas las claves públicas, comenzando por la parte superior de la pila (o stack).
   a. Para cada clave pública, comprueba una sola firma, y empieza con la firma más arriba de la pila.
   b. Si no se verifica, va a la siguiente clave pública y verifica la misma firma. Si se verifica, va a la siguiente clave pública con la siguiente firma. Y así con todas las claves.
7. Si todas las firmas se verificaron correctamente con una de las claves, OP_CHECKMULTISIG devuelve '1'. De lo contrario, '0'.

Ahora bien, las transacciones de firmas múltiples estándar como esta en Bitcoin **están limitadas a un máximo de 3 claves públicas por UTXO**. Esto significa que solo se pueden hacer transacciones desde 1 de 1 hasta 3 de 3, cualquier combinación dentro de ese rango. Pero no importa. Este modelo se llama *transacción multifirma tradicional* porque ya prácticamente no se usa.

El motivo es que **existe una actualización a este modelo mucho mejor**. Vamos a tratar de explicarlo detectando los posibles problemas que pueda tener el modelo de transacción multifirma tradicional. Para ello volvamos primero a los motivos por los que P2PKH sustituyó a P2PK.

En el modelo de pagar a una clave pública P2PK, uno de los problemas básicos era la **falta de privacidad**, ya que se muestran en los UTXOs las claves públicas a utilizar. Este ya es un problema considerable, aunque no es el principal ni mucho menos.

El motivo relevante de sustituir el modelo P2PK tradicional por P2PKH como hemos dicho antes es que **reduce el tamaño de los UTXOs de forma considerable**: la clave pública tiene 32 bytes (256 bits) y su doble hash tiene 20 bytes (160 bits).

Y es que resulta que es prioritario que los UTXOs sean del menor tamaño posible. ¿Por qué? Porque **los UTXOs, junto a los headers, son el registro más importante de todo Bitcoin**.

Ya hemos mencionado anteriormente que los nodos mantienen una base de datos de todos los UTXOs que existen en Bitcoin, y también hemos visto que hay mucha insistencia por parte de la comunidad de reducir su tamaño y evitar a toda costa la redundancia de datos.

No solo con P2PKH, sino también eliminando las transacciones OP_RETURN del registro de los UTXOs. Es vital que **los registros sean puros y ligeros ya que eso afecta sobremanera a la descentralización de la red** (en el próximo capítulo entraremos con más detalle).

Pues lo mismo ocurre con las transacciones multifirma tradicionales.

Pensemos que una transacción multifirma 1 de 15 contendría 15 claves públicas en el UTXO, lo cual es claramente ineficiente y poco limpio: **el scriptPubKey aumenta en tamaño de forma lineal O(n) con el número de posibles firmas válidas.**

Si todas las transacciones fueran multifirma, esto supondría que la base de datos de los UTXOs se multiplicaría prácticamente por 15 y tener un nodo de Bitcoin funcionando sería mucho más caro y pesado.

Así pues, igual que P2PKH sustituye al modelo de P2PK, hay un modelo llamado **P2SH (*Pay To Script Hash* o Pagar al hash del script)** que sustituye al modelo de transacción multifirma tradicional para disminuir el tamaño de los UTXO en las bases de datos (que son, al fin y al cabo, el genuino registro distribuido de Bitcoin).

P2SH se introdujo en 2012 como un nuevo y poderoso tipo de transacción que simplifica enormemente los UTXOs no solo en las transacciones multifirma, sino con el uso de transacciones con cualquier tipo de script complejo y largo con otras funcionalidades.

Se publicó en el *BIP-16* y, como su propio nombre indica, consiste en tomar las instrucciones que anteriormente se colocaban en el *scriptPubKey* como un *script* aparte y diferente llamado **redeem script (script redimido o rescatado).**

Se toma el hash del *redeem script* y es este (el hash) el que se coloca en el *scriptPubKey* junto a las instrucciones de exigir un *scriptSig* cuyo hash sea el mismo que el colocado en el *scriptPubKey*.

Y de forma similar a P2PKH, **en el *scriptSig* además de las firmas se revela o demuestra el *redeem script*** de tal forma que este coincida con el hash aportado, pues si no la transacción es inválida. En P2PKH era la clave pública la que se hasheaba, y ahora es todo el *scriptPubKey* entero.

Por ejemplo, a continuación vamos a ver cómo sería la transacción multifirma 3 de 5 anterior pero con P2SH. Quedaría construida de la siguiente forma:

- **redeemScript**: 3 <PK1> <PK2> <PK3> <PK4> <PK5> 5 OP_CHECKMULTISIG

- **scriptPubKey**: OP_HASH160 RIPEMD160(SHA256(redeemScript)) OP_EQUAL

- **scriptSig**: 0 <Firma PK2> <Firma PK3> <Firma PK5> redeemScript

Como vemos el modelo es similar a P2PKH, con la diferencia de que el hash aportado no es de una clave pública sino que es 'algo más': es un script con instrucciones para realizar un procedimiento extra.

Es fácil observar que **si interpretáramos este modelo con un único *stack* igual que hemos hecho hasta ahora no tendría sentido**. Lo que pasaría es que primero se construiría el mismo stack que antes, luego OP_CHECKMULTISIG validaría todo el stack, lo eliminaría y devolvería "1", se haría un doble hash de ese '1' y finalmente se compararía al doble hash del *scriptPubKey* para validar la transacción.

Pero no funciona así; **esta transacción tiene un tratamiento especial en Bitcoin Script** pues como hemos visto es una actualización de 2012. Digamos que Bitcoin Script cuando ve este formato de *scriptPubKey* lo reconoce. Lo que hace es considerar un *scriptPubKey* dado por "OP_HASH160 [Doble Hash de 20 bytes] OP_EQUAL" como una señal de una transacción P2SH, y le otorga la funcionalidad distinta.

Dicha funcionalidad implica **validar los *scriptPubkey* y *scriptSig* bajo Bitcoin Script dos veces distintas y de formas diferentes valiéndose del stack auxiliar** anteriormente mencionado. La primera, para comprobar que el script corresponde al hash aportado, y la segunda para verificar que los datos de la firma son válidos.

A continuación podemos ver el **procedimiento** de validación de este modelo de transacción por parte de un nodo, bien para su retransmisión bien al considerarlas para su inclusión en un nuevo bloque a minar. Primero mostramos el diagrama de *stacks* y seguidamente explicamos el proceso paso a paso de forma ordenada:

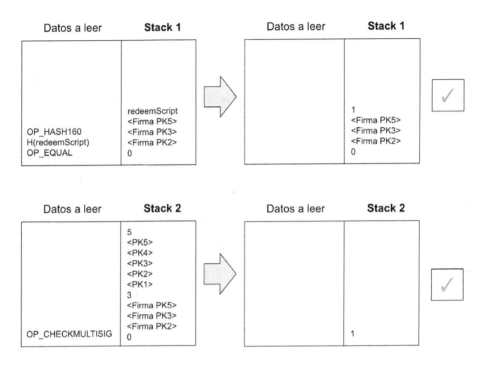

1. **La validación falla inmediatamente si hay operaciones raras en el *scriptSig*** (distintas de las operaciones de inserción de datos, para evitar *bugs* y *exploits*).

2. Se **apilan en el stack principal (*Stack 1*)** primero los elementos del *scriptSig* considerando el *redeemScript* como una constante en su conjunto: se considera que todo lo que va después de las firmas es un bloque de datos único, y se crea una pila inicial a partir de las firmas y el script en su conjunto. **Este stack se copia fielmente en el stack alternativo (*Stack 2*)** mencionado cuando explicábamos el funcionamiento de Bitcoin Script (se dijo que había una pila principal y una secundaria o alternativa).

3. Se realiza primero una **validación en el Stack 1 con el script como conjunto y el *scriptPubKey***: se toma el hash del script y la validación falla inmediatamente si no coincide con el hash que se ubicó en el *scriptPubKey* del UTXO P2SH.

4. Se toma el Stack 2 y los datos del redeemScript se deserializan (se trocean) y se aplican a la pila por separado. Así, se hace una

nueva validación de la transacción en el Stack 2 utilizando el *redeemScript* como *scriptPubKey*, ya sin considerarlo como conjunto (deserializado).

De esta forma tenemos **dos stacks diferentes que se evalúan por orden para poder validar** el UTXO con modelo P2SH. Si todo funciona correctamente, ambos stacks terminan con un '1' como elemento superior de la pila y por tanto son correctos y se considera la entrada como correcta (pues son datos distintos de '0'):

- En el stack [1], OP_HASH160 realiza un doble hash del primer elemento de la pila, luego se añade a la pila la constante RIPEMD160(SHA256(redeemScript)) y por último OP_EQUAL compara si los dos últimos elementos de la pila son iguales. Si lo son añade un '1' a la pila y si no un '0'.

- En el stack [2] se había guardado una copia del stack [1]. Se toman los datos del *redeemScript*, se trocean en sus unidades de datos más pequeñas y se aplican a la pila (al Stack 2). De esa forma, se realiza la segunda validación que es ya la del script de la transacción en sí (multifirma, OP_CHECKMULTISIG).

Podemos comprobar que **P2SH es un modelo muy general**, con el que se puede hacer incluso una transacción P2PKH por ejemplo utilizando un script para ello en vez de hacerlo como hemos visto antes (aunque nadie lo hace, obviamente, porque ocupa más espacio).

Todavía no lo habíamos dicho pero **una de las reglas de consenso por protocolo para que un bloque sea válido es que su tamaño debe ser menor a 1 MB**. Esto es lo que hace que los mineros deban seleccionar las transacciones que van a poner en el bloque y por lo que existen las comisiones o 'fees' que se pagan en cada transacción.

Pero claro, dado que la restricción es de tamaño, **los mineros no solo miran las comisiones que les dejan en una determinada transacción, sino también su peso en Kilobytes** para saber si vale la pena. Si es muy grande quizá dos transacciones pequeñas tienen mayores comisiones que la grande.

Es decir, y como trataremos más adelante, **se fijan en la ratio de comisiones por kilobyte de transacción** para ordenar las transacciones que van a colocar en su bloque.

En este aspecto, **lo que hace P2SH es trasladar la complejidad de la transacción y las comisiones desde el que envía los fondos al que los recibe** para cuando quiera gastarlos. El peso del script ya no está en el UTXO, lo debe aportar el usuario en la entrada cuando quiera gastarlo. Es la transacción del usuario que gasta el UTXO la que tiene el peso del script, y junto al peso también las mayores comisiones de minería.

Si bien P2SH es un modelo que sirve para muchísimos scripts con condiciones diversas (siempre y cuando no tengan opcodes raros), **lo normal es usarlo cuando se quiera hacer una transacción compleja** como las multifirma.

En cuanto a P2SH frente a un modelo de transacción compleja normal:

- Los scripts complejos se reemplazan en el UTXO por un hash mucho más corto, lo que hace que la transacción que bloquea los fondos sea más pequeña.

- A cambio, la transacción para desbloquear los fondos es mucho más grande, pues hay que aportar en el *scriptSig* de la entrada que gasta el UTXO el script completo (*redeem script*, 'revelado').

- La carga de las comisiones recae sobre el destinatario cuando va a gastar los fondos, no sobre el remitente de los fondos, lo cual también es bastante de sentido común (el interesado es el destinatario, al remitente le da igual).

- Facilita el desarrollo y la implementación de software que utiliza Bitcoin, como las carteras o *wallets*, por simplificar el proceso.

- Hace que la responsabilidad de mantener los datos del script recaiga sobre el beneficiario (quien va a desbloquear los fondos, quien tiene el UTXO, también de sentido común).

- El menor tamaño del UTXO favorece la descentralización y el buen mantenimiento de los registros distribuidos de Bitcoin al reducir el peso y la carga de los mismos.

- P2SH cambia la carga en el almacenamiento de datos del tiempo presente (pago) a un tiempo futuro (cuando se gasta).

Antes de terminar el apartado debemos hacer un par de apuntes importantes. El primero es respecto a la **utilidad de las transacciones multifirma**. ¿Por qué querríamos un modelo de transacción así? Pues aunque no lo parezca, las utilidades de este esquema son múltiples.

En primer lugar, un mismo individuo podría querer **aumentar la seguridad de su patrimonio** exigiendo varias claves distintas escondidas de diferentes maneras para desbloquear sus fondos. Así, aunque una de sus claves fuera revelada o estuviera vulnerable, un atacante no podría robar y utilizar los fondos.

Otra utilidad fundamental es la **gestión de fondos comunes**, ya sean corporativos, familiares, de asociaciones y clubes, de fondos de inversión, de los integrantes de un barrio o una comunidad, de una congregación de vecinos, etc.

Por ejemplo, una empresa podría tener sus fondos menos líquidos en una "multicuenta" (pues todos sus UTXO son multifirma) donde se requiere la aprobación de 5 tesoreros o ejecutivos distintos para rescatar y usar el valor, y solo si los 5 firman una transacción esta puede ser realizable (o 7 de 10 ejecutivos, etc.).

También tendría sentido hacerlo en los **ahorros de, por ejemplo, una familia**. Una determinada familia puede tener unos ahorros de valor en Bitcoin bloqueados de tal forma que solo la unanimidad de sus integrantes es capaz de desbloquearlos.

O también sería útil para gestionar una herencia tal que solo si existe un pacto entre los herederos de unos fondos determinados estos podrán desbloquearlos, quedando así la voluntad de cada uno de ellos reflejada en la transacción.

Pensemos también cuando hay algún tipo de contrato entre dos o varios individuos. Por ejemplo, un broker podría tener sus cuentas corporativas y bloquear los fondos de los clientes en UTXOs multifirma 2 de 2 de tal manera que solo si ambos firman la transacción (pidiendo el consentimiento del usuario) se pueden utilizar los fondos.

Dado que la gestión de fondos comunes en sociedad es esencial, las multifirmas también lo son. Además, las transacciones multifirma se pueden combinar con el **locktime** visto anteriormente que hace que se puedan bloquear los fondos durante un cierto tiempo absoluto.

Esto permite también **programar instrumentos financieros** de lo más diversos: desde salarios que se abonan cada mes obligatoriamente hasta préstamos, apuestas o las propias herencias antes mencionadas (un testador antes de fallecer puede dar los fondos a su hijo habiéndolos bloqueado de tal forma que solo pueden ser usados a partir de determinada edad).

Más adelante estudiaremos con mayor detenimiento algunos de estos instrumentos, pues permiten cosas como la *Lightning Network* de Bitcoin (gracias a los llamados *Discreet Log Contracts* o contratos de registro discreto) o los pagos condicionales con oráculos.

El segundo punto es que ha llegado el momento de explicar las llamadas **transacciones estándar**. Las transacciones estándar son como una especie de plantillas de transacciones (los modelos que hemos llamado) creadas después del descubrimiento de varios errores peligrosos en las primeras versiones del software Bitcoin.

Estas plantillas se implementaron en unas funciones del software llamadas **IsStandard()** e **isStandardTx()** que imponen las condiciones de estandarización y se pueden consultar en el software original y en su código fuente.

Es una propiedad binaria (una transacción puede ser estándar o no estándar) que marca las transacciones en el software de Bitcoin según sus *scriptSig* y *scriptPubKeys*.

Desde estos potenciales errores, el software de Bitcoin (Bitcoin Core) por defecto solo **acepta y retransmite** transacciones nuevas en la red si sus *scriptPubKeys* y *scriptSigs* coinciden con este pequeño conjunto de plantillas que se creen seguras. Evidentemente, esto además de las otras reglas de validación de Bitcoin sobre las pruebas de trabajo, los bloques, las transacciones y sus formatos definidos.

Las transacciones que superan las condiciones se denominan transacciones estándar y son las que se retransmiten a los pares, y las que no lo hacen se llaman transacciones no estándar.

Se ha de subrayar claramente que **no es lo mismo una transacción válida que una transacción estándar**, y viceversa. La diferencia es que si se encuentra una transacción no estándar pero válida en un bloque válido publicado en la cadena de bloques, un nodo la tomará como correcta y en este caso sí retransmitirá el bloque.

La cuestión es que si alguien emite una transacción no estándar (pero válida) para que los nodos de la red de Bitcoin la distribuyan y que los mineros la añadan en sus bloques, los nodos tendrán una advertencia de que dicha transacción no es estándar.

La mayoría de ellos no la distribuirán por la red, pues la configuración predeterminada del software de Bitcoin original establece que solo se distribuyan transacciones estándar. **Las transacciones no estándar**, aquellas que no pasan la prueba, **pueden ser retransmitidas solamente por nodos que no utilizan la configuración predeterminada**.

Generalmente un usuario que quisiera publicarlas debería acudir directamente a algún minero que esté dispuesto a minarlas u ofrecer unas *fees* muy altas para compensar la no retransmisión con la adición rápida en un bloque por parte de un minero. Una vez incluídas en el bloque válido, los nodos aceptarán y retransmitirán el bloque.

Estándar significa por tanto que se cumplen estas plantillas seguras, y por lo tanto significa algo así como 'normal'. Su función es múltiple: por un lado **hacer todavía más difícil para alguien atacar Bitcoin** de forma gratuita mediante la transmisión de transacciones dañinas, y por otro **blindar a los propios usuarios y desarrolladores de software** que usen Bitcoin de potenciales errores mediante transacciones complejas que puedan perjudicar a los propios usuarios.

Además, **la estandarización de transacciones también ayuda a evitar que los usuarios creen hoy transacciones que dificulten la adición de nuevas funciones** en transacciones del futuro. Por ejemplo, como se describió anteriormente, cada transacción incluye un número de versión. Si los usuarios cambiaran arbitrariamente el número de versión, se volvería inútil como herramienta para introducir características incompatibles con versiones anteriores.

En cambio el hecho de que el número de versión esté dentro de los estándares permite mayor variabilidad en las funcionalidades de una transacción. Así podemos interpretar una funcionalidad determinada de una transacción de forma diferente según la versión indicada en la propia transacción.

Las transacciones de Bitcoin estándar actualmente son las cinco que hemos visto en este capítulo junto a unas cuantas más añadidas en las actualizaciones de Bitcoin de *SegWit* en 2017 y *Taproot* en 2020. Estas actualizaciones las estudiaremos también más adelante en el libro, pero en cualquier caso los modelos de transacción que de ellas se derivan son herederas de estos 5 modelos.

A continuación dejamos un resumen de las mismas:

- **Pubkey (P2PK)**. La más simple y antigua, del apartado anterior.

- **Pubkey Hash (P2PKH)**. También nombrada en el apartado anterior, y la responsable de más del 95% de todas las transacciones que se hacen en Bitcoin.

- **Multisig**. Las transacciones multifirma que hemos visto en este apartado también. Su uso de forma estándar está limitado a un máximo de 3 claves públicas enumeradas, con lo cual se pueden formar transacciones desde 1 de 1 hasta 3 de 3 solamente.

- **Script-Hash (P2SH)**. El modelo visto también en este apartado. Su uso está limitado igualmente a 15 claves públicas, con lo cual los esquemas multifirma que se permiten en P2SH van desde 1 de 1 hasta 15 de 15 (se impone tamaño máximo al *redeem script*).

- **Datos nulos**. Este tipo de transacción es el que hemos visto en el apartado anterior como una salida que no se puede consumir. Consiste simplemente en un *scriptPubKey* formado por el opcode OP_RETURN seguido de cualquier tipo de datos siempre que tenga un tamaño reducido (como máximo el tamaño máximo exigido para una salida de una transacción). Solo se permite una salida por transacción.

Nota importante

Un pago multifirma puede ser no estándar tanto en la transacción que contiene la salida como en la transacción que contiene la entrada, mientras que con el modelo P2SH las transacciones pueden ser no estándar en general sólo por medio de su script de desbloqueo (*scriptSig*), es decir, en la transacción que va a gastar los fondos.

Esto se debe a que IsStandard() no tiene forma de saber con el hash de un script si este es no estándar, por ejemplo incluyendo más firmas que el límite de tamaño actualmente impuesto. Lo que implica que **la responsabilidad y el riesgo de que un script sea no estándar e incluso inválido se presentan a la hora de gastar los fondos**, con lo cual es importante ser precavido.

- Antes de la versión 0.9.2 del cliente Bitcoin Core, **el P2SH estándar estaba limitado a los tipos estándar de scripts de transacción** de bitcoin mediante la función IsStandard(). Eso significa que el script presentado en la transacción solo podía ser uno de los estándar: P2PK, P2PKH, multisig o datos nulos.

- A partir de la versión 0.9.2 de Bitcoin Core, **las transacciones P2SH estándar pueden contener cualquier script válido**, haciendo al estándar P2SH mucho más flexible y permitiendo la experimentación con transacciones novedosas y complejas.

No se puede colocar un P2SH dentro de un script de P2SH porque la especificación de P2SH no es recursiva. Además, si bien es técnicamente posible incluir un OP_RETURN o transacción de datos nulos pues nada en las reglas impide hacerlo, no tiene ningún uso práctico porque ejecutar OP_RETURN durante la validación hará que la transacción sea marcada como no estándar (y seguramente no distribuida por la red).

Así pues, hay que tener mucho cuidado con los scripts que se programan en el *redeem script* de una entrada P2SH de Bitcoin, especialmente cuando se desarrollan aplicaciones que los utilicen (software *wallets*, etc.). Lo mismo ocurre con todos los modelos de transacción herederos de P2SH, que incluyen scripts, y veremos más adelante.

Es curioso pero, a pesar de la simplicidad de Bitcoin en cuanto a Bitcoin Script y las posibilidades de dinero programable, y a pesar de todas las restricciones que se ponen en la estandarización de transacciones, los modelos que contienen *scripts* personalizables (P2SH y herederos) permiten hacer cosas no previstas y potencialmente no deseadas.

Ese es el caso de los famosos *Ordinals* de Bitcoin que, utilizando un esquema de script determinado, ha permitido saltar las normas de estandarización y poder meter en los UTXOS inscripciones de datos arbitrarios de un tamaño cualquiera, solo limitadas por el tamaño del bloque. Y eso ha dado lugar a los "estándares" BRC-20 y BRC-721.

Esto también hay que tenerlo muy presente, pues puede dar lugar a sorpresas. Y en un sistema que prioriza la máxima seguridad y descentralización, **evitar las sorpresas tiene mucho sentido**.

Direcciones de Bitcoin

Ahora que ya entendemos los tipos de transacción de Bitcoin estamos en disposición de **comprender de verdad qué son y cómo funcionan las direcciones de Bitcoin**. Recordemos que los modelos de transacción vienen determinados por los *scriptPubKey* y *scriptSig*, y por tanto aplican a cada entrada y cada salida de una transacción.

Como hemos mencionado anteriormente, l**os modelos de transacción realmente no aplican a las transacciones sino a cada una de las entradas y salidas emparejadas**. Por lo tanto son más bien '*modelos de bloqueo y desbloqueo de fondos*', podríamos decir. O '*modelos de scripts*', '*de entradas y salidas*', '*de UTXOs*', etc. Por eso intentamos denominarlos como modelos de transacción o pagos, y no como transacción.

Una transacción de Bitcoin al uso, con su TXID, puede tener decenas de entradas y salidas cada una con su 'modelo de transacción', porque realmente aplican a cada UTXO, ya sea en la salida que lo crea, en la entrada que lo consume o en ambas.

Volviendo a las direcciones, una **dirección de Bitcoin** es un identificador de 30-70 caracteres alfanuméricos que empieza con un prefijo de caracteres determinado. Por ejemplo, hay direcciones que empiezan por '**3**', otras por '**1**', otras por '**bc1q**', otras por '**bc1p**', ...

Este identificador representa exactamente **un posible destino para un pago de Bitcoin**. Representa los datos que se necesitan para realizar un pago de una determinada forma, y es algo más que la clave pública.

Podemos decir que es como un '**recipiente**' para pagos de Bitcoin tal que sea legible, corto, interpretable por seres humanos y por software que gestiona criptomonedas y que permite también evitar errores. Es muy importante remarcar que **las direcciones no están presentes en el software de Bitcoin**, solo son representaciones externas.

Se pueden generar direcciones de Bitcoin, es decir *recipientes*, tanto para una clave pública al uso como para un script. En otras palabras: las direcciones de Bitcoin **también reflejan en su representación el modelo de transacción con el que se quiere hacer el pago**.

El *prefijo* de caracteres por el que empiezan las direcciones es precisamente un *estándar* que indica qué tipo de transacción se realiza. Así, por ejemplo las direcciones que empiezan por '**4**' son recipientes para transacciones P2PK, el prefijo '**1**' representa P2PKH y el prefijo '**3**' es el usado para recipientes P2SH al uso (en las direcciones *Legacy*, es decir, las direcciones antiguas más "tradicionales" de Bitcoin).

La idea de las direcciones es representar las claves públicas, scripts y condiciones de pago de una forma más útil, usable, amena y amigable para permitir un uso de Bitcoin más sencillo. Por ejemplo, permite realizar **pagos mediante códigos QR** (llamado QR por '*quick response*' o respuesta rápida, por cierto, cuyo nombre de nuevo lo dice todo).

Se utilizan las direcciones y no las claves públicas o scripts porque ciertamente es absurdo y podría generar una cantidad de errores considerable. Por eso tanto el software de Bitcoin como las *wallets*, las casas de cambio, los exploradores de blockchain y en general las aplicaciones externas creadas sobre Bitcoin utilizan las direcciones.

Una dirección de Bitcoin es como el beneficiario en un cheque de papel, lo que se escribe en la línea después de "Pagar a la orden de". En un cheque en papel, ese beneficiario puede ser el nombre del titular de una cuenta bancaria, pero también puede incluir corporaciones, instituciones o incluso dinero en efectivo.

En Bitcoin las direcciones pueden ser de diferentes tipos según el modelo de pago que se quiera realizar, como ahora veremos. Además, pueden ser generadas sin coste por cualquier usuario y es posible obtenerlas tanto desde un nodo como desde cualquier aplicación al uso (*wallets*, casas de cambio o *exchanges* u otros).

En el apartado de claves mencionamos que las direcciones de Bitcoin están en **formato Base58**, que es un formato alfanumérico con mayúsculas y minúsculas excepto la "O" y la "I" mayúsculas, la "l" minúscula y el número "o" para evitar confusiones. Y es que, para representar números largos de forma compacta, utilizando menos símbolos, muchos sistemas informáticos utilizan representaciones alfanuméricas mixtas.

Aún más compacta que Base58, la representación **Base64** utiliza 26 letras minúsculas, 26 letras mayúsculas, 10 números y dos caracteres más, como "+" y "/". Se usa comúnmente para agregar archivos adjuntos binarios al correo electrónico (entre otros muchos usos).

Base58 es un formato desarrollado para su uso en Bitcoin y utilizado en muchas otras criptomonedas, que ofrece un equilibrio entre representación compacta, legibilidad y detección y prevención de errores. Inspirado en Base64, Base58 usa letras y números en mayúsculas y minúsculas, pero omite los caracteres anteriormente mencionados que con frecuencia se confunden entre sí y pueden parecer idénticos cuando se muestran en ciertas fuentes.

Por ahora, vamos a examinar el **caso más simple**: una dirección de Bitcoin que representa un recipiente para un pago **P2PKH**. Recordemos que existen dos tipos de clave pública de Bitcoin: la clave pública descomprimida y la clave pública comprimida.

La **clave pública descomprimida** viene dada, como hemos visto antes al explicar el modelo P2PKH, por las dos coordenadas de 256 bits del punto de la curva elíptica precedidos por un byte que indica que se trata de una clave pública descomprimida: el **0x04**. Es por eso que la clave pública de dicho apartado era:

```
046cc9eeffe66726abb725d191537f87c023202eb13ede9031d7adb80e
cb0ddc9aa380cb2659747b850ea577cf04f01248ca9291976523a94ef0
a907e6bb15bd55
```

y contiene 130 caracteres hexadecimales: 64 correspondientes a los 32 bytes de la coordenada X, 64 correspondientes a los 32 bytes de la coordenada Y y el byte 0x04 que indica al software de Bitcoin que esa clave pública está en formato descomprimido.

Por otro lado, la **clave pública comprimida** viene dada por los 32 bytes de la coordenada X y el byte precedente que marca la versión **0x02/0x03** según Y se encuentra en la parte positiva del eje de las X o en la parte negativa, debido a que las curvas elípticas son simétricas.

Pues bien, **la dirección se deriva de la clave pública mediante el uso de un doble hash de SHA256 y RIPEMD160 y la adición de información adicional**. Así, para las direcciones P2PKH tradicionales se añade a este hash un prefijo de **un byte con 0x00 que es el que termina siendo el '1' inicial** de las direcciones al pasar la dirección a formato Base58.

Por lo tanto todas las direcciones P2PKH tradicionales empiezan por '1' y como vemos no importa realmente el tipo de clave pública puesto que se toma su hash (modelo P2PKH). Por ejemplo, una dirección de Satoshi es "1A1zP1eP5QGefi2DMPTfTL5SLmv7DivfNa".

Volviendo sobre el doble hash con el prefijo 0x00, todavía en hexadecimal, este se codifica en un formato llamado **Base58Check**, que como su propio nombre indica es una codificación en Base58 que tiene además una función de verificación de errores incorporada.

Concretamente implementa una función **checksum de 4 bytes** que se añaden como sufijo al final de la dirección para evitar equivocaciones en la copia de direcciones. Estos 4 bytes son los primeros que resultan al aplicar un **doble hash SHA256** a los datos anteriores (el doble hash de la clave pública con el prefijo). Una vez se tienen todos esos datos en hexadecimal ya sí **se transforma la información a formato Base58 y se obtiene la dirección de Bitcoin tradicional**.

Como ya hemos explicado en el primer capítulo, los checksum permiten evitar errores de transcripción de datos. Cuando se le presentan unos datos en Base58Check, **el software de decodificación calculará la suma de verificación de los datos y la comparará con la suma de verificación** que había en los datos.

Si los dos no coinciden, eso indica que se ha introducido un error y que los datos no son válidos. Así por ejemplo **se evita que el software de una**

wallet de Bitcoin acepte una dirección mal escrita como un destino válido, un error que de otro modo resultaría en la pérdida de fondos del usuario. A continuación mostramos un diagrama de la construcción de una dirección de Bitcoin tradicional:

Construcción de una dirección de Bitcoin tradicional

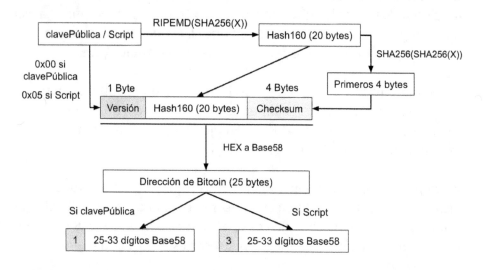

Así pues, como podemos ver, las direcciones que son una clave pública (P2PKH) empiezan por '1' debido al prefijo 0x00 de la Versión de la dirección, y las direcciones que son un script (P2SH) empiezan por '3' debido al prefijo 0x05. Como hemos dicho, el formato de las direcciones es independiente del tipo de script o clave pública debido a que se toma su hash.

De la misma forma las direcciones de Testnet usan como prefijo las versiones 0x6F y 0xC4, y por eso empiezan por 'm/n' (P2PKH) y '2' (P2SH) respectivamente.

Antes de terminar este apartado debemos explicar que las claves privadas, por su parte, también tienen direcciones. Estas vienen dadas por el formato llamado **Wallet Import Format (WIF)** o Formato de Importación de Cartera. Es un formato que, como su propio nombre indica, se utiliza para importar una clave privada en una cartera nueva, aunque en general no es para nada recomendable hacerlo pues nuestra clave queda expuesta. Para el *checksum* se utilizan los 4 últimos bytes de la clave privada.

El procedimiento WIF es el mismo que en las direcciones públicas exceptuando obviamente el de tomar el doble hash, ya que si lo hiciéramos así no tendríamos toda la información *en bruto* de la clave privada para importarla a la cartera.

WIF utiliza el código de versión 0x80, con lo cual estas direcciones WIF empiezan por '5'. El procedimiento, más sencillo, es el siguiente:

Formato WIF de una clave privada de Bitcoin

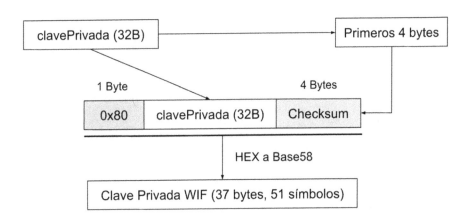

Finalmente, debemos mencionar que las direcciones de Bitcoin más novedosas hoy en día no son las que hemos estudiado aquí, sino otras llamadas **direcciones SegWit nativas o direcciones Bech32**, que empiezan por bc1 y tienen 39 dígitos en caso de ser claves públicas y 59 en caso de scripts (bc1qar0srrr7xfkvy5l643lydnw9re59gtzzwf5mdq).

Estas direcciones están escritas en un formato nuevo de 32 símbolos, **Base32**, y de ahí proviene su nombre, pues Bech32 es una codificación del formato Base32 con un checksum igual que Base58Check lo es respecto a Base58. Bech32 es una **codificación de direcciones un poco más compleja que la que hemos explicado aquí pero con la misma**

filosofía, y dado que de momento no hemos tratado el funcionamiento de *segWit* tampoco vale la pena entrar en su funcionamiento a nivel profundo ahora mismo.

Lo más importante es comprender que **las direcciones son como representaciones 'user friendly'**, tratables de forma externa, de aquello a lo que se puede pagar Bitcoin. Un identificador de un recipiente de pago.

Todas las wallets de criptomonedas, los exchanges o casas de cambio y en general el software externo de Bitcoin utiliza direcciones para su manejo y operatividad, y es importante que sepamos qué son, qué representan, cómo se crean y reconocerlas. Como siempre, en internet tienen más información al respecto.

Coinbase, fees, halvings y bloque génesis

En este último apartado del capítulo vamos a tratar dos cosas especiales. Dos excepciones a todo lo que hemos dicho hasta ahora.

La primera es una **excepción en las transacciones: la transacción Coinbase**, que es la primera transacción de cada bloque (o árbol de Merkle). La Coinbase se usa para emitir nuevos Bitcoin y ubicar las comisiones, tarifas o 'fees' de las transacciones de un bloque.

Es, por tanto, una transacción completamente ligada a los mineros; a aquellos que construyen bloques y calculan las pruebas de trabajo sobre los headers de los mismos (recordemos nociones anteriores). Y por eso también enlazaremos la transacción coinbase con la emisión y minado de nuevas unidades monetarias en Bitcoin.

La segunda es el llamado **bloque génesis**, que es el primer bloque de Bitcoin jamás creado. El bloque de altura (*height*) 1, que obviamente es especial porque no tiene ningún bloque que le preceda y por lo tanto no tiene hash previo entre otras cosas. Para entender bien el bloque génesis debemos conocer qué es la transacción Coinbase y cómo funcionan las comisiones y las emisiones de nuevos Bitcoin.

Así pues, empezando por la primera, la transacción Coinbase es la única que no sigue las reglas especificadas anteriormente para las transacciones, y se suele poner la primera en el bloque (en el árbol de Merkle de las transacciones, que va fuera del *header*, recordemos).

Se trata de una transacción permitida una vez en cada bloque, y cuya entrada no consume ni apunta a ningún UTXO. El campo del hash de la transacción a la que apunta la entrada (el TXID del UTXO) se pone todo a ceros 0x000[...]000 y el campo del Index se pone a0xFFFFFFFF es decir todo el campo lleno, equivalente a poner 999999 pero en hexadecimal (por consenso y protocolo).

Además, **el *scriptSig* de estas transacciones puede ser literalmente lo que se quiera** (limitado solo por tamaño) y usualmente se aprovecha para poner información sobre quién ha minado el bloque, pues es el minero del bloque el que construye la transacción Coinbase.

De hecho, la información de Internet sobre las distintas *pools* de minería y los bloques que estas minan se obtiene precisamente del *scriptSig* de la transacción Coinbase, porque no hay otra forma de identificar quién ha minado un bloque.

Recordemos que el Proof of Work es universal y completamente anónimo, no vinculante. Por eso la información de las pools hay que tomarlas con pinzas, ya que el lector mismo podría minar un bloque y poner en el *scriptSig* de la Coinbase que ha sido *Antpool* o *Bitmain*. Nadie podría comprobar o refutar si ha sido realmente *Antpool* o *Bitmain* o no.

En cuanto a la salida (output) de la transacción Coinbase, en ella los mineros se pueden otorgar a sí mismos la recompensa del bloque. Así, en el valor o Value se ubica la recompensa y en el *scriptPubKey* obviamente se pagan dicho valor a sí mismos generando un UTXO a una dirección de la que son propietarios.

La recompensa del bloque está dada por una tasa base más las comisiones implícitas en las transacciones del bloque minado. La tasa base a su vez viene definida por protocolo en Bitcoin y es la responsable de la emisión de todas las unidades monetarias, de la inflación de Bitcoin en resumidas cuentas.

La tasa base sigue un modelo *logarítmico* con el tiempo, según el cual cada cierto tiempo se reduce a la mitad. Concretamente, la tasa base, cuando Satoshi publicó el primer bloque de Bitcoin, **empezó siendo 50 BTC por cada bloque** minado (es decir, 5.000.000.000 sats, recordemos que esta es la verdadera unidad de cuenta de Bitcoin).

Desde esa tasa **se reduce a la mitad cada 210.000 bloques**, es decir, cada 3,9954 años considerando un bloque cada 10 minutos y 365 días por año. A cada uno de estos procesos donde se divide la tasa base de la recompensa por minar un bloque a la mitad se la denomina *halving*, que en inglés significa literal y justamente eso: '*reducir a la mitad*'.

De esta forma, como hemos dicho el minado de los primeros 210.000 bloques podían recompensarse con 5.000.000.000 satoshis, los siguientes con 2.500.000.000, los siguientes con 1.250.000.000 y así sucesivamente. Actualmente estamos en el tercer halving, y por la tasa base es de 625.000.000 satoshis es decir 6.25 Bitcoins o BTC.

Sin embargo, hay un par de problemas al respecto, ya que **el número de satoshis es un número entero en formato**. Mientras que se puede dividir un número racional por dos indefinidamente, no ocurre así con los números enteros.

En primer lugar, **a partir del undécimo halving tocaría recompensar con 4.882.812,5 satoshis** cada bloque, pero el campo 'Value' no admite decimales. Este problema tiene una solución sencilla: **se redondean a la baja los decimales**, quedando 4.882.812 satoshis.

Pero hay un segundo problema bastante mayor: **como cada vez el número entero se divide entre 2, al final vamos a tener un número menor que 1**. Es exactamente eso lo que hace que el sistema sea completamente deflacionario, pues no se puede dividir entre 2 la oferta de forma indefinida.

Si hacen los cálculos dividiendo con calculadora 5.000.000.000 entre 2, verán que tras dividirlo treinta y cuatro veces tenemos un valor menor que 1. Esto significa, en teoría, **que a partir del halving número 33 se dejará de emitir Bitcoin, pues la tasa base se reduciría a un poco más de 0.5 y se redondería a 0** ya que el campo *Value* no permite decimales.

Si multiplicamos 33 halving de emisión inflacionaria de nuevos Bitcoin por los 4 años que existen entre cada halving, tenemos 132 años. Estos 132 años sumados al 2008 que fue cuando empezó Bitcoin, tenemos que **en 2140 dejarían de emitirse nuevos Bitcoin** (o mejor dicho nuevos sats), quedando reducidos a algo menos de 21 millones en total.

A este problema se le suele llamar **problema de 2140**, y es una fecha en la que existe incertidumbre sobre lo que pasará (o pasaría) con Bitcoin, en caso de que aún esté en uso. Los *halving*, por cierto, son los responsables de las burbujas especulativas que se generan en Bitcoin, y analizar su robustez y comportamiento a largo plazo requiere un estudio con mayor profundidad.

Para los frikis y curiosos, decir que el número de *satoshis* totales que se van a emitir en Bitcoin es exactamente de 2.099.999.997.690.000 con lo cual la oferta de Bitcoins total es de **20.999.999,9769 BTC**. Esto es algo que se puede calcular programando un *script* sencillo.

Respecto a las **comisiones implícitas** en las transacciones, debemos recordar que en el apartado de las *Transacciones y el modelo UTXO* decíamos que para que una transacción fuera válida la suma total del valor de las salidas debía ser **igual o menor que** la suma total del valor de las entradas.

La razón del *'igual o menor que'* es exactamente esta: la **diferencia entre los inputs y los outputs de una transacción** son las comisiones implícitas que aquel que transacciona valor otorga al minero para que este incluya su transacción en el bloque a minar. Y **el minero, por protocolo, tiene derecho a abonarse también en la Coinbase esta diferencia de valor entre entradas y salidas** de una transacción.

Estas son las famosas **'fees'** que se pagan cuando se envía valor con Bitcoin de una dirección a otra. Por ejemplo, si una transacción tiene un input con valor de '2' y otro de '3' y un output con valor de '4', el minero que la añade en un bloque tiene derecho a cobrar en la Coinbase ese '1' restante como comisión extra.

En un próximo apartado explicaremos también cómo se propagan las transacciones y cómo los mineros escogen las transacciones a colocar en el bloque para minarlo. Por poner un **ejemplo real**, si tomamos el bloque de las 14:45 21 de Mayo de 2023 en el explorador *blockchain.com*, con altura 790738, tenemos el siguiente redactado:

" **Coinbase Message ·**
Mined by AntPool KZa`z>mm|[Jpv'1.%{9%p1<-n(=LrLqoj]G

Un total de 2103,59 BTC se enviaron en el bloque, siendo la transacción media 0,6821 BTC. AntPool ganó una recompensa total de 6,7616 BTC. La recompensa consistía en una recompensa de base de 6,25 BTC con un pago de recompensa adicional de 0,5116 BTC pagado como tasas de las 3048 transacciones que estaban incluidas en el bloque."

Lo primero de todo es el mensaje de la Coinbase es decir, los datos del *scriptSig* de la transacción Coinbase que el minero aprovecha para dar datos. En este caso, vemos que es un bloque minado supuestamente por AntPool, aunque no podemos asegurar nada. Otros ni siquiera ponen mensaje.

Seguidamente observamos en el redactado que la recompensa base es de 6,25 BTC (lo correspondiente al halving actual) y las comisiones totales de las transacciones 0,5116 BTC. Por eso vemos que en total se enviaron 6.76162288 BTC en la transacción Coinbase sin que haya ningún problema con ello.

Cabe destacar otra característica fundamental de la transacción Coinbase, y es que **los UTXOs resultantes de las mismas no pueden ser consumidos hasta 100 bloques más tarde**. Así que esos Bitcoin no podrán utilizarse hasta que no se publique el bloque de altura 790738.

El motivo es evitar que se incurra en doble gasto en caso de que haya un *fork temporal* (que haya varias cadenas diferentes a la vez) pues el bloque podría ser inválido.

Se considera que 100 bloques (16-17 horas) es tiempo suficiente para que una desviación temporal de la cadena en parte de la red se solucione y se permita desbloquear los fondos de las recompensas a los mineros (más adelante estudiaremos también a fondo los *forks* o bifurcaciones de la cadena de bloques).

Terminamos nuestro estudio de la Coinbase con el **algoritmo o proceso que se utiliza para calcular de forma determinista y consensuada el valor máximo que se puede abonar un minero en dicha transacción.**

Se trata del algoritmo que utilizan tanto los propios mineros para construir los bloques como los propios nodos de la red para validarlos:

1. Se suma el valor de las entradas y el valor de las salidas de cada una de las transacciones del bloque, y se resta la segunda a la primera para obtener la suma de las comisiones implícitas.

2. Se calcula la altura del bloque que se está minando y se calcula el módulo al dividirla entre 210.000 (se toma el resto al dividir la altura entre 210.000).

3. Se divide los 5.000.000.000 satoshis entre el módulo calculado para obtener la tasa base de la recompensa, y luego se suma a las comisiones implícitas.

4. Finalmente el minero crea la transacción Coinbase para otorgarse la recompensa, o si es un nodo valida la transacción coinbase y el bloque en caso de que todo esté correcto.

Es debido a este algoritmo determinista el hecho de que Bitcoin sea deflacionario de forma forzosa, y como vemos es complicado no acatarlo. Si lo hace solo un nodo, quedaría fuera del consenso de la red y baneado. Si lo hace un número considerable de nodos, habría un hard fork. Pero evidentemente la mayoría en Bitcoin prefieren acatarlo.

Una vez comprendida en profundidad la Coinbase, es mucho más fácil entender el **bloque génesis de Bitcoin**, que aunque no es muy relevante a nivel técnico sí tiene información anecdótica interesante.

Su nombre se debe al propio Satoshi, que lo nombraba así y fue creado el 3 de Enero de 2009. Curiosamente, este bloque fue creado seis días antes de que Satoshi lanzara el software de Bitcoin por Internet para que otra gente lo utilizase y seis días antes del siguiente bloque.

Hay diversas teorías acerca de por qué hizo esto y aunque solo Satoshi podría desvelarlo, la más sencilla y la más consensuada, aplicando la *Navaja de Ockham*, es simplemente que quiso asegurarse de que el bloque estaba bien creado y estaba todo correcto.

Consiste en **un bloque que únicamente tiene la transacción coinbase**, y otorga los primeros 50 Bitcoin a una dirección, supuestamente de Satoshi. La dirección es '1A1zP1eP5QGefi2DMPTfTL5SLmv7DivfNa'.

Como hemos dicho, en el *scriptSig* de una transacción coinbase se puede poner lo que uno quiera, y Satoshi puso en dicho campo la célebre frase tan comentada y reproducida en el mundo *crypto*:

"The Times 03/Jan/2009 Chancellor on brink of second bailout for bank"

Ese era el titular del The Times de dicho día, el 3 de Enero. Esto probablemente pretendía ser una prueba de que el bloque se creó el 3 de enero de 2009 o después, así como un comentario sobre la inestabilidad causada por la banca de reserva fraccionaria.

Además, **sugiere que Satoshi Nakamoto pudo haber vivido en el Reino Unido e insinúa el propósito de Bitcoin**, dando a entender que en un sistema supuestamente liberal y capitalista rescatar bancos es un problema para Satoshi. Aunque, como nosotros ya sabemos, los orígenes de Bitcoin se remontan muy atrás, a los años 70s.

En este bloque **el campo del *header* del 'hash previo' del bloque anterior es un campo de datos con todo a ceros (0x000[...]000)**. Obviamente también en la entrada de la Coinbase el TXID del UTXO a gastar es 0x000[...]000 y el Index es 0xFFFFFFFF.

Es decir, todos estos campos son "nulos". Otra característica interesante del bloque es que **esos 50 Bitcoin fueron los primeros echados a perder, puesto que no se pueden utilizar**. Esto es debido a un error que no se sabe muy bien si fue accidental o a propósito.

Vamos a explicarlo aquí en cualquier caso de forma resumida. Como ya sabemos, los bloques son en realidad *headers* (cabeceras), y aparte de los *headers* están las transacciones que constituyen el *árbol de Merkle* cuya raíz va dentro del header.

Por otro lado, el software de Bitcoin al principio mantenía una base de datos de bloques (los *headers*) y una base de datos de las transacciones, ambas por separado. Al inicializar un nodo de Bitcoin, lo que hacía el software es que cuando encontraba que su base de datos de bloques estaba vacía, insertaba el bloque génesis para comenzar a sincronizar toda la blockchain.

Pues bien, el bloque génesis solo incluye la Coinbase que envía 50 BTC a la dirección '1A1zP1eP5QGefi2DMPTfTL5SLmv7DivfNa', **pero el software no inserta esta transacción en su base de datos de transacciones** ni en la de los UTXOs.

Entonces, aunque esta transacción es parte de la cadena de bloques, si el software ve una transacción que gasta el UTXO de estos 50 BTC, no podrá encontrar la transacción en su base de datos y la transacción será rechazada. En otras palabras, **el cliente Bitcoin original no considera que la transacción del bloque de génesis sea una 'transacción real'**.

Esto implica que **los 50 BTC quedan vinculados para siempre a la dirección '1A1zP1eP5QGefi2DMPTfTL5SLmv7DivfNa'; bloqueados e inutilizables.**

Como vemos es un *error* (o algo hecho a propósito, quién sabe) muy absurdo, y quizá se pueda pensar que se podría solucionar de forma rápida simplemente actualizando el software para que incluya la transacción en la base de datos y ya está.

Pero de nuevo la solución es mucho más compleja de lo que parece porque una actualización así **ocasionaría un *hard fork*** en la blockchain (de nuevo, más adelante lo trataremos con profundidad).

4. Bitcoin pieza por pieza

5. Nodos y blockchain con detalle

Tamaño y frecuencia de las transacciones

Recapitulemos sobre la cadena de bloques. Ya sabemos que está formada por cabeceras de 80 bytes que contienen la información más importante del bloque y la raíz del árbol de Merkle de las transacciones que van en el bloque.

El número de transacciones por bloque no está limitado, pero sí el tamaño de los bloques a 1 Megabyte (MB) por bloque, lo cual limita de forma indirecta el número de transacciones y provoca que una transacción más grande deba pagar más comisiones si quiere que un minero la incluya en el siguiente bloque de la cadena.

Cabe destacar que las transacciones pueden estar en cualquier orden en el árbol de Merkle siempre y cuando **la transacción coinbase esté la primera y se respete la linealidad de las transacciones**: si Alice le paga a Bob y Bob le paga a Carol con ese mismo UTXO en dos transacciones que están en un mismo bloque, la transacción de Bob pagando a Carol debe ir después de aquella en la que Alice paga a Bob para permitir la verificación lineal de las mismas.

Es decir, si una transacción B consume una salida de una transacción A, la transacción B debe ir después de la transacción A.

La cuestión ahora es cuánto suele pesar una transacción y con qué frecuencia se publican nuevas transacciones en la red de Bitcoin. Y la respuesta es que depende del tipo de clave pública y firma que se use, la cantidad de datos (tipo de transacción) y el número de entradas y salidas.

Pero para tener una idea básica vamos a calcular a continuación lo que serían los **tamaños normales para transacciones de una entrada y una salida de los distintos tipos** estudiados (recordemos que 1 MB = 1024 kB = 1,048,576 bytes):

P2PK

La salida de la transacción está formada por el Value que tiene 8 bytes, un byte que marca el tamaño del *scriptPubKey* y el propio *scriptPubKey*. Este a su vez está formado por la clave pública (33 bytes o 65 bytes incluyendo versión, según sea comprimida o descomprimida), un byte que marca la longitud de la propia clave pública para leerla, y el operador OP_CHECKSIG que es otro byte. En total 8+1+33+1+1= 44 bytes para las claves descomprimidas y 8+1+65+1+1=76 bytes para las claves comprimidas.

En cuanto al input, está formado por el TXID del UTXO que se va a gastar (32 bytes), el Index (4 bytes), el número de secuencia 'inservible' que hemos mencionado antes pero que suma tamaño (4 bytes), el número que refleja el tamaño del *scriptSig* (1 byte) y el *scriptSig* (que es solamente la firma, 71 bytes como hemos visto antes, más 1 byte que representa el tamaño de la firma). Un total de 32+4+4+1+71+1=113 bytes.

Con lo cual tenemos que el tamaño de una transacción P2PK normal es de 113+76 = **189 bytes para claves descomprimidas y** 113+76 = **157 para claves comprimidas**.

P2PKH

La salida de la transacción está formada también por el Value de 8 bytes, 1 byte para indicar el tamaño del *scriptPubKey* y el propio *scriptPubKey*. En este caso el *scriptPubKey* tiene los operadores OP_DUP y OP_HASH160 (1 byte cada uno), un byte más que señala el tamaño del hash de la clave pública, los 20 bytes del propio hash y los operadores OP_EQUALVERIFY y OP_CHECKSIG que suman dos bytes más. Por lo tanto tenemos en total: **8+1+2+1+20+2=34 bytes**.

Por otro lado el input está formado por los 40 bytes del TXID, el Index y el número de secuencia (como anteriormente), el byte del tamaño del *scriptSig*, la firma de 71 bytes y el byte que indica el tamaño de la firma, la clave pública (de 33 bytes o 65 bytes) y otro byte indicando el tamaño de la misma. En total 40+1+1+71+1+33 = **147 bytes** en caso de claves comprimidas y 40+1+1+71+1+65 = **179 bytes** en caso de claves descomprimidas. Por lo tanto el tamaño de una transacción P2PKH normal es de 34+147=**181 bytes para claves comprimidas y** 34+179=**213 bytes para descomprimidas.**

Otras transacciones

Realizando el mismo procedimiento y argumento, tenemos que las transacciones **multifirma** *Legacy* **1 de 2 y 1 de 3** (las más frecuentes con diferencia, más del 98% del total de transacciones multifirma) ocupan **194 y 226 bytes** para las primeras y **228 y 260 bytes** para las segundas. En cuanto a transacciones **P2SH**, las más comunes son las multifirma 2 de 2 y 3 de 3, que ocupan unos **290 bytes** las primeras y unos **328 bytes** las segundas (nadie utiliza claves descomprimidas en P2SH). Finalmente, las salidas OP_RETURN tienen un tamaño de 83 bytes.

El objetivo de haber hecho todos estos cálculos es poder **estimar el número de transacciones que podrían caber en un bloque** (demostrándolo, claro) así como el cálculo de las comisiones a pagar a un minero para realizar nuestra transacción (más adelante).

Si consideramos transacciones con solo 1 entrada y 1 salida, podríamos redondear con muy buen criterio que una transacción normal de Bitcoin tiene alrededor de 200 bytes (0.2kB), con lo cual despreciando los 80 bytes que tiene el header comprobaríamos que el número de transacciones medio que caben en un bloque de Bitcoin son $1,048,576/200 \simeq 5.000$ transacciones por bloque.

Sin embargo, recordemos que las transacciones pueden no tener una entrada y una salida. De hecho, **lo normal es tener como mínimo una entrada y dos salidas,** pues cuando se paga a alguien con un UTXO lo más frecuente es que este tenga un tamaño superior al importe a pagar y queremos "**recoger el cambio**" del UTXO.

Como Alice en el ejemplo de las transacciones que pusimos en el apartado del modelo UTXO del capítulo anterior. O también utilizar dos UTXO de tamaños más pequeños que el importe a pagar tales que al sumarlos sean mayores que este (y dos salidas igualmente, para recoger el cambio). Esto evidentemente aumenta el tamaño medio.

Hay casos raros muy extremos, como por ejemplo el bloque de altura 364,292 del 2015 que tenía solo una transacción (aparte de la transacción coinbase) con 5569 entradas y una salida con una única dirección, y además esta transacción no tenía nada de fees.

Pero esto simplemente parece que era un minero que estaba minando un bloque en el que juntaba sus propios UTXO de pequeño tamaño en un solo UTXO, pues la dirección a la que se pagaron los 25 BTC de la coinbase es la misma que la de la salida de la transacción enorme.

El hecho de tener UTXO muy pequeños, demasiado pequeños hasta para transaccionar (pues son menores que las comisiones necesarias) es algo bastante frecuente y uno de los problemas secundarios asociados al modelo UTXO. Se le suele determinar en el mundillo como *dust* (polvo), como hemos mencionado ya antes.

Las transacciones P2PKH con **un input y dos outputs clásicas** (pagar a alguien con un solo UTXO y devolverse el cambio) tienen un tamaño de **215 o 247 bytes**, lo que corresponde aproximadamente con la mediana del tamaño de las transacciones de Bitcoin. Si rellenáramos los bloques solo con transacciones de estas, **cabrían unas 4.000 por bloque** (por eso dijimos que *como máximo* caben unas 4.000 transacciones).

Sin embargo, **la media del tamaño histórico de las transacciones es de 450-600 bytes por transacción** aproximadamente, según el año, y cada vez más cerca de los 550-600 bytes. ¿Por qué ocurre esto?

Como hemos visto con la transacción de 5569 entradas del minero, a pesar de que la mayoría de las transacciones tienen una entrada y dos salidas o dos entradas y dos salidas hay **una pequeña pero relevante parte de las transacciones que tienen un montón de entradas y de salidas** y que elevan la media muchísimo.

Por ejemplo, además de los mineros y gente que quiere combinar UTXO para hacer uno más grande y usable, **las transacciones que realizan las casas de cambio (*exchanges*) cuando se retiran fondos de las mismas suelen ser transacciones monstruosas** con un montón de entradas y de salidas por varias razones. Los *exchanges* normalmente utilizan una misma dirección para guardar una cantidad muy grande de Bitcoin de distintas personas que tienen cuenta en su plataforma. Por lo tanto una misma dirección tiene mucho capital y muchos movimientos.

Cuando se solicita un retiro de las casas de cambio usualmente se aprovecha para meter en la misma transacción todas las salidas de los retiros de Bitcoin de la plataforma desde las pocas claves que gestionan sus fondos a las distintas direcciones que han solicitado retirar (una transacción con un solo input, o unos pocos inputs y muchos outputs).

De hecho no es descabellado pensar que una casa de cambio grande como Binance haga transacciones de Bitcoin en todos los bloques, pues estos ocurren cada 10 minutos y es muy probable que se le soliciten bastantes retiros en esos 10 minutos.

Y tampoco es descabellado pensar que Binance agrupe todos los retiros a realizar en un bloque con una sola transacción o en pocas transacciones como hemos dicho (desde sus pocos UTXOs grandes hasta los muchos UTXOs pequeños de clientes particulares).

En primer lugar por sencillez y en segundo lugar por ahorro de comisiones. Si lo hicieran en varias transacciones seguramente tendrían que repetir sus entradas varias veces, mientras que de esa forma optimizan el tamaño en una sola transacción.

El caso es que **la media de entradas y de salidas por transacción es 3 para ambos**, y si calculamos el tamaño de una transacción media de tres inputs y tres outputs de P2PKH con claves comprimidas (las claves descomprimidas prácticamente ya no se usan) tenemos un tamaño total de $3 \times 34 + 3 \times 147 = 543$ *bytes*.

Esto encaja mejor con el tamaño medio de 550-600 bytes por transacción. Por lo tanto, considerando estos hechos tenemos que **la media de transacciones por bloque es de** $1,048,576/500 \approx 2,000$ transacciones por bloque, que es lo que comprobamos en las gráficas estadísticas antes de la actualización de *SegWit*.

Así pues, podemos concluir que Bitcoin permite una cantidad de transacciones tradicionales equivalentes a 4.000, pero que en la práctica como las transacciones no son binarias y son más complejas por lo general hay unas 2.000 en cada bloque.

Esta estimación nos deja una horquilla que podemos extrapolar a transacciones por segundo, resultando que **Bitcoin permite una horquilla de entre 3-6 transacciones por segundo (TPS)** según cómo definamos *transacción*. Una cantidad francamente minúscula si pretendiera sustituir todos los pagos monetarios del mundo.

Por ejemplo, se dice que **VISA puede llegar a soportar hasta 56.000 transacciones por segundo (aunque de media procesa unas 2,000)**, lo cual dista en más de mil veces superior respecto a Bitcoin. Esto es lo que se ha dado en llamar "*problema de escalabilidad de Bitcoin*". Aunque realmente no es un problema: la *escalabilidad* en transacciones por segundo no está en el foco de Bitcoin por muchas razones.

Grosso modo, primero porque Bitcoin **prioriza ante todo la seguridad y la descentralización** y puede ser útil aunque no tenga muchas transacciones por segundo. Y segundo, porque **ya hay muchas y diferentes soluciones** a ese problema: desde soluciones off-chain (fuera de la blockchain) como la Lightning Network hasta otras blockchain que, si bien son más inseguras y casi todas centralizadas, permiten mayor cantidad de transacciones.

Un último punto que podríamos pensar y que todo el mundo ha pensado es: **¿y por qué no podemos hacer Bitcoin más escalable?** Para ello tenemos dos formas: aumentar el número de bloques que se publican a la red y aumentar el tamaño de los mismos.

Sobre la primera opción, ya indicamos que aumentar la frecuencia de los bloques disminuye la seguridad de la red, tanto porque cada bloque tendría menos prueba de trabajo como porque **la red tendría que actualizarse demasiado rápido**, pudiendo provocar caos: desde nodos que no se actualizan simplemente porque no les llega el nuevo bloque válido hasta distintos tipos de ataques peligrosos y *forks*.

Pero es que hay un argumento aún mayor que influye tanto en la primera opción como en la segunda: y es que **si aumentamos la cantidad de datos a almacenar en la red eso perjudica enormemente a la descentralización de Bitcoin**, puesto que hace más difícil correr un nodo en dispositivos con menores recursos.

Pensemos que, si pudiésemos correr un nodo de Bitcoin en cualquier móvil (algo que de momento no se puede pero quizá en el futuro sí), sería una red tremendamente robusta a cambios y descentralizada, lo que aumentaría su seguridad y la confianza en el protocolo. Si actualmente hay miles de nodos, debería haber *millones* de ellos.

La opción de aumentar la frecuencia de bloques, además, también aumenta los requerimientos de CPU y computación necesaria para mantener la red, puesto que los nodos se actualizarían más rápido y requerirían un mejor ancho de banda, mejor RAM, etc. para poder procesar todos los cambios de los registros.

Como espero que se comprenda a lo largo de este capítulo, **es absolutamente imprescindible priorizar que la red sea segura y descentralizada**, muy por encima de las transacciones por segundo que son muy poco importantes.

Para aumentar las TPS se pueden utilizar otros sistemas mucho menos enfocados a la seguridad. Sistemas que tengan el objetivo de maximizar las transferencias, no la preservación del valor a largo plazo como en Bitcoin. O soluciones off-chain sobre la propia red de Bitcoin.

Es cierto que los números que puso Satoshi son bastante arbitrarios (bloque cada diez minutos, 1 MB por bloque, 21 millones de Bitcoin como máximo, unidades monetarias mínimas de un satoshi, el ajuste de dificultad cada 2016 bloques, los halving cada cuatro años, etc.). Pero debemos recordar que **no son más que heurísticas y son heurísticas que funcionan**.

Podríamos compararlo con la mayoría de edad: se encuentra en los 18 años como podría ser a los 20 años o a los 16 años, pero sabemos que ubicarla en los 10 años sería una absoluta desfachatez, y colocarla en los 35 años también. Sabemos que a los 35 años ya hace mucho tiempo que cualquier persona supuestamente ha entrado en la edad adulta y ya puede tomar cualquier decisión por sí misma y a los 10 años sabemos que nadie tiene la suficiente madurez para lo mismo.

A pesar de que haya gente madura y capaz de ser adulta y decidir a los 15 años y haya gente que a los 25 debería volver al colegio, utilizamos los 18 años como una heurística simple pero válida, universal, funcional y con sentido común para poder organizar la sociedad.

En Bitcoin, además, es mucho más prioritario mantener esta heurística. Al fin y al cabo, si modificamos el límite de edad adulta a los 17 o a los 19 años cambiarían unas cuantas cosas pero se podría realizar sin demasiadas consecuencias (quizá el mayor problema sería cambiar los logotipos de +18).

Pero **cambiar las heurísticas que constituyen las reglas de consenso de Bitcoin supone romper el consenso**, que es precisamente para lo que nació: para establecer consensos monetarios de forma anónima, descentralizada y sin la confianza de terceros.

Cambiar estos datos puede suponer, como veremos, la bifurcación de la blockchain, la retirada de nodos de la red, el rechazo entre los propios nodos u otros problemas que hagan peligrar Bitcoin. Y **aunque Bitcoin sea un experimento, lo cierto es que funciona**.

Así que, como decimos en informática, 'si funciona no lo toques' o, por lo menos, reflexiona bien si aquello que se va a modificar va a funcionar mejor que lo que se tiene actualmente (que ya funciona) y si compensan los riesgos y costes que implica la modificación.

Ese es el motivo por el que Bitcoin se actualiza de forma tan lenta: es un sistema que ya está funcionando. Bitcoin tiene más de quince años a sus espaldas, una red inmensa con estimaciones de aprox. 15.000 nodos trazables y 30.000 más intrazables, y una capitalización bursátil de casi un trillón de dólares más la riqueza creada a su alrededor.

Ser prudente es lo mejor que le puede pasar actualmente pues, a pesar de sus fallos y bugs que ya estamos viendo aquí, jamás ha fallado de forma irreversible como sí ha hecho Ethereum. **Bitcoin siempre ha hecho lo que debía**: siempre se han cumplido sus halving, siempre se han cumplido sus transacciones.

Siempre ha permitido la entrada de nuevos nodos y de nuevos mineros. Hasta el momento, claro. Es más seguro que nunca además, porque aparte del efecto Lindy por el tiempo que lleva funcionando, cada vez tiene más gente detrás otorgando seguridad a la red (recordemos que cuanto mayor prueba de trabajo mayor seguridad).

Además, sus propiedades (los *halving* unido a su seguridad) generan un **efecto red** considerable, de tal forma que cuanta más gente corre un nodo de Bitcoin, lo mina, lo usa y lo mantiene como activo refugio mayor valor y utilidad tiene y eso a su vez atrae más gente. De forma similar a una red social, que es valorada por la gente que ya hay en ella.

En el caso de la maximización de las transacciones por segundo, además, es absurdo plantear una modificación porque aunque intentáramos aumentar la tasa de transacciones por segundo esta difiere en tantos órdenes de magnitud que no vale la pena hacerlo.

Por ejemplo, para conseguir la cantidad de transacciones que hace actualmente VISA, 2.000 por segundo, deberíamos multiplicar el bloque por mil es decir, tener 1 gigabyte por cada bloque. Esto carece de sentido alguno.

Duplicar o cuadruplicar el tamaño del bloque en cambio tan solo es perjudicar a la red de Bitcoin sin conseguir ninguna ventaja, pues es bastante irrelevante e indiferente que se puedan hacer 3.5, 7 o 10 transacciones por segundo.

Lo cierto es que no es la primera vez que se plantea el problema y aunque probablemente tampoco será la última, sabemos que todas las veces que se ha intentado aumentar el tamaño de bloque por la fuerza han fracasado.

Hay un montón de bifurcaciones (forks) de Bitcoin que son fruto de esta cuestión: Bitcoin Gold, Bitcoin Cash.... y muchas propuestas que no han llegado a nada: Bitcoin Classic, Bitcoin Unlimited, Bitcoin XT, etc. Quizá es momento de asumir que ese no es el camino y que hay que buscar otras soluciones distintas.

Termino este apartado parafraseando a Tadge Dryja, el creador del curso del MIT en el que está inspirado este libro y desarrollador de Bitcoin y sus aplicaciones. **Decía Tadge que le gustaba trabajar en Bitcoin porque es como intentar mejorar un avión en pleno vuelo**, y la verdad es que la metáfora me parece de lo más acertada. Yo le añadiría que **el avión carece de tren de aterrizaje**, con lo cual aterrizar el avión para repararlo, mejorarlo o empezar de cero no es una opción.

De forma similar, Bitcoin no se puede parar, ya está en pleno vuelo. Dudo que haya gente que crea que hacer experimentos con las alas de un avión en pleno vuelo sea inteligente, pero parece que con Bitcoin mucha gente está dispuesta a ello.

Cambiar el tamaño del bloque, quitar la prueba de trabajo, añadir funcionalidades irrelevantes como smart contracts complejos, etc. puede sonar interesante. Pero no lo es en un sistema que debe soportar el peso del tiempo. Eso es peligrosísimo. **Keep it simple**.

Inicializando un nodo completo de la red

En este apartado vamos a explicar **qué es lo que hace un nuevo nodo de Bitcoin** cuando va a establecerse en la red. Debemos tener en mente que **no es lo mismo un nodo que un minero**: son dos roles diferentes en el sistema.

Aunque un minero usualmente tiene un nodo de Bitcoin (debería tenerlo), la mayoría de nodos de Bitcoin no son mineros (no realizan prueba de trabajo, solo verifican). Se pueden minar bloques de Bitcoin sin ser nodos de la red (más adelante lo veremos con las SPV) así que simplemente entendamos que son dos roles distintos.

Imaginemos que vamos a la página *bitcoin.org* y descargamos el software **Bitcoin Core**. Como ya hemos adelantado anteriormente, ahora es un proyecto gratuito de código abierto impulsado por la comunidad de Bitcoin y liberado bajo la licencia MIT (además de ser el **software de Bitcoin de referencia y por excelencia**).

Nuestro objetivo con esto es ser un nodo más de la red, con todos sus derechos y obligaciones, y poder comunicarnos con ella mediante el protocolo de Bitcoin.

Así que leemos la guía y sus requerimientos, consejos y advertencias de seguridad, descargamos el archivo ejecutable compatible con nuestro sistema operativo, verificamos las firmas y las claves de PGP (*Pretty Good Privacy*, son los *checksum* que certifican que el software es original y es correcto) e **inicializamos el software**.

Recordemos que **Bitcoin es una red p2p**, lo que significa que no hay nada centralizado y que todos los nodos son 'pares'. Como su propio nombre indica, significa que todos son iguales y tienen los mismos derechos, a diferencia del modelo cliente-servidor donde las funciones de cada uno son claramente distintas y determinadas.

Pues bien, uno de los principales problemas de las redes p2p es que **cuando un nodo nuevo quiere formar parte de la red no hay forma de**

conocer pares, puesto que no se dispone de su identificación (por ejemplo su IP, recordemos que el protocolo Bitcoin corre por encima de otros protocolos como el IP).

Por lo tanto, cualquier nuevo nodo debe descubrir como mínimo un compañero inicial al que conectarse para conocer, a partir de los nodos a los que está conectado este, una parte más grande de la red y poder así empezar a operar.

Aunque hay varias soluciones a este problema, la más descentralizada y por tanto la que usan los protocolos más descentralizados (los que son totalmente p2p como Bitcoin) es **que cada nodo tenga una lista inicial de algunos pares, usualmente obtenidos de un rastreador automatizado** basado en la web, por ejemplo. Tras eso el cliente descubre más pares preguntando a estos nodos y así sucesivamente.

En Bitcoin en concreto lo que hace el software es primero conectarse a unos servidores llamados **semillas DNS (DNS seeds)**, que son servidores especiales configurados para rastrear la red de Bitcoin, enumerar unos cuantos nodos accesibles públicamente y devolver dichos nodos a los nuevos nodos que quieren entrar a la red. Estos servidores, cuando se les envía una petición devuelven una lista aleatoria de nodos que están corriendo Bitcoin en el puerto 8333.

Además de las semillas de DNS, **el software también tiene una lista estática de direcciones IP** para probar primero, y almacena en caché cualquier par contactado previamente en una base de datos local para volver a conectarse sin tener que consultar las *semillas DNS* (para evitar su consulta exceptuando la primera vez que se conectan).

Se supone que esta lista de direcciones IP estáticas son nodos con mucha reputación y que han estado en línea durante mucho tiempo. Mucha gente argumenta que ya solo por esto Bitcoin no es descentralizado del todo, pues por esta parte se depende de los servidores *semillas DNS* y de los desarrolladores para poder conectarse a otros nodos de la red. Y tienen bastante razón: se habla mucho de descentralización pero los puntos de fuga aparecen siempre en sitios que no se pueden controlar. Por ejemplo, de nada sirve todo el sistema planteado si alguien *hackea* la página web de *bitcoin.org* y modifica el software a descargar sin que nadie se dé cuenta.

La cuestión de la centralización/descentralización, como vemos, es bastante peliaguda, más compleja de lo que parece y abarca muchos ámbitos distintos. Es otro tema que requiere un estudio más profundo que el que pretende este libro y también es bastante polémico entre los entendidos, que discuten la mejor forma de inicializar un nodo.

Bitcoin Core antes utilizaba otro método para poder conectarse a la red (llamado *IRC*) que tenía sus ventajas y desventajas respecto al sistema actual. De todos modos, una vez un nodo tiene contacto con uno o con varios pares activos, ya puede tener acceso a prácticamente toda la red y de forma segura. Por lo tanto tampoco es algo tan 'crítico', pues es algo que solo ocurre una vez y es fácil de paliar.

Pero la reflexión que debemos tomar de aquí es que **no existe la seguridad absoluta ni los conceptos completamente deterministas**. Decir que Bitcoin es 'descentralizado' de forma categórica supone ignorar de facto el funcionamiento más básico de la informática. El ideal es solo eso: un ideal, y Bitcoin está conectado al mundo real.

La cuestión entonces no es si bitcoin es descentralizado o no lo es; es **cuán descentralizado es y cómo hacerlo todo lo posible** sin perjudicar a su seguridad, su funcionalidad y su utilidad.

¿Cómo saber con seguridad que el software descargado es el correcto? ¿Cómo saber con seguridad que estos servidores DNS no han sido corrompidos y que nos conectamos a la red de Bitcoin original? En el fondo nunca se puede saber del todo, solo se puede saber cuando ciertamente es falso: por la vía negativa.

Pero **siempre se dispone de una serie de capas importantes de seguridad** (como por ejemplo las firmas PGP al descargar el software) que otorgan al menos **una confianza notable** en que todo está correcto. También es verdad que una vez se accede a la red y hay comunicación con ella es bastante intuitivo saber si todo funciona bien o si se está en el lugar equivocado por la cantidad de nodos, el comportamiento de los mismos y del propio, comparaciones con otros usuarios, consultas por internet, etc. Puro equilibrio de Nash.

Una vez conectado con distintos nodos activos de la red, el nodo nuevo les pedirá a estos pares los *headers* de todos los bloques de la *blockchain*, actualmente casi 800.000, para descargarlos y verificarlos. Exceptuando el *header* del **bloque génesis** que va incluído ya en el software de Bitcoin (y a partir del cual se verifican todos los headers).

Recordemos que en el header ya se encuentra toda la información necesaria para verificar la prueba de trabajo (PoW). Tiene los *timestamp* o marcas de tiempo para poder calcular la dificultad cada 2016 bloques y el software tan solo debe tomar el hash del header con los datos proporcionados y ver que es menor a la dificultad en ese momento.

Además de la prueba de trabajo, por supuesto, el nodo comprueba que la información de todos los campos es correcta y está en orden, que el hash previo incluído en el header siguiente corresponde con el hash del header anterior, etc. En resumen, **verifica toda la *headerchain*** que existe en el momento en el que ha descargado el software.

Fijémonos que aquí se desvela en todo su esplendor ya una importantísima característica y ventaja de la prueba de trabajo y el esquema de *headers* de bloques ideado en Bitcoin para la seguridad y la descentralización.

Todo el trabajo de los mineros de la red durante más de diez años, ese trabajo que ha costado tanto tiempo y recursos de realizar, tiene un **coste de almacenamiento** total de solo aproximadamente 800.000 *headers* × 80 *bytes por header* = 64.000.000 *bytes*. Apenas 60 Megabytes de información que debe descargarse de la red: un peso en datos similar a una aplicación móvil cualquiera.

Además, el proceso de verificación del trabajo es **muy poco costoso en CPU y recursos**, no requiere mucha computación: prácticamente solo se deben computar 800.000 hashes SHA256d y otros cálculos menores.

En un ordenador medio con buena conexión a internet, **todo este procedimiento de descarga y verificación de los headers demora menos de un minuto** lo cual si lo pensamos es ciertamente asombroso.

Todo el trabajo de computación de trillones y trillones de hashes hecho durante más de diez años por una cantidad inmensa de máquinas dedicadas a ello se verifica de forma incorruptible en menos de un minuto. Porque **la verificación de la prueba de trabajo es O(1) respecto al trabajo realizado**. He ahí el poder del funcionamiento de Bitcoin y de la prueba de trabajo, que a tanta gente le genera rechazo.

Una vez verificados todos los headers al completo y por tanto toda la prueba de trabajo (los headers se almacenan en disco, en las bases de datos que tiene el software del nodo) es cuando empieza el procedimiento más tedioso y terrible de la inicialización de un nodo.

Es el **proceso llamado IBD (***Initial Block Download* o "descarga inicial de los bloques"**).** Como su propio nombre indica, consiste en **pedir a los nodos de la red todos los bloques y las transacciones existentes en Bitcoin y verificarlos uno a uno.**

Lo que se hace es primero tomar el hash de todas las transacciones de un bloque y comprobar que coincide con su TXID. Luego construir con esos TXID el árbol de Merkle de las transacciones del bloque y comprobar que la raíz calculada coincide con la raíz del árbol de Merkle del header correspondiente a ese bloque (que ya tenemos en el disco).

Seguidamente se verifica cada transacción del bloque una a una en orden lineal, comprobando toda la información que debe ser verificada: que cada uno de los campos son correctos, que las salidas gastadas en las entradas eran UTXO hasta ese momento, que se validan los *scriptPubKey* y *scriptSig* con el intérprete de Bitcoin Script, etc.

Paralelamente y mientras se descargan y se almacenan todas las transacciones de los bloques en una de las bases de datos, **se construye la base de datos UTXO** simplemente añadiendo las nuevas salidas de cada transacción al registro y eliminando aquellas que son utilizadas en las entradas de las transacciones que se van verificando.

Así, se termina teniendo el **registro verídico de las salidas de transacciones no gastadas (UTXO)**. Ya hemos dicho anteriormente que los UTXOs son los que reflejan las unidades monetarias de las que dispone un sujeto, una dirección dada, y por tanto es el registro más importante de Bitcoin.

La forma de almacenar los UTXOs es utilizar como **identificador** del dato el *TXID* de la transacción en la que se encuentra la salida no gastada junto al *Index* que refleja el número de salida de dicha transacción, y como valor el Value (valor) de la salida y el *scriptPubKey* que contiene la información sobre cómo debe ser gastado el UTXO.

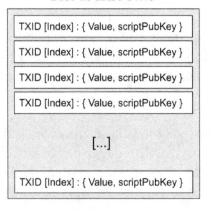

Base de datos UTXO

TXID [Index] : { Value, scriptPubKey }

TXID [Index] : { Value, scriptPubKey }

TXID [Index] : { Value, scriptPubKey }

TXID [Index] : { Value, scriptPubKey }

[...]

TXID [Index] : { Value, scriptPubKey }

Por eso decíamos explicando el modelo UTXO que lo que hace Bitcoin Script cuando verifica una transacción nueva con cada entrada es **tomar el TXID** (que es el hash de la transacción de donde proviene la salida) **junto al Index** (que marca cuál de todas las salidas de dicha transacción es), **para obtener los datos** de dicha salida.

Lo que hace el software es consultar en la base de datos UTXO si existe algún valor con la identificación marcada por el TXID y el Index y si es así devolverlo, siendo este valor los campos *Value* (valor monetario del UTXO) y *scriptPubKey* (las condiciones con las que debe ser gastado). Una vez los tiene se ejecuta Bitcoin Script para comprobar y validar que los scripts son correctos y se puede gastar el UTXO.

El principal problema de la base de datos UTXO es que requiere mucho acceso al disco. Ya hemos dicho anteriormente que el modelo UTXO es más eficiente que el modelo basado en cuentas porque en estos hay que registrar todas las transacciones de las distintas cuentas con un identificador para evitar que la misma transacción pueda ser contada dos veces.

Pero **la base de datos UTXO tampoco es la panacea**: se debe estar constantemente buscando, leyendo, eliminando y añadiendo datos en esta base de datos (accediendo al disco) y esto tiene un coste bastante alto de recursos computacionales.

Además, dicha base de datos tiene muchos valores y no es pequeña aunque estos valores sean pequeños. Tampoco es que sea un problema urgente pues funciona sin problemas, pero aquí es uno de los sitios donde se podrían buscar mejoras pues sí puede resultar un poco lenta de utilizar.

Hablando de datos concretos para ser rigurosos, debemos tener en cuenta que actualmente (a Marzo de 2024) hay unas **mil millones de transacciones históricas de Bitcoin**, que a 0.5kB de peso medio por transacción resulta en unos 360 millones de kilobytes que son **500 GB de transacciones**. Este cálculo tiene sentido con respecto al tamaño de la blockchain actual que es de aproximadamente 550 GB de datos.

Recuerdo al lector que todos estos datos los pueden comprobar en internet o instalando un nodo Bitcoin, pues Bitcoin es completamente transparente en este sentido y se sabe todo acerca de él.

Todos esos datos de la blockchain deben descargarse, comprobarse y verificarse en un nodo de Bitcoin cuando inicializa, y almacenarse en principio para siempre. **La IBD de un nuevo nodo tarda varios días en realizarse aun para un nodo con buena conexión a internet**, y requiere de nodos ya existentes con gran ancho de banda que lo utilicen para proporcionar los bloques a los nuevos nodos. Por eso es tan importante tener en cuenta los efectos de las soluciones "mágicas" que ciertos usuarios plantean en la red.

Sin entrar en detalles más técnicos y profundos y a modo de simplificación, debemos comprender pues que **cuando completamos el**

IBD tenemos en nuestro nodo (datos a mediados de 2024) aprox. 550 -600 GB de datos divididos en cuatro bases de datos:

- **Base de datos de los bloques (blocks/blk, 550-600 GB)**:incluye los headers y las transacciones. Una vez validados, se necesitan solamente para funciones menores y para enviar los datos de los bloques a otros nodos nuevos que se inicialicen. Pero al fin y al cabo es el registro que demuestra todas las transacciones.

- **Base de datos UTXO (chainstate, 9-12 GB)**: como hemos dicho contiene todos los UTXO actuales y es la base de datos más importante y la que más se usa y mayor manipulación tiene. Crece aproximadamente de forma proporcional a la base de datos de los bloques manteniéndose en un 1-2% de lo que es esta. Esos 9-12 GB corresponden a los alrededor de 200 millones de UTXO en existencia actualmente.

- **Base de datos de caché (blocks/index, variable):** necesaria para que la búsqueda de bloques y transacciones sea más rápida, pues contiene metadatos acerca de dónde están guardados los bloques y transacciones conocidos en el disco.

- **Base de datos para reorganizaciones de la blockchain (blocks/rev*, variable)**: contiene datos necesarios a mantener por si hay alguna reorganización (*forks*) de la cadena de bloques (más adelante lo trataremos).

Aquí podemos ver una gráfica de la evolución del tamaño de la cadena de bloques a lo largo de toda la historia de Bitcoin (fuente *bitcoinvisuals.com*), y pueden encontrar más en la página referenciada:

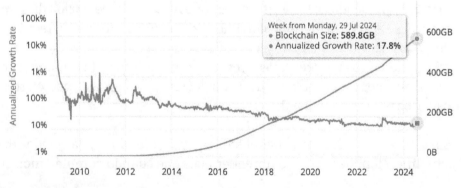

Aparte de las bases de datos que hemos mencionado, el software de Bitcoin mantiene otros datos. En concreto:

Una lista negra de nodos baneados. Se trata de una lista de IPs de "nodos" baneados porque su comportamiento ha sido errático. Es relativamente fácil banear un nodo casi por cualquier cosa.

En Bitcoin los nodos suelen verificarlo todo. Si un nodo envía información sin sentido o, por ejemplo, dice que tiene y envía un bloque válido nuevo a otro nodo y este lo verifica y comprueba que es falso o que contiene cualquier cosa mal, con prácticamente toda probabilidad el nodo que ha enviado el bloque errático será baneado para siempre.

El motivo de banear o bloquear nodos con tanta facilidad es que no tiene sentido que se cometan errores si realmente son nodos con software automatizados. Al fin y al cabo, los ordenadores no son personas. Si un nodo envía a otro un bloque que al verificarlo está mal, algo grave pasa: o su software es diferente, o tiene algo dañado, o no es un nodo real o simplemente está probando cosas raras. En cualquier caso, está haciendo perder el tiempo así que queda baneado.

Una lista de pares, compañeros, otros nodos (buenos). Aquí se guardan los nodos con los que alguna vez se ha conectado nuestro nodo sin problemas desde que se está ejecutando. No solo se guarda su identificación o IP, sino también cosas como marcadores de actividad, cuántos datos se han descargado de cada nodo, etc.

La cartera de Bitcoin. El software de Bitcoin Core para nodos incluye una cartera de Bitcoin donde almacenar, enviar y recibir pagos a través de la red. Es independiente del software del nodo y puede no usarse a pesar de tener el nodo activo.

Un archivo de configuración y otro de debug. Archivos que no son importantes y sobre los que no entraremos en detalle, pero básicamente el primero tiene una serie de ajustes básicos que se pueden hacer en el software y el segundo es un registro de depuración, es decir un archivo que registra e inscribe qué es lo que sucede en el software cuando se utiliza (acciones, operaciones realizadas con éxito y fracaso, errores, etc.).

Y finalmente la mempool, un archivo muy importante. Mempool es una abreviatura de "memory pool", y "pool" es un concepto en inglés que, además de significar "piscina", se usa para referirse a los conceptos de "suministro", "oferta", "surtido", "provisiones", etc. O también por ejemplo al "stock" de bienes disponibles en un almacén.

La mempool es como un almacén de memoria donde se ubican las provisiones de transacciones que todavía no han sido añadidas a un bloque y que están a la espera de que los mineros las incluyan en sus bloques para poder publicarse en la blockchain. Más adelante la trataremos con mayor detenimiento. Por lo tanto, no hay consenso sobre la mempool y cada nodo tiene la suya propia, aunque tienden a ser muy parecidas.

Ahora ya tenemos una idea más clara de los registros que mantiene un nodo, su tamaño y su escalabilidad, así como del funcionamiento de los mismos y sus puntos débiles.

Una vez el nodo ha sido inicializado y tiene sus registros actualizados al estado actual de la blockchain, **cada vez que recibe de otro nodo un bloque válido nuevo para añadir a la blockchain realiza el mismo procedimiento**: verifica el header, luego comprueba los TXID de las transacciones, calcula la raíz del árbol de Merkle y la compara con la del header, y finalmente verifica cada transacción del bloque una a una.

Una vez terminado el proceso de verificación y comprobado que todos los datos están correctos, guarda el bloque (header y transacciones) en la base de datos y actualiza la base de datos UTXO eliminando los antiguos UTXOs que se han gastado en las transacciones del bloque y añadiendo los nuevos UTXOs creados en las mismas transacciones.

Bases de datos y pruning

Recapitulando el apartado anterior, las cosas más importantes que contiene un nodo de Bitcoin son la **base de datos de los bloques** y la **base de datos UTXO**.

La primera contiene toda la cadena de bloques y lo más importante es optimizar su **tamaño**, y la segunda contiene la información sobre las unidades monetarias actuales y lo más importante es optimizar su **eficiencia** en cuanto a uso de recursos computacionales. Es decir, la búsqueda, lectura y escritura (adición y borrado de datos).

Aunque obviamente también sería útil reducir el tamaño de la base de datos UTXO, ese no es su punto más débil.

Creo que ahora **ya podemos ver con mayor perspectiva por qué es absurdo aumentar el tamaño del bloque.** No es solo que las transacciones por segundo simplemente difieran en orden de magnitud y duplicar el tamaño de bloque apenas cambiaría nada de la funcionalidad de Bitcoin (pues no es relevante pasar de 3 TPS a 6).

Es que el aumento de los recursos computacionales necesarios reduciría enormemente la seguridad de la red y limitaría muchísimo el mantenimiento y la creación de nuevos nodos de Bitcoin.

Si los ~600 GB de blockchain y ~10 GB de UTXOs actuales ya son demasiado y molestan tanto para compartir la blockchain a otros nodos como para actualizar las bases de datos y almacenarlas, **1.200 GB y 20 GB de UTXOs serían muchísimo más limitantes.**

Se duplicaría el espacio necesario para poder correr un nodo, se duplicaría el tamaño y por tanto el tiempo necesario para realizar la *IBD* y por lo tanto se más que duplicaría el ancho de banda necesario en toda la red, pues los datos de la IBD deben ser descargados de otros nodos que estén dispuestos a transferir esa cantidad de datos. Y también con la publicación de cada bloque nuevo la red gastaría más ancho de banda.

Y ya no quiero ni pensar en la idea de Bitcoin Cash (prácticamente fracasado) de cuadruplicar los bloques hasta 4 MB por bloque. Eso supondría en el mismo periodo 2.400 GB de blockchain y 40 GB de base de datos UTXO y más que cuadruplicar el ancho de banda necesario de la red tanto para validar nuevos bloques y actualizarse como para compartir la blockchain a nuevos nodos.

La IBD de 2.400 GB literalmente tardaría meses en realizarse y habría muy pocos nodos dispuestos a tener un ancho de banda tal que permita a los demás descargarse 2.400 GB de datos de su propio nodo. Sería probablemente la muerte de Bitcoin tal y como lo conocemos.

Seguramente terminaría habiendo apenas unos pocos nodos centralizados con muchos recursos de ancho de banda que ofrecen su cadena de bloques a los demás, con lo cual el "registro distribuido" quedaría bastante en entredicho y sería muy inseguro.

A lo que se ha de aspirar es a todo lo contrario: tengamos en cuenta que si cualquier teléfono móvil medio pudiese correr un nodo de Bitcoin, estos podrían ser no los 20.000 nodos actuales sino del orden de **centenares de miles o millones de nodos**, de forma que Bitcoin sería muchísimo más robusto todavía.

Por eso se implementan medidas para hacer la IBD más rápida y las bases de datos más ligeras y más eficientes. También soluciones más realistas, como las que iremos viendo en el libro (*stay tuned :-)*).

Pero antes vamos a **criticar un poco las bases de datos de Bitcoin**. Y es que se dice que la blockchain es una pasada y que es un sistema de registros y bases de datos distribuidos muy novedoso, pero lo cierto es que a pesar de todo estas bases de datos dejan bastante que desear.

Por ejemplo, imaginemos que tenemos el TXID de una transacción de la cual queremos saber información de ella. Si pedimos al software que nos proporcione toda la información que sepa al respecto buscando en sus bases de datos, no será capaz de encontrar nada si no tenemos el hash del bloque al que pertenece dicha transacción.

El software no es capaz de devolvernos los datos porque la base de datos no está construida para encontrar solo con el TXID. Se tendría que recorrer toda la *blockchain* de forma similar a la IBD pero en este caso dentro de las bases de datos propias del nodo para encontrar dónde está ubicada la transacción.

Solo podemos consultar datos de transacciones de forma rápida proporcionando también el hash del bloque. Ocurre lo mismo si proporcionamos una dirección o una clave pública y pedimos al software que nos indique cuántos UTXO tenemos, es decir, cuánto dinero tenemos disponible en esa dirección; qué UTXOs tenemos.

El software no nos puede responder. Como la base de datos UTXO está construida con el TXID y el Index, solo nos puede devolver el UTXO en caso de que lo haya si poseemos esos datos. Si no, debe recorrer toda la base de datos UTXO y comprobar los que encajan con nuestra dirección.

Es cierto también que **esto se hace para optimizar al máximo el espacio que ocupan las bases de datos**. Se podrían hacer otras bases de datos indexadas de otra forma para poder consultar datos de forma más amena, pero dado que ocuparían mucho más espacio o más CPU por defecto el software de Bitcoin no hace eso.

Por lo tanto solo puede consultar bloques proporcionando su hash, transacciones proporcionando TXID y hash del bloque, y UTXOs proporcionando TXID y el Index de la salida.

Este es un **campo de investigación abierta** de Bitcoin (todos lo son, pero este es uno de los más críticos) donde el reto es poder tener la mayor cantidad de datos útiles disponibles optimizando a la vez el tamaño y los recursos usados, y por lo tanto es complicado de realizar.

La idea es pensar en estructuras de datos originales y creativas para, minimizando el tamaño que ocupan y los recursos que utilizan, maximizar la utilidad a la hora de emplear y gestionar dichos datos en las bases de datos.

Una de las mejores ideas actualmente es la llamada *UTreeXO* (sí, los informáticos son muy dados a nombres raros) propuesta y actualmente en desarrollo por Tadge Dryja. Consiste en utilizar la idea del árbol de Merkle para construir un **acumulador critpográfico** de la base de datos UTXO y reducir así su tamaño en disco para nodos muy ligeros. Pueden buscar en internet acerca de esta propuesta.

También hay otro problema a la hora de optimizar las bases de datos. Una frase muy famosa de Bitcoin y las criptomonedas en general es **"don't trust, verify"** es decir "no te fíes, verifícalo" porque aspira a ser un sistema **"trustless"**, "sin confianza", en el cual la confianza en un tercero no hace falta porque todo se puede verificar.

La mayor parte de las bases de datos están también construidas bajo ese principio: para que los datos se envíen entre los nodos en la red p2p y estos puedan verificarlos fácilmente y sin errores ni problemas.

Por ejemplo, si con el hash de un bloque pedimos datos de ese bloque a otro nodo, cuando nos los devuelve podemos comprobar, tomando el hash del bloque, que los datos son verdaderos. Igualmente con una transacción (y el hash de un bloque). O también si un nodo tiene una transacción válida y se la envía a otros nodos para que la guarden en su *mempool* (más adelante hablaremos de ello): estos pueden verificar que la transacción es válida.

En cambio por ejemplo **si hubiera una base de datos tal que se pudiera consultar a un nodo cuánto dinero tiene una dirección determinada (los UTXOs), el nodo que devuelve los datos podría ocultar parte de ellos sin que se pueda verificar que no lo hace.** Aunque no podría enviar un UTXO falso sí podría omitir algunos de ellos.

En cuanto a la base de datos de los bloques, si somos reflexivos y avispados, lo dicho en este y el anterior apartado debería habernos dejado con mal sabor de boca. **La base de datos de los bloques parece como una especie de lastre que todos los nodos deben cargar sin mucho sentido.**

Al fin y al cabo, sirven única y exclusivamente para hacer la Descarga Inicial de Bloques (IBD) y luego apenas sirven para nada, excepto para dar los bloques a otros nodos y que estos puedan hacer la IBD también.

Es como que la mayor parte del almacenamiento de los nodos de Bitcoin, el 85-90% concretamente, solo tiene un uso relevante a lo largo de la vida de un nodo: en su inicialización. Después tan solo se trata de actualizarla añadiendo cosas y de hacer que sirva para otros nodos. **¿No habría manera de purgarlos de alguna forma?**

Pues desde la versión 0.11 de Bitcoin Core sí que hay una forma. En eso consiste lo que se llama *pruning* o **"poda"**, y el software de Bitcoin permite hacerlo desde dicha versión. El pruning consiste en que, una vez hecha la IBD, se pueden eliminar los bloques a partir de un punto. Por ejemplo, se pueden mantener solamente 100 GB de bloques y todos los demás eliminarlos. Así, cada vez que se incluye un bloque nuevo se elimina otro antiguo de la cola para mantener los 100 GB de espacio.

El problema (en principio) es que **esto no lo puede hacer todo el mundo, porque entonces desaparecería la blockchain.** Debe haber nodos que almacenen los bloques y los proporcionen a los nuevos nodos para que puedan hacer la IBD. Por eso hay gente en la comunidad de Bitcoin que se opone a esto, y hay debate al respecto. De todos modos, la idea es que la opción de pruning solo se haga si no se tienen recursos suficientes.

Como hemos dicho antes **el ámbito de las bases de datos en Bitcoin y la forma de almacenar las cosas está en investigación abierta** (todo Bitcoin lo está, pero este aspecto mucho más) y no hay una solución clara respecto a este problema.

Hay gente que propugna dividir los bloques de la blockchain entre varias partes y hacer que los nodos almacenen de forma aleatoria una de las partes, o que la mitad de la red almacene la mitad de los bloques y la otra mitad la mitad restante. Hay gente que cree que esto debería dejarse a la libre elección de cada cual y hay gente que cree que el pruning debería prohibirse.

Incluso **hay gente que propone hacer un borrón de la blockchain cada cierto tiempo**, estableciendo un consenso sobre el estado actual de los UTXO y construyendo la nueva blockchain sobre ellos, desechando la antigua blockchain. De esa forma los nuevos nodos recibirían solamente la base de datos de UTXO desde ese estado y los bloques a partir de ese momento.

O quizá se podría hacer un pruning universal, de tal modo que los bloques y la cadena de bloques "**prescribieran**" o caducaran a partir de un momento dado. Por ejemplo, que todos los bloques que tengan una existencia de más de 4 años desde el momento presente se desechen y prescriban, dado que la blockchain es correcta y se ha verificado así durante 4 años sin percances ni errores.

Sea como fuere, hoy en día se puede hacer pruning sin problema, y es bastante verosímil que así sea. Tengamos presente que la blockchain es muy muy segura, y hay bastante margen para mejorar su operatividad.

Lo que quiero decir con esto es que **modificar algo que ha pasado hace más de 4 años en la blockchain, como una transacción, es prácticamente imposible**: ha pasado por una cantidad inmensa de nodos de la red y agentes externos, ha sido validada y consensuada al 100% y tiene una cantidad de capas de hashes detrás que parece inalterable en todos los sentidos.

Aunque el debate sobre el pruning continuará dándose, **es muy probable que vayan estableciéndose cada vez más soluciones similares**. Supuestamente los dispositivos son cada vez más potentes y tienen más espacio de forma exponencial debido a la llamada *Ley de Moore*, pero parece que ya se están encontrando límites especialmente en cuanto al tamaño de los transistores.

Actualmente estos apenas tienen el tamaño de un átomo ya, y disminuir su tamaño bastante más parece un reto tecnológico qualitativo y no cuantitativo. Y además, dado que todo prescribe en el mundo real, tampoco parece descabellado proponer que prescriban las transacciones en una blockchain.

Funcionamiento de una wallet

Hasta ahora hemos visto cómo funciona un nodo en términos de sincronización, verificación y actualización de la blockchain y de la propia red, así como de mantenimiento de registros. Entendemos también cómo funciona de forma estática la blockchain, pero no de forma dinámica.

¿Cómo funcionan los pagos? ¿Cómo se envían y reciben? ¿Cuál es el trayecto que sigue una transacción recién firmada desde que se firma hasta que se añade a la cadena de bloques? Esas preguntas son las que tendremos que responder a continuación.

El sistema encargado de trazar, enviar y recibir dinero es lo que se llama un *software wallet* o simplemente **una cartera de Bitcoin**. Es importante que tengamos presente que una *wallet* y el software de un nodo de Bitcoin no son lo mismo y no tienen porqué ir juntos, aunque en el caso de Bitcoin Core se combinen ambos en el mismo programa.

En el apartado de la generación de claves del tercer capítulo ya explicamos por encima cómo **con el estándar BIP-32 que utilizan las Wallets HD (Jerárquicas Deterministas) se pueden generar claves privadas y públicas, cuentas y direcciones** desde una misma clave privada maestra (desde un único origen de entropía).

El origen de entropía, en general, se obtiene a partir de una serie de palabras mnemónicas y la función hash HMAC-SHA512, que es una función un poco más compleja del algoritmo SHA aplicado a salidas de 512 bits. Tal y como marca el estándar BIP-39. De esa forma, podemos por ejemplo generar claves públicas con un software automático en internet manteniendo nuestra clave privada en secreto.

La idea es la siguiente. Supongamos que tenemos una clave privada "k" y una clave pública K = kG determinadas por criptografía elíptica. Bien, pues tomamos otro "p" que es un número público aleatorio y realizamos el siguiente procedimiento para extraer claves públicas:

$$A = K + hash\ (p\ ,\ 1)\ G \Rightarrow a = k + hash\ (p\ ,1)$$
$$B = K + hash\ (p\ ,\ 2)\ G \Rightarrow b = k + hash\ (p\ ,2)$$
$$C = K + hash\ (p\ ,\ 3)\ G \Rightarrow c = k + hash\ (p\ ,3)$$
$$[...]$$
$$Z = K + hash\ (p\ ,\ n)\ G \Rightarrow z = k + hash\ (p\ ,\ n)$$

Fijémonos. Solamente con 'p' y la clave pública 'K' podemos generar claves públicas indefinidas, manteniendo la clave privada 'k' en secreto y utilizando luego 'p' para extraer las distintas claves privadas correspondientes en el momento de utilizar los fondos para transaccionar. Esto es muy útil porque recordemos que **es muy recomendable utilizar direcciones distintas para cada pago**.

Así, para saber las claves privadas correspondiente, tan solo se deben realizar unos cálculos menores aplicados sobre la clave privada 'k' con 'p'. Además, si 'p' no es público ni siquiera se podría trazar la clave pública 'K'. De hecho, sin 'p' un usuario no puede saber que las direcciones están relacionadas entre sí.

La cuestión ahora es **cómo hace una *wallet* para saber si alguna de las direcciones del usuario ha recibido algún pago**. Lo que hace es guardar en una lista todas las direcciones activas del usuario y, cada vez que se publica un nuevo bloque, comprobar en cada una de las transacciones si hay algún UTXO que se pueda utilizar con ellas.

Cuando se detecta uno, el software guarda toda la información necesaria para poder gastar ese UTXO más adelante (hash del bloque, TXID e Index, el Value o la cantidad, clave que puede gastarlo, la altura del bloque en el que ha sido publicada, etc.).

Por otro lado, **para enviar fondos a otra** dirección, una *wallet* debe construir una transacción a través de los UTXOs que tiene el usuario. Para ello intenta juntar los UTXO que se poseen de forma óptima para poder pagar la cantidad solicitada.

Una vez establecidos los UTXOs que se van a usar, los añade como inputs, y luego añade los outputs que correspondan en la transacción (usualmente un output a la dirección a la que se paga y otro output a una dirección del usuario para recoger el cambio).

Por ejemplo, si Alice tiene que pagar 5 a Bob, la *wallet* puede decidir que lo mejor es utilizar dos UTXOs de 3 y 4, pagar los 5 a Bob y devolver 2 a Alice (suponiendo una transacción sin comisiones). Finalmente se firma y se transmite la transacción a la red para que los mineros la incluyan en un bloque y minen sobre ella para añadirla a la cadena.

La selección de UTXOS para crear una transacción es un proceso bastante complejo. Se trata de un **problema NP** (lo hemos explicado en el apartado de complejidad asimétrica), y por tanto escala exponencialmente en complejidad según aumenta el número de UTXOs que se tienen a disposición.

Concretamente, el problema de seleccionar los UTXOs para una transacción determinada es una variante del **problema de la mochila**, que pueden buscar en Internet. Además, la selección depende de las transacciones futuras que se realicen, añadiendo más dificultad aún.

Por ejemplo, si tenemos tres UTXOs de unidades 2, 4 y 7 y tenemos que hacer un pago por valor de 6, podemos elegir usar los UTXOs de 2 y 4 o el de 7 y devolvernos 1. Pero la solución óptima depende de las siguientes transacciones. Si en la siguiente transacción hemos de pagar 3, la solución óptima es pagar con el UTXO de 7. Pero si en la siguiente transacción hacemos un pago de 7, la solución óptima era usar 2 y 4.

Así pues, como es un problema cuya solución óptima perfecta es costosa (por no decir imposible) de obtener, se usan *heurísticas*: algoritmos y formas de realizar la selección que **intentan obtener una solución buena, aunque no sea óptima**.

Para ello **hay múltiples criterios, cada uno con sus ventajas y desventajas** y sin que uno predomine de forma clara. Por ejemplo, un criterio puede ser minimizar la cantidad de UTXOs en cada transacción para reducir el tamaño y disminuir las comisiones. Pero entonces terminaremos con un montón de UTXOs pequeños inutilizables.

La situación es **equivalente a ir a comprar con numerosos billetes y monedas** de distintas unidades monetarias. Si nos dicen que un producto que queremos comprar vale 17.42€ y queremos minimizar los medios de pago a utilizar en esa transacción, siempre lo más óptimo es que utilicemos el billete de 100€.

Pero debemos tener en cuenta que si pagamos con ese billete de 100€ nuestro cambio será un montón de billetes y monedas que habremos de utilizar en el futuro, y que quizá era mejor utilizar el billete de 100€ en otra compra a realizar más tarde y en esta en concreto reunir por ejemplo billetes y monedas para pagar con 20€, 18€ o 17.50€.

Evidentemente, **lo mejor sería que la cantidad a pagar fuera exactamente igual que uno de nuestros UTXOs,** así simplemente utilizaríamos dicho UTXO y podríamos construir una transacción con solo una entrada y una salida (pues no haría falta ni utilizar otros UTXO ni recoger el cambio en otra salida) pero esto es, obviamente, muy infrecuente, pues es equivalente a ir a una tienda con 50€ y comprar algo que justamente tiene un precio de 50€.

Creo que es fácilmente entendible que eso que todos hacemos para intentar optimizar los billetes de forma heurística es difícil de programar y de obtener una solución óptima. En cualquier caso, **estas heurísticas suelen funcionar bastante bien.**

Otra solución heurística bastante inteligente y fácil de implementar es **utilizar aquel UTXO que es el menor de aquellos UTXO que son mayores que la cantidad a pagar.** Esto sería equivalente a indicar, de forma algorítmica, que si tenemos en la cartera un billete de 100€ pero también otro de 20€ utilizaremos para pagar 17.50€ el billete de 20€.

Pero esta heurística, aun siendo mejor que la anterior de escoger simplemente el UTXO más grande, sigue siendo problemática porque **al final se termina teniendo muchos UTXO de un tamaño irrisorio** y los UTXO de gran tamaño terminan acabándose. Termina en el ya mencionado problema de *dust (polvo)* que es es muy frecuente, demasiado diría.

Esto es también lo que ocasiona las **transacciones destinadas a combinar UTXOs para obtener uno más grande**, pues se llega incluso al extremo de tener UTXOs tan pequeños que ni siquiera pueden pagar las comisiones necesarias a los mineros para que puedan incluir la transacción en el bloque.

La transacción monstruosa de 5569 inputs que hemos mencionado como curiosidad al principio de este capítulo es un buen ejemplo de este problema de UTXOs pequeños, y precisamente lo que estaba haciendo el minero en esa transacción es combinar 5569 UTXOs de un tamaño irrisorio en un UTXO mayor y usable en la red, **ocupando para ello todo el bloque minado**.

Así pues, este es también un **campo de investigación abierta** en Bitcoin pues los UTXOs pequeños (*dust*) lastran la base de datos de UTXOs porque se registran pero no se usan. Bitcoin Core, por ejemplo implementa algoritmos formados por varias heurísticas. Hasta hace poco, el algoritmo, que se implementaba en la función *SelectCoins* en el archivo *wallet.cpp*, era el siguiente:

1. Si alguno de los UTXO coincide con el importe, se utiliza este.

2. Si la "suma de todos los UTXO más pequeños que el importe" **coincide** con el importe, se utilizan estos.

3. Si la suma **no supera** el importe, se utiliza el UTXO más pequeño mayor que el importe.

4. Si **lo supera**, se realizan 1000 rondas de combinación aleatoria de UTXOs tales que su suma sea mayor o igual que el objetivo. Si encuentra una coincidencia exacta, se detiene antes y la usa.

5. De lo contrario, finalmente se conforma con el mínimo entre el UTXO más pequeño mayor que el importe y la combinación más pequeña de UTXO que descubrió en el Paso 4.

Además, el algoritmo primero se restringe a los UTXO que tengan al menos seis confirmaciones y luego relaja estos requisitos si no se puede descubrir un conjunto adecuado de UTXO.

Actualmente **el algoritmo ha cambiado ligeramente**, y su código está escrito en el archivo *coinselection.cpp* y *spend.cpp* dentro de la misma carpeta. El algoritmo de selección de UTXOs está basado en una **métrica de "desperdicio"** (*Waste Metric*) creada para tener en cuenta todos los objetivos considerados relevantes a la hora de hacer una selección.

En concreto, tiene en cuenta las *tarifas* de las comisiones a pagar actuales, el peso de las entradas, las comisiones futuras esperadas que tendríamos que pagar para gastar los UTXOs restantes dadas unas comisiones determinadas, el coste de crear y gastar la salida de cambio si existe y el exceso del importe total de las entradas frente al importe objetivo. Tarifas, evidentemente, en satoshis por bytes de peso.

La idea del algoritmo actual es entonces **obtener candidatas a selección de UTXOS mediante varios algoritmos y elegir aquella cuya métrica de desperdicio sea mínima**. Los tres algoritmos usados para obtener las selecciones candidatas son:

1. **Knapsack (Mochila).** Grosso modo realiza iteraciones aleatorias sobre el conjunto de UTXOs de la wallet y escoge la selección de UTXOs que minimiza el exceso sobre el importe objetivo teniendo en cuenta un 'cambio mínimo' para evitar *dust*. Si encuentra una selección exacta (sin cambios) devuelve esa.
2. **SDR (*Single Random Draw*)**: selecciona UTXOs aleatorios hasta que pueda financiar la transacción (supera el importe).
3. **BnB (*Branch and Bound*).** Busca específicamente conjuntos de entradas que sean exactas (eviten la salida con cambio) en todo el espacio de combinaciones posibles. Mantiene el conjunto de entradas con la mejor puntuación de desperdicio si se encuentran varios conjuntos de entradas sin cambios.

Adicionalmente, está implementado un algoritmo llamado **CoinGrinder (molinillo de monedas)**. De forma similar a BnB, busca, en todo el espacio de combinaciones posibles, la que tiene el peso más bajo. Está diseñado para minimizar las *fees* (comisiones) cuando son altas, y actualmente solo se usa si las comisiones actuales son más del triple de las comisiones futuras esperadas por el software.

Otro aspecto a considerar a la hora de hacer una selección de UTXOs para transferir fondos es el relacionado con el **anonimato**. Ya sabemos que Bitcoin no es del todo fungible debido al modelo UTXO, pues las unidades monetarias no son iguales entre sí ya que no hay dos UTXOs iguales. A la hora de combinar UTXOs para hacer pagos se pone de manifiesto más que nunca esta cuestión.

Lo mejor es, de nuevo, utilizar una clave pública (y por tanto una dirección) distinta cada vez que se recibe un pago. Esto incluye cada vez que nos devolvemos el cambio, pues así es más difícil trazar los pagos y la cantidad de dinero que tenemos en cada momento. Pero incluso así **se pueden trazar de forma probabilística los movimientos** si no somos precavidos con la estructura de una transacción.

Por ejemplo, supongamos que tenemos una transacción con una entrada de un UTXO con valor 8 (o UTXOs distintos con un valor total de 8) y luego tenemos una salida de 2 y otra salida de 5,95 unidades monetarias (ya sea Bitcoin, satoshis o valor en dólares o euros, que suele ser lo usual). Es bastante intuitivo pensar que probablemente un usuario que tenía todos esos UTXOs con valor de 8 a su disposición, **ha pagado a otro un valor de 2** y ha recibido el cambio menos las comisiones para los mineros en su dirección por valor de 5,95.

En general, hay una serie de **reglas**, también heurísticas, aplicables a una transacción **para trazar los pagos de forma probable**:

- Las salidas pequeñas tienen mayor probabilidad de ser los pagos, mientras que las grandes suelen ser las recogidas del cambio de dicho pago.

- Las salidas que pagan las comisiones de minería es más probable que sean el cambio del sujeto que realiza un pago.

- Las salidas cuyos valores son redondos en unidades monetarias (especialmente en un valor en dólares o euros dado en un momento determinado, como 25$, aunque también en Bitcoin) tienen mayor probabilidad de ser los pagos efectuados (una entidad diferente a la que gasta los UTXO en los inputs).

- Si se usa un número bajo de UTXOs en la entrada de una transacción, es muy probable que sean todos de la misma entidad, y si hay muchos probablemente sea una transacción de alguna corporación o casa de cambio o compraventa de Bitcoin.

Así pues, si somo usuarios de Bitcoin y especialmente si somos desarrolladores de *wallets*, tenemos que tener esto muy en cuenta. Bitcoin no es anónimo, sino pseudónimo es decir: se puede vincular una dirección a una identidad concreta y eso es peligroso.

Pero hay soluciones a esta situación para maximizar el anonimato que se tiene con diferentes herramientas. Pensemos que, **cuantas más entradas y salidas diferentes incluso en diferentes transacciones realizadas, menos trazables serán los pagos que se realizan.**

Por ejemplo, si quisiera pagarle 6 a Bob, podría construir una transacción en la que le pago 1 a una dirección de Bob aprovechando que tenía que hacerle un pago también a Carol, luego otra transacción donde le pago 2 y 3 en distintas direcciones y una última transacción donde le pago 1. De esa forma, sería muy difícil trazar que le he hecho un pago de 6, pero obviamente mi pago sería extremadamente caro porque tendría que hacer varias transacciones.

Aunque no vamos a tratarlo en este libro porque excede del contenido y del objetivo, una de las mejores formas de maximizar el anonimato es un sistema llamado **Coinjoin**. Como su propio nombre indica, consiste en **juntar a diversos usuarios que quieren realizar un pago en una misma transacción** muy grande.

Se trata de juntar los UTXOs a consumir y los UTXOs a crear de nuevo en una misma transacción con muchas entradas y salidas para que así sea muy difícil saber quién ha pagado a quién. Por supuesto, todo forzado con criptografía como siempre. Pueden buscar más sobre ello en internet.

Terminamos este apartado haciendo un par de aclaraciones importantes. Primero, **que una wallet firme una transacción no significa que automáticamente se transfieran los fondos.**

Dicha transacción se retransmite a un nodo de la red y, al ser una transacción válida y estándar (cumpliendo las condiciones) todos los nodos de la red la retransmiten a todos sus contactos para que la añadan en la *mempool* (ese archivo de transacciones pendientes que hemos nombrado anteriormente).

Una vez allí, los mineros deberán incluir la transacción en un bloque, realizar la prueba de trabajo y publicar el bloque (retransmitir el bloque por la red). De nuevo si es un bloque válido todos los nodos lo retransmiten a su vez a todos sus contactos y actualizan sus registros añadiendo dicho bloque.

Y segundo, **una wallet debe comprobar cada bloque que se publica para verificar no solo que nadie ha pagado a los UTXOs que controla, sino también si hay alguna transacción que haya gastado algún UTXO que se posee.**

¿Por qué? Pues básicamente porque hoy en día se puede tener la misma *wallet* (la misma cartera con claves de Bitcoin) en diferentes lugares, por ejemplo en una app del móvil, en una app de escritorio y en una **wallet fría** (*cold wallet*, es una wallet ubicada en un dispositivo específicamente diseñado para proteger las claves y aislarlas del mundo exterior).

Las tres deben estar al tanto de lo que ocurre en la red, puesto que si no un usuario podría firmar una transacción con el programa de escritorio sin que los otros programas se enteren. Así, esos programas podrían indicar que tenemos un dinero que ya no tenemos porque hemos realizado un pago y ese UTXO ya no es un UTXO porque que se ha consumido.

Wallets, nodos SPV y otros

Anteriormente hemos dicho que una *wallet* o cartera de Bitcoin es algo distinto e independiente del software que un nodo ejecuta para correr Bitcoin. El nodo mantiene la blockchain actualizada y sincronizada y está permanentemente a la escucha para recibir nuevas transacciones, bloques válidos, etc. y verifica todos los datos de la cadena de bloques.

Sin embargo, ¿cómo hace entonces una wallet para actuar de forma independiente a un nodo de Bitcoin? Bueno, lo que hace es correr una "versión ligera" del software del nodo, por eso se llaman **nodos ligeros, lite nodes, light nodes o SPV nodes** (luego comentaremos qué significa exactamente SPV) frente a los nodos originales, que también se llaman **nodos completos o full nodes**.

Antes de continuar hemos de remarcar que existe polémica y controversia acerca de estas definiciones, puesto que los nodos ligeros no son realmente nodos de Bitcoin, y los nodos completos son los únicos nodos reales de la red de Bitcoin. Por lo tanto en el mundillo de enterados creen que a los nodos completos se les debería llamar simplemente nodos y a los nodos ligeros simplemente SPV.

SPV significa *Simplified Payment Verification* **(Verificación de Pago Simplificada)** y es, como su propio nombre indica, un procedimiento con el cual comprobar la recepción de los pagos sin tener que verificar firmas ni descargar y almacenar demasiados datos de la red. A cambio, se debe asumir la pérdida de una parte de la seguridad que ofrece un nodo completo. Ahora veremos por qué es útil la utilización del árbol de Merkle en las transacciones para los nodos SPV.

Lo que hace un nodo SPV (o simplemente una *wallet* SPV) es primero realizar una **sincronización pero solo de los headers de la cadena de bloques**: conectarse a la red, descargar los headers y verificarlos todos (este paso sigue siendo el mismo que el que realiza el nodo completo). Sin embargo, una vez hecha esta sincronización de headers no realiza la IDB: lo que hace es ser un rehén de uno (o varios) de los nodos completos de la red.

Concretamente, **el nodo SPV le envía al nodo completo la lista de todas las direcciones y todos los UTXOs que posee la wallet**. Y entonces, le pregunta, para el *header* de cada bloque publicado, **si se han ganado UTXOs nuevos o se ha perdido alguno** de los que las direcciones facilitadas poseen.

El nodo completo, que tiene la información completa acerca de los datos de la red y de los nuevos bloques, responde enviando las transacciones donde se ganan o se pierden UTXO y las **pruebas de Merkle** que demuestran que dichas transacciones están en el bloque.

Finalmente **el nodo SPV verifica que los UTXO nuevos o perdidos están las transacciones proporcionadas y estas a su vez están en el bloque** por el que se ha preguntado. Para ello reconstruye el árbol de Merkle tomando el hash de las transacciones junto a las pruebas de Merkle (que son los hashes intermedios) y llegar a la raíz del árbol. Si la raíz calculada coincide con la raíz del header del bloque, es correcto.

Recordemos los capítulos anteriores: las transacciones de un bloque se agrupan en un árbol de Merkle cuya raíz se pone en el *header*, y sobre este se realiza la prueba de trabajo. Un árbol de Merkle consiste en una estructura de datos en forma de árbol de tal forma que para verificar que cualquier dato se encuentra dentro del árbol solo es necesario proporcionar unos hashes intermedios $O(\log n)$.

Al comprobar que la raíz calculada y la raíz del bloque son la misma, el nodo verifica que efectivamente los UTXO de esas transacciones se han perdido/ganado porque están publicados en el bloque correspondiente.

Como vemos **el nodo SPV es mucho más ligero que el nodo completo**: tan solo requiere guardar los headers de los bloques (unos 60 MB), la lista de direcciones y UTXO del usuario y el propio software en sí. En total, con menos de 100 MB se puede construir un software de cartera de Bitcoin que si bien no es un nodo completo sí se conecta con la red y tiene cierta participación en ella. Pero tiene una serie de problemas asociados: como hemos dicho es **rehén de los nodos completos**.

En primer lugar, **un nodo completo puede negarse a facilitar los datos pedidos**. Al fin y al cabo, le está pidiendo que filtre un determinado bloque y se lo envíe y eso consume CPU. Es cierto que muchos nodos realizan la acción sin poner pegas, y lo hacen porque al fin y al cabo eso es bueno para el sistema Bitcoin. Mas también lo es que podrían negarse y no ofrecer los datos. Pero ese es el menor de los problemas.

Acabamos de mencionar que **el sistema SPV consiste en enviarle a un nodo completo una lista con todas las direcciones que tenemos y nuestros UTXO. O lo que es lo mismo decirle quienes somos y cuánto dinero tenemos** a un completo desconocido de la red. Eso tras haber tratado los "problemas" de anonimato que tienen las transacciones en Bitcoin debido a la posible trazabilidad de los movimientos. Visto así no parece algo muy inteligente.

Un parche parcial a este problema es "ocultar" nuestros datos enviando nuestras direcciones y UTXO junto a otras direcciones y UTXO que no son nuestras para despistar al nodo completo y que nuestra identidad pueda, al menos, quedar camuflada. Simplemente se trataría de filtrar los datos recibidos en la respuesta del nodo completo y eliminar aquellos que no coinciden con los nuestros.

Para ello se utilizan unas herramientas llamadas **filtros de Bloom** (más info en internet), pero se siguen teniendo problemas de privacidad en cierta medida, aunque no vamos a tratar a fondo estos filtros.

Por si fuera poco, **un nodo podría ocultarnos datos sobre los UTXO que hemos ganado o perdido omitiendo transacciones en las que aparecen nuestras direcciones**, lo cual es un problema aún mayor. Solo podemos verificar que las transacciones proporcionadas contienen UTXOs nuevos o gastados de nuestra propiedad, **pero no si hay transacciones que los tienen pero no han sido proporcionadas**.

El parche a este posible problema suele ser conectarse con varios nodos distintos para comparar las respuestas y ver que coinciden, pero entonces estaríamos revelando nuestras direcciones y UTXOs a aún más nodos, perjudicando así aún más nuestra privacidad.

Por lo tanto, **debemos tener claro que utilizar una wallet SPV tiene sus riesgos, aunque puedan limitarse con algunas herramientas**. Las SPV no verifican casi nada, ni siquiera las entradas de las transacciones que reciben puesto que no tienen base de datos UTXO con la que comparar.

Pero es que aún puede ser peor: **la mayoría de software de Bitcoin tipo wallets y otros no son ni siquiera nodos SPV**. Solo una parte de los programas de escritorio para ordenador y algunas apps móviles lo son.

La mayoría de los programas disponibles tienen un funcionamiento peor que las SPV porque **en vez de consultar a un nodo completo de la red consultan directamente a un servidor web** que tiene supuesta información verídica de la blockchain.

Piden esos datos al servidor, los reciben como respuesta y actúan en consecuencia. **Sin verificar ni descargar headers ni pruebas de Merkle ni nada**, simplemente confiando en que los datos que dichos servidores web devuelven son ciertos y correctos.

Aunque normalmente se trata de servidores web grandes, reputados y creados y dedicados para tal fin como *exploradores de blockchain*, podrían perfectamente ser falibles (recordemos que Bitcoin intenta ser un sistema "*trustless*", en el que no se deba confiar en terceros).

Además, **estas wallets quedan expuestas a mentiras** por parte del servidor que ofrece los datos, pues no verifican las transacciones con las pruebas de Merkle: el servidor web podría mentir tanto acerca de que hemos ganado UTXOs como de que los hemos perdido y no podríamos ni detectar ni comprobar la mentira.

En cualquier caso, evidentemente **cualquier tipo de wallet que usemos será mucho más segura que mantener criptomonedas como Bitcoin en una plataforma o en una casa de cambio como Coinbase o Binance**, aunque sean SPV o directamente consultando un servidor.

Siempre y cuando dichas SPV mantengan a buen resguardo y con seguridad nuestras claves privadas, claro. ¿Por qué? Pues porque utilizando casas de cambio como carteras de criptomonedas ni siquiera se tiene control sobre las claves privadas (no se tiene custodio propio).

Lo que hacen las casas de cambio es gestionar todo por el usuario (claves públicas y privadas, direcciones, UTXO), y simplemente tienen una supuesta obligación contractual y jurídica con los usuarios de la plataforma. Así, tener criptomonedas en una plataforma como esta (si no retiramos los fondos de allí) es como tener una deuda con ellas, que pueden pagar o no hacerlo.

De hecho, si alguna de estas plataformas sufre un ataque o quiebra y entra en concurso de acreedores, nuestros fondos no están en absoluto garantizados. Solo tendríamos un derecho contra estas empresas que se ejecutaría según la situación de la propia empresa.

Creo que no hace falta resaltar de nuevo que **precisamente el objetivo de Bitcoin es crear un sistema de pago digital, universal e individual que evite la dependencia de terceros.** Terceros como este tipo de plataformas que supuestamente son 'fiables' y están 'auditadas'.

Tener Bitcoin en una cuenta de Binance es absurdo y peligroso, excepto si se quiere utilizar poco capital y los costes de las alternativas son demasiado altos en relación al mismo. La palabra **"trustless"** que ya hemos nombrado muchas veces junto a **"permissionless"** (sin pedir permiso a nadie, muy importante en cuanto a correr un nodo) son las bases sobre las que se asienta Bitcoin y por las que este fue creado.

O recordemos la muy famosa frase *"Not your keys, not your coins"* **(Si no tienes las claves, no es tu dinero).** Una frase que nació en la comunidad de Bitcoin y que se ha extendido a todas las criptomonedas volviéndose popular precisamente porque advierte a la gente de que lo que hace que Bitcoin sea propiedad inconfiscable y segura es el hecho de poseer las claves privadas uno mismo.

Si no se poseen las claves privadas, no se tiene la propiedad del derecho a transaccionar valor en Bitcoin y por lo tanto no se tiene el dinero en sí. Solamente se tiene un supuesto derecho que depende de terceros.

De todas formas también hay que decir, porque es la verdad, que a pesar de las vulnerabilidades más que importantes de las carteras SPV y las que se conectan a servidores **no ha habido a lo largo de la historia de Bitcoin muchos ataques a las mismas**. Al menos en comparación con los que han recibido los exchanges y plataformas similares.

Seguramente sea por un lado porque con este tipo de ataques no se pueden robar fondos de Bitcoin, sino solamente perjudicar al usuario. Es decir, mentirle acerca del dinero que tiene y los pagos realizados y vulnerar su anonimato.

Y por otro lado, tampoco es fácil ni barato manipular o corromper la información de un servidor web de gran calado como lo son los de las plataformas más importantes como *blockchain.info*. Se requiere un ataque coordinado, activo y que gaste muchos recursos.

Recapitulando: **la forma más segura y privada de tener Bitcoin es con un nodo completo,** pero debemos fiarnos de que el software no se ha alterado y de que los fondos son seguros. Una alternativa que quizá pueda ser más segura respecto al robo de fondos pero menos respecto a la información de los pagos es una **cartera fría**.

Las carteras frías son software SPV, pero las claves privadas se mantienen en un dispositivo hardware externo y aislado de cualquier otro dispositivo. Con ellas la seguridad en cuanto a robo de fondos es muy alta, pero la información de los UTXOs puede ser comprometida por un tercero (aunque usualmente podemos conectar un nodo propio).

Las carteras SPV de software, por otro lado, son menos seguras que estas dos últimas en todos los aspectos. La ventaja de las SPV es que solo requieren unos 100MB de almacenamiento y conexión con un nodo para funcionar.

Seguidamente, las carteras que consultan un servidor web (como son la mayoría de carteras móviles) son todavía más vulnerables en términos de seguridad y privacidad, pero a cambio no requieren casi nada de almacenamiento y nada de contacto con la red de Bitcoin.

Y finalmente **lo menos seguro y anónimo es directamente "tener" criptomonedas en una casa de cambio o plataforma** (de hecho no se tiene nada de seguridad ni privacidad, pues no se poseen las claves).

A partir de aquí, cada persona puede asumir los riesgos que crea conveniente y hacer lo que más le convenga. **Pero es importante saber los riesgos y también los problemas por parte tanto de usuarios como de desarrolladores** a la hora de crear software con criptomonedas.

Aunque la facilidad de usuario y los diseños intuitivos y atractivos son importantes, lo es mucho más hacer software seguro. En este sentido los proyectos que son *opensource* (de código abierto) nos aseguran que por lo menos se conoce su funcionamiento de forma abierta por todo el mundo y nos da mayor confianza de su seguridad.

Como nota para el lector, **si vas a utilizar Bitcoin, infórmate en profundidad primero de todas las herramientas disponibles y elige aquella que sea más conveniente para ti**. Recuerda que no estás utilizando un juguete como Facebook, sino que estás gestionando tu dinero y patrimonio personal.

De la mempool a la cadena de bloques

Al final del capítulo anterior explicábamos cómo funcionan las recompensas de los mineros dentro de un bloque de Bitcoin. Sabemos que la recompensa de un bloque está dada por una tasa base que se reduce a la mitad cada 210.000 bloques (*halving*) y las comisiones implícitas en las transacciones, que se calculan como la resta entre el valor total de las salidas menos el valor total de las entradas.

La suma total de la tasa base y las comisiones es lo que el minero, por protocolo, puede recompensarse a sí mismo creando un nuevo UTXO en la transacción *Coinbase* del bloque. Y sabemos que para 2140 se espera que la tasa base llegue a cero, quedando así las recompensas de los mineros reducidas a las comisiones implícitas (*fees*).

Hemos de recordar también que el valor (*Value*) de las transacciones en Bitcoin está dado por un número entero representado con ocho bytes, de forma que **la unidad que se usa por software no es el Bitcoin, sino el satoshi (un bitcoin son cien millones de satoshis)** y el Bitcoin simplemente es una cuestión de UI, de interfaz de usuario.

Y también hemos mencionado en varias ocasiones el registro llamado **mempool**, que es aquella parte de los registros distribuidos de los nodos donde se almacenan las transacciones válidas que todavía no han sido publicadas en la cadena de bloques.

Ahora ya sabemos cómo funcionan las carteras de Bitcoin y cómo se crean y retransmiten las transacciones. Cuando alguien crea y firma una transacción válida, ya sea un nodo completo o un nodo ligero, se conecta con un nodo completo (o los pares en el caso de los nodos completos) y retransmite la transacción mediante un mensaje tipificado por el protocolo de comunicación de la red.

Los nodos reciben la transacción y verifican la información. Si esta es válida según todos los baremos establecidos lo que hace es **guardarla en su *mempool***. Esta transacción no es definitiva, ya que no tiene prueba de trabajo y por tanto no está consensuada por la red.

De hecho, los nodos pueden tener *mempools* distintas, ya que no hay nada que garantice su consenso. Solo es una especie de "almacén temporal" de transacciones para que los mineros puedan incluirlas en el bloque a minar. Aunque **suelen ser iguales o muy similares pues las transacciones no estándar son muy pocas y no se retransmiten.**

Si la transacción retransmitida es además es una transacción estándar, como hemos visto anteriormente, el nodo **la retransmite a todos los nodos** con los cuales tiene conexión y lo mismo hacen estos. De esa forma, por efecto red, lo normal es que si es una transacción válida y estándar al cabo de un tiempo bastante corto **esté en la mempool de prácticamente la totalidad de los nodos de la red**.

Pero nos falta justo saber este punto: **cómo una transacción pasa de estar en la mempool de los nodos a ser incluida en un bloque válido** y por tanto en la cadena de bloques. Recordemos que **no es lo mismo un nodo completo que un minero.** Y aunque todos los mineros deberían tener un nodo completo, no todos los nodos completos son mineros.

En realidad, para ser minero simplemente hay que encontrar un bloque válido, y para ello solamente hace falta tener la información correcta (un bloque con el formato correcto, transacciones válidas y con el último hash de la cadena de bloques) y calcular hashes sobre ella.

En caso de conseguir la prueba de trabajo sobre un bloque, basta con comunicarse con un solo nodo de la red como hacen los SPV y enviarle el bloque válido para que este a su vez lo retransmita por toda la red.

Pues bien, el caso es que **una vez nuestra transacción ha llegado a la totalidad de los nodos de la red, es previsible que los mineros tengan acceso a ella**, bien a través de su propia mempool (si tienen en funcionamiento un nodo completo, que es lo ideal), bien preguntando a otros nodos de la red por las transacciones que tienen en su mempool.

Entonces los mineros construyen su bloque con *algunas* transacciones de la mempool, entre ellas la nuestra, y realizan la prueba de trabajo para conseguir que ese bloque sea válido y aceptado por la red. Si alguno lo consigue, lo retransmite por la red y ocurre lo mismo que en el caso de las transacciones: los nodos lo verifican y lo retransmiten a sus pares para que todos los nodos actualicen sus registros con el nuevo bloque. En ese momento nuestra transacción por fin está en la cadena de bloques.

Como ya sabemos, para minar el bloque se construye el árbol de Merkle con las transacciones elegidas, con la raíz del árbol se forma el header con sus datos y su formato y se calculan hashes variando el nonce hasta encontrar uno que cumpla la prueba de trabajo.

La pregunta clave aquí es: ¿cómo eligen los mineros *algunas* de las transacciones de la mempool para añadirlas a su bloque y minar sobre ellas? Al fin y al cabo un bloque solo puede tener 1 MB de espacio, y en la mempool suele haber más de 1 MB de transacciones.

Como hemos avanzado anteriormente, una primera aproximación es que los mineros **ordenan las transacciones de la mempool según el ratio comisiones/tamaño** y eligen **las del tramo superior hasta completar el tamaño máximo del bloque**. Al minero no le importa la cantidad de comisiones absoluta de la transacción sino las comisiones en relación al tamaño que ocupa esta en su bloque.

Al elegir según **satoshis por byte (sats/B)**, pueden poner en el bloque pocas transacciones con comisiones moderadas pero que sumadas le den un total bastante jugoso o transacciones muy grandes pero con comisiones también muy grandes. En definitiva, maximizar la cantidad de comisiones totales utilizando la relación entre comisiones por transacción y peso.

Por lo tanto las comisiones a pagar en una transacción no dependen del valor a pagar en la transacción, es decir, **son planas respecto al valor transmitido**. Las comisiones que debe pagar Alice por una transacción a Bob son las mismas tanto si Alice paga un satoshi o cien Bitcoin.

Además, hemos de tener en cuenta que, igual que con la dificultad, por defecto en el software **existe un umbral mínimo de 1 satoshi por byte** para que un nodo retransmita la transacción. Cuando Alice envía una transacción a un nodo para publicarla en la cadena de bloques, este lo primero que hace es comprobar las comisiones de la misma. Si tiene más de 1 sats/Byte, verifica las firmas y que la transacción sea válida y estándar y la retransmite por toda la red. Por debajo de dicho umbral simplemente la desecha, por considerarla "spam".

En cualquier caso, no es difícil intuir entonces que **el tamaño de la mempool depende de la demanda** de transacciones que haya, y por tanto **también las comisiones** mínimas a pagar por una transacción para que se publique en un bloque son variables según la demanda.

Los mineros publican una media de un bloque cada diez minutos de forma constante, así que tienen que lidiar con lo que haya en ese momento en la mempool. Si hay mucha gente que quiere transaccionar, las comisiones mínimas necesarias para que se publique una transacción en un bloque aumentan y si no hay demanda puede pasar incluso que no haya transacciones para completar un bloque.

Es decir, **existe un mercado de comisiones para transaccionar en Bitcoin, un mercado que es además muy variable e inelástico**. La oferta es fija (1 Megabyte cada diez minutos) y la demanda es variable. Y dicho mercado de comisiones puede verse de forma transparente a través de la mempool de los nodos de la red de Bitcoin.

Por ejemplo, durante la burbuja especulativa de Bitcoin de 2017 los mineros llegaron a cobrar más por las comisiones en las transacciones que por la propia recompensa de la tasa base, cuando normalmente la tasa base es la gran mayoría de las recompensas que los mineros obtienen si echamos un vistazo al registro histórico.

A continuación vamos a ver unos cuantos **gráficos sobre la mempool** que pueden encontrar en internet en la página *jochen-hoenicke.de* . Creo honestamente que son las mejores gráficas sobre la mempool de la red de Bitcoin. Para interpretar los gráficos debemos saber que **en el eje de las X se encuentra el tiempo, y en el eje de las Y el tamaño de la mempool desglosado por colores según las fees por byte** que se pagan en las transacciones que contiene. Recordemos que una transacción tiene unos 500 bytes de media, y eso a 1 satoshi por byte son 500 satoshis por transacción. Por ejemplo con Bitcoin a unos 30.000 dólares 500 sats son 0,15-0,2 dólares por transacción. Bien pues veamos primero un **gráfico de la mempol durante la burbuja especulativa de Bitcoin de 2017-2018** (fuente *jochen-hoenicke.de*):

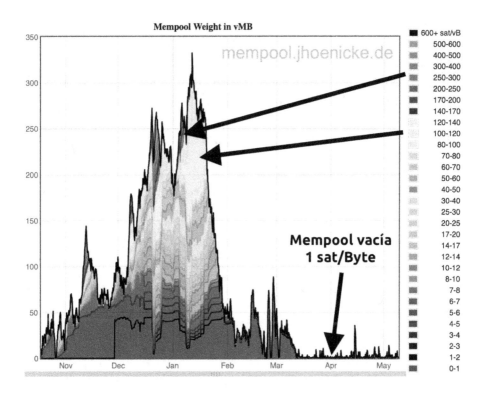

Podemos comprobar que se llegaron a pagar durante los meses de Diciembre de 2017 y Enero de 2018 más de 120 satoshis por Byte sin ninguna impunidad, y que la mempool pesaba 300 MB y estaba llena de transacciones así (es el tramo señalado en el gráfico).

120 sats/Byte son 60.000 sats por transacción de media que, a un precio de Bitcoin alrededor de 30.000$ equivalen a 18$. Evidentemente por ese entonces Bitcoin no cotizaba a 30.000$ sino aproximadamente a la mitad, con lo cual se llegaron a pagar hasta más de 10 dólares (llegando incluso a 20) por transacción media en el sistema.

En cambio, a partir de Marzo de 2018 se podía hacer transacciones a 1 satoshi por byte sin problema y publicarlas en la cadena de bloques inmediatamente (en 10 minutos, en el siguiente bloque), lo que significa hacer transacciones por apenas unos céntimos según la cotización de Bitcoin. Porque la mempool estaba completamente vacía.

Por ejemplo, una transacción de pagar a alguien y recoger el cambio (una entrada y dos salidas) tiene entre 200 y 250 bytes, lo cual serían 200-250 satoshis que, a precios de 30.000 dólares son entre 5 y 10 centavos de dólar por realizar la transacción. Y una transacción media de 0.500 Bytes unos 15-20 centavos de dólar.

Veamos ahora otro **gráfico de la mempool durante 2023 y 2024**:

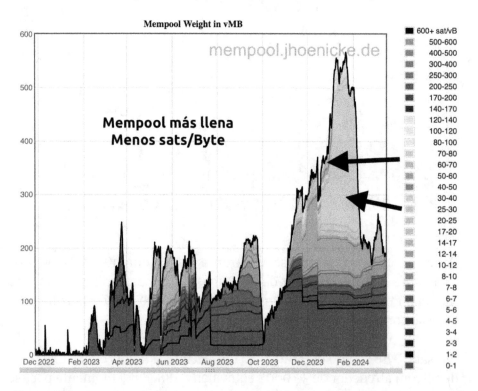

Comprobamos que mientras que a principios de 2023 la mempool estaba vacía y se podía transaccionar a 1-2 sats/Byte, tras el auge provocado por los *Ordinals* y con el escalado a principios de 2024, la mempool se llenó hasta los +500MB. Con muchas transacciones alrededor de los 25-30 sats/Byte y algunas de 70-80 sats/Byte. Sin embargo, como vemos, a pesar de que había más demanda por transaccionar que en 2017-2018, la mempool no contenía transacciones de centenares de sats/Byte (100-300).

Esto es debido a que durante la burbuja especulativa de 2017-2018 una gran cantidad de casas de cambio, wallets, etc. no tenían algoritmos eficientes o al menos con sentido común para calcular cuál es aproximadamente la comisión a pagar por las transacciones.

También influye el hecho de que estaban **presionadas por sus clientes, que suelen desear o exigir que la transacción se publique al momento.** Pagando así cantidades ingentes en comisiones de hasta +1.000 sats por byte para asegurarse de que la transacción entra en el bloque siguiente y no tener problemas con sus clientes. Por entonces había software con por ejemplo tasas fijas de 200 satoshis por byte, o comisiones fijas de 50.000 sats por transacción independientemente del tamaño.

También es importante comprender que **estos gráficos solo reflejan el pasado, y no el futuro, con lo cual nuestra aproximación a la hora de calcular las comisiones o fees que debemos pagar es incompleta.**

Podría ser que justo en el momento de realizar nuestra transacción hubiera mucha demanda de forma inesperada a pesar de que el gráfico mostrara calma en las últimas semanas, días y horas y que nuestra transacción no se publicase. Por eso en muchos casos y **si corre prisa es mejor pagar un poco de más y que la transacción se publique en el próximo bloque que arriesgar.**

Pero es que **las comisiones a pagar por las transacciones varían incluso durante la semana y durante el día** porque la demanda también varía durante el día y durante las semanas. Como las comisiones a pagar dependen de las transacciones que hay en la mempool y por tanto de la demanda por transaccionar, se generan en Bitcoin ciclos a todos los niveles: diarios, semanales, mensuales y de tendencias macro como las que acabamos de observar.

Si no nos importa esperar a que una transacción se publique en la red, podemos simplemente retransmitirla a 1-2 satoshis por byte y esperar a que la mempool esté lo suficientemente vacía como para que se publiquen nuestros bloques. Durante un momento de máximo auge y especulación quizá nuestra transacción tarde semanas o meses, y durante momentos de calma se publica en el próximo bloque. El sistema es una especie de "puja o subasta".

En cualquier caso, **queda patente la inelasticidad y gran variabilidad de la mempool y las comisiones** a pagar por transaccionar. En este último gráfico podemos ver estas diferencias de forma ampliada y reconocer los tres últimos auges de Bitcoin:

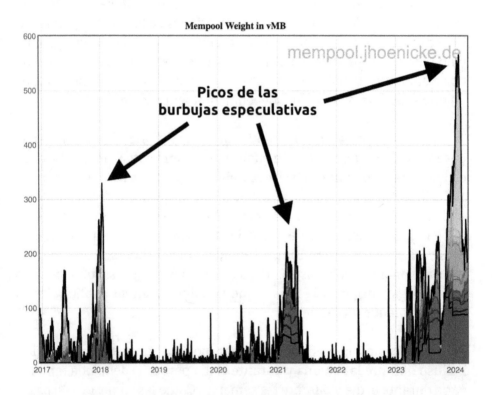

Como vemos, aunque en este apartado no vamos a entrar en detalle porque supera el objetivo de este libro, sí debemos tener en cuenta que **el mercado de las comisiones es más complejo de lo que parece tanto para los usuarios que transaccionan como para los mineros**.

Empezando por los mineros, volvemos al *Problema de la Mochila* mencionado anteriormente. Igual que al seleccionar los UTXOs para una transacción, combinar transacciones para añadirlas a un bloque es muy complejo y es un problema NP. ¿Por qué?

El motivo es que **no es suficiente con ordenar las transacciones** como si fueran independientes porque **existen dependencias** entre algunas de ellas (transacciones que pagan a un UTXO que se utiliza en otra transacción y ambas transacciones están en la mempool).

Estas dependencias hacen que muchas transacciones estén niveladas, de forma que si se acepta una deben aceptarse las otras. Además, dichas transacciones deben ordenarse según el pago realizado. Existe un concepto llamado **Child Pays For Parent (CPFP, el hijo paga por el padre)** que se usa cuando hay dos transacciones dependientes en la mempool.

Se trata de que la primera de las transacciones (la padre) tiene una comisión pequeña y por eso no sale de la mempool, pero la segunda (la hijo) tiene una comisión tan grande que compensa a un minero añadir las dos en el bloque y llevarse las comisiones de ambas.

De hecho, esta es una forma de solucionar la situación de **una transacción retransmitida con una comisión demasiado pequeña** que se ha quedado en la mempool si queremos agilizar su publicación en la cadena de bloques para recibir el pago.

Evidentemente y a pesar de que debido a estas dependencias utilizan heurísticas para elegir las transacciones de su bloque, los mineros tampoco son estúpidos y no les gusta perder demasiado tiempo. Por eso imponen usualmente **un límite de cuatro niveles de interdependencia** (4 transacciones que dependen entre ellas a niveles distintos) al buscar transacciones con las que llenar su bloque.

Otra cosa interesante también a comentar sobre algoritmos de minería es que mientras intentan conseguir la prueba de trabajo **a los mineros les interesa ir actualizando las transacciones de su bloque según las transacciones nuevas que entran a la mempool**, ya que de esa forma pueden ganar mayores comisiones. Por ejemplo, pueden actualizar sus transacciones cada varios segundos y, como suelen realizar un orden de trillones (o más) cálculos de hash por segundo, realmente la pérdida de tiempo y recursos actualizando es compensada por las mayores comisiones debido a la actualización.

Incluso **hay momentos en los que los mineros minan bloques vacíos**, y por eso aparecen en la cadena de bloques a veces. Esto es porque cuando se publica un bloque nuevo, el minero debe descargarlo y validarlo al completo, lo que tarda un cierto tiempo (unos segundos).

Pero unos segundos son un tiempo demasiado valioso para tener a todas las máquinas de minar (chips) paradas, así que lo que hacen es obtener el *header* del bloque (y su hash), construir una transacción coinbase con solo la recompensa de la tasa base, construir el header del nuevo bloque con el hash de la transacción coinbase como raíz de Merkle y minar durante un tiempo hasta que puedan actualizarlo con transacciones que no hayan sido puestas en el bloque anterior.

Respecto a **la visión de los usuarios, también es compleja** por varios motivos. Como ya hemos dicho, los gráficos sobre la mempool reflejan el pasado, no el futuro. Es posible que un algoritmo calcule que una determinada comisión sea suficiente para publicar una transacción en el próximo bloque pero justo en ese momento haya mucha demanda y se quede en la mempool. Y también puede ocurrir al revés: publicar una transacción con una comisión excesiva porque justo en ese momento la demanda baja de forma considerable.

Además, en general (más anteriormente, ahora se suele consultar a servidores especializados) **el software que implementa una *wallet* por ejemplo no suele ser tan complejo** como para consultar información completa de la mempool y calcular unas comisiones adecuadas según las cuales una transacción se confirme en el siguiente bloque.

Hay muchos programas que implementan una comisión fija por transacción (independiente del tamaño) y otros que implementan un ratio de comisiones por byte fijo, algo que es claramente **subóptimo**.

Por otra parte, **tampoco es una buena solución en general que el usuario elija qué comisiones quiere pagar**, porque usualmente no tiene información completa y tampoco quiere ser un experto en la mempool.

Quizá una opción intermedia sería consultar datos para obtener las comisiones esperadas para que una transacción se confirme en el siguiente bloque y en los siguientes X bloques con un margen de seguridad aceptable. Y que el usuario elija qué comisiones quiere pagar.

O directamente ofrecer opciones según la rapidez con la que se quiera transaccionar, que es lo que actualmente hacen la mayoría de wallets actualizadas. Ofreciendo distintas opciones según se quiera que la transacción se publique en el siguiente bloque, los siguientes seis bloques o los siguientes diez bloques, por ejemplo.

De nuevo, este es **otro campo de investigación y desarrollo abierto en Bitcoin**, incluyendo por supuesto las aplicaciones, interacciones con el mercado de comisiones, estudio estadístico de tendencias, etc. Las interdependencias en la mempool y las transacciones CPFP son un lastre para la optimización de la selección de las transacciones por los mineros, además de desechar espacio.

Se podría pensar que una solución para remediar una transacción con comisiones equivocadas es **retransmitir otra transacción con comisiones distintas** (similar a CPFP), de forma que esta última sustituya a la primera. Pero esto es complicado porque los nodos en general tienen una regla que consiste en ignorar transacciones que consumen el mismo UTXO que otras transacciones vistas anteriormente, ya que se consideran **transacciones conflictivas**.

Y esta regla no es ningún capricho: es una regla impuesta para **evitar ataques de *spam* a la red** (*Denegación del servicio, DoS*), donde alguien podría estar enviando continuamente transacciones nuevas a la red para saturarla y consumir su ancho de banda.

Una solución rápida a esta cuestión es exigir que cada transacción que vea un nodo y que consuma un mismo UTXO tenga unas comisiones mayores a la anterior. Así, retransmitir transacciones en la red tiene un coste cada vez mayor, evitando por tanto el spam.

Este mecanismo se llama *Replace By Fee (RPF)* y es un tema bastante controvertido porque también permite hacer transacciones de doble gasto. Se retransmite primero una transacción *Alice paga a Bob* con una comisión baja y luego otra transacción *Alice paga a Carol* con una comisión más alta antes de que se confirme la primera.

Entonces Bob cree que va a recibir los fondos de Alice y finalmente no los recibe, realizándose la estafa de doble gasto. En cambio si los nodos se quedan con la primera transacción e ignoran todas las siguientes es mucho más difícil realizar estafas de doble gasto. Aunque se trata de transacciones no confirmadas, es decir, fuera de la cadena de bloques, no deja de ser una posible estafa.

También existe controversia acerca de **si las *wallets* deben indicar que se ha recibido un pago y está sin confirmar, o simplemente no indicar nada hasta que no se confirme en la cadena de bloques**. Si se indica el pago, el usuario puede pensar que ya está confirmado. Pero si no se indica nada, puede pensar que el software ha fallado y no se ha enviado la transacción.

El motivo es el mismo: evitar los ataques de doble gasto en las transacciones sin confirmar. Por lo tanto debemos tener muy presente que hasta que una transacción no está publicada en la cadena de bloques (y con varios bloques de profundidad) no es definitiva.

Actualmente está implementada en Bitcoin **una versión del RPF según la cual se utiliza el número de secuencia**. El número de secuencia es ese número de 4 bytes en las transacciones que antes hemos mencionado como inútil en las primeras versiones y que normalmente se pone siempre en 0xFFFFFFFF **en transacciones con número de versión 1** (más adelante veremos por qué es relevante mencionar esto).

En esta versión RPF se usa el número de secuencia para indicar si una transacción se puede reemplazar o no así como cuántas veces se puede reemplazar (0xFFFFFFFF indica que no se puede reemplazar). Evidentemente también tiene un requisito de '*aumento de comisión mínimo*' para realizar la sustitución de la transacción.

En cualquier caso, el RPF en la práctica creo que no es algo muy usado ni por la mayoría de software ni por muchos usuarios. En parte es debido a que **no es una regla de consenso**, con lo cual los nodos pueden hacer lo que quieran y no se puede saber qué hacen respecto a esto. Pueden buscar más información sobre Replace By Fee en internet, está estandarizado actualmente mediante el **BIP-125**.

Ya conocemos por tanto **todo el procedimiento que se realiza desde que se crea una transacción hasta que se publica en la cadena de bloques**. Ha llegado el momento de explicar en profundidad una de las características más conocidas, complejas e incomprendidas de Bitcoin y las criptomonedas en general: los *forks* o **bifurcaciones**.

Cerraremos así este capítulo con dos apartados dedicados específicamente a ellos. Se trata de unos sucesos fundamentales a la hora de analizar la seguridad, estabilidad y escalabilidad de Bitcoin y son probablemente el tópico más mencionado después del relacionado con el tamaño de los bloques en la comunidad blockchain de Bitcoin y en general de todas las criptomonedas.

Forks y criticalidad de consenso

Creo que a estas alturas ya comprendemos con profundidad que el objetivo de la cadena de bloques y la red tal cual está construida no es otro que conseguir un consenso generalizado sobre las cosas que se realizan (algoritmo de consenso distribuido).

Sin embargo, **el proceso para conseguir este consenso es bastante complejo**, y más aún cuando intentamos cambiarlo modificando el comportamiento de la red a través del software de los nodos.

Fork es una palabra inglesa que significa (aparte de *tenedor*) *bifurcación* y en la jerga *blockchain* se usa para referirse a las bifurcaciones de la cadena de bloques en dos o más ramas distintas.

Si bien no puede haber un bloque que tenga dos bloques como bloque anterior (recordemos, en el campo del hash previo en el bloque solo hay espacio para un hash), **sí puede haber dos bloques que apuntan al mismo bloque anterior** (que ambos tengan el mismo hash previo).

A fin de cuentas, **encontrar un bloque válido para la red es una cuestión probabilística** y hay un montón de agentes diferentes minando (o sea, calculando hashes) sobre bloques distintos para tratar de obtener un bloque válido.

El hecho de que se estén minando bloques distintos al mismo tiempo hace que sea **posible que dos mineros diferentes obtengan dos bloques válidos en un tiempo suficientemente corto** como para que ninguno de los dos se haya retransmitido del todo por la red y ninguno de los mineros haya tenido tiempo de actualizar sus datos y minar sobre el otro bloque.

Es decir, que ambos bloques tienen la misma altura de bloque y son perfectamente válidos, sin que haya una forma definida de elegir uno sobre otro. Esto, por tanto, **ya constituiría una bifurcación o *fork* de la cadena de bloques**.

Estudiar los forks de una *blockchain* es muy importante porque implica que hay **dos (o más) versiones de la historia** distintas en la red. En otras palabras, que no hay consenso sobre los registros de la red (que es precisamente el objetivo de la blockchain, después de todo).

Un fork supone que se puedan realizar gastos dobles, pues como no hay consenso, una parte de la red puede indicar en su registro que se ha hecho un pago pero el de otra parte de la red no. Un registro puede indicar que el pago se ha hecho a una dirección y otro a otra distinta.

Incluso **puede suponer que una criptomoneda se convierta en dos (o más) criptomonedas distintas si no se soluciona**, los dos registros son incompatibles y el *fork* responde a una cuestión de base. El cómo de grave pueda ser un *fork* en una cadena de bloques depende de muchos factores, que son los que trataremos de evaluar en este apartado.

Eso sí, **el factor tiempo en este sentido es clave**: cuanto más tiempo persista una cadena de bloques en un estado de bifurcación peor será la situación a futuro para esa cadena de bloques.

La regla más fundamental que tienen los nodos para tratar los forks como el anteriormente mencionado es que, *por protocolo*, **si hay dos cadenas de bloques distintas e igualmente válidas, hay que apostar siempre por aquella que tiene mayor prueba de trabajo incorporada**.

Igual que es posible probabilísticamente tener dos bloques igualmente válidos con la misma altura, es muy improbable que, dado un fork, las dos ramas de la cadena de bloques se extiendan con aproximadamente los mismos tiempos y pruebas de trabajo durante mucho tiempo. Esta es la razón que justifica dicha regla.

La adopción de esta regla hace que **los *forks* que son resultado del carácter probable de la prueba de trabajo se terminan solucionando rápidamente**. Ojo, y esto es importante: se da como válida la cadena de bloques con mayor prueba de trabajo, **no la más larga**, y son dos cosas distintas. Es cierto que normalmente la cadena de bloques con mayor prueba de trabajo es la más larga, pero hay ataques (difíciles de realizar) donde una parte de la red podría disminuir la dificultad de la prueba de trabajo y hacer una cadena de bloques más larga aunque con menor prueba de trabajo. En ese caso el protocolo seguiría siendo tomar como válida la cadena con mayor prueba de trabajo incorporada.

A los bloques o partes de la cadena de bloques que terminan fuera de la cadena de bloques principal se les denomina *orphans* (**huérfanos**) básicamente porque quedan abandonados y "sin padre" es decir, sin bloques encadenados por encima de ellos.

Abandonados significa que es **como si no existieran**, como si fueran inválidos. Se considera que sus transacciones no se han realizado y estas deben entrar en un bloque nuevo y publicarse en la cadena más larga para ser consideradas:

Esquema básico de un fork

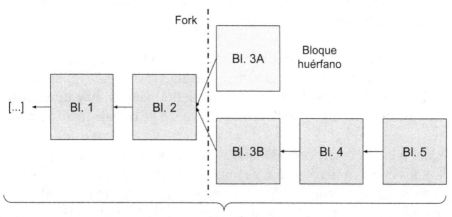

Cadena de bloques válida (mayor prueba de trabajo)

Evidentemente debemos tener en cuenta que el dibujo anterior es solamente un esquema, una representación que no es del todo cierta. **Durante el fork, una parte de los nodos de la red tienen un registro de la cadena de bloques y la otra parte otro registro,** aunque ambos mantienen la opción alternativa guardada en sus bases de datos por ser también bloques válidos (cumplen todas las normas de consenso).

Si recordamos el apartado *Inicializando un nodo completo de la red* de este capítulo, en el desglose de las bases de datos que contiene un nodo completo de Bitcoin había una (blocks/rev*) que servía para almacenar datos de los forks y poder **realizar reorganizaciones** de la blockchain.

Pues justo lo que hay en esa base de datos es información para deshacer cambios en la base de datos UTXO para cada bloque guardado. De esa forma, los nodos pueden *"volver atrás en el tiempo"* en caso de que haya una reorganización de la blockchain debido a un fork. El **procedimiento que siguen los nodos para reorganizar** es el siguiente:

1. La red de nodos tiene consenso sobre una cadena de bloques.

2. Los mineros en competencia encuentran y retransmiten con poca diferencia de tiempo dos bloques (A y B) con la misma altura en distintas partes de la red. Algunos nodos de la red recibirán primero A, otros B. Los nodos que reciben A primero guardan como cadena de bloques "original" aquella que incluye A y el bloque B como posible candidato a sustituir a A en la cadena de bloques. Los que reciben B primero justo lo contrario.

3. Eventualmente, lo más probable es que se encuentre un único nuevo bloque C encima de A o B, según la cantidad de mineros que trabajaron encima de la cadena con A o con B.

4. Suponiendo que C se extrae encima de A, los nodos que ya tenían A en su cadena de bloques simplemente añaden C a su cadena de bloques, mientras que los nodos que tenían B deshacen su cadena de bloques, añaden A a la misma y luego añaden C, actualizando sus bases de datos.

5. Se consigue otra vez el consenso y los mineros trabajan sobre C.

Es importante resaltar que **la gran mayoría de las reorganizaciones de este tipo son reorganizaciones de un solo bloque**, como la que hemos explicado ahora. ¿Por qué? Pues por diversas razones.

En primer lugar, es obvio pensar que **es bastante improbable que se retransmitan a la red bloques distintos a la vez dos veces seguidas**. Es decir, que A y B se retransmitan en tiempo muy corto y que luego se retransmitan un bloque C sobre A y otro bloque D sobre B también en un tiempo muy corto. Lo normal es que se retransmita un solo bloque C y que la red tenga tiempo de actualizarse.

En ese caso, **es prácticamente seguro que los mineros empiecen a trabajar sobre C**, porque suelen tener un nodo en la red para saber cómo se actualiza la misma o estar conectados a uno de ellos y estos se actualizan de forma automática aceptando A y C como la cadena válida.

Además, **si el minero que ha minado B continuara minando** sobre su propio bloque para intentar conseguir que se acepte este y así obtener sus recompensas eso sería básicamente un suicidio, pues todos **los demás nodos habrían aceptado C** y sus bloques posteriores como válidos y todos los otros mineros estarán minando sobre C, no sobre B.

Estaría con toda probabilidad desechando poder de cómputo en algo que no sirve y encima cada vez que se mine un bloque sobre C será más seguro que C es la cadena de bloques válida porque tendrá mayor prueba de trabajo y con mayor vehemencia la retendrán los nodos. Dado que los mineros saben esto, es muy previsible que finalmente se consiga consenso sobre C.

Si pasara que se retransmiten a la vez C y D bien sea por casualidad estadística, bien porque los mineros han decidido también minar sobre B y no se consiguiera consenso, simplemente **se repetiría el proceso hasta que la retransmisión de un bloque X otorgara consenso sobre qué cadena de bloques tiene mayor prueba de trabajo.**

Fijémonos en lo importante que es la prueba de trabajo como mecanismo de seguridad y de consenso. Y lo útil que es el sistema de headers-transacciones por separado, pues los nodos SPV también pueden validar qué cadena de bloques es la válida tan solo verificando las pruebas de trabajo a partir de los headers de los bloques.

Ahora bien, **estos forks está previsto que sucedan y no son realmente ningún problema ni un riesgo para Bitcoin.** Son completamente normales y su comportamiento está bien determinado.

Pero hay otros forks, cuya causa va más allá de la mera probabilidad, que sí son muy problemáticos.

A lo largo del libro hemos visto cómo existen numerosas reglas para garantizar el buen comportamiento del sistema Bitcoin. Dentro de estas reglas, algunas son más importantes y otras lo son menos. Estas últimas las decide cada nodo según cree conveniente (aunque en la práctica más del 90% de los nodos utilizan el software Bitcoin Core y, por lo tanto, casi todos tienen más o menos las mismas).

Las reglas más importantes de Bitcoin son las llamadas *consensus critical* es decir, las **reglas críticas de consenso**. Son aquellas cuyo cambio afecta al consenso que mantienen los nodos de la red acerca del registro distribuido, y es imprescindible que todos las compartan para poder mantener un buen funcionamiento del sistema.

Dentro de las reglas críticas también hay algunas más importantes que otras. Por ejemplo, las reglas *Block Timestamp Security Rules* (reglas para la seguridad de la marca de tiempo) no están muy consensuadas y tampoco nunca ha habido problema con ello. A pesar de que son críticas de consenso. Seguramente porque tampoco hay mucha diferencia en el *timestamp* de un bloque a otro).

Entre las más importantes de las reglas críticas de consenso se encuentran todas las **reglas de validación**, que es el nombre que se le da a las normas para validar bloques y transacciones en Bitcoin.

Ejemplos de reglas de validación aplicadas a un bloque son la condición de que los bloques tengan un tamaño menor a 1 MB, que todas las transacciones sean correctas, que la prueba de trabajo sea correcta, que no haya doble gasto (según la base de datos UTXO), que en el campo del hash previo esté el hash de un bloque anterior, etc.

Es bastante curioso que entre las reglas de validación se encuentra también **todo Bitcoin Script como conjunto desde el lenguaje hasta el intérprete**, ya que si no fuera así poco sentido tendría su uso para validar. De nada sirve el consenso si los *opcodes* son diferentes.

5. Nodos y blockchain con detalle

En condiciones de funcionamiento normales, no hay ningún problema respecto a las reglas de validación, puesto que están inscritas en el protocolo Bitcoin y son aceptadas por todos.

Adicionalmente, como hemos visto anteriormente, el software por defecto banea y bloquea a los nodos que retransmiten o devuelven información incorrecta (bloques, transacciones, etc.) para el propio nodo. De esta forma no se producen forks en el registro; en las bases de datos de los nodos.

El problema surge a la hora de actualizar el software, ya sea el código o el protocolo, y muy especialmente cuando se quieren actualizar estas reglas de validación tan delicadas.

Y surge porque **no se puede garantizar que todos los nodos actualicen el software o las reglas del protocolo al mismo tiempo**, y dado que las reglas pueden alterar el consenso, puede ocurrir que haya una especie de anarquía entre los nodos de la red donde cada uno tiene su "copia" individual de los registros de propiedad del valor y las transacciones.

Pero claro, **actualizar el software y cambiar las reglas de validación es imprescindible** tanto para solucionar problemas de operatividad y vulnerabilidades de seguridad del sistema como para añadir nuevas funcionalidades.

Cuando se actualiza el software se ha de tomar en consideración no solo que los nodos en general lo actualizarán a tiempos distintos, sino que **es posible que muchos nodos ni siquiera actualicen el software**.

Es cierto que esto ocurre en muchos otros campos de la informática como en páginas web, navegadores, apps, teléfonos móviles y tablets. Los desarrolladores no tienen otra opción que hacer sus desarrollos adaptados a las versiones antiguas porque es la única forma de llegar a la mayoría de usuarios. **Pero en esos otros campos no es imprescindible que haya ningún "consenso" sobre nada**, a diferencia de Bitcoin donde ese es precisamente el objetivo supremo.

Si por ejemplo un desarrollador hace una página web que no encaja con el navegador de un determinado usuario, como mucho lo que puede pasar es que el usuario no puede acceder a la página web o algunas de sus funcionalidades, pero su uso no afecta a los demás.

En cambio **en Bitcoin sí afecta a los demás porque afecta el registro de propiedad del valor que se pretende mantener**. Por esta razón Bitcoin tiene tan pocas actualizaciones y tardan tanto en implementarse, y la comunidad de desarrolladores de Bitcoin es tan prudente a la hora de desarrollar y lanzar una nueva versión del software.

Notemos que en este caso **la regla de tomar la cadena de bloques con mayor prueba de trabajo como válida puede no solucionar el problema**. Básicamente porque, anteriormente, suponíamos que los bloques eran igualmente válidos para todos los nodos y simplemente era una cuestión de decidir con cuáles se quedaban.

En este caso no ocurre eso. Puede darse el caso de que una parte de los nodos puede considerar inválidos bloques que para otra parte de los nodos son válidos y viceversa. Por lo tanto, **ambas cadenas de bloques del fork son incompatibles**.

Si suponemos que existe en la red de Bitcoin un software con versión v1 y otro software con versión v2 y se retransmite un bloque que es válido solo para el software con la versión v2, los nodos que implementan v1 ignorarán el bloque para siempre y los nodos v2 lo acogerán como válido nada más lo reciben.

El registro quedará dividido en dos para siempre porque para los nodos v1 toda la cadena que mantienen los nodos v2 es totalmente errónea desde ese momento. No hay posibilidad de reconciliación y vuelta al consenso.

La única excepción es que los nodos v1 generen una cadena de bloques que sí sea compatible con la versión v2 y que tenga mayor prueba de trabajo, de forma que los nodos v2 adopten la nueva cadena de bloques sin el bloque que no es compatible con la versión v1.

Pero no al revés, es decir, por mucha prueba de trabajo que tenga la versión de la cadena de bloques v2, los nodos v1 jamás van a considerar como válida dicha cadena porque una sola cosa inválida hace que sea inválida toda la cadena de bloques que la contiene.

Y justamente por eso y como discutiremos en otra ocasión, **si bien los mineros cumplen un rol fundamental en Bitcoin, no son tampoco los líderes indiscutibles del sistema** y no tienen tanto poder como mucha gente cree. A fin de cuentas, de nada sirve tener mucho poder de cómputo de hashes si la red no acepta los bloques.

Es el derecho a transaccionar según el registro que mantiene la red lo que constituye las unidades monetarias en Bitcoin, y por lo tanto es la red de nodos la que le da valor. La prueba de trabajo que hacen los mineros es un requisito para controlar el consenso y la seguridad de que las transacciones son irrevocables y mantienen un orden.

Los mineros podrán minar lo que quieran y lo que consideren oportuno, pero más les vale minar según las condiciones de validación de la mayoría de los nodos de la red. Como veremos a lo largo del próximo apartado y en el último capítulo dedicado a actualizaciones y aplicaciones, **el equilibrio de poderes en Bitcoin es más ajustado de lo que parece**.

De hecho voy más allá incluso: **el gran logro de Bitcoin es precisamente haber conseguido este equilibrio de poderes** que muchos dan por sentado pero que es bastante delicado. Y como también discutiremos más adelante, es posible que a largo plazo Bitcoin termine siendo un desastre precisamente porque es bastante factible que se rompa este equilibrio.

Hard fork vs Soft fork

En el mundillo Bitcoin se suele hacer una diferenciación entre dos tipos de forks distintos: los *hard forks* (**forks duros**) y los *soft forks* (**forks suaves**). Ambos tipos son *forks* resultado de actualizaciones del software según las incompatibilidades entre versiones del mismo.

Hemos de resaltar antes de empezar que esta dicotomía entre los dos tipos de forks es falsa, pues **los forks son mucho más complejos** y según cómo se adopten las reglas en los nodos de la red se pueden comportar de una forma u otra. Sin embargo, iremos poco a poco desgranando la cuestión empezando por lo más simple y terminando por aquello más espinoso.

A la hora de estudiar las actualizaciones de las reglas críticas de consenso debemos tener en cuenta que tenemos **por un lado la perspectiva de los mineros** que crean los bloques (pueden adoptar las nuevas reglas pocos mineros, la mitad de ellos, la mayoría de ellos o casi todos) **y por otro la de los nodos que los validan** (pueden implementar las nuevas reglas unos pocos nodos, la mitad de ellos, la mayoría de ellos o casi todos, etc.).

Se ha de lidiar con la situación de que **una actualización implica que no todos los mineros van a implementarla a la vez y tampoco todos los nodos**. De hecho es posible que algunos nodos y/o algunos mineros no la implementen nunca.

Ya solamente **esto complica muchísimo el estudio de los forks** a la hora de hacer actualizaciones y hay que plantear distintos escenarios para ver qué ocurriría según el nivel de adopción tanto de nodos como de mineros.

Asimismo, hemos de entender que se pueden aplicar muchos y distintos cambios y actualizaciones al software de Bitcoin, pero si estos no suponen un cambio en las reglas críticas de consenso ni siquiera lo trataremos como una actualización que implique un fork.

Por eso, como veremos en el próximo capítulo, **es imprescindible que se busque mejorar Bitcoin más allá de las reglas de consenso**. En ese capítulo también reuniremos una serie de ideas donde Bitcoin puede mejorarse sin afectar demasiado al funcionamiento normal de la red.

Como iremos viendo a lo largo del apartado, un *soft fork* es un fork que **tiende a solucionarse** o a no producirse, mientras que un *hard fork* es un fork que **tiende a permanecer** en el sistema. Dejando aparte el tipo de fork *probabilístico* analizado en el apartado anterior, los forks graves suceden cuando se cambian las reglas críticas de consenso.

Partiendo de esa base, podemos decir para empezar que a priori la diferencia fundamental que existe entre *hard forks* y *soft forks* es la **compatibilidad con versiones anteriores o compatibilidad hacia atrás**. En este sentido lo que marca la diferencia es si las nuevas reglas restringen los bloques aceptados (se imponen reglas más *restrictivas*) o amplían los bloques aceptados (se imponen reglas más *permisivas*).

- **Si se imponen reglas más restrictivas**, eso significa que todos los bloques válidos con las nuevas reglas son también válidos con las viejas reglas, y por lo tanto **existe compatibilidad** con versiones anteriores.

- **Si las reglas nuevas son más permisivas**, esto implica que con las nuevas reglas se pueden hacer bloques válidos que con las reglas antiguas no lo son, y por lo tanto **no existe la compatibilidad** con versiones anteriores.

Vamos a verlo con un par de ejemplos para que quede más claro. Supongamos que realizamos una actualización del protocolo para aceptar bloques siempre que sean menores a 4 MB, cuando ahora mismo las reglas imponen que los bloques deben ser menores a 1 MB.

Esa actualización no es compatible con versiones anteriores puesto que bloques que en versiones anteriores con reglas antiguas son inválidos (como por ejemplo un bloque que pesa 2 Megabytes, porque es mayor que 1 Megabyte) con las nuevas reglas sí son válidos, y por lo tanto se trata de reglas nuevas más permisivas.

Cuando actualizamos a reglas más permisivas y por tanto no existe compatibilidad con versiones anteriores tenemos un *hard fork*.

Supongamos ahora que queremos hacer una actualización de tal forma que los nuevos bloques deben pesar menos de 0.5 Megabytes. Como las reglas antiguas son que los bloques deben ser menores a 1 Megabyte, todos los bloques que satisfacen las nuevas reglas también satisfacen las reglas antiguas. Las reglas son más restrictivas.

Cuando actualizamos a reglas más restrictivas y por tanto existe compatibilidad con versiones anteriores tenemos un *soft fork*.

Soft Fork	Hard Fork
Reglas más restrictivas	Reglas más permisivas
Añadir reglas a cumplir	Eliminar reglas a cumplir
Compatibilidad con versiones anteriores	NO Compatibilidad con versiones anteriores
Todos los bloques que cumplen las reglas nuevas cumplen también las reglas viejas	NO todos los bloques que cumplen las reglas nuevas cumplen también las viejas

Las actualizaciones *soft fork* **restringen** el número de bloques válidos.

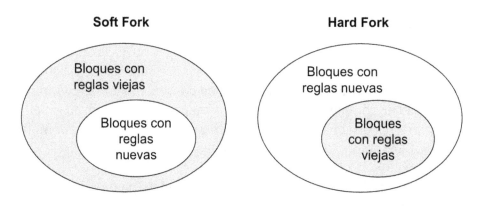

Antes hemos indicado que la cuestión de los forks es bastante más compleja que esta diferenciación. Pero es vital entender primero esta simplificación para comprender en toda su profundidad la cuestión.

Para que esta explicación sea cierta, **estamos asumiendo que las actualizaciones son adoptadas de forma mayoritaria por la red, tanto por nodos como por mineros**. Por lo tanto la mayor cantidad de prueba de trabajo seguirá las nuevas reglas. Como la mayor parte de los mineros y nodos seguirán las reglas nuevas, estos crearán la cadena de bloques mayoritaria en prueba de trabajo, que estará creada toda con las reglas nuevas.

Teniendo esto en cuenta intuitivamente podemos razonar por qué reglas más restrictivas suponen un *soft fork* y las reglas más permisivas suponen un *hard fork*.

Si tenemos reglas más *restrictivas*, la minoría de mineros y nodos que siguen las reglas antiguas también ven todos los bloques de la cadena mayoritaria como válidos. Entenderán que efectivamente esa es la cadena de bloques definitiva y consensuada porque es válida y tiene la mayor cantidad de prueba de trabajo. Se mantiene el consenso o se tiende al consenso por lo tanto (*soft fork*).

Si tenemos reglas más *permisivas*, para la minoría de mineros y nodos que siguen las reglas de consenso antiguas esa cadena de bloques es totalmente inválida porque contiene bloques que, a su juicio, son inválidos debido a las reglas más permisivas.

Nunca aceptarán la cadena de bloques con reglas nuevas como válida, y por lo tanto el sistema quedará dividido en dos cadenas de bloques: la de la mayoría de nodos con las reglas de consenso nuevas (con mayor capacidad de cómputo minera) y la que mantienen la minoría de nodos con las reglas de consenso antiguas (con menor capacidad de cómputo minera). Se rompe o tiende al no consenso (*hard fork*).

Como hemos dicho estamos suponiendo una mayoría de aceptación de la versión con las reglas nuevas, lo cual **no tiene por qué darse**.

¿Qué pasaría si **solo hay aceptación por parte de una minoría** de nodos? ¿Y de mineros? ¿Y de ambos? Esto plantea **cuatro escenarios distintos**, y dichos escenarios dejan la frontera entre hard fork y soft fork mucho más difusa y confusa. Ahora veremos que los conceptos son muy poco precisos. Vamos a analizarlo con mayor detalle.

Supongamos en primer lugar que tenemos como antes un *Soft Fork* **(reglas más restrictivas) y la mayoría de mineros** aceptan las nuevas reglas (entendido como mayoría de poder de cómputo de la red). La tendencia clara es a que termine habiendo una sola cadena de bloques:

- Por un lado, la mayoría del poder de cómputo de hash estaría minando bloques válidos con las nuevas reglas, que son compatibles con ambas versiones del software. Por lo tanto **la cadena de bloques mayoritaria en prueba de trabajo será la actualizada**.

- Por otro lado, **todos los nodos considerarán válida la cadena de bloques actualizada** porque tiene mayor prueba de trabajo incorporada: los nodos con la versión del software nueva considerarán que es la única válida y los nodos con la versión antigua si bien podrían aceptar cadenas con otros bloques como esa es la mayoritaria en prueba de trabajo esa es la válida.

- Por último, **la minoría de mineros con versión antigua** que no se actualicen a la versión nueva **crearían bloques** que terminarían siendo **huérfanos** para los nodos con versión antigua **e inválidos** para los nodos con versión nueva. Además, la mayoría de mineros no minaría sobre sus bloques (por haberse actualizado). Así pues tendrían un incentivo claro a actualizarse y minar solo bloques con la versión nueva.

En definitiva: la red convergería de nuevo a un consenso generalizado (que es el objetivo) porque todos los ajustes e incentivos están alineados en esa dirección. De hecho, **se aplicaría la actualización por parte de la red y no se produciría un *fork* como tal** pues la cadena de bloques sería solo una como hemos visto. La actualización del software sería exitosa y el sistema funcionaría correctamente.

5. Nodos y blockchain con detalle

A continuación mostramos el esquema de la situación:

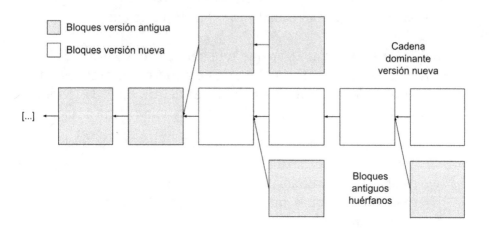

Soft Fork con aceptación minera mayoritaria

Fijémonos que en este caso **el hecho de que muchos nodos o pocos nodos actualicen el software no cambia la situación**: dado que la mayoría de mineros construyen bloques siguiendo las nuevas reglas y por tanto es la cadena con mayor prueba de trabajo, todos los nodos la aceptarán como la cadena de bloques válida.

El hecho de que haya más o menos nodos con la versión antigua o la versión nueva no cambia el resultado porque la nueva versión es compatible con las versiones anteriores del software, así que no se rompería el consenso. Evidentemente, lo ideal sería que los nodos fueran actualizando su software poco a poco hasta que la actualización fuera claramente mayoritaria. Es bastante claro que **en esta situación dominan los mineros**.

Supongamos ahora el caso de un **Hard Fork (reglas más permisivas) y que la mayoría de los mineros** apoyan la actualización del software. Para los nodos con versión antigua, los bloques con versión nueva son totalmente inválidos y jamás los aceptarán como válidos.

Y como una sola transacción inválida o un bloque inválido en una cadena de bloques invalida toda la cadena, la cadena será para siempre inválida para dichos nodos. Aunque la mayor parte del poder de cómputo de hashes esté minando bloques con las reglas nuevas, la división de la red será irreconciliable. **La red quedaría dividida y se producirá un fork**. A continuación vemos un esquema de la situación:

Hard Fork con aceptación minera mayoritaria

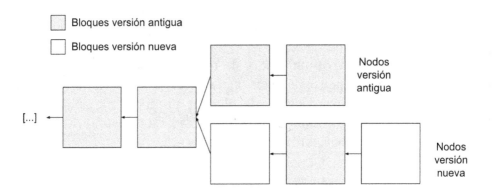

Sin embargo, podemos advertir que **los nodos en este caso tienen mayor poder de decisión, puesto que no hay prueba de trabajo que valga**. Los nodos pueden elegir si actualizar el software para continuar con el registro incluyendo las nuevas reglas o resignarse a la cadena de bloques antigua y con menos prueba de trabajo incorporada.

Los mineros deberán elegir dónde es mejor minar y obtener las recompensas, según el valor de las dos cadenas de bloques (valorando las nuevas reglas y la cantidad de nodos apoyando cada cadena). Dado que el fork sería incontestable son **los nodos los que dominan** y tienen mayor poder de decisión y negociación.

Por si esto no fuera ya suficientemente confuso, vamos a estudiar ahora qué pasaría si tenemos una actualización de software con aceptación minoritaria por parte de los mineros.

En caso de *Soft Fork* **(reglas más restrictivas) con minoría de mineros** apoyando la actualización resulta una cadena de bloques dividida, y se produciría una división de la cadena de bloques irremediable.

¿Por qué? Porque la **cadena de bloques con mayor prueba de trabajo se hace bloques antiguos** ya que la mayoría de mineros sigue la versión antigua del software. Y recordemos que en caso de un *soft fork* **los nodos con la versión nueva rechazan** los bloques generados con reglas antiguas que no coinciden con las reglas nuevas.

Y dado que un único bloque inválido en la cadena de bloques invalida toda la cadena, para los nodos con el software actualizado esa cadena de bloques no será jamás válida porque tiene bloques inválidos.

Así pues, **se produciría un *fork*, y de nuevo los nodos dominarían** y adquirirían mayor poder de decisión. Los mineros tendrían que elegir sobre cuál de las dos cadenas de bloques prefieren minar según la cantidad de nodos que apoyen una u otra cadena y según el valor que otorguen a la actualización realizada.

A continuación podemos ver el esquema de dicha situación:

Soft Fork con aceptación minera minoritaria

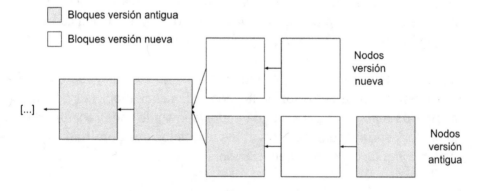

Finalmente, supongamos una actualización *Hard Fork* **(reglas más permisivas) con minoría de mineros**. La cadena de bloques con mayor prueba de trabajo contendría solamente bloques con reglas antiguas, que son más restrictivas. Así, los nodos podrían actualizar o no el software, pero sería irrelevante porque la cadena de bloques minada por la mayoría de mineros sería aceptada por todos los nodos.

De nuevo **dominan el poder de decisión los mineros**, pues los nodos hagan lo que hagan no van a poder actualizar la cadena de bloques. Como ambas versiones del software aceptan como válidos todos los bloques de la cadena con mayor prueba de trabajo, se mantiene como cadena única.

Así, **no se produciría un fork, y la actualización no se llevaría a cabo**; sería un fracaso y quedaría anulada. A continuación vemos el esquema:

Hard Fork con aceptación minera minoritaria

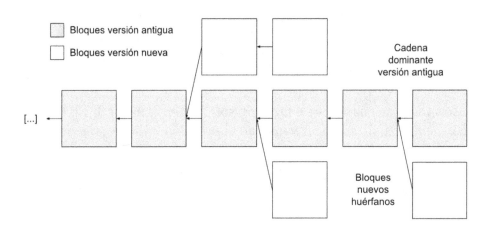

Es un caso similar al *Soft Fork con aceptación minera mayoritaria*, solo que es justo la situación inversa: antes la cadena dominante era la de la versión nueva y ahora la dominante es la versión antigua.

Igual que antes, los mineros que apoyan la actualización intentarán minar bloques con reglas nuevas, pero estos bloques quedarán abandonados como huérfanos para los nodos actualizados y como inválidos para los nodos que no se han actualizado.

Es curioso, pero como vemos **el poder de decisión que tienen los nodos sobre la red depende de la decisión que hayan tomado los mineros** con respecto a la actualización. Según lo que decidan estos (en general, es decir, de forma mayoritaria o minoritaria) podrán interferir en el destino del sistema apoyando una rama del fork u otra.

A su vez, en estos casos según la decisión de los nodos los mineros pueden decidir también apoyar una cadena u otra. Por supuesto, **hemos supuesto como axioma que los nodos mantienen la regla de apoyar aquella cadena de bloques que, siendo válida, tiene mayor prueba de trabajo** (que tampoco tiene mucho sentido eliminarla, así que es una buena hipótesis).

También advertimos que **tanto en una actualización** *Soft Fork* **como en una actualización** *Hard Fork* **puede haber bifurcaciones o "forks" propiamente o no haberlos.** El resultado depende del apoyo de la red.

Al final, un *hard fork* no es más que un *soft fork* al revés: en un soft fork las versiones nuevas son compatibles con versiones anteriores (pero no al revés) y en un hard fork las versiones antiguas son compatibles con la versión nueva (pero no al revés).

Eso sí, si se diseña una actualización soft fork en el mejor de los casos se consigue actualizar el software y en el peor dividir la red, mientras que en una actualización hard fork en el mejor de los casos la red se mantiene con la versión antigua y en el peor se divide la red. Por lo tanto siempre es preferible diseñar una actualización *Soft Fork*.
A continuación mostramos una tabla con los resultados:

	Soft Fork	Hard Fork
Mayoría de mineros apoyan la actualización	Se aplica la actualización. Nodos sin poder de decisión	Se produce un fork. Nodos con poder de decisión
Minoría de mineros apoyan la actualización	Se produce un fork. Nodos con poder de decisión	No se aplica actualización. Nodos sin poder de decisión

Ahora ya podemos empezar a entender **por qué los forks pueden ser tan complejos**. Aquí hemos esbozado simplemente el comportamiento con actualizaciones bastante simples y ya hemos visto que obtenemos resultados complejos. Y aún pueden ser más complejos todavía.

Imaginemos que en vez de flexibilizar o restringir las reglas de consenso **las cambiamos de tal forma que los bloques son totalmente incompatibles entre sí** es decir, que un bloque nuevo para un nodo con software antiguo es inválido pero que un bloque viejo para un nodo con software nuevo también es inválido.

Por ejemplo, podemos exigir que a partir de ahora el *nonce* debe tener 8 Bytes y no 4 Bytes obligatoriamente. O exigimos un campo nuevo en el header de un bloque para darle alguna funcionalidad concreta.

En ese caso, **la cadena de bloques estaría condenada a fragmentarse sin remedio** ni solución, porque no existiría compatibilidad ninguna entre los bloques de los nodos ni hacia un lado ni hacia otro. *"Hablarían en otro idioma distinto"*. Esto se llama comúnmente **hard & soft fork, full fork o bilateral hard fork**.

¿Y si restringimos por una parte las reglas (bloques deben ser menores a 0.5 MB) pero por otro las ampliamos (añadimos un campo voluntario con una funcionalidad extra)? ¿Tendríamos un *hard fork* o un *soft fork*? Porque parece como que tenemos ambos. ¿Se puede tener una mezcla de ambos? ¿Qué significa esto?

También podemos preguntarnos **qué papel tienen los desarrolladores de Bitcoin** en este tema. Después de todo, son ellos quienes construyen y publican el software. ¿Pueden causar un hard fork o un soft fork, por el mero hecho de decidir publicar un software que lo provoque?

En este caso lo cierto es que no, porque los nodos y los mineros pueden ignorar sus actualizaciones ya sea sin querer o de forma deliberada, y ya ha ocurrido así en otras ocasiones.

Los forks y las actualizaciones de las reglas críticas de consenso son un tema muy complejo, y nadie en el fondo los controla. Están los nodos, los mineros, los desarrolladores y los usuarios que utilizan el sistema. Y cada uno de estos agentes, que pueden estar solapados (y lo están con bastante frecuencia), tienen incentivos e intereses distintos, así como distintos poderes para influir dentro del sistema.

5. Nodos y blockchain con detalle

Terminamos este apartado reflexionando acerca de los **nodos ligeros o SPV como las wallets**. ¿Cuál es su papel cuando ocurre un fork debido a una actualización? ¿Qué ocurre con ellos? Recordemos que un nodo ligero o SPV no valida transacciones, solo los headers de los bloques.

La causa de un fork puede estar en el *header* o puede estar en las propias transacciones. Eso implica que el nodo SPV puede no saber nada al respecto del hard fork, ni siquiera enterarse. Además, no está en la red sino solamente conectado a uno o varios nodos de la misma.

Así pues, lo que ocurre con los nodos ligeros es que **de nuevo quedan rehenes de los nodos completos a los que están conectados**. Según la vertiente del *fork* del nodo al que pregunte tendrá una respuesta u otra, y si pregunta a varios puede tener respuestas contradictorias.

Sin saber por supuesto cuál es la respuesta que a él le interesa. De hecho, podría saber que se le han abonado fondos en la cadena de bloques de un fork pero no en la otra. Esto, aunque parezca obvio y se suponga que se ha de tener en cuenta, no lo es y **ha habido varias ocasiones a lo largo de la historia donde las casas de cambio han perdido muchísimo dinero**.

No se percataron de que hubo un fork y de que sus clientes tenían dinero en dos cadenas distintas, y sufrieron diversos ataques. Por ejemplo, simplemente depositar y retirar moneda en la casa de cambio que no se ha dado cuenta del fork para robarle la moneda que no controla. Esto pasó en *Coinbase* con el hard fork de ETH y ETC.

Incluso se pueden plantear ataques de doble gasto cuando se produce un fork: se retransmite una transacción a una cadena de bloques y otra distinta a la otra cadena de bloques, creyendo ambos destinatarios que han sido remunerados con el pago correspondiente.

O también, un usuario puede enviar una transacción tras un fork sin saber qué ha ocurrido y enviar así el valor de dos monedas distintas a un destinatario (lo mismo que con la casa de cambio en el ejemplo anterior pero con un particular).

El motivo por el que estamos tratando con tanto detalle los nodos ligeros o SPV, sus riesgos y su relación con la red de Bitcoin es que **la mayoría de los usuarios de Bitcoin utilizan nodos SPV o cosas aún más ligeras y arriesgadas**. Actualmente solo existen unas pocas decenas de miles de nodos completos de Bitcoin, y todas sus aplicaciones externas en general usan sistemas como SPV o peores (como obtener la información de un servidor web).

Todos estos usuarios, el único papel que pueden tener en un fork es básicamente ejercer presión sobre quienes actúan y su alrededor para apoyar una cadena de bloques u otra.

En definitiva, debemos ser muy precavidos tanto a la hora de diseñar software que utilice Bitcoin u otras criptomonedas como a la hora de elegir cómo queremos invertir en ellas y utilizarlas: mediante casas de cambio, wallets un nodo completo propio o una cartera fría.

La buena noticia de todo esto es que, **dada la evolución efectuada en el mundo blockchain, debería ser improbable que ocurran cosas tan simples** en las casas de cambio más establecidas, en las carteras más desarrolladas y fiables, y en las criptomonedas más grandes.

Básicamente porque todo el mundo está prestando atención a ellas y ya hay bastante tiempo y literatura sobre *cómo no hacer las cosas*. Pero los proyectos más pequeños son mucho más vulnerables a este tipo de ataques tanto por la falta de atención de sus usuarios como por el poco desarrollo de la comunidad.

Aun así, los forks ocurren y pueden ser muy complejos e impredecibles. Pueden intentar realizarse **incluso a propósito porque usualmente son rentables:** se obtienen otras monedas que, sumadas, tienen mayor valor que el que tenía solo la criptomoneda sin fork. Es cierto que a largo plazo seguramente perjudica a todas las ramas de la criptomoneda *forkeada*, pero a corto plazo no es necesariamente así.

Y aún son más complejos los forks respecto a las obligaciones fiscales de los usuarios, pues la mayoría de jurisdicciones del mundo consideran cada criptomoneda como un activo separado sobre el que se aplican rendimientos del capital. En este sentido, un fork sería como una adquisición de activos o compraventa *involuntaria*.

Y ya no digamos si entramos en cuestiones legales acerca de las casas de cambio y sus obligaciones jurídicas con los supuestos tenedores de criptomonedas. Esa materia daría para un libro entero aparte.

Por último, como el lector intuirá, **siempre que se quiere actualizar el software de Bitcoin se intenta realizar un soft fork**: todas las actualizaciones más importantes se realizaron intentando un Soft Fork teniendo ya previamente la aceptación minera mayoritaria.

En el siguiente y último capítulo veremos algunas de ellas. El modelo P2PKH, por ejemplo, se implementó a través de un soft fork. Y también las famosas actualizaciones *SegWit* y *Taproot* que ahora veremos.

Concretamente, lo que se hace es primero conseguir el consenso de más del 95% de los mineros respecto a la actualización (que deben indicarlo en el campo de la Versión del header de los bloques).

Una vez el 95% de los bloques durante un determinado tiempo tienen la versión que indica que están a favor de la actualización los desarrolladores la publican, asegurándose así de que la actualización se impone (recordemos que en una actualización soft fork con apoyo mayoritario minero se impone la actualización sin hacer un fork).

Evidentemente, **se hace así para evitar cualquier desequilibrio que pueda suponer la actualización del software y prevenir cualquier tipo de disrupción** dentro de lo posible. Esta cuestión queda recogida en la Bitcoin Improvement Proposal 9 (BIP-9).

Ya hemos nombrado anteriormente *The DAO Hack de Ethereum*, que supuso un hard fork, pero Bitcoin también tiene los suyos. Los más célebres son Bitcoin Gold, Bitcoin Diamond y Bitcoin Cash, que es el fork realizado en 2015 por quienes no querían la actualización SegWit y quisieron aumentar el tamaño de bloque a 4 Megabytes.

Spoiler: en la burbuja especulativa de 2017 Bitcoin llegó a los 20.000 dólares aproximadamente y Bitcoin Cash a los 4.000 dólares. Ahora mismo Bitcoin ronda los 30.000 dólares y Bitcoin Cash cotiza a menos de 100 dólares: un fracaso considerable.

En el caso de The DAO Fork, el 85% del poder de cómputo de hashes de la red decidió apoyar a la red actual de Ethereum (ETH) y los demás a la de Ethereum Classic (ETC). Actualmente Ethereum tiene una capitalización de mercado y un valor de unas 100 veces mayores que Ethereum Classic.

En cualquier caso, si buscan en internet "Bitcoin/Ethereum forks graph" o similar podrán ver la gran cantidad de forks realizados en el sistema a lo largo de su historia.

5. Nodos y blockchain con detalle

6. Actualizaciones y aplicaciones de Bitcoin

Mucho por hacer

Aunque este capítulo va a tratar sobre las mejoras, actualizaciones y aplicaciones de capas superiores de Bitcoin ya desarrolladas más importantes, quería empezar con un apartado dedicado a los posibles desarrollos que se pueden hacer sobre el sistema Bitcoin para hacerlo más óptimo, eficiente, elegante y útil.

Debemos recalcar de nuevo que **Bitcoin es un experimento monetario en funcionamiento**. Hemos explicado a lo largo del libro un montón de bugs, errores y problemas donde Bitcoin puede ser vulnerable y también numerosos campos donde existe investigación abierta y discusión acerca de cómo deberían hacerse las cosas.

Es crucial entender que **existen muchas mejoras más allá de aquellas que suponen cambiar las reglas críticas de consenso y por tanto realizar un soft fork o un hard fork** y que pueden ser incluso mucho más importantes.

La mayoría de la gente piensa en cambiar el tamaño de los bloques o la frecuencia con la que se emiten, pero (normalmente por ignorancia) no tienen en cuenta todas las otras múltiples facetas con las que Bitcoin está relacionado y que podrían mejorarlo enormemente.

Además, cambiar reglas críticas de consenso como el tamaño de bloque no solo afecta en términos de realizar un fork. Es más problemático aún: el tamaño de bloque es muy delicado en una cadena de bloques *permissionless* como Bitcoin.

Nadie sabe cuál sería el tamaño de bloque óptimo porque la información que se requiere para ello es mucha y se parte con información incompleta, pero sí que se sabe que **el tamaño de bloque (y la frecuencia) deben estar balanceados**.

En primer lugar, por una **cuestión del tamaño de los registros distribuidos**, tal y como vimos cuando tratamos el tamaño de la cadena de bloques. Si el tamaño de bloque o la frecuencia de emisión aumentan mucho, eso aumenta los recursos de espacio y computación necesarios para correr un nodo de Bitcoin, y restringe el número de nodos.

En cambio, si el tamaño de bloque o la frecuencia de emisión disminuyen, eso perjudica a la **usabilidad de Bitcoin y a sus usuarios**, pues la menor capacidad de transacciones reduce los usuarios que pueden hacerlas y tener UTXOs a su disposición. Esto a su vez incita a usar casas de cambio que economicen las transacciones y las comisiones y evita que los usuarios individuales puedan utilizar la red por sí mismos. Se requiere un balance en este sentido

Pero es que además, hay otro balance que el tamaño de bloque debe equilibrar, y es que **deben estar balanceados los incentivos de minar bloques y los incentivos de transaccionar en la red**.

Se trata de que, a medio y largo plazo, si el tamaño de bloque es demasiado grande y los mineros encuentran la mempool vacía, pueden no tener incentivo para minar y esto pone en peligro la seguridad de la red y la viabilidad del sistema. Por otro lado, si el tamaño de bloque es demasiado pequeño las comisiones se pueden disparar y que en este caso los usuarios pierdan el interés por transaccionar.

En cualquier caso, como hemos dicho existen muchos campos a desarrollar sin entrar en estas cuestiones y sin afectar el consenso de forma crítica, y que pueden ser muy interesantes. A continuación vamos a nombrar y recordar algunos de ellos:

- **Optimización de bases de datos**. Optimizar el espacio total de almacenamiento, comprimir bloques y bases de datos (especialmente la UTXO), bases de datos más útiles, algoritmos de búsqueda y filtrado eficientes, disminución del ancho de banda utilizado, etc. Por ejemplo, cuando se retransmite un bloque por la red se retransmite el bloque entero, a pesar de que los nodos seguramente ya tienen a su disposición todas o casi todas las transacciones del bloque en la mempool de cuando fueron retransmitidas por separado. Se podría estudiar **retransmitir simplemente los TXID** y que los nodos pidiesen solamente las transacciones que no tienen (más peticiones, menos ancho de banda total). Otro ejemplo en este sentido es que, como hemos visto, la dificultad mínima en Bitcoin requiere 8 ceros hexadecimales en todos los hashes de los bloques, con lo cual se podría optimizar el almacenamiento de los hashes de los bloques simplemente no guardando estos ceros y tomarlos de forma implícita a la hora de almacenar y transmitir los datos. Quiero destacar aquí **UTreeXO**, el trabajo que está realizando Tadge Dryja con los acumuladores criptográficos.

- **Acelerar la verificación de firmas, transacciones, bloques**, etc. Por ejemplo mejorar la IDB, optimizar el ancho de banda de la red, proponer soluciones que escalen mejor en el tiempo el tamaño de la cadena de bloques, mejorar los algoritmos de validación, el origen de las descargas, etc.

- **Mejoras en las carteras y software SPV.** Ya sabemos que las carteras SPV son inseguras, y también aquellas que confían en servidores externos para obtener información. La gran mayoría de nodos son nodos ligeros y la gran mayoría de carteras de Bitcoin son carteras SPV o similares. ¿Cómo mejoramos la seguridad y la facilidad de implementación? Bloom filters, compromisos UTXO, etc.

- **Mejoras para evitar la ambigüedad y sus ataques**. El objetivo de la cadena de bloques es ser incorruptible y evitar el doble gasto, pero fuera de ella seguimos siendo vulnerables a que aquello que exponemos sea falso. ¿Cómo compartimos las claves públicas o direcciones de forma segura (sin que nadie pueda modificarlas de por medio)? ¿Cómo aseguramos que el software proporcionado es el correcto?

- **Mejoras en el mercado de comisiones y su software asociado**. Algoritmos de cálculo y uso de comisiones eficientes de forma que se pueda anticipar (más o menos) que nuestra transacción llegue a la cadena de bloques sin pagar por ello comisiones desproporcionadas, opciones y manejo de usuario en las carteras, forma de reemplazar las transacciones de forma óptima y segura, escalabilidad y elasticidad de las comisiones, etc.

- **Mejoras en las casas de cambio, plataformas y corporaciones**. Reducción de transacciones, optimización de comisiones con las expectativas de los usuarios y la atención al cliente, uso de claves públicas comprimidas, optimizar inputs y outputs en las transacciones a realizar, manejo de los fondos gestionados, estructura del software y de las cuentas multifirma, etc.

- **Mejoras del anonimato**. Evitar la trazabilidad de movimientos, mejores sistemas criptográficos o modelos de transacción, unificar transacciones (**Coinjoin**), firmas agregadas, etc.

- **Estudio de los forks**. Formas de actualizar las cosas y su repercusión al hacerlo, formas de conseguir consenso generalizado, viabilidad de la red, etc.

Evidentemente **muchas de las cosas a mejorar no se están llevando a cabo porque no son la mayor urgencia y preferencia de la red**, y tampoco son el mayor cuello de botella o la pata de la que cojea Bitcoin.

Por eso, los esfuerzos se suelen concentrar allí donde están los mayores problemas. Sin embargo, creo que tener una visión desde arriba con perspectiva de todo aquello que se puede mejorar e investigar puede ayudarnos a entender mejor el sistema y a visualizar también todos los puntos por los cuales se puede expandir Bitcoin.

Maleabilidad de transacciones

En el apartado de las transacciones y el modelo UTXO, mencionamos que la firma de una transacción se realiza sobre el hash de la transacción sin firmas (obviamente) y que este hash es distinto del TXID de la transacción (que se calcula con firmas incluidas). Es decir, el procedimiento para **firmar una transacción** es el siguiente:

1. Se toma la transacción y se "eliminan" los campos de las firmas de todas las entradas de la transacción (*scriptSigs* a cero y se ponen algunos bytes más de forma estandarizada).

2. Doble hash **SHA256(SHA256("transacción sin firmas"))**.

3. Se firma sobre el mensaje dado por el hash anterior y se obtienen los pares (s, K) de criptografía elíptica. Lo hace cada usuario que tiene una entrada en la transacción es decir, todos los que vayan a consumir un UTXO en la propia transacción.

4. Se añaden las firmas a la transacción, o más bien los *scriptSig* completos siendo rigurosos.

5. Finalmente, tomando el doble hash sobre la transacción completa (con firmas) se obtiene el TXID. Es decir: **TXID = SHA256(SHA256('transacción con firmas'))**. Este es el hash que representa a la transacción y que se utiliza tanto en el árbol de Merkle del bloque como en la base de datos UTXO.

Este procedimiento parece bastante inteligente y adecuado, pues si se cambia cualquier cosa de aquello que se firma (en este caso la transacción) la firma ya no es válida. Nadie puede cambiar por tanto las cantidades que se envían, las claves a las que se envían los fondos, etc. Sin embargo, hay un problema con este procedimiento: el llamado **problema de la maleabilidad de las transacciones en Bitcoin**.

La maleabilidad es la cualidad de algo que se moldea, que se deforma y se adapta cuando se trabaja sin romperse. Referido a criptografía y en concreto a este problema de Bitcoin, consiste en que **se pueden hacer transacciones igualmente válidas pero con distintos TXID, dado que**

la firmas pueden cambiar ligeramente y ser igualmente válidas (más adelante vemos cómo). Y como las firmas no se encuentran dentro de la transacción cuando se firma, esto implica la posibilidad de dos transacciones con distinto TXID que son realmente la misma.

Recordemos que los TXID son los que identifican las transacciones en la red. Son los que usan los nodos para saber de qué transacción se trata y son los que identifican los UTXOs. Por lo tanto esto implica por ejemplo que **los nodos que reciban una transacción con un TXID no retransmitan la otra transacción con un TXID diferente, evitando que esta llegue a los mineros**.

También que un nodo, especialmente un nodo SPV, no sea consciente de que una transacción que ha firmado ya se ha publicado en la cadena de bloques. Porque se ha publicado con un TXID distinto al suyo y no lo puede detectar, creyendo que la transacción no se ha confirmado y marcándola como 'sin confirmar' para siempre.

El mayor ataque realizado en Bitcoin en toda su historia es el llamado **Ataque MtGox** en referencia a la casa de cambio que lo sufrió. Es un ataque realizado en Febrero de 2014 precisamente debido a la maleabilidad de las transacciones.

Por entonces MtGox era la mayor casa de cambio de Bitcoin y cerró y se declaró en bancarrota alegando que los atacantes utilizaron ataques de maleabilidad para vaciar sus cuentas. Perdió cientos de millones de euros, aunque nunca se demostró qué pasó exactamente.

El ataque de maleabilidad de transacciones que podría haber sufrido funciona de la siguiente manera. **Supongamos que Alice envía un pago a Bob, y Bob es el atacante:**

- Primero Alice crea una transacción pagando a Bob y la envía a la red y le llega también a Bob. Las entradas, las salidas y el monto del pago están firmados criptográficamente, por lo que ni Bob ni ningún otro nodo pueden robar dinero o realizar cambios semánticos en la transacción.

- Sin embargo, los nodos (en este caso Bob) sí pueden cambiar el *scriptSig* de la transacción sin que la misma deje de ser válida, con lo cual Bob cambia ligeramente la firma y construye una transacción que es similar (la misma en aspectos formales) pero con un TXID diferente y la retransmite por la red.

- Entonces empieza una carrera en la red de Bitcoin: los nodos se quedarán con la transacción que reciban primero, ya que la segunda será una transacción conflictiva y la ignorarán. Una parte de la red retendrá como válida la transacción con el TXID de Alice y la otra la del TXID de Bob.

- Finalmente, es probable que la transacción de Bob llegue con mayor facilidad a los mineros y termine confirmándose y validándose en la cadena de bloques. Dado que Alice no conoce el TXID de la transacción modificada por Bob, este puede reprochar a Alice que su transacción no ha sido confirmada en la cadena de bloques y que no recibe los fondos, y exigirle que le envíe de nuevo el pago.

De esa forma es como la casa de cambio MtGox supuestamente pudo ir a la quiebra. Algunos usuarios maliciosos retiraban fondos, modificaban el TXID, se confirmaba la transacción con el TXID modificado y luego pedían de nuevo a la casa de cambio retirar los fondos pues le reprochaban que no les habían sido otorgados.

Veamos ahora **cómo se pueden cambiar los *scriptSig* para cambiar el TXID siendo la transacción la misma** formalmente. Hay diversas formas distintas por las cuales se puede hacer esto.

Un primer ejemplo de maleabilidad de las transacciones en las primeras versiones de Bitcoin era **cambiar el tamaño del scriptSig añadiendo ceros a la izquierda**, permitiendo hacer dos transacciones iguales pero con distinto TXID. Sin embargo este problema se solucionó pronto exigiendo que el tamaño fuera el correcto.

Otro ejemplo de maleabilidad es debido al propio algoritmo en las firmas de criptografía elíptica.

Recordemos que para firmar un mensaje por parte por ejemplo de Alice el procedimiento es:

1. Se crean las claves criptográficas de un solo uso 'k' y 'K = kG'.

2. Se calcula el escalar $s = k - hash(m, K)a$, y se usan (s, K) como firma sobre "m".

3. Para verificar se computa que $sG = K - hash(m, K)A$.

Sin embargo, hemos de recordar que "sG" es un punto sobre la curva elíptica de Bitcoin *secp256k1*, y por lo tanto tiene un punto simétrico respecto al eje X que sigue estando en la curva elíptica. **Si cambiamos el signo de la "s" de la firma tenemos como resultado que (-s)G = hash(m, K)A - K sigue siendo un punto sobre la curva y una firma válida** sobre el mensaje "m".

Por lo tanto, si usamos una transacción con la firma (-s, K) su TXID cambia y existe maleabilidad. Este problema también se solucionó exigiendo que solo las 's' de tamaño grande ("*high s*" en inglés) son válidas, y no las 's' pequeñas o "*low s*". Esto significa que pasó a exigirse que solo la 's' positiva era válida.

Pero es que existen otras formas de tener maleabilidad de las transacciones. Los dos ejemplos mostrados anteriormente son los más peligrosos porque pueden ser realizados por terceras personas, pero **también puede haber maleabilidad provocada por firmas distintas producidas por el propio usuario** que crea y construye la transacción.

Sin ir más lejos, puede haber maleabilidad utilizando unas claves k' y K' distintas para firmar el mismo mensaje "m". Esto implicaría que las firmas (s, K) y (s', K') sobre un mismo mensaje son diferentes pero igualmente válidas, y de nuevo cambian el TXID teniendo problemas de maleabilidad de transacciones.

En este sentido existe un **generador de claves "k" estándar llamado RFC6979** que define un algoritmo determinista (no aleatorio) de obtener claves "k" de forma que un tercero no pueda adivinar dicha "k". Este consiste básicamente en tomar el hash de los datos formados por el mensaje a firmar "m" y la clave privada "a", es decir k = hash(m, a). Así, por una parte las "k" contienen información secreta que no puede ser revelada y por otro información específica de cada mensaje, evitando los problemas de maleabilidad como resultado de utilizar "k" distintas para el mismo mensaje.

Este estándar es una muy buena idea porque además evita depender de un generador de aleatoriedad bueno y que este no se "rompa", pero no es obligatorio usarlo. Por lo tanto, tampoco se puede verificar que los demás lo estén usando: es un procedimiento interno del usuario al crear las firmas y del cual un tercero no puede comprobar su uso.

Otros problemas con la maleabilidad de las transacciones pueden surgir cuando intentamos realizar transacciones dependientes. Imaginemos que pagamos a alguien con un UTXO y, antes de que se confirme la transacción, queremos utilizar el cambio (la salida que tiene el cambio; el nuevo UTXO que recibimos) para pagar a otra persona o dirección diferente. Así, emitimos la primera transacción con un TXID concreto y la segunda transacción que gasta nuestra salida de dicha transacción con ese TXID.

No obstante, resulta que la primera transacción cambia de TXID y se confirma en la cadena de bloques con un TXID diferente. Eso invalida nuestra segunda transacción, pues está gastando una salida de un TXID del cual no se tiene registro, y no podrá confirmarse nunca en la cadena de bloques porque se ha confirmado la transacción con el otro TXID.

Es verdad que si se consigue conocer el TXID con el que se ha publicado la primera transacción se puede construir una nueva transacción cuya entrada apunte a la salida con el TXID con el que la primera transacción se ha publicado y volver a firmar.

Pero claro, si ocurre en transacciones *multifirma* por ejemplo son todas las firmas las que deben cambiar para poder consumir dicho UTXO. Tendrían que firmar de nuevo todos los participantes y que vuelva a haber consenso, ya que por ejemplo uno de ellos podría negarse.

Como vemos, independientemente de que se ponga solución a distintas formas de cambiar el TXID de las transacciones modificando las firmas, sigue siendo problemático que esto ocurra porque no se tiene control sobre algunas de ellas.

Además, el problema de la maleabilidad de las transacciones es **fundamental para el desarrollo de los canales de pago y la Lightning Network**, como veremos más adelante. Para poder crear la red de canales de pagos instantáneos es fundamental que el TXID de las transacciones no cambie bajo ninguna circunstancia.

Para tratar este problema se pueden proponer **distintas soluciones**. Por ejemplo, las firmas de Lamport que hemos mencionado en el apartado de las firmas criptográficas del libro no son vulnerables a ningún tipo de maleabilidad.

Pero estas firmas son muy pesadas y no permiten operaciones aritméticas útiles como las firmas de criptografía elíptica. Muchos sistemas de firmas criptográficas muy útiles e interesantes son maleables, con lo cual esto en principio no debería ser una opción: habría que encontrar una alternativa mejor.

Otra solución planteada por Tadge Dryja (entre otros) para evitar la maleabilidad es **firmar solo sobre las salidas de una transacción** (quitando también el TXID previo y el Index de las entradas). El compromiso sobre las entradas queda implícito con el encaje entre el *scriptPubKey* y el propio *scriptSig*, así que *no hace falta* firmar sobre ellas.

Esta idea elimina la posible maleabilidad de las transacciones y permite funcionalidades interesantes, pero es también peligrosa porque en cambio permite la **maleabilidad sobre los UTXOs que se utilizan**.

Imaginemos una transacción publicada en la que hay dos UTXOs que nos pertenecen en la misma dirección, y construimos otra transacción consumiendo uno de los UTXOs. Dado que la firma se realiza solo sobre las salidas de la transacción que estamos firmando y no sobre las entradas (que son las que referencian los UTXOs que se van a gastar) podríamos indicar en nuestra transacción que se va a gastar un determinado UTXO y luego se podría cambiar la transacción de forma que se utilice el otro UTXO. La transacción sería diferente pero válida y volveríamos a tener el problema de la maleabilidad.

De esa forma un minero malicioso podría cambiar el UTXO para extraer más comisiones o el receptor de los fondos podría intentar obtener los fondos del otro UTXO. Si bien estos ataques quedarían anulados si los usuarios usaran una dirección de Bitcoin cada vez que hacen una transacción (que es lo más recomendable), mucha gente reutiliza las direcciones, con lo cual **es una solución peligrosa** igualmente.

En el próximo apartado vamos a tratar la solución definitiva que se le ha dado a este problema, llamada *Segregated Witness (SegWit)*. Se trata de una propuesta de Blockstream y la comunidad de desarrolladores que se activó en Agosto-Septiembre de 2017.

SegWit constituye también la mayor actualización soft fork de la historia de Bitcoin y por si fuera poco le otorga unas mejores propiedades en materia de usabilidad (mayor cantidad de transacciones por bloque y futuras actualizaciones más fáciles).

Segregated Witness (SegWit)

Segregated Witness en español significa 'testigo segregado', pero lo cierto es que el nombre es un poco confuso. Quizá sería mejor nombrarlo "**firmas separadas**", un término que encapsula mejor todo el concepto. Pero ese es el nombre que Pieter Wuille, creador de esta solución (y de muchas otras, es un desarrollador ferviente de Bitcoin) le dio a su invento y con ese nombre se ha quedado.

SegWit consiste en **no incluir tampoco las firmas en el TXID**, de forma que independientemente de que la firma cambie, aquello sobre lo que se firma no lo haga y tampoco lo haga el TXID.

Sin embargo, recordemos la cuestión de los forks del capítulo anterior: queremos realizar la actualización de tal forma que sea compatible con versiones anteriores para que sea una actualización *soft fork*. Evidentemente habría sido mejor si Bitcoin hubiera funcionado de esa forma desde el principio, pero no ha sido así. Bitcoin ya está en funcionamiento y hay que actualizarlo para cambiar esto.

Lo que pensó entonces Pieter Wuille (junto a otros) es en crear **un tipo nuevo de salidas en una transacción tal que "no necesitara firmas" para las versiones anteriores del software** que no entiendan el nuevo formato de la salida, y que incorporara dichas firmas en otro campo tal que las versiones nuevas del software puedan identificarlo.

Por eso decimos que se debería llamar "firmas separadas": se trata precisamente de dejar el *scriptSig* vacío y poner las firmas en otro campo de datos nuevo al cual no accede el software con la versión antigua para calcular el TXID. El nuevo campo de datos se denomina "*Witness*" (testigo), y de ahí proviene el nombre de *SegWit*.

La propuesta viene inicialmente recogida en el **BIP-141**, aunque hay bastantes BIP posteriores cuyo contenido es también acerca de SegWit. Conforme avance el apartado comprenderemos mejor cómo funciona y todos los detalles asociados a esta actualización.

El **formato de una transacción SegWit** es sencillamente el siguiente, considerando el *scriptPubKey* del UTXO a consumir (la transacción anterior) y el *scriptSig* de la transacción nueva que va a consumirlo:

scriptPubKey: `0 RIPEMD160(SHA256((clavePublica))`
scriptSig: `(nada)`
Witness: `(s, K) clavePublica`

Como vemos, **en el scriptSig** no hay nada. Cuando los nodos con versión antigua del software inicializan el intérprete de Bitcoin Script simplemente apilan en el stack primero el "0", luego el hash de la clave pública y terminan de ejecutar la validación. Como el elemento de arriba de la pila es distinto de cero, el intérprete evaluará el *scriptSig* como válido para dicho *scriptPubKey*.

Es decir: los nodos antiguos verán la transacción como válida porque solo hay un hash y no hay nada que hacer: es un UTXO que *cualquiera* puede consumir. No entenderán lo que está ocurriendo.

Sin embargo, **la nueva versión del software identifica el formato del** *scriptPubKey* **dado por un '0' y seguido por un hash como "una transacción P2PKH"**. Sabe que es una transacción P2PKH en la que el *scriptSig* está en otra parte, en ese nuevo campo llamado "*Witness*" en términos de interfaz de usuario que se ubica en la parte final de una transacción, justo antes del *locktime* de la misma.

Recordemos que el *scriptSig* en una transacción P2PKH está formado por la firma (s, K) y la clave pública cuyo hash es igual al hash del *scriptPubKey*. El conjunto de la firma (s, K) tiene 71-72 bytes (lo que son 142-144 caracteres hexadecimales) y la clave pública en su forma comprimida 33 bytes (que son 66 caracteres hexadecimales).

A continuación mostramos una **transacción SegWit de Bitcoin en formato JSON y hexadecimal** con una entrada y dos salidas, perteneciente al bloque de **altura 740031**:

```
    "result": {
        "in_active_chain": true,
"txid":
"b28cbd4537d2d2ae70a12aa383377d8bcab94025a7eec4eb869a16b37
b73855a",
"hash":
"e04cd716c7a5442b74c2d9d2311c898920dc9e1580cee1c19e575810d
01d6531",
        "version": 2,
        "size": 224,
        "vsize": 142,
        "weight": 566,
        "locktime": 0,
        "vin": [
            {
"txid":
"c485328cb59096579737bec8fdde27d464101d72eb29c1819663a7815
a6ec2e9",
                "vout": 0,
                "scriptSig": {
                    "asm": "",
                    "hex": ""
                },
                "txinwitness": [
                    "3045022100abb49899122fbc0721a4ab9eda3
d61119194cf37a867df5cad05b3f02c6305a602204ecacef4bcfaa90ac
28b45335ae12ca927930cdea0e24cecfbcb16a03d52997801",
                    "025845ca8ffe9e475e20eb70d7c2ada5dfaa4
56bd7f2a4cfb6424738bbe302d5f3"
                ],
                "sequence": 0
            }
        ],
        "vout": [
            {
                "value": 2.0977431,
                "n": 0,
                "scriptPubKey": {
"asm":"OP_HASH160 0668f1fabb816fad26e7dc677aee052960ed2cfe
OP_EQUAL",
"hex": "a9140668f1fabb816fad26e7dc677aee052960ed2cfe87",
```

```
                    "reqSigs": 1,
"type": "scripthash",
"addresses": [
 "32GuhRA3G6AR1ZzS1BjtUEHn1Whr7pbEbG"
                    ]
            }
        },
        {
                "value": 2.23456052,
                "n": 1,
                "scriptPubKey": {
"asm": "0 132e30e6dd0ad3816a6129af7c1f63776df2c1c7",
"hex": "0014132e30e6dd0ad3816a6129af7c1f63776df2c1c7",
                "reqSigs": 1,
                "type": "witness_v0_keyhash",
"addresses": [
"bc1qzvhrpekaptfcz6np9xhhc8mrwakl9sw8p0ljp9"
                ]
            }
        }
    ],
"hex":
```

"02000000000101e9c26e5a81a7639681c129eb721d1064d427defdc8b
e3797579690b58c3285c4000000000000000000002e6e6800c000000001
7a9140668f1fabb816fad26e7dc677aee052960ed2cfe8734ab510d000
00000160014132e30e6dd0ad3816a6129af7c1f63776df2c1c70248304
5022100abb49899122fbc0721a4ab9eda3d61119194cf37a867df5cad0
5b3f02c6305a602204ecacef4bcfaa90ac28b45335ae12ca927930cdea
0e24cecfbcb16a03d5299780121025845ca8ffe9e475e20eb70d7c2ada
5dfaa456bd7f2a4cfb6424738bbe302d5f300000000",

```
"blockhash":
"0000000000000000000059a2db69b0400138b75289b3ab43e0c016df3e
c29624f",
        "confirmations": 17,
        "time": 1654771156,
        "blocktime": 1654771156
    }
```

Observemos la transacción. El campo del *scriptSig* **de la entrada está vacío**, y en cambio tenemos dos cosas en el campo del *txinwitness*: el primero es la firma (s, K), que hemos subrayado en gris claro y es más largo porque tiene 72 bytes (144 caracteres hex) y el segundo, subrayado en gris oscuro, es la clave pública que tiene 33 bytes (66 caracteres hex). Es decir: los datos que solían ponerse en el scriptSig.

Notemos que una de las dos salidas de la transacción es una **P2SH tradicional** (por eso pone `"type": "scripthash"`) y la otra es de tipo **SegWit P2PKH** (`"type": "witness_v0_keyhash"`).

También podemos ver en esta última salida SegWit P2PKH que el *scriptPubKey* está formado por un "0" (es decir, un byte puesto a cero) y un hash de 40 caracteres (20 bytes). En hexadecimal consiste en el byte 0x00 (que representa el "0") seguido del byte 0x14 (que es el tamaño del hash en hexadecimal) y finalmente el hash de 20 bytes.

Aunque pueden obtener más información buscando en internet acerca de los **BIP-141** y **BIP-144** donde se especifica mejor la estructura de datos de las transacciones, vamos a analizar los datos en hexadecimal de esta misma transacción a continuación:

```
"02000000000101e9c26e5a81a7639681c129eb721d1064d427defdc8b
e3797579690b58c3285c40000000000000000000002e6e6800c000000001
7a9140668f1fabb816fad26e7dc677aee052960ed2cfe8734ab510d000
00000160014132e30e6dd0ad3816a6129af7c1f63776df2c1c70248304
5022100abb49899122fbc0721a4ab9eda3d61119194cf37a867df5cad0
5b3f02c6305a602204ecacef4bcfaa90ac28b45335ae12ca927930cdea
0e24cecfbcb16a03d5299780121025845ca8ffe9e475e20eb70d7c2ada
5dfaa456bd7f2a4cfb6424738bbe302d5f300000000"
```

- `02000000`: número de versión de la transacción
- `00`: marcador de la transacción SegWit (ver BIP141)
- `01`: byte "flag" o bandera de la transacción SegWit (ver BIP141)
- `01`: número de entradas de la transacción
- `e9c26e5a81a7639681c129eb721d1064d427defdc8be37975796 90b58c3285c4`: TXID de la transacción del UTXO en formato *little-endian* es decir: al revés de como sale en los datos (c485328cb59096579737bec8fdde27d464101d72eb29c1819663a 7815a6ec2e9)
- `00000000`: Index del UTXO que se está gastando

- `00`: marcador del tamaño del scriptSig
- `00000000`: número de secuencia
- `02`: número de salidas de la transacción
- `e6e6800c00000000`: Value (valor) de la primera salida de la transacción en satoshis
- `17`: tamaño del scriptPubKey de la primera salida en hex (17 es 23 en decimal, representando los 23 bytes que ocupa el scriptPubKey
- `a9140668f1fabb816fad26e7dc677aee052960ed2cfe87`: scriptPubKey de la primera salida
- `34ab510d00000000`: Value de la segunda salida
- `16`: tamaño del scriptPubKey de la segunda salida en hexadecimal (22 bytes)
- `0014132e30e6dd0ad3816a6129af7c1f63776df2c1c7`: scriptPubkey de la segunda salida
- `02`: número de cosas en el "witness" (firma y clave)
- `48`: tamaño de la firma (48 en decimal son 72 bytes)
- `3045022100abb49899122fbc0721a4ab9eda3d61119194cf37a8 67df5cad05b3f02c6305a602204ecacef4bcfaa90ac28b45335a e12ca927930cdea0e24cecfbcb16a03d52997801`: firma en el Witness es decir, el conjunto (s, K) de 72 bytes
- `21`: tamaño de la clave pública (21 son 33 bytes)
- `025845ca8ffe9e475e20eb70d7c2ada5dfaa456bd7f2a4cfb642 4738bbe302d5f3`: clave pública en el Witness de 33 bytes (66 caracteres hexadecimales)
- `00000000`: locktime de la transacción

Así pues, los nodos que preserven una versión antigua del software verán la transacción como válida sin saber qué está ocurriendo y los nodos con software nuevo validarán la transacción correctamente como el modelo P2PKH de SegWit.

Tendremos por lo tanto un soft fork, pues es una actualización con compatibilidad con versiones anteriores. Justo lo que buscábamos. Por otra parte, por supuesto, la maleabilidad queda solucionada puesto que **como las firmas ya no están en el scriptSig, el TXID ya no puede ser cambiado por estas**. El TXID ya no puede cambiar.

Los nodos antiguos y los nuevos mantienen consenso respecto a las salidas de las transacciones y las entradas que se gastan, pero no en la forma en la que se gastan ni en el tamaño de la transacción: los nodos antiguos no ven firmas y ven entradas que gastan UTXOs que pueden ser gastados por cualquiera.

En cuanto a la propagación de las transacciones en sí, la idea es que cuando los nodos con software antiguo preguntan por la transacción a otros nodos con software nuevo, estos les otorgan la transacción sin los datos de *"witness"*. Y en cambio, cuando los nodos nuevos mediante otro mensaje distinto preguntan por la transacción con *witness* se le devuelve la transacción entera con los datos del witness.

Con esta 'chapuza informática' el problema de la maleabilidad queda solventado. Así es como se solucionan los problemas en Bitcoin. Es la única forma de reparar el sistema en marcha fácilmente.

Cabe destacar también que **las transacciones SegWit, si bien son válidas para los nodos con software antiguo, son no-estándar** para ellos, con lo cual no retransmitirán la transacción aunque sí que la considerarán válida al encontrarla ya en un bloque minado.

Como hemos dicho, **los diferentes nodos no están de acuerdo en el tamaño de las transacciones**. Mientras que los nodos con el software antiguo ven las transacciones más pequeñas (porque no tienen firmas), los nuevos las ven más grandes (tienen las firmas en el *"Witness"*).

Dado que los nodos antiguos consideran el tamaño sin firmas para completar el 1 Megabyte que puede tener cada bloque, **el tamaño de los bloques se ve aumentado de forma sigilosa y sin realizar un *hard fork*.** Vemos por tanto aquí una forma discreta y muy inteligente de aumentar el tamaño de las transacciones en Bitcoin a través de un soft fork.

No obstante, en cuanto a los nodos nuevos, **la actualización SegWit tiene otra limitación** de tamaño. Tengamos en cuenta que si no se contara de ninguna forma el tamaño del *"witness"* (las firmas separadas) se podría hacer spam a la red creando transacciones con firmas gigantes para atacarla.

La limitación es que, por protocolo, para los nodos nuevos **los bytes del** *witness* **de las transacciones SegWit cuentan como un cuarto de byte** a la hora de sumar el 1 Megabyte como máximo que requiere el bloque.

Para conseguir eso, el procedimiento que siguen los nodos con la nueva actualización SegWit es contar los bytes que no forman parte del *witness* (es decir, todos los datos de la transacción excepto las firmas) y multiplicarlos por 4, y a esa cantidad sumarle los bytes del *witness* es decir, de las firmas segregadas.

La suma total de esos bytes multiplicados debe ser menor a 4 Megabytes. Por eso, realmente es como contar los bytes de las firmas SegWit como ¼ de byte y que el tamaño total sea menor a 1 Megabyte, y por eso también el tamaño de los bloques de Bitcoin actualmente es una cosa farragosa, extraña y confusa.

Dado que el tamaño así contado es más restrictivo en los nodos con el software nuevo que en los nodos con el software antiguo, tampoco hay problema de compatibilidad hacia atrás (compatibilidad con versiones anteriores) porque todos los bloques que sean aceptados con el software nuevo lo serán con el software antiguo.

En la práctica, **la actualización** *SegWit* **supuso que en cada bloque de Bitcoin caben alrededor de un 80% más de transacciones**, aumentando así el tamaño de bloques de 1 Megabyte a unos 1.8-2 Megabytes. Tomando como ejemplo la transacción que hemos mostrado, esta tiene un total de 448 caracteres hexadecimales es decir, 224 bytes reales como podemos ver en el apartado *"size"*.

De esos 224, los bytes *SegWit* son 110 pues hay que sumar el marcador y la bandera de la transacción (2 bytes) más los tamaños de la firma y la clave pública (2 bytes), el byte que refleja el número de "cosas" en el *witness* y finalmente la firma y clave pública (72 y 33 bytes, respectivamente). En total pues suman 72+33+2+2+1=110 bytes.

El resto hasta 224, es decir 114 bytes, son bytes *"no-segwit"*. Si calculamos el tamaño "virtual" de la transacción considerando los bytes segwit como ¼ de byte, tenemos que 114+(110/4) = 141.5 que redondeando son 142 bytes virtuales.

Eso es lo que se muestra en la transacción como "***vsize***", que indica el tamaño virtual de la transacción. El tamaño virtual de la transacción es el que debemos considerar para sumar el tamaño del bloque de tal forma que sea menor a 1 Megabyte, y por eso en los exploradores de la cadena de bloques lo veremos indicado como **virtual Bytes (vBytes)**.

Por último, el apartado indicado como "***weight***" (peso en inglés) es el tamaño de la transacción a comparar con un bloque virtual de 4 Megabytes es decir, los bytes *no-segwit* multiplicados por 4 más los bytes segwit. En este caso resulta $weight = 114 \times 4 + 110 = 556\,bytes$ que es exactamente lo que vemos en ese campo.

Antes de la actualización, con la exigencia de bloques menores a 1 MB y contando todos los bytes, teníamos que en un bloque caben alrededor de 4.500 transacciones similares a esta (1.000.000/224). Tras la actualización, para los nodos con software antiguo caben unas 8.800 transacciones (1.000.000/114, pues se ignoran los datos no segwit y por tanto también su tamaño) y para los nodos con software nuevo unas 7.000 transacciones [1.000.000/142] lo que implica un 55% más.

Pero esa transacción como hemos visto tiene una sola entrada, y el aumento de tamaño es más relevante cuantas más entradas tenga una transacción (puesto que tiene más firmas, y es en estas donde se materializa el ahorro de tamaño).

Además, **esta forma de aumentar el tamaño de bloque tiene aún mayor sentido** porque la firma es la parte de la transacción que mayor tamaño tiene y además no forma parte de la base de datos UTXO.

Y como ya sabemos, necesitamos que la base de datos UTXO sea óptima y mínima porque es la base de datos que más se utiliza con diferencia y la que más recursos consume de lectura y escritura. En cambio, los datos de los bloques en sí como ya tratamos anteriormente apenas sirven una vez validados para facilitar a otro nodo nuevo la descarga y validación de bloques inicial.

Las firmas no forman parte de esta base de datos UTXO con lo cual aumentar el tamaño por esta parte y de esa forma es totalmente lógico y poco perjudicial para los nodos y el mantenimiento de los registros.

Otra cuestión importante en SegWit es acerca de la **maleabilidad en términos de mantenimiento de los registros**. Como las firmas quedan fuera de todo hash, podrían ser "maleables" en el sentido de que **unos nodos pueden tener guardada en sus registros una firma diferente a la que guardan otros nodos**.

Esto queda más en relevancia en las transacciones multifirma, pues por ejemplo si suponemos una transacción multifirma 2 de 4 que realizan Alice, Bob, Carol y Dave, unos nodos podrían mantener en los registros que la transacción la ha firmado Alice y Carol y otros nodos que la han firmado Bob y Dave.

La solución a este problema dada por la actualización es **construir un árbol de Merkle de las firmas, igual que se hace con las transacciones, y comprometer la raíz** del árbol de Merkle de las firmas de todo el bloque en la transacción Coinbase, tras el OP_RETURN. Como la Coinbase está comprometida en el árbol de Merkle del bloque como resultado queda todo comprometido en el propio bloque.

Por lo tanto, en definitiva: la actualización SegWit soluciona el problema de la maleabilidad de las transacciones y aumenta la cantidad de transacciones que se pueden realizar por bloque de una forma sigilosa y mediante un *soft fork* fácil de implementar.

Como veremos en el siguiente apartado, supone la adición de dos modelos de transacción estándar nuevos (*P2WPKH* y *P2WSH*) y además impone las condiciones para poder realizar actualizaciones en el futuro simplemente mediante otro *soft fork* similar al del propio SegWit.

P2WPKH y P2WSH

El modelo analizado en la transacción de ejemplo del apartado anterior es el modelo *P2PKH* de SegWit, y se llama **Pay To Witness Public Key Hash (P2WPKH)**. Como hemos visto consiste en un scriptPubKey dado por un byte puesto a cero "0x00" seguido de un byte representando el tamaño del hash de la clave pública (0x14 equivale a 20 bytes o 160 bits) y finalmente el doble hash RIPEMD160(SHA256(clavePublica)).

De esa forma, el intérprete de Bitcoin Script de los nodos actualizados detecta que es una transacción P2PKH de SegWit (con testigo o *Witness*). Sin embargo, también existe un modelo de SegWit para el modelo tradicional P2SH. Se llama, como es de esperar, **Pay To Witness Script Hash (P2WSH)** y su funcionamiento es el siguiente:

scriptPubKey: 0 `SHA256(redeemScript)`
scriptSig: (nada)
Witness: 0 `<firmas necesarias> redeemScript`

Es decir, es muy similar al P2WPKH mostrado antes. Lo que hace el intérprete de Bitcoin es que **cuando tiene el esquema "0 <hash de 20 bytes>" asume que es una transacción P2PKH** [recordemos que RIPEMD160(SHA256(clavePublica)) devuelve un hash de 20 bytes].

En cambio, **cuando tiene el esquema "0 <hash de 32 bytes>" asume que es una transacción P2SH** (SHA256 devuelve un hash de 32 bytes o 256 bits) donde el script está ubicado en el Witness (igual que con P2WPKH como hemos visto en el apartado anterior). Por lo demás, todo es igual que en P2WPKH: los nodos antiguos no entienden la transacción pero la validan igualmente (aunque son salidas que cualquiera puede consumir).

Cabe destacar también (aunque no entraremos en profundidad) que la diferenciación de hashes de 32 bytes para P2WSH y 20 bytes para P2WPKH también vino motivada porque el tamaño de 20 bytes para un hash de P2SH es insuficiente y puede haber colisiones en las que dos scripts tengan el mismo hash (y no ocurre lo mismo con P2WPKH).

Recordemos por otra parte que redeemScript es un script que hay que satisfacer, usualmente un script multifirma N-de-M. Por ejemplo, una transacción 2-de-5 sería:

redeemScript: `2 clavePub1 [...] clavePub5 5 OP_CHECKMULTISIG`
scriptPubKey: `0 SHA256(redeemScript)`
scriptSig: `(nada)`
Witness: `0 firmaA firmaB redeemScript`

Estos dos modelos, P2WPKH y P2WSH, son las llamadas **transacciones nativas de SegWit**. Sin embargo, también se introdujeron otro tipo de transacciones para permitir que las carteras que no son SegWit puedan construir transacciones (o mejor dicho outputs) SegWit.

Consisten en utilizar el modelo clásico de P2SH conteniendo en el interior del script una transacción P2WPKH o P2WSH. De esa forma, se previó que si un nodo actualizado ve una transacción P2SH cuyo script es un esquema P2PKH o P2WSH la interpreta como estas, como si fueran transacciones SegWit nativas.

Por ejemplo, a continuación mostramos una transacción llamada **P2WPKH nested in P2SH** es decir P2WPKH '*anidada*' en P2SH:

redeemScript: `0 RIPEMD160(SHA256(clavePublica)`
scriptPubKey: `OP_HASH160 RIPEMD160(SHA256(redeemScript) OP_EQUAL`
scriptSig: `redeemScript`
Witness: `(s, K) clavePublica`

Aunque parezca de primeras un modelo extraño y confuso se trata solamente de construir una salida dada por un scriptPubKey tradicional de P2SH cuyo *redeemScript* es equivalente al scriptPubKey de una transacción P2WPKH. Pero como las firmas de las transacciones SegWit se ubican en el Witness, es en ese lugar donde la vemos.

Además de este también existe **P2WSH nested in P2SH**, un esquema de transacción todavía más confuso en el que se pone un script de SegWit dentro de un script P2SH tradicional y que pueden ver en internet.

Volviendo a las anotaciones del principio del apartado, en la actualización SegWit también **se definió una forma de aplicar actualizaciones para el futuro**. Es decir, la actualización segWit no es solo una actualización de los modelos P2PKH y P2SH, sino que forma una plantilla entera de posibles actualizaciones para el futuro sin tener que hacer un *hard fork* (actualizaciones *soft fork*).

Actualmente el esquema dado por un scriptPubKey [0 <datos>] significa P2WPKH y P2WSH para un nodo de Bitcoin actualizado a SegWit. Pero además se han implementado **toda una serie de esquemas dados por [1 ... 16 <datos>]** que, si bien de momento no tienen un significado para el protocolo en futuras actualizaciones podrían tenerlo y disponer de diversas funcionalidades.

Tras la actualización SegWit, un scriptPubKey con [1 <datos>] significa, igual que para los nodos antiguos el esquema [0 <datos>], que hay un esquema de transacción que no comprendemos y que no se requiere nada para que los UTXO sean gastados (por eso no debemos hacer transacciones con dichos esquemas).

Pero en el futuro, se podrá actualizar el software de forma que haciendo un *soft fork* como el realizado para implementar SegWit se añadan funcionalidades extra o nuevas versiones de P2WPKH y P2WSH sin mayores complicaciones.

Finalmente, y tal y como se dijo en el capítulo anterior acerca de las direcciones de Bitcoin, las direcciones más nuevas son las **direcciones SegWit nativas**, que están en formato Bech32 y estandarizadas según el **BIP173** (publicado, de nuevo, por Pieter Wuille en colaboración en este caso con Greg Maxwell). El motivo de utilizar este formato es múltiple, tal y como se menciona en el propio documento de mejora, incluyendo argumentos técnicos y de comodidad.

Una de las ventajas de Bech32 es que **tiene 32 caracteres, que es una potencia de dos (la quinta) y por lo tanto se ajusta al sistema binario**. Esto, además de conferir mayor seguridad a su función checksum, es más funcional al ser utilizado tanto por personas como máquinas.

En general, las direcciones constan de los caracteres **"bc" para la red real** ("tb" para la *testnet*, la red de prueba) **seguidos de un caracter que marca la versión SegWit** (se pueden codificar 32 versiones diferentes) **y finalmente 39 caracteres Bech32 en caso de transacciones P2WPKH y 59 caracteres en caso de transacciones P2WSH.**

Terminamos este apartado y nuestras explicaciones sobre SegWit con un diagrama de flujo simplificado acerca de cómo se construyen estas direcciones para P2WPKH. Ahora podremos comprender mejor el origen de las direcciones que utilizamos en Bitcoin.

Creación de una dirección Bitcoin SegWit P2WPKH

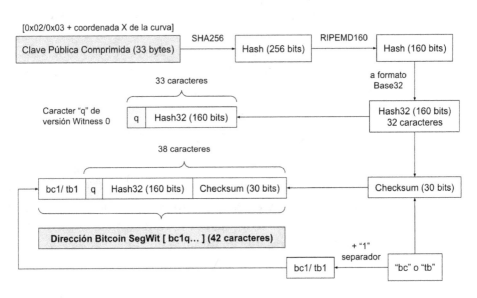

En el caso de direcciones P2WSH el diagrama de flujo es exactamente el mismo y el procedimiento también, con la excepción de que no se realiza el hash del RIPEMD160. Así, el Hash32 resulta de 256 bits, y la dirección resultante de 62 caracteres (20 más).

Canales de pago unilaterales

Tal y como apunta Tadge Dryja, **las cuestiones sobre la escalabilidad de las transacciones en Bitcoin preceden incluso a la publicación del propio sistema**. De hecho, cuando Satoshi publicó el paper de Bitcoin el día 31 de Octubre de 2008 diciendo que había estado trabajando en un sistema de pagos electrónicos peer-to-peer, **el primer mensaje** que obtuvo es que si bien se necesita mucho un sistema así, por su propuesta no parece que Bitcoin pueda escalar al tamaño requerido.

Es por esto que ya desde el principio surgieron las ideas de los primeros *Payment Channels* **o canales de pago**, con los cuales como su propio nombre indica se busca hacer pagos fuera de la cadena de bloques.

Una de las ideas desde el principio fue aprovechar el *locktime* de las transacciones, que es aquel campo de 4 bytes que indicaba la *altura* o el tiempo en *'Unix time'* a partir de los cuales una transacción es válida y sus salidas pueden gastarse. También se aprovechan unos *opcodes* de Bitcoin muy interesantes, como veremos más adelante.

Dado que las transacciones se realizan fuera de la cadena de bloques, son instantáneas y sin coste alguno. Si bien parte de estas ideas ya las introdujo Satoshi, su forma de afrontarlo era bastante poco funcional y poco interesante. Pero la idea fue desarrollándose más y más hasta formar la **Lightning Network, que es una red de canales de pago** fuera de la cadena de bloques que trataremos más adelante.

El funcionamiento de los canales de pago es otro aspecto de Bitcoin confuso y complicado, así que vamos a entrar en ellos poco a poco. Como primera aproximación vamos a ver el **canal de pago unilateral**, que consiste en abrir un canal entre dos usuarios que transaccionan valor entre ellos fuera de la cadena de bloques pero de tal forma que uno de ellos solo puede enviar fondos, y el otro solo puede recibir fondos.

Por eso se llama unilateral (en una sola dirección). Además, **los canales de pago unilaterales tienen una duración determinada**.

La vida de un canal de pago unilateral consiste en tres etapas, realizadas por orden, que son las que vamos a ver a continuación. Aunque ahora nos cueste leer y comprender su funcionamiento, más adelante cuando entremos en profundidad y utilizando diagramas se entenderá con mayor facilidad.

Supongamos que Alice y Bob quieren establecer un canal de pago en el que Alice realizará pagos recurrentes a Bob:

1. Apertura del canal

Se realiza la construcción de dos transacciones. En primer lugar la llamada **Transacción de Fondos (Fund Transaction)**, en la que Alice destina unos fondos determinados a dicho *canal* (gastando sus UTXO en las entradas) con una salida multifirma 2 de 2 que requiere tanto la firma de Alice como la de Bob.

Esta transacción será firmada por Alice, que es la que va a realizar los pagos, y se publicará en la red abriendo el canal propiamente dicho. Pero antes de publicarla, se construye la llamada **Refund Transaction (transacción de reembolso)** firmada y enviada por Bob a Alice.

Esta transacción gasta la salida multifirma de la Transacción de Fondos que se va a publicar en la red devolviéndole los fondos a Alice, pero solo será válida (solo se podrá retransmitir) pasado un tiempo 'T' después correspondiente a la duración del canal de pago, por ejemplo un mes. Este tiempo T se especifica en el **locktime** de la transacción.

Por lo tanto y en principio, la Refund Transaction no se retransmite por la red, sino que se la guarda Alice como medida de seguridad. De esa forma, en caso de que quiera cancelar el canal de pago o Bob desaparezca o no responda, Alice puede retransmitir esta transacción y recuperar sus fondos tras la fecha de expiración T del canal.

2. Funcionamiento del canal

Ocurre **durante el tiempo T** que dura el canal de pago, y consiste en que Alice envía a Bob sucesivas transacciones firmadas que consumen la salida de la transacción de fondos. **Estas transacciones no se publican en la red de Bitcoin**, sino que por *incentivos* y simplemente guardando ambos las transacciones (Alice la Refund Tx y Bob las transacciones de los pagos de Alice), se cambia el estado de los fondos entre Alice y Bob.

Sin embargo, los pagos (usando el canal) quedan limitados por la cantidad de fondos que haya en este y que aporta Alice. Por ejemplo, si Alice abre un canal de pagos recurrentes a Bob por valor de 10 Bitcoin y envía cinco transacciones firmadas de 2 Bitcoin a Bob, Alice ya no podría realizar más pagos a Bob porque ya no tiene más fondos.

3. Cierre del canal

El cierre del canal de pago puede venir dado por dos situaciones distintas. Cada una de ellas cierra el canal de pagos definitivamente:

- Si aún **no ha pasado el tiempo de expiración T** del canal, Bob puede retransmitir y publicar en la cadena de bloques una de las transacciones que Alice le ha enviado y que le otorga fondos. Bob puede retransmitir cualquier transacción guardada, aunque obviamente lo hará con la última pues le es más favorable.

- Si en cambio **ya ha pasado el tiempo de expiración T** del canal, Alice podrá retransmitir la Refund Transaction, que le devolverá sus fondos según el estado inicial.

Para aclarar todos estos conceptos, vamos a analizar los tres pasos de forma profunda. Vamos a suponer un canal unilateral de 10 Bitcoin en el que Alice hace pagos recurrentes a Bob (podría ser, por ejemplo, una paga semanalmente de un padre a un hijo, un salario pactado y contratado anual que se paga de forma mensual, etc.).

En primer lugar, **en cuanto a la apertura del canal**, en este caso Alice que es la que realizará los pagos construye la Fund Transaction y se la envía a Bob. A partir de esta Bob construye la Refund Transaction y se la envía Alice para que pueda retransmitir la Fund Transaction de forma segura. Cuando Alice, una vez cubierta por la Refund Transaction, publica en la cadena de bloques la Fund Transaction, abre el canal dotándole de fondos (en este caso 10 Bitcoin):

Apertura de canal de pago unilateral: Alice a Bob

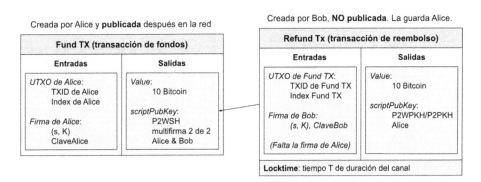

Fijémonos en el procedimiento seguido:

1. **Alice envía a Bob la Fund TX construida sin firmar**.
2. Bob, con el TXID y la salida de la Fund TX construye la Refund TX, LA FIRMA y la envia firmada a Alice para que la guarde.
3. Entonces Alice finalmente con la seguridad que le da la Refund Tx firmada por Bob firma su Fund TX y la publica en la red.

Se cumple por tanto lo que hemos descrito antes: una vez abierto el canal, Alice sabe que si Bob desapareciera, pasado el tiempo T de apertura del canal podría recuperar todos sus fondos, pues la transacción de reembolso sería entonces válida y podría retransmitirla y publicarla en la cadena de bloques, cerrando así el canal.

Otro detalle importante del dibujo es que **la Fund TX debe ser P2WSH es decir** *SegWit*, para evitar la maleabilidad en el TXID y evitar que la transacción de reembolso sea inválida por cambiar este TXID.

Veamos ahora **cómo funcionan los pagos del canal Alice a Bob** sin tener que publicar ninguna transacción en la cadena de bloques: imaginemos que Alice hace dos pagos de 1 Bitcoin a Bob mediante el canal (siempre y cuando ambos pagos se realicen durante el periodo de funcionamiento es decir, antes de que expire el tiempo T dado por el locktime de la Refund Tx). Alice construirá y firmará las siguientes transacciones y se las enviará a Bob para cada pago:

Transacciones de canal de pago unilateral: Alice a Bob

Creada por Alice y enviada a Bob, que la almacena

Primer pago de Alice a Bob: 1 Bitcoin	
Entradas	**Salidas**
UTXO de Fund TX: TXID de Fund TX Index [1] *Firma de Alice:* *(s, K)* ClaveAlice *(Falta la firma de Bob)*	*Value:* 9 Bitcoin *scriptPubKey:* P2PKH/P2WPKH **Alice**
	Value: 1 Bitcoin *scriptPubKey:* P2PKH/P2WPKH **Bob**

Creada por Alice y enviada a Bob, que la almacena

Segundo pago de Alice a Bob: 1 Bitcoin	
Entradas	**Salidas**
UTXO de Fund TX: TXID de Fund TX Index [1] *Firma de Alice:* *(s, K)* ClaveAlice *(Falta la firma de Bob)*	*Value:* 8 Bitcoin *scriptPubKey:* P2PKH/P2WPKH **Alice**
	Value: 2 Bitcoin *scriptPubKey:* P2PKH/P2WPKH **Bob**

Como vemos cada vez que Alice quiere pagar a Bob, construye y firma una **transacción válida en el momento** (con el *locktime* a cero) cambiando así el estado del balance de las monedas que tiene cada uno con respecto al estado inicial en la transacción de fondos multifirma.

Por su parte, **Bob recibe las transacciones firmadas por Alice** que consumen la salida de la transacción de fondos multifirma con cada vez más monedas para él. Bob podría además retransmitir a la red y publicar en la cadena de bloque cada una de las transacciones que recibe, por ejemplo en este caso el primer pago.

Pero justamente la gracia del canal de pago es que **Bob sabe que las monedas que le paga Alice son suyas** siempre y cuando retransmita y publique la transacción antes de que expire el tiempo T del canal de pago (tras el primer pago 1 Bitcoin y tras el segundo los 2 Bitcoins). Y puede mantener el canal abierto para ahorrarse comisiones en caso de que Alice quiera volver a emitirle un pago.

Además, recordemos que **Alice y Bob son en general software**, con lo cual Bob puede (y debería) tener en su software programado que, **en el tiempo T-1 se publique la última transacción recibida de Alice** (o con un cierto tiempo de emergencia antes, justo antes de que expire el canal). Así, Alice va realizando distintos pagos a Bob con el límite marcado por los fondos depositados en la transacción de fondos.

Y al final, Bob cierra el canal con la última transacción en **T-1**:

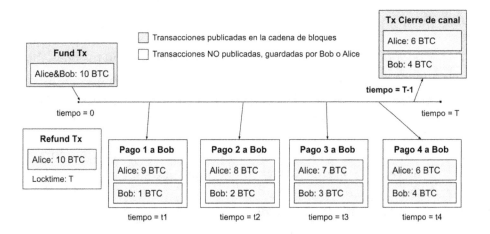

Funcionamiento y cierre de canal de pago unilateral: Alice a Bob

En conclusión: **solamente publicando dos transacciones** en la cadena de bloques se pueden hacer **tantas transacciones de Alice a Bob como se quieran** y sea necesario dentro del tiempo T de duración del canal.

Bob, obviamente, una vez recibe una transacción nueva de Alice puede borrar todas las anteriores, porque la nueva es la más favorable para él y las antiguas no tienen ninguna función. Si publica alguna transacción en la cadena de bloques publicará la transacción del Pago 4.

Podemos observar que **no se pueden realizar pagos desde Bob a Alice de ninguna manera**, pues una vez Alice envía por ejemplo la transacción del Pago 4, la decisión es irrevocable. Bob no puede decir que ha borrado la transacción y que se queda con el Pago 3 para así pagarle 1 BTC a Alice.

Ni tampoco pedir a Alice que firme una transacción Pago 5 equivalente al Pago 3 (con 7 BTC para Alice y 3 para Bob). **El canal de pagos está forzado con criptografía de forma unidireccional**.

Ni siquiera se puede revertir, como se podría pensar, si Bob construye y firma una transacción "Pago 5" y se la envía a Alice para que pueda firmarla y retransmitirla a la red. Dado que todas las transacciones son igualmente válidas para publicarse en la cadena de bloques habría una carrera entre Bob y Alice por ver quién publica primero la transacción: si Bob con la transacción 6-4 o Alice con la transacción 7-3 que ha firmado y enviado Bob.

De hecho, Bob podría retransmitir primero la transacción más favorable sin que se entere Alice y, unos minutos después (cuando ya se ha retransmitido la transacción) enviar el "Pago 5" a Alice para pagarle el Bitcoin, estafándola con un doble gasto.

Finalmente, **si Bob no publica su transacción antes del tiempo T, se cierra el canal y pierde todos los fondos** porque la transacción de reembolso (Refund Tx) que guarda Alice en disco resulta válida y puede ser publicada, dando los 10 Bitcoin de nuevo a Alice.

También recupera Alice los fondos si Bob no responde y no cierra el canal, por eso es una medida de seguridad para Alice. Pero Bob también debe estar alerta y cerrar el canal en un tiempo de seguridad aceptable:

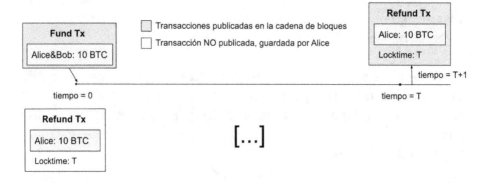

Canal de pago unilateral: Bob no responde/publica a tiempo

Los canales de pago unilaterales pueden ser **muy útiles y tener sentido precisamente cuando hay un flujo unilateral de fondos**. Aparte de los ejemplos ya mencionados, podríamos pensar por ejemplo el pago de la electricidad o el internet según consumo, vídeos o streaming de una plataforma según los minutos u horas consumidos, etc.

Sin embargo, para la mayoría de aplicaciones en la vida real es mucho más útil disponer de canales de pago bilaterales y que además no dependan de ningún tiempo de expiración. ¿Pero cómo hacemos esto?

Una primera mejora propuesta para hacer canales de pago bilaterales muy limitados a partir de los canales de pago unilaterales es **utilizar el locktime de forma decreciente también en las transacciones de los pagos realizados**.

Suponiendo el ejemplo anterior, vamos a imaginar que Alice hace dos pagos (Pago 1 y Pago 2) a Bob y luego Bob quiere hacer uno a Alice devolviéndole 1 Bitcoin. Si Alice hubiera puesto en sus pagos un *locktime* menor al tiempo T de expiración del canal pero lejano, por ejemplo t5, Bob podría enviar a Alice su transacción con el pago de 1 Bitcoin con un locktime menor, como t4.

Así, Alice sí podría fiarse en este caso porque antes de que todas las transacciones de Bob sean válidas (t5) lo será la suya (t4 es más temprano que t5) y podrá retransmitirla sin peligro alguno.

Pero **la mejora es muy limitada** porque cada vez que se ejecuta un pago desde un canal distinto **el locktime se ha de reducir de forma decreciente**, reduciendo también el tiempo de expiración del canal (pues lo lógico es que Alice retransmita su transacción en t4, antes de que expire el canal, para obtener los fondos que le corresponden).

En el próximo apartado estudiaremos los llamados *Canales Lightning* y su construcción y funcionamiento lógicos. Estos son canales bilaterales y sin tiempo de expiración, y además constituyen la base de la actualmente llamada *Lightning Network*: la red de pagos *off-chain* (fuera de la cadena de bloques) instantánea y casi gratuita de Bitcoin.

Lightning Channels

Los canales unilaterales son muy limitados, aunque pueden ser útiles en determinadas ocasiones. Lo que ahora debemos preguntarnos es: **¿es posible hacer canales de pago bilaterales y además por tiempo indefinido?** ¿Cómo podríamos hacer una cosa así? ¿Y cómo hacemos para revocar las antiguas transacciones enviadas en el canal, para así modificar el estado de los fondos de forma efectiva y verificable?

De nuevo iremos poco a poco. Para comprender los *Lightning Channels* antes tenemos que conocer **el funcionamiento de los bloqueos de tiempo absolutos y relativos en Bitcoin**.

Los bloqueos absolutos ya sabemos que vienen determinados por el campo **locktime** que contienen las transacciones y que nos permite hacer que una transacción solo sea válida a partir de una altura de bloques determinada o una fecha de tiempo determinada dada por la marca de tiempo (*timestamp*) de minado del bloque.

En cuanto a los bloqueos relativos, debemos volver al **número de secuencia** de los capítulos anteriores. Ese *nSequence* que al principio dimos por inútil y en las transacciones con versión 1 se aprovechó para indicar que una transacción se puede actualizar con una comisión más alta si aún no se ha confirmado propiedad Replace By Fee (RBF).

Pues bien, resulta que **el número de secuencia en las transacciones con versión 2 en adelante se ha estandarizado para usarse como un indicador de bloqueo de tiempo relativo**, y viene regulado y estandarizado por el *BIP-68* que pueden buscar en internet.

Aunque no vamos a explicar cómo funciona porque es confuso y tampoco es muy relevante, la implementación del BIP68 implica que con este campo de 4 Bytes se puede indicar que una transacción es válida solamente si tiene una determinada "edad" dada por tiempo en segundos o número de bloques.

Por ejemplo, que una salida de una determinada transacción sólo se pueda gastar una vez se han publicado 100 bloques por encima de ella (o lo que es lo mismo, si la altura del bloque de la transacción es igual o menor a la altura del último bloque menos 100).

O en el otro caso, por ejemplo que una salida de una transacción solo se pueda gastar si el *timestamp* del bloque en el que se gasta es mayor al del bloque con la transacción de la salida original más una semana.

Ahora bien, para comprender los bloqueos de tiempo nos falta otro ingrediente indispensable. Se trata de **dos opcodes de Bitcoin Script relacionados con el tiempo: OP_CHECKSEQUENCEVERIFY y OP_CHECKLOCKTIMEVERIFY**.

Estos dos opcodes permiten que se pueda **forzar los bloqueos de tiempo** en las salidas de las transacciones, de tal forma que la transacción que consuma la salida tenga necesariamente ese *locktime* o la entrada ese número de secuencia. A continuación vamos a ver en primer lugar cómo funcionaría OP_CHECKSEQUENCEVERIFY:

Funcionamiento de OP_CHECKSEQUENCEVERIFY

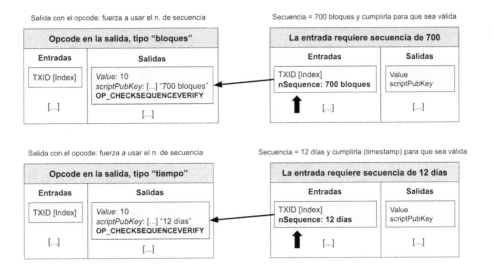

Como vemos, OP_CHECKSEQUENCEVERIFY (regulado por el BIP-112) sirve para imponer que la entrada que gaste la salida de la transacción que lo contiene tenga **obligatoriamente un número de secuencia dado** por el scriptPubKey que lo contiene y además por supuesto cumplirlo (independientemente del opcode, siempre se debe cumplir).

Como la segunda transacción del dibujo (es decir, aquella que pretenda consumir la salida que contiene el opcode) para ser válida debe satisfacer las condiciones de los UTXO que se gastan, obligatoriamente debe tener la secuencia marcada por el opcode. Y por lo tanto, **debe satisfacer los requisitos de tiempos o bloques relativos mínimos respecto a la salida que gasta**.

Vamos a ver ahora cómo funciona OP_CHECKLOCKTIMEVERIFY, opcode estandarizado por el BIP-65:

Funcionamiento de **OP_CHECKLOCKTIMEVERIFY**

Salida con el opcode: fuerza a usar el locktime

Opcode en la salida, tipo "altura bloques"	
Entradas	**Salidas**
TXID [Index]	*Value*: 10
	scriptPubKey: [...] "altura 7500000"
	OP_CHECKLOCKTIMEVERIFY
[...]	
	[...]

Locktime de 750.000 bloques de altura y cumplirla

La entrada requiere locktime de 750000	
Entradas	**Salidas**
TXID [Index]	Value
	scriptPubKey
[...]	[...]
Locktime: altura mínima 750.000 bloques	

Salida con el opcode: fuerza a usar el locktime

Opcode en la salida, tipo "tiempo"	
Entradas	**Salidas**
TXID [Index]	*Value*: 10
	scriptPubKey: [...] "fecha 23/04/2025"
	OP_CHECKLOCKTIMEVERIFY
[...]	
	[...]

Locktime = "23/04/2025" y cumplirlo en el timestamp

La entrada requiere locktime de 23/04/2025	
Entradas	**Salidas**
TXID [Index]	Value
	scriptPubKey
[...]	[...]
Locktime: fecha (timestamp) mínima 23/04/2025	

Así, el OP_CHECKLOCKTIMEVERIFY por su parte sirve para exigir a que la entrada que gaste la salida de la transacción que lo contiene tenga **obligatoriamente un *locktime* dado** por el scriptPubKey que lo contiene y además por supuesto cumplirlo (independientemente del opcode, siempre se debe cumplir). Por lo tanto la segunda transacción **debe satisfacer los requisitos de tiempos o bloques absolutos mínimos marcados en la salida que gasta**.

El locktime y el número de secuencia (en transacciones con versión mayor o igual que 2) tienen una funcionalidad similar. Uno establece condiciones de tiempo absolutas (fecha de minado en *timestamp* mínima o altura de la cadena en bloques mínima) y el otro condiciones de tiempo relativas (bloques o tiempo desde la publicación). Y finalmente los opcodes simplemente sirven para forzar las reglas.

Bien, pues entendido el funcionamiento de los bloqueos de tiempo relativo y absoluto, ya podemos comprender cómo funcionan los **canales lightning**, que llamaremos así porque son los que integran la *Lightning Network* (la red de pagos instantáneos de Bitcoin).

Suponiendo como antes que Alice y Bob quieren compartir un canal de pago, dado que en este tipo de canales ambos van a compartir fondos mutuamente, **la Fund Transaction** (transacción de fondos) **ahora será creada, firmada y remunerada tanto por Alice como por Bob**.

Por otro lado, la diferencia fundamental respecto a los canales unilaterales es que la Refund Transaction (transacción de reembolso) que guardaba Alice y las transacciones de los pagos que guardaba Bob se sustituyen por **dos transacciones en cada pago** llamadas **Commit Transactions (transacciones de compromiso)**, que ahora guardarán tanto Alice como Bob y son diferentes para cada uno de ellos.

Estas transacciones de compromiso actúan de tal forma que ambos deben estar de acuerdo con el estado de los fondos del canal sin tener que publicar nada en la cadena de bloques: los estados son revocables gracias a *incentivos* provocados por las condiciones de gasto de la transacción.

Para asimilar fácilmente cómo funciona el sistema con las Commit Transactions hemos de retener en la mente dos ideas, a saber:

- En primer lugar, para mantener el consenso sobre el estado de los fondos sin tener que publicar nada en la cadena de bloques, vamos a exigir que si uno de los dos retransmite y publica una transacción, **deberá esperar para obtener sus fondos, mientras que su contraparte los podrá obtener inmediatamente**.

- En segundo lugar, utilizaremos **dos pares de claves de un solo uso**, una para cada usuario del canal, que se utilizarán para revocar las transacciones que reflejan el estado actual de los fondos. Estas claves, que llamaremos **RevocAlice y RevocBob**, constituirán una prueba de revocación definitiva para la contraparte porque en **caso de publicación** de la transacción por parte de uno de ellos, **la contraparte podrá quedarse con la totalidad de los fondos** del canal. Así se consigue por tanto un *incentivo* definitivo para convencer de que dicha transacción queda totalmente revocada.

Las Commit Transactions se construyen con estas dos ideas clave y utilizando otros opcodes de Bitcoin (concretamente OP_IF, OP_ELSE y OP_ENDIF) que sirven para **programar condicionalidad** en Bitcoin.

Estos opcodes permiten la construcción de scriptPubKeys que pueden **desbloquear los fondos de varias formas**: o bien se desbloquean de una forma concreta (if) o bien de otra (else).

En nuestro caso, vamos a exigir que la salida cuyos fondos pertenecen a aquel que puede publicar la transacción puede ser gastada o bien por ese mismo usuario pero esperando o bien por el otro usuario si posee la *Clave Revocable* de su contraparte.

Vamos a ver ya el ejemplo para aclarar lo que hemos descrito, pues se entenderá mucho mejor.

Supongamos que se crea un canal de pago con fondos conjuntos entre Alice y Bob por un valor total de 10 Bitcoin dado por la Fund Transaction, de los cuales aportan 5 cada uno, y tras ello Alice realiza un pago de 2 Bitcoin a Bob en el canal mediante Commit Transactions:

Commit Transactions: transacciones revocables

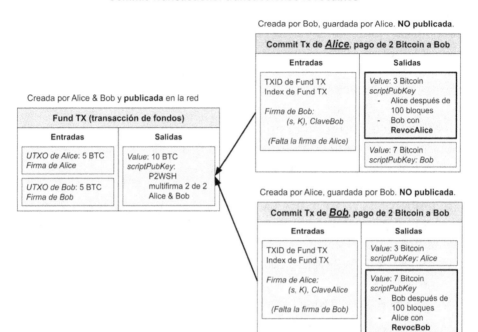

Como podemos observar, **ahora la Fund Transaction gasta UTXOs de ambos, Alice y Bob**, para otorgar fondos al canal porque ambos van a poder realizar pagos entre sí y por lo tanto ambos necesitan sus respectivos fondos.

Por otro lado, la salida de la Fund Transaction sigue siendo igual: una salida multifirma 2 de 2 que requiere que ambos participantes firmen cómo se van a gastar los fondos. A partir de la transacción de fondos tenemos las **Commit Transactions, que crean Y FIRMAN Alice y Bob por separado y se las intercambian**.

Los scriptPubKeys de las salidas cuyo valor pertenece a quienes mantienen las transacciones son condicionales: se pueden gastar de dos formas distintas. Así, en la Commit Tx de Alice los fondos que le pertenecen a ella se pueden gastar por un lado por ella (con sus claves pública y privada originales) esperando un tiempo relativo (en este caso 100 bloques) desde que se publica la transacción (utilizando el número de secuencia y el opcode OP_SEQUENCEVERIFY).

O bien Bob inmediatamente (con su clave pública original) y con la *Clave RevocAlice*, que consiste en el par de claves (pública y privada) de un solo uso generadas por Alice. Así, para revocar la transacción Alice debe facilitar la Clave (privada) de RevocAlice a Bob (pues conociendo esta clave si Alice publicase la transacción Bob podría obtener todos los fondos inmediatamente).

Lo mismo ocurre con la Commit Tx de Bob: los fondos pertenecientes a Bob los puede gastar Bob esperando 100 bloques o Alice con la clave privada de RevocBob que debe facilitarle Bob a Alice.

Sin embargo la contraparte (Alice en la Commit Tx de Bob y Bob en la Commit Tx de Alice) **obtiene los fondos que le pertenecen inmediatamente** y sin esperas (con sus claves privada y pública originales, un P2WPKH normal).

Estos scripts condicionales complejos se construyen en P2WSH, ya que como hemos dicho antes todas las transacciones de los canales de pago se hacen usando *SegWit* (son P2WPKH y P2WSH) por la necesidad de que el TXID de la Fund Transaction no cambie (y también porque se solucionan otros errores y son más baratas, prácticas y seguras).

Entonces, **primero Alice (que es la que va a realizar el pago) crea, firma y envía la Commit Tx de Bob**, según la cual si Bob retransmite la transacción Alice recupera los fondos que le pertenecen al momento, mientras que él debe esperar 100 bloques para recuperarlos.

De esa forma **Bob asume que ese dinero le pertenece y envía la Commit Tx de Alice**, según la cual si Alice la retransmite debe esperar a recuperar los fondos mientras que Bob los obtiene inmediatamente.

Así, existe un incentivo por parte de ambos a no retransmitir las *Commit Tx* mientras no les haga falta inmediatamente el dinero o valor obtenido, puesto que por una parte les pertenece de forma segura y por otra parte si lo hacen, independientemente de cuando lo hagan, deberán pagar comisiones por la publicación en la cadena de bloques y además esperar 100 bloques a poder gastar su dinero.

Cuando en algún momento del futuro alguno de los dos quiera realizar otro pago a su contraparte, tan solo deben intercambiarse unas nuevas Commit Tx (con una *Clave Revocable* distinta) y las Claves Privadas Revocables de las Commit Tx vigentes.

El procedimiento a seguir más simple es que quien quiere realizar el pago primero envía su Commit Tx, y espera a que su contraparte le envíe su respectiva Comit Tx. Cuando ambos tienen las transacciones nuevas, entonces el que quiere realizar el pago envía su Clave Revocable, y finalmente su contraparte le devuelve su Clave Revocable, constituyendo así un total de 4 mensajes.

Sin embargo hay una optimización para realizar la comunicación con solo tres mensajes, y ahora lo veremos. Por ejemplo, supongamos que dado el estado anterior en un momento cualquiera del futuro Bob quiere pagarle 1 Bitcoin a Alice:

Revocación y nuevo estado en un Lightning Channel

Como vemos en el dibujo, partimos del estado de las Commit Tx anteriores, que aparecen simplificadas para evitar redundancias.

Al ser Bob el que quiere pagar a Alice 1 Bitcoin, **es también el que primero crea y envía a Alice la Commit Tx 2**. En ese punto Alice aún no puede dar por válidos sus fondos, porque Bob puede retransmitir la Commit Tx anterior. Pero antes de enviar su clave revocable RevocBob, **Bob deberá recibir la Commit Tx 2 por parte de Alice para así tener siempre la opción de poder cerrar el canal**.

Una vez compartidas las nuevas transacciones de compromiso para el nuevo estado de pagos del canal, se procederá a compartir las claves revocables. El orden de compartir las claves revocables no importa, pero es imprescindible que Alice solo tenga por seguros los fondos recibidos una vez tenga la clave de *RevocBob*.

Así pues, lo que se hace es que **Alice le envía a Bob en el mismo mensaje la Commit Tx 2 de Bob y la clave privada revocable RevocAlice, y finalmente Bob envía su clave privada revocable que hemos llamado como RevocBob**.

De esa forma ambos mantienen la seguridad en todo momento de poder cerrar el canal si quisieran hacerlo y de que su contraparte no puede quedarse con fondos que no le pertenecen, y además la comunicación es eficiente puesto que se realiza en solo tres mensajes.

De hecho es todavía más eficiente porque en realidad Alice y Bob no comparten las transacciones enteras pues la mayoría de ellas son datos computables o redundantes. Eso sí: el procedimiento solo queda finalizado y el nuevo estado del canal vigente una vez se reciben las claves revocables del estado anterior por ambas partes.

Por otro lado, ambos pueden comprobar con facilidad que en caso de publicación de transacciones anteriores podrían quedarse con todos los fondos, pues pueden verificar que la clave privada proporcionada corresponde a la Clave Revocable (pública) y su hash en la salida de la transacción, quedando así por incentivos seguros con el nuevo estado.

Aunque una vez Alice recibe la Commit Tx 2 no tiene sentido que retransmita la transacción Commit Tx pues la nueva le es más favorable, **Alice también revoca su transacción porque en el futuro sí podría ser favorable para ella**, y al final lo más fácil es revocar todos los estados anteriores y mantener solo el nuevo.

Asimismo podemos ver que los pares de claves de revocación son de un solo uso y que en cada estado del canal se usan dos pares distintos. Por eso, en la Commit Tx 2 de Bob tenemos la clave **RevocBob2** y en la Commit Tx 2 de Alice la **RevocAlice2**, distintas de las dos primeras que ya se han revelado e intercambiado.

Y también creo que queda patente que **el canal de pago ahora ya no es solamente bidireccional, sino por tiempo indefinido**. Esto es gracias a los bloqueos de tiempo relativos que permiten el número de secuencia y su opcode correspondiente, pues la limitación de tiempo viene determinada por la publicación de la transacción.

De esa forma **se van sucediendo los distintos estados** del canal lightning, anulándose los anteriores y manteniéndose solo los nuevos:

Apertura y sucesión de estados en un Lightning Channel

Finalmente, **para cerrar el canal de pago, basta con que uno de los dos que quiera cerrarlo publique una transacción** en la cadena de bloques (la del estado último del canal, obviamente, para no perder todos los fondos al publicar un estado revocado). Dando así por terminada la sucesión de transacciones de compromiso y devolviendo los fondos a cada uno según el estado último del canal.

La parte más molesta de un canal de pagos lightning es que **las claves privadas se deben conservar para siempre mientras dure el canal**: tanto Bob como Alice deben mantener guardadas en disco las claves privadas de las claves públicas revocables de su contraparte. Aunque se trata de claves de 32 bytes solamente, cuando se utiliza mucho un canal de pago el tamaño puede ser considerable.

Pero más adelante veremos una optimización para reducir el espacio que dichas claves ocupan en el almacenamiento de un dispositivo en un canal lightning. Como algunos lectores podrán suponer, se trata de una versión modificada y adaptada de los árboles de Merkle.

Un último apunte sería remarcar que finalmente con los lightning channels hemos conseguido el propósito planteado.

Solamente publicando en la cadena de bloques una transacción para abrir el canal y una o dos más para cerrarlo, dos usuarios pueden transaccionar valor entre ellos de forma bilateral e ilimitada en tiempo y cantidad.

Pagos multicanales y HTLCs

Ya hemos visto que los canales de pago Lightning son una enorme ventaja frente a los canales de pago unilaterales. Sin embargo, sigue habiendo una espinita clavada al respecto porque **solo se pueden compartir pagos entre dos usuarios**.

La idea que vamos a discutir y tratar en este apartado es cómo podríamos hacer que estos canales de pago tan útiles y sorprendentemente rápidos y baratos que permiten transaccionar sin usar la cadena de bloques sean **multipartidistas es decir, que permitan transaccionar entre más de dos usuarios**.

Al fin y al cabo, si pensamos en una persona normal y corriente generalmente realiza un montón de pagos distintos a lo largo del día, de la semana y del mes, y tener un canal de pago con cada contraparte es impracticable por no decir imposible.

Esto se pone todavía más de manifiesto si tenemos en cuenta que hay pagos que realizamos a una contraparte solamente una vez o unas pocas veces en la vida, como cuando viajamos y nos tomamos un café en una cafetería extranjera a la que no vamos a volver nunca más.

Abrir y cerrar un canal de pago supone un mínimo de dos transacciones en la cadena de bloques con lo cual estos pagos quedarían fuera del ámbito de actuación de los mismos. La idea es precisamente evitar transacciones en la cadena de bloques para no pagar comisiones por ellas, y seguramente las comisiones de una transacción en la cadena de bloques de Bitcoin sean mayores al coste de un café en dicha cafetería.

En resumen: los canales de pago lightning son muy útiles para establecer pagos entre amigos y familiares, compañeros de piso o de trabajo, clientes y proveedores recurrentes y en general cuando haya una relación mutua de pagos y transacción de valor entre dos usuarios.

Pero en primer lugar **no son escalables**, porque no es práctico tener abiertos canales de pagos con cientos o miles de personas, y en segundo lugar **deja fuera todas las relaciones comerciales de tipo discontinuo** tan frecuentes en la vida real, y por tanto prácticamente a cualquier empresa que quiera vender productos en Bitcoin.

Pero claro, **ampliar los canales de pago a diversas personas parece algo bastante complicado**. Algunas de las ideas sobre las que se escribió acerca de esto fueron los canales de tres o más personas (con transacciones multifirma de 3 o más usuarios) o hacer una especie de árbol de canales de pago donde un canal de por ejemplo cuatro personas se desglosa en seis canales de dos usuarios entre ellos.

Pero en general dichas soluciones **tampoco son nada escalables**, son muy poco elegantes y farragosas y no solucionan el problema de raíz, sino más bien todo lo contrario (exigen mayor almacenamiento, más transacciones en la cadena de bloques, etc.).

Otra idea mucho mejor y más práctica es aprovechar la red de canales de pago bilaterales ya existentes entre los distintos usuarios. Por ejemplo, supongamos que yo quiero hacer un pago a un supermercado del barrio al lado del mío.

Yo no tengo un canal de pagos con dicho supermercado porque nunca he ido a comprar a dicho supermercado, pero resulta que un amigo mío sí tiene un canal de pagos con ese supermercado porque es del barrio y cliente frecuente, y yo tengo un canal de pagos con mi amigo.

Como somos amigos, simplemente le puedo pagar a mi amigo por nuestro canal y pedirle que pague él al supermercado, saldando así las deudas utilizando dos canales de pago conectados por un mismo nodo. Pero **en Bitcoin no existen los amigos** ni confianza de ningún tipo.

Recordemos que una de las ideas principales de Bitcoin es precisamente ser un sistema *trustless*, **en el que no hace falta confianza externa para validar las cosas.**

En lenguaje Bitcoin, diríamos que Alice y Bob comparten un canal de pagos, Bob y Carol comparten otro canal de pagos y Alice quiere pagar a

Carol. Y ninguno de estos tres usuarios ficticios y esquemáticos se conocen entre ellos ni saben quiénes son.

A Alice no le sirve "pedir" a Bob que le pague a Carol, tiene que forzar a Bob para que realice el pago y poder verificar que se ha hecho correctamente y de forma fehaciente y contundente. Si no, Bob podría quedarse con todos o parte de los fondos. Buscamos no solo forzar el pago y que sea verificable, sino que sea posible que Alice ni siquiera sepa quién hace el pago último a Carol y no le importe.

Explicar el funcionamiento de los canales múltiples de la red lightning es aún más complicado que los *Lightning Channels*, así que entraremos en ellos poco a poco.

La primera idea que debemos tener en mente para poder forzar a Bob a realizar el pago es que **Bob tiene que ganar algo** (una comisión) por realizar la transacción, para que tenga incentivos de pagar a Carol a través del canal que mantiene con ella.

La segunda idea feliz, un poco menos intuitiva, es **que Alice exija a Bob una prueba irrefutable de que ha pagado a Carol los fondos que le pertenecen** (para obtener la comisión que le da incentivos).

¿Y cuál es esa prueba que exige Alice a Bob? Pues resulta bastante obvio que deberá ser una prueba hecha por Carol y, ¿hay algo que pueda servir como un compromiso o firma digital para demostrar cosas en criptografía? Pista: lo llevamos utilizando a lo largo de todo el libro.

Efectivamente, **las funciones hash**, utilizadas también como firmas digitales. Por lo tanto, Alice deberá obtener un hash calculado por Carol para que pueda exigir a Bob los datos de entrada que proporcionan dicho hash (que solo le pueden ser entregados por Carol).

Y finalmente la tercera idea feliz que debemos mantener en la mente es **utilizar bloqueos de tiempo absolutos** para que Alice pueda recuperar los fondos de la comisión y del pago en caso de que Bob no sea capaz de obtener la prueba de Carol. ¿Cómo podemos hacerlo?

Precisamente con OP_CHECKLOCKTIMEVERIFY, que fuerza el *locktime* de una futura entrada a ser uno determinado y cumplirlo exigiendo así a la transacción que gaste la salida con dicho opcode a tener una altura de bloque mínima o un tiempo de minado en *timestamp* mínima.

Fijémonos en el detalle de por qué **es importante en este caso que los bloqueos de tiempo sean absolutos y no relativos como antes**. Cuando realizamos un pago en un *Lightning Channel* es muy útil y relevante que los bloqueos de tiempo sean relativos, porque eso implica que, como el tiempo considerado empieza a contar desde que se publica la transacción, se mantiene el tiempo de espera durante toda la duración indefinida del canal de pagos y por tanto los incentivos.

Pero en este caso queremos **dar un tiempo a Bob** (fuera de la cadena de bloques) **para que obtenga la prueba de Carol** tal que si no la obtiene Alice pueda recuperar los fondos. Como todo ocurre en transacciones sin publicar, el tiempo debe ser absoluto (el de la cadena de bloques).

Siguiendo con las tres ideas anteriores, para mezclarlas todas existen en Bitcoin los llamados **HTLCs (*Hash/Time Locked Contracts* o contratos bloqueados por hash/tiempo)**, que son scripts de Bitcoin utilizados tanto en la Lightning Network como en otras aplicaciones como los intercambios cruzados de cadenas de bloques.

Los HTLCs, como su propio nombre indica, son contratos con scripts condicionales como los de canales lightning en los que se exige que **para que los fondos puedan ser gastados se debe aportar la *preimagen* (datos de entrada) de un hash o esperar un tiempo absoluto**. Por ejemplo, en nuestro caso, las condiciones en el scriptPubKey para construir el HTLC sería el siguiente. Pueden desbloquear los fondos:

- Bob teniendo 'R' tal que hash(R)=H
- Alice y locktime = 'T' (con OP_CHECKLOCKTIMEVERIFY)

Es un **script condicional, y por tanto se trata de un modelo P2WSH con un script que permite dos formas** distintas de construir una entrada que sea válida para gastar los fondos.

Respecto a la primera forma, lo que quiere decir es que puede gastar los fondos Bob (con sus claves pública y privada) siempre y cuando aporte también una clave 'R' de tal forma que tomando el hash de 'R' se obtenga un 'H' determinado.

El funcionamiento del script para probar que H=hash(R) es el mismo que en un P2PKH o P2WPKH normal, solo que en este caso no se necesita verificar después ninguna firma de criptografía elíptica.

Es decir, lo que haría el intérprete es coger los datos de la entrada que supuestamente son 'R' y colocarlos en la pila, duplicarlos (OP_DUP), tomar su hash (OP_HASH160) y comprobar si dicho hash es el mismo que 'H' que está en el script. Por lo tanto **la primera parte del script está constituida por lo que sería un P2PKH tradicional para Bob con la exigencia de proporcionar una preimagen de un hash H.**

Respecto a la segunda forma, utiliza un bloqueo de tiempo absoluto. Se exige que Alice puede gastar los fondos (igual que en un P2PKH clásico) pero solo si además el locktime de la transacción a construir es igual a una altura mínima o una fecha mínima 'T'. Así pues, **la segunda parte del script está constituida por un P2PKH tradicional para Alice con la exigencia de un tiempo absoluto o altura de bloque mínimos.**

Entendido el funcionamiento de los HTLC, debemos saber que **este tipo de contratos o scripts se pueden utilizar en los canales lightning.** Por ejemplo, supongamos el canal de pago entre Alice y Bob del capítulo anterior en el estado 2, en el que Alice tiene 4 BTC y Bob 6 BTC y que Bob quiere añadir un contrato HTLC de 1 BTC para Alice en el canal.

Lo que se hace es simplemente actualizar el estado del canal a un nuevo estado con el contrato HTLC en ambas partes. Es decir, se construyen unas nuevas Commit Tx con una tercera salida que será igual tanto para la nueva Commit Tx de Alice como para la nueva Commit Tx Bob y ambos revocan el estado del canal de pagos anterior.

Así, ambos tendrán consenso sobre la salida HTLC y funcionará como un contrato inteligente (*smart contract*) fuera de la cadena de bloques.

El proceso para construir un contrato HTLC por parte de Bob sería:

Nuevo estado con HTLC en un Lightning Channel

Es decir, **Bob le envía la nueva Commit Tx con el HTLC a Alice y Alice le devuelve la suya**, ya que a Alice le interesa pues no pierde nada con el nuevo estado y además si obtiene 'R' antes de las 15:00h gana 1 BTC por parte de Bob. Tras ello finalmente intercambian las claves de revocación del estado anterior para actualizar el canal.

Volvamos entonces a la situación de Alice, Bob y Carol. Recordemos que Alice tiene un canal de pagos lightning con Bob, y Bob tiene otro con Carol, **pero Alice con Carol no y quiere hacerle un pago utilizando ambos canales de los que Bob es el nodo intermedio.**

La primera parte del procedimiento a seguir es la siguiente, luego lo aclararemos mejor con un dibujo y lo comentaremos:

1. **Primero Alice le pide a Carol el hash de la *prueba*.** Consiste en que Carol genere un número aleatorio **R** (como una clave privada de un solo uso), calcule su hash H = RIPEMD160(SHA256((**R**)) y

se lo envíe a Alice (a través de un protocolo estándar cualquiera como internet TCP/IP). 'H' y 'R' sirven para comprobar el pago.

2. Seguidamente **Alice actualiza el estado del canal de pagos que tiene con Bob**, como hemos visto en el apartado anterior, pero en esta ocasión lo que hace es añadir una tercera salida a las Commit Tx con un HTLC como el anterior de tal forma que si Bob consigue 'R' antes de que pase el tiempo mínimo 'T' puede quedarse con los fondos de dicha salida. Alice incluye en el HTLC los fondos destinados a Carol y la comisión de Bob. Además, Alice redirige a Bob hacia Carol para obtener la 'R'.

3. Bob está interesado en conseguir 'R' así que **actualiza también el estado del canal de pagos con Carol** añadiendo una tercera salida a su Commit Tx con un HTLC tal que Carol puede conseguir su dinero en un tiempo "T2 < T" si conoce "R".

Por ejemplo, supongamos que el canal de pagos Alice-Bob tiene 4 BTC-6 BTC respectivamente, y el canal de Bob-Carol tiene 3BTC-7BTC. Son las 17h de la tarde y Alice quiere hacer un pago a Carol de 1 BTC a través de Bob, a quien prevé otorgar 0.5 BTC como comisión:

Pagos a través de la red de canales y HTLCs: primera parte

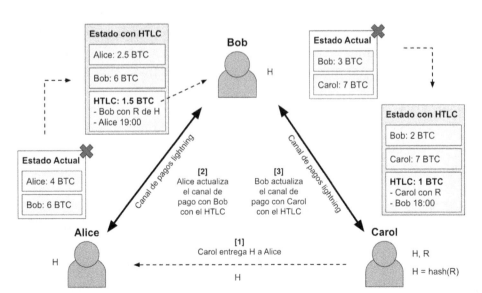

465

Fijémonos en el estado de cosas que deja esta situación. Por un lado, **si cualquiera de los participantes no contestara**, se quedara fuera de línea o desapareciese en cualquier momento del procedimiento, **todos recuperarían sus fondos y simplemente el pago de Alice a Carol quedaría cancelado**: todos mantienen la seguridad de sus fondos. Si todos están en línea, que el pago se realice depende de Carol.

Carol sabe que el dinero del HTLC entre el canal de Bob y ella podría ser de su propiedad, puesto que conoce 'R' porque es ella la que lo ha creado y la que ha calculado el hash H. Carol podría publicar en la cadena de bloques su Commit Tx del canal con Bob antes de las 18h y quedarse con el 1 BTC que Bob le ha otorgado creando una transacción que gaste la salida del HTLC pagando a su clave pública.

Además, si lo hace "R" sería entonces público y conocido, puesto que ha tenido que usarlo para gastar la salida del HTLC en la segunda transacción. Por lo tanto, Bob en ese momento también conocería "R" porque es público y por tanto el dinero del HTLC de su canal con Alice sería suyo. Bob podría publicar en la cadena de bloques su Commit Tx del canal con Alice antes de las 19h y luego gastar la salida del HTLC pagándose a una clave pública suya.

Si esto ocurriese, Bob y Carol cerrarían su canal y Alice y Bob también cerrarían su canal y el estado de los fondos quedaría publicado en la cadena de bloques. Pero de nuevo, **la idea es justo lo contrario: evitar esto para no tener que pagar comisiones en las transacciones**.

Esta situación sirve sencillamente como incentivo para negociar: como todos saben qué fondos pertenecen a cada cual en caso de que estén todos en línea y quieren ahorrar comisiones, generan un nuevo estado en sus respectivos canales.

Entonces, siguiendo con el procedimiento y como hemos dicho antes, **que la transferencia de fondos se realice o no depende de Carol**, que es la que finalmente recibe el pago. Como podemos observar, Bob puede asignarse a sí mismo la comisión que él crea conveniente, pero Alice y Carol conocen indirectamente la comisión que se otorga Bob.

Por ejemplo, si Bob se otorgase 0.7 BTC como comisión por el pago realizado y proporcionara a Carol 0.8 BTC, entonces Carol podría denegar la transacción porque lo que había pactado con Alice era recibir 1 BTC, y no 0.8 BTC e indicarle a Alice que Bob le había otorgado solamente 0.8 BTC, dejando en evidencia a Bob.

Además y como veremos más adelante, **existe competencia entre los intermediarios de los pagos en la Lightning Network** con lo cual si Carol y Alice no estuviesen satisfechas con Bob, podrían buscar otros intermediarios que realicen el trabajo. Más adelante comentaremos con mayor profundidad este tema.

Supongamos que a Carol le parece bien su pago porque recibe 1 BTC y a Bob obviamente también porque recibe 0.5 BTC de comisión. El procedimiento seguiría así, con los 4 pasos siguientes:

4. **Carol revela 'R' a Bob**, demostrándole así que es la destinataria de los pagos y diciéndole de esa forma implícitamente que si no cambian el estado de su canal de pagos ella publicará en la cadena de bloques su transacción para recibir los fondos ubicados en el HTLC de su canal de pagos.

5. Bob entonces sabe que Carol puede hacer esto sin problema, pues comprueba que efectivamente H = hash(R), y **se aviene a actualizar de nuevo el canal y otorgar los fondos de 1 BTC a Carol**. Actualiza el canal porque sabe que los fondos ya son de Carol de forma irremediable e irrevocable: si no lo hace, Carol publicará su Commit Tx en la cadena de bloques y se quedará igualmente con los fondos. Por lo tanto el 1 BTC, pase lo que pase ya es de Carol y tanto Bob como Carol lo saben.

6. Ahora Bob conoce 'R', puesto que Carol se lo ha enviado para demostrarle que el Bitcoin del HTLC de su canal es suyo. Y hace lo mismo con Alice: **Bob revela 'R' a Alice**, demostrando entonces que ha conseguido obtener 'R' y que por tanto los fondos del HTLC del canal que mantiene con ella son suyos. Así, Bob también le dice a Alice implícitamente que si no cambian el estado de su canal de pagos, publicará en la cadena de bloques

su Commit Tx para recibir los fondos ubicados en el HTLC. Además, el hecho de que Alice reciba 'R' constituye una prueba fehaciente de que Carol ha recibido su pago.

7. Finalmente, **Alice se aviene a actualizar el canal de pago con Bob** otorgándole los fondos, pues sabe que los 1.5 BTC del HTLC del canal son de Bob de forma irremediable e irrevocable y que Bob puede cerrar el canal y obtener sus fondos.

De esa forma, ambos canales quedan actualizados y el pago realizado sin publicar nada en la cadena de bloques de Bitcoin ni abrir un canal entre Alice y Carol: solo por incentivos. A continuación mostramos el dibujo de los pasos 4-7 de esta segunda parte del procedimiento:

Pagos a través de la red de canales y HTLCs: segunda parte

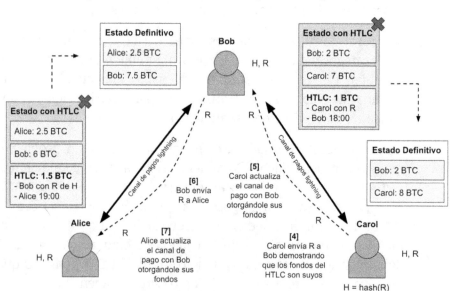

Este esquema tan sencillo es la base de toda la Lightning Network. Para acabar cabe hacer un par de apuntes o matizaciones.

En primer lugar, como en el caso de la actualización de estados en los canales lightning, este proceso de pago mediante HTLCs puede demorar, si no hay problemas, una fracción de segundo. A la postre, Alice, Bob y Carol representan ordenadores conectados. Dispositivos que corren un software con algoritmos implementados y que pueden hacer este tipo de operaciones miles o millones de veces por segundo.

La necesidad de seguridad y de hacer el paso intermedio de los HTLCs no es porque sea un proceso falible, lento y costoso de realizar, sino básicamente para evitar ataques, estafas y dobles gastos. En general, la práctica totalidad de los pagos en canales de pago y de las transacciones multicanal de este tipo se ejecutan instantáneamente para el tiempo subjetivo humano.

Las que no lo hacen, no se realizan de ninguna manera porque la contraparte o uno de los nodos está fuera de línea (todos los usuarios deben estar en línea para poder realizar las operaciones). La idea del proceso de los HTLCs es simplemente forzar el pago mediante incentivos y criptografía para evitar la confianza en terceros.

Y en segundo lugar, resulta imprescindible hacer un énfasis recordatorio de lo **increíblemente elegantes y flexibles que son los esquemas de canales de pago**. Son pagos en Bitcoin sin utilizar Bitcoin, de hecho casi sin ni siquiera conectarse a la red de Bitcoin (solo para consultar las transacciones de apertura y cerrado del canal).

Se trata de transferencias de valor realizadas solamente enviando datos entre dispositivos y almacenando datos en un disco local (protegiendo su acceso obviamente a terceros externos). Todo gracias a incentivos, a las cualidades de la criptografía elíptica y a la propiedad de dinero programable de Bitcoin.

Además, son **perfectamente compatibles con nodos SPV o con software que se conecta a un servidor web** para consultar el estado de la red de Bitcoin. Son además procedimientos sencillos y fáciles de programar, y **se pueden implementar en cualquier protocolo** de comunicación. Se pueden realizar pagos a través de un canal de pagos por Bluetooth, infrarrojos, cable de cobre, wi-fi o Internet vía TCP/IP.

Estamos hablando de que se pueden hacer pagos incluso **a través de Whatsapp** o una app de chat cualquiera, pues una vez abierto el canal con la transacción multifirma 2 de 2 basta con enviar los datos a la contraparte (enviarse mutuamente las Commit Tx y enviarse mutuamente las claves de revocación correspondientes al estado anterior del canal).

Eso sí, hay que asegurarse de tener un buen generador de claves y números aleatorios (como vimos en el primer capítulo, para generar las "R" y las claves de revocación) y un sistema de almacenamiento con seguridad. Pero nada más.

Este es el motivo por el que la Lightning Network es tan potente y disruptiva.

Lightning Network

Enlazando con el apartado anterior, **el esquema de pagos multicanales con HTLCs se puede ampliar con tantos intermediarios como sean necesarios**. Por ejemplo, podríamos tener un esquema de cuatro usuarios y tres canales: Alice, Bob, Carol y Dave, y el funcionamiento sería igual que el planteado anteriormente solo que en este caso tanto Bob como Carol funcionan como intermediarios y Dave es el que recibe los fondos y genera la prueba del pago "R" tal que H=hash(R).

De hecho, Bob en principio no sabe por qué Alice ha construido ese HTLC ni si es de ella: desde la perspectiva de Bob es posible que Alice simplemente haya creado ese HTLC porque otro usuario anterior quiere pagar a Carol y ella simplemente es una intermediaria.

Incluso tampoco sabe si el pago último es a Carol, porque Bob no sabe cómo Carol ha conseguido "R". Carol podría simplemente haberlo obtenido con otro HTLC enviado a otro usuario. Lo único que Bob sabe, que es lo que ha recibido de Alice, es que si consigue "R" se queda con los fondos del HTLC del canal de Alice y que Carol puede darle esa "R".

Solo Carol y Alice (es decir, quien envía los fondos y quien los recibe) saben quién envía y quién recibe los fondos.

Podría ser plenamente factible y realizado sin problema un pago entre decenas o centenares de canales de pago distintos, siempre y cuando todos los intermediarios estén en línea y las comisiones sean bajas y no abusivas (cada intermediario aplica una comisión).

Esto significa que se puede crear una **red de canales lightning bilaterales a través de la cual se envían pagos enrutados con salidas HTLC por capas**. De forma similar a la red de anonimato Tor, en la que las conexiones se realizan mediante encaminamiento de cebolla.

Por lo tanto, la Lightning Network no es más que un protocolo de comunicación en el cual existen nodos que mantienen Canales Lightning entre ellos y se realizan pagos multicanal usando HTLCs.

Aunque hay algunas limitaciones en los enrutamientos. Por ejemplo, recordemos que los HTLC enrutados deben tener tiempos de expiración (*locktime*) decrecientes. En nuestro ejemplo, si el HTLC Alice-Bob expira a las 19:00, el de Bob-Carol expiraba a las 18:00, si no el esquema se rompe (pues los fondos no quedan garantizados).

Cuando hay decenas de intermediarios, los tiempos de los HTLCs deben expandirse en el tiempo pudiendo ocupar incluso días. Esto hace impracticable su uso con muchos intermediarios porque si falla el procedimiento quien envía los fondos (Alice) deberá esperar días para obtener sus fondos (aparte de que las comisiones serán altas).

Estos canales forman una red, un grafo con nodos y aristas a través de las cuales se transmiten los pagos. Una red de transmisión de datos que son pagos de Bitcoin sin utilizar el protocolo ni su cadena de bloques.

Como **una red sobre la propia red de Bitcoin**. Por eso es tan potente. Es por ello que a estas aplicaciones se las suele llamar en el mundillo como Capa 2 (Layer 2) de Bitcoin, dentro de las cuales se engloban las aplicaciones fuera de la cadena de bloques (*off-chain*) que se encuentran por encima de la Capa 1 (la propia criptomoneda).

Usualmente, las aplicaciones de Capa 2 se crean para ofrecer distintas utilidades y funcionalidades adicionales o solucionar problemas de velocidad, costes, escalabilidad, etc. En el caso de la Lightning Network, es una aplicación que **ofrece a los usuarios una solución de micropagos rápida y eficaz**.

Como ya sabemos, las transacciones de Bitcoin se confirman cada 10 minutos y pueden permanecer en un estado sin confirmar durante días si la mempool es muy grande y las comisiones que se están pagando son más altas que las de nuestra transacción. En cambio **la transacción promedio en LN se confirma en segundos** y prácticamente todas las transacciones se confirman en menos de un minuto.

Adicionalmente existe en el mundo de las criptomonedas una Capa 3 representada por aplicaciones de finanzas descentralizadas (DeFi,

DApps), juegos o aplicaciones de almacenamiento distribuido. Muchas de estas aplicaciones de Capa 3 también tienen funcionalidad de cadena cruzada (más adelante), lo que ayuda a los usuarios a interactuar con varias cadenas de bloques diferentes a través de una sola aplicación. Como vemos se está creando otra especie de **cebolla con capas como el modelo OSI** que vimos en el capítulo 1.

Volviendo sobre la Lightning Network, existen **nodos dedicados en exclusiva a a ser intermediarios** es decir, a abrir muchos canales lightning con muchos usuarios y poder así ser partícipes de muchos pagos, ganando comisiones realizando dicho trabajo.

Estos nodos se llaman usualmente **nodos de enrutamiento (routing nodes)** y permiten capitalizar Bitcoin mientras está ahorrado simplemente manteniéndolo a disposición en distintos canales de pago para poder *enrutar* pagos entre distintos usuarios y ganar comisiones.

Además, recordemos que los nodos pueden contactar entre ellos, de tal modo que se genera un mercado paralelo de *comisiones lightning* aplicadas sobre pagos y también un sistema de competencia y reputación de nodos enrutadores.

Si un nodo dice ofrecer unas determinadas comisiones por el enrutamiento de pagos con HTLC y luego no cumple, el destinatario y el emisor del pago lo pueden saber si están en contacto. Y recordemos que es el destinatario el que toma la decisión de aceptar o no el pago.

Actualmente por ejemplo, la Lightning Network está formada por unos **16.000 nodos y 70.000 canales únicos**, que gestionan un total de unos 4.500 Bitcoin. Así, un usuario cualquiera puede acceder a la red Lightning, abrir un canal con varios usuarios distintos y tener acceso a la práctica totalidad de la red.

Gracias a los *enrutadores* abriendo apenas dos o tres canales de pago se pueden hacer pagos con cualquier usuario de la misma dentro de los límites marcados por las cantidades de Bitcoin depositada en los canales de pago.

Sin embargo, creo que **ya podemos hacernos una idea de lo compleja que puede llegar a ser la Lightning Network**. Imaginemos que dos usuarios de la red quieren hacerse un pago entre ellos. Seguramente tengan miles de rutas posibles a través de las cuales *enrutar* su pago.

¿Cuál es la ruta más rápida que debe seguir el pago mediante enrutamientos HTLC? ¿Y cuál es la más barata? ¿Y si una de ellas falla porque un intermediario desaparece o se queda fuera de línea justo al intentar realizarla? Evidentemente la ruta se cancelará cuando expiren los HTLC pero, ¿cuál es la siguiente mejor ruta a seguir en ese caso?

Solucionar estos problemas de optimización y minimización de comisiones a través de la red es complejo, pues se trata de aplicar heurísticas y teoría de grafos. Aunque se pueden construir muchas soluciones según el tipo de aplicación que se esté buscando realizar.

En primer lugar, podríamos hablar de soluciones **en caso de que se conozca todo el grafo de nodos y canales** Lightning. Y eso se puede conocer, porque al fin y al cabo un canal de pagos no es más que una transacción multifirma 2 de 2 en la cadena de bloques y en todo caso solo se necesita un protocolo de comunicación alternativo.

Además y como consecuencia de lo anterior, resulta trivial que **el grafo de la Lightning Network es menor que la base de datos UTXO** de la red de Bitcoin: el número de canales de pago de la red Lightning siempre será menor que el número de UTXOs de la red de Bitcoin porque cada canal es necesariamente un UTXO y no todos los UTXOs son canales.

Por lo tanto, el tamaño en bytes del grafo de la Lightning Network es del mismo orden de magnitud que el de la base de datos UTXO, aproximadamente entre el doble y el triple (obviamente un canal de Lightning es mayor que un UTXO porque tiene más y distintos datos).

Bien, pues si se tiene constancia de todo el grafo de la Lightning Network, se pueden construir soluciones que escalan O(log n) en velocidad de transmisión con el número de intermediarios a través de los cuales pasa dicho pago. Pero igualmente puede haber muchos fallos a la hora de encontrar rutas por las cuales hacer un pago. En general, las soluciones de '**caminos de enrutamiento**' (*route paths*) que suelen calcular los algoritmos son soluciones buenas pero subóptimas, pero fáciles y rápidas de implementar y obtener.

Una vez se consiguen se trata de utilizar la mejor, si falla utilizar la segunda mejor y así sucesivamente. Y aunque parezca mentira, suelen ser bastante rápidos estos algoritmos. Pero de nuevo estamos ante **otro campo de investigación abierta**, pues encontrar un buen camino como hemos visto depende de muchas cosas (estabilidad de los nodos, comisiones, número de nodos por los que pasa, latencia, etc.).

Como en general los procedimientos para realizar pagos en la red son rápidos, la forma de encontrar y paliar los fallos consiste en poner *timeouts* (**tiempos máximos**) para resolver los HTLCs. Por ejemplo, como el pago usualmente demora apenas un segundo, si Alice comprueba que en 30 segundos Bob no consigue 'R' asume que el pago ha fallado y le pide rehacer el estado de su canal de pagos sin el HTLC.

En cualquier caso, y a pesar de que como hemos comentado la Lightning Network es muy flexible, **se ha terminado por construir un protocolo reglado** que regula su funcionamiento. El protocolo contiene reglas del tipo de las que hemos descrito precisamente para evitar ataques y garantizar el buen funcionamiento de la red.

Por poner un ejemplo, anteriormente hemos visto que los HTLCs enrutados tienen que tener tiempos de expiración decrecientes. Pues bien, la diferencia de los tiempos decrecientes también debe ser suficiente para tener un margen de seguridad adecuado.

Además, estos tiempos de expiración se ponen como altura de bloques, no como tiempos de minado en timestamp. Porque los tiempos son mucho más variables y peligrosos y puede haber problemas si no se publican bloques en la red en mucho tiempo.

Hemos dicho que la lightning network y su funcionamiento son complejos y, aunque es un esquema muy útil y original, tiene también algunos problemas que solucionar en distintos aspectos. Incluyendo los de almacenamiento y copias de seguridad, ataques de mineros para que no se pueda cerrar un canal HTLC a tiempo, etc.

Pero lo cierto es que **durante estos cinco años de funcionamiento no ha ocurrido nada crítico**: el paper de la Lightning Network fue publicado en 2015, en 2016 se publicó en la testnet de Bitcoin y en 2017 en la red real (mainnet). Desde entonces sigue operativa la red.

Las transacciones se realizan en segundos y las comisiones, si bien son confusas de calcular, por ejemplo para una transacción de 500,000 satoshis (unos 150$ actualmente) se puede estimar una comisión de unos 50 sats (aprox. 0,01$) por enrutamiento. Esto supone que para unos 100$ podríamos gastar unos 0.05-0.2$ de comisión como mucho.

Calcular las comisiones es confuso y complicado en primer lugar porque se aplican una comisión base y una comisión variable según el valor en *sats* del HTLC. La comisión base suele estar fija a 1 sat y la comisión variable es la que cada nodo de la red pone a su gusto.

Esta última se mide en *satoshis* de comisión por *satoshis* enviados en el HTLC y una aproximación aceptable es **0.000100 sats/sats**. Por lo tanto, aunque el coste de una transacción depende de cuántas veces se enrute y cuánto cobra cada nodo, suponiendo dichas tasas y entre 5 y 20 enrutamientos llegamos a los 0.05-0.2$ de comisión estimados.

Otras cuestiones interesantes que se podrían mencionar sobre la red lightning es acerca de las **optimizaciones que se pueden realizar**. Por ejemplo, en el modelo que hemos tratado de los canales lightning hemos visto las claves de revocación como claves de criptografía elíptica, pero **las claves de revocación son compromisos igual que los 'H' y 'R' de los HTLCs**.

Entonces, **una primera optimización sería usar como claves revocables simplemente un hash y su preimagen**, reduciendo así el tamaño de las "firmas" para cerrar el canal (recordemos que una firma de criptografía elíptica tiene 71-72 bytes de tamaño, mientras que un hash y su preimagen pueden ser ambos de 32 bytes o incluso de 20 bytes y ser igualmente seguros).

De esa forma, la revocación de un canal lightning consistiría en usar un 'H' tal que H=RIPEMD160(SHA256(R)) como clave revocable y revelar y compartir "R" cuando se vaya a revocar la transacción. Sin embargo hay una optimización (la que se usa realmente) que es aún mejor.

Y es que ni siquiera hace falta usar un hash, ya que **con un simple P2PKH se pueden combinar la necesidad de la firma de Alice/Bob y la clave de revocación** de su contraparte. Si recordamos las propiedades de la criptografía elíptica, tenemos que dadas dos claves privadas "a" y "b" con sus respectivas claves públicas "A" y "B" se pueden combinar para crear otro par de claves de la siguiente forma:

$$A + B = aG + bG = (a + b)G = cG = C$$

Por lo tanto, **se pueden combinar las claves de revocación y las claves de Alice y Bob en una sola clave pública ahorrando así espacio en las transacciones**. Por ejemplo, suponiendo el canal de pagos entre Alice y Bob y la Commit Tx de Alice, se podría calcular:

BobRevocAlice = clavePublicaBob + RevocAlice

Y utilizar BobRevocAlice como clave conjunta que Bob puede usar en caso de revocación de Alice, pues la clave privada se calcularía como:

BobRevocAlicePrivada = clavePrivadaBob + revocAlicePrivada

Y por lo tanto Bob solo la puede tener en caso de que Alice le facilite revocAlicePrivada. Lo mismo aplicaría para la Commit Tx de Bob, y es así como realmente se construyen las Commit Tx de los canales lightning para ahorrar espacio.

Si buscan en internet o acerca de cómo funcionan los scripts de las transacciones lightning verán que usan solo una 'clave de revocación' que es una clave combinada con la forma que acabamos de mostrar.

Otra optimización que podemos mencionar es aquella aplicable al **almacenamiento de estas claves revocables**. Habíamos terminado el apartado de los Lightning Channels diciendo que la parte más molesta de los canales lightning es que hay que guardar todas las claves privadas revocables.

Cada una de estas claves tiene un peso de 32 bytes, pero usando mucho un canal el tamaño se puede llegar a varios Megabytes, y si además consideramos que en la red lightning se abren numerosos canales distintos (hay nodos con más de 2.000 canales) ciertamente guardar las claves de 32 bytes tal cual se vuelve molesto.

Bues bien, Tadge Dryja, uno de los creadores del sistema de la Lightning Network, introdujo un **sistema llamado Elkrem (es simplemente Merkle al revés) que consiste en construir y revelar las claves en forma de árbol de Merkle pero al revés**: primero las hojas del árbol y luego los distintos eslabones hasta llegar a la raíz.

La idea detrás del sistema Elkrem es la siguiente. Primero Alice calcula su *árbol Elkrem* de claves revocables que se resume en el siguiente dibujo. Estamos simplificando el esquema utilizando como ejemplo un árbol de dos niveles, pero realmente se usan árboles con muchos más:

Sistema Elkrem de claves revocables de Alice

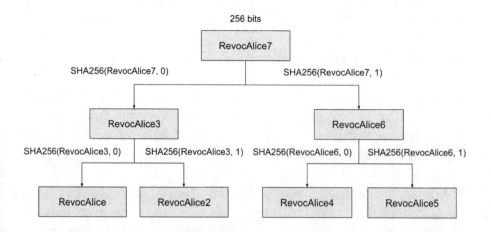

Alice parte de una clave revocable determinada obtenida de forma aleatoria (en este caso RevocAlice7) que constituirá la raíz del árbol de Elkrem. **A partir de ella, crea un árbol de claves tomando el hash de la clave anterior concatenada a un bit a '0' y otro a "1" sucesivamente,** hasta crear de esa forma el árbol con el número de niveles deseado.

Una vez creado el árbol, **revela a Bob las claves de revocación en orden inverso** (el orden mostrado en el dibujo: primero RevocAlice, después RevocAlice2, RevocAlice3, etc.) hasta llegar a la raíz del árbol. Queda claro que Bob no puede adivinar ni calcular ninguna clave antes de que se la revele Alice, ya que la clave 'original' a partir de la que surgen todas (la raíz del árbol de Elkrem) se revela la última.

Gracias a este esquema Bob cuando recibe RevocAlice3 puede computar RevocAlice y RevocAlice2 a partir de esta, así que puede borrar ambas. Lo mismo ocurre cuando recibe RevocAlice6, y cuando finalmente Bob recibe RevocAlice7 almacenando solo esta última clave puede tener todas las anteriores, puesto que puede calcularlas a partir de ella.

Así, el que almacena las claves (Bob) una vez compartidas todas solo debe almacenar los hash padre del árbol. **El almacenamiento de claves se reduce a una fracción O(log n) respecto al número de claves.**

Por lo tanto, se trata de un esquema en el que tanto Alice como Bob (quien crea y quien recibe las claves) almacenan O(log n) datos de claves y para recalcular las demás a partir de las almacenadas deben hacer O(log n) cálculos según el número "n" de claves de revocación.

Alice solo debe obtener la raíz de forma aleatoria, decidir de cuántos niveles va a hacer el árbol, calcular las claves en el orden del dibujo y llevar un registro de cuántas claves ha compartido. Bob, por su parte, almacena O(log n) claves y calcula las demás con O(log n) operaciones.

Esta optimización, aunque no parezca muy relevante sí lo es, porque permite que los datos de las claves a almacenar se mantenga en **apenas 2-3 kilobytes en vez de escalar a Megabytes y Gigabytes**, aunque se usen millones y millones de claves. Además, puede usarse para almacenar claves de revocación de distintos canales en el mismo árbol. Por ejemplo, si Alice tiene un canal con Bob y con Carol, podría construir en un mismo árbol de Merkle claves de revocación de ambos.

Pensemos también que podríamos hacer esto mediante una cadena de hashes: construimos $h_n(...h_3(h_2(h_1(Raíz))))$ y desvelamos las claves en orden inverso, pero en este caso el cálculo de las distintas claves a partir de la Raíz ya no sería O(log n), sino O(n).

Esta forma de almacenamiento de datos criptográficos no solo se usa para este caso, sino que es ampliamente usado. En concreto, en los llamados **acumuladores criptográficos** con sus distintas aplicaciones. El ya mencionado anteriormente proyecto **UTreeXO**, en fase experimental y creado por el propio Tadge Dryja, utiliza este sistema para comprimir y otorgar escalabilidad a la base de datos UTXO.

Sin embargo UTreeXO es más complejo porque en una base de datos hay que leer, escribir y modificar muchos y distintos datos (lo que exige mayor complejidad). Como siempre, pueden buscar más información en Internet (incluyendo el repositorio de GitHub).

Finalmente, terminamos este apartado con una mención interesante. Y es que dado que los canales lightning se ejecutan fuera de la cadena de bloques, se pueden realizar **intercambios entre distintas cadenas de bloques y criptomonedas (*crosschain swaps*)**, siempre y cuando las criptomonedas permitan construir scripts HTLC.

Este además es el caso de la mayoría de criptomonedas, pues muchas de ellas simplemente heredan el software de Bitcoin (y sus actualizaciones) y otras creadas posteriormente si bien difieren muchísimo de Bitcoin implementan scripts con contratos HTLC.

En un canal lightning no importa la cadena de bloques sobre la que se esté operando, y por lo tanto puede haber canales de distintas criptomonedas y pagos HTLC que se ejecuten sobre canales con distintas criptomonedas.

Por ejemplo podemos presentar el caso de un pago de Alice a Carol a través de Bob mediante HTLCs en el que Alice paga en Bitcoin pero Carol recibe su dinero en Litecoin y otro en el que Alice intercambia con Bob Bitcoin por Dogecoin:

Intercambios offchain de cadenas cruzadas

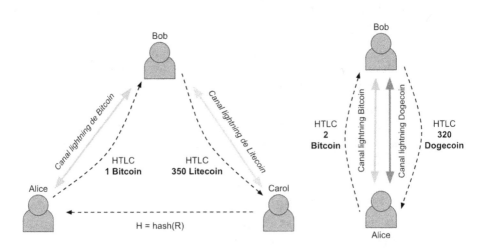

Esto supone abrir la posibilidad a, como hemos dicho antes, aplicaciones y funcionalidades de cadenas cruzadas. Sin embargo, actualmente es un **campo en desarrollo y abierto a la investigación pues es muy complejo y difícil de llevar a cabo** por diversos motivos.

Crear algo como una casa de cambio de criptomonedas descentralizada o similar es muy complicado y requiere tener en cuenta muchos aspectos de su funcionamiento. Evitar estafas, manipulaciones, errores y ataques, forzar los intercambios y las órdenes de compraventa, garantizar la propiedad de los usuarios sobre los fondos, solucionar la escalabilidad y la liquidez (disponibilidad de las criptomonedas) y en general **garantizar un funcionamiento correcto no es trivial**.

Y además **se puede plantear de muchas formas**: mantener el libro de órdenes centralizado pero con los fondos descentralizados, mantener ambos centralizados o ambos descentralizados, etc. Algunos modelos y formas de hacerlo (las menos radicales) son las más fáciles de modelizar y que parecen más factibles de llevar a cabo.

También hay que tener en cuenta los costes, pues recordemos que abrir un canal lightning implica hacer como mínimo dos transacciones (de apertura y cierre del canal) en la cadena de bloques. Incluso se puede plantear que, en caso de hacer un esquema de un tipo u otro, **lo más probable es que unos pocos nodos con mucho capital terminaran siendo los responsables de la práctica totalidad de los intercambios** aunque sea por cuestiones de eficiencia, con lo cual quizá fueran sistemas más libres pero con dudas respecto a su descentralización.

Esta idea de red descentralizada multi criptomonedas fuera de la cadena de bloques para hacer pagos instantáneos y baratos **de momento es poco más que eso: una idea** o conjunto de ideas por desarrollar de forma seria. Evidentemente hay ya ideas buenas relacionadas con la liquidez como los pools o los pares de criptomonedas, pero queda mucho por hacer.

En general, **las casas de cambio descentralizadas que existen en el mercado no son de cadenas cruzadas; operan dentro de una misma cadena**. Y en cualquier caso, tener una casa de cambio descentralizada sobre una criptomoneda centralizada (que suelen ser la mayoría de las criptomonedas de baja capitalización del mercado) es algo bastante absurdo, pues ya desde la base misma la criptomoneda tiene en su seno eso que se quería evitar: la dependencia y confianza en terceros.

Otras formas por las que se están realizando los pagos de criptomonedas cruzadas son grupos de Telegram en los que la gente se pone de acuerdo de forma digamos espontánea y arbitraria para hacer pagos, intercambios, abrir canales, etc.

En cualquier caso, es prioritario que se entienda que **estos intercambios de cadenas cruzadas y sus ideas de modelos y redes son algo totalmente distinto y mucho más complejo que la Lightning Network**. No existe de momento ningún protocolo al respecto de los pagos multicadena descentralizados y las ideas, aunque prometedoras, están todavía en pañales.

Discreet Log Contracts (DLCs)

Una de las bases de los llamados '*smart contracts* (**contratos inteligentes**) y por tanto del dinero programable son los que podemos llamar como **pagos condicionales**. Lo que se suele decir respecto a estos es que buscan conectar la cadena de bloques (en este caso Bitcoin) con el mundo exterior de fuera de la misma.

En concreto, los pagos condicionales tratan de construir un script inteligente (como los que hemos visto en los apartados anteriores) para que realice un pago (forzado, se entiende) según una cierta información del exterior.

El problema es que la información del exterior no es "*trustless*" es decir, no se puede forzar que sea cierta ni verificar de forma rotunda. Es por eso que la información del exterior necesariamente debe ser proporcionada por un agente externo, que en el mundillo de las criptomonedas se le denomina **oráculo**.

Debemos remarcar que la diferencia entre lo que vamos a ver a continuación y los scripts y contratos inteligentes que ya hemos visto es que **antes toda la información estaba entre los participantes del canal**. Es decir, toda la información que se necesitaba la generaban y poseían Alice y Bob, y no se requería consultar a un tercero.

De hecho como hemos visto eran pagos '*condicionales*', pero con condiciones de tiempo e información entre Alice y Bob. En esta ocasión sí **vamos a requerir información externa**, y cuando decimos pagos condicionales nos referiremos precisamente a esto: condicionados a información externa más allá de los participantes.

La información externa será proporcionada por el oráculo, que es quien decidirá cómo se realiza el pago y a quién pertenecen los fondos según dicha información (y atendiendo a las condiciones del script).

Es fácil comprender por qué **un esquema así es esencial para un montón de aplicaciones y operaciones financieras distintas**.

La primera y la menos importante que podemos pensar son las **apuestas de todo tipo**. Por ejemplo, Alice y Bob quieren apostar sobre quién ganará un partido de fútbol, y para ello confían en la información al respecto que proporcionará el diario *Marca*.

Pero no solo de apuestas deportivas; por ejemplo, Alice y Bob pueden apostar sobre si el precio de las acciones de Apple estará por encima o por debajo de 150$ dentro de un mes, confiando para ello en la información proporcionada por la empresa financiera *Bloomberg*. Esto enlaza con **todo el entramado de derivados financieros**.

Al fin y al cabo, lo que hemos mencionado anteriormente no es más que un contrato futuro, y de forma similar se pueden realizar contratos de opciones, swaps, etc. Pero para poder realizar todos ellos necesitamos la aportación de información externa por parte de un tercero, bien sea un broker, una empresa financiera o una institución financiera estatal como cámaras de comercio u otros intermediarios.

Y por último conectamos así con la última aplicación que vamos a nombrar, que no es otra que la de los **seguros**. Una póliza de seguro se puede considerar una "apuesta" de un usuario contra una aseguradora acerca de algo que requiere información del mundo externo.

Evidentemente, un seguro de vehículo o de vida será más complicado de realizar mediante pagos condicionales, puesto que la información externa que se requiere es muy compleja y supone peritaje. Pero un ejemplo más sencillo que sí se podría realizar con total facilidad es un seguro ante pérdida o retraso de un vuelo (o tren, autobús, etc.).

En general, es más fácil para contratos de seguro que puedan ser simples y automatizables de tal forma que se pague automáticamente una reclamación en función de unos datos más o menos objetivos.

La primera idea para hacer pagos condicionales es construir una **salida multifirma 2 de 3 en la que intervienen tres sujetos, pongamos Alice, Bob y Olivia (Olivia es el oráculo)**. El objetivo con esta construcción es claro: si Bob y Alice están de acuerdo, pueden firmar ambos el resultado del pago condicional y, si no están de acuerdo, cualquiera de ellos puede acudir a Olivia para que firme y condicione así el pago.

Sin embargo, **este esquema por sí solo tiene muchos problemas, empezando por el principal que es que puede haber manipulaciones maliciosas.** Por ejemplo, supongamos que Alice y Bob apuestan 1 Bitcoin sobre un determinado suceso y gana Alice (con lo cual el Bitcoin debería ser para ella). Bob puede acudir a Olivia y decirle que pueden firmar una transacción en la que Bob se lleva 0.3 Bitcoin y ella 0.7 Bitcoin, y ambos salen ganando.

Además, en un esquema así **Olivia interviene de forma completamente activa en el contrato,** con lo cual no es un contrato inteligente como tal. Olivia debe conocer todos los términos del contrato y cómo se ejecuta.

Y dado que Olivia puede tener un comportamiento malicioso, en el fondo no se diferencia mucho de simplemente una transacción multifirma 2 de 2 entre Alice y Bob. Olivia simplemente actúa como una especie de árbitro custodia que interviene en todo el proceso.

La segunda noción por tanto sería poder "*automatizar*" a Olivia; poder forzar a Olivia para que no pudiera manipular los resultados. Aún más: sería mucho mejor que **Olivia pudiese arbitrar los fondos de forma correcta sin ni siquiera saber ni entender cuál es el contrato entre Alice y Bob,** incluso sin que sepa que Alice y Bob existen.

Pero claro, esto parece muy difícil de conseguir por no decir imposible. ¿Cómo podríamos hacerlo? **Lo primero que intentaremos hacer y lo más fácil es que Olivia solo pueda firmar una vez,** ya que si no podría firmar una cosa para Bob y otra para Alice (diferentes y opuestas).

Si recordamos cómo funcionaba la criptografía elíptica y las firmas de Schnorr, se trata de obtener un número escalar aleatorio 'a' y multiplicarlo al punto 'G' con la operación de multiplicación definida en el grupo de las curvas elípticas discretas (es decir, tomar la recta tangente a la curva en el punto 'G' y obtener el nuevo punto '2G' como el otro punto de la recta tangente que corta la curva, así sucesivamente 'a' veces). De esa forma obtenemos la clave $A = aG$ y el **esquema para poder firmar de forma segura dado un mensaje 'm' cualquiera** es:

1. Obtener un par de claves de un solo uso 'k' y '$K = kG$'.
2. Calcular $s = k - hash(m, K)a$. Utilizar como firma (K, s).
3. Para verificar, confirmar que $sG = K - hash(m, K)A$.

También explicamos por qué es importante que las claves 'k' y 'K' sean de un solo uso, pues si no se puede averiguar la clave privada sustituyendo y realizando operaciones aritméticas básicas. Bien, pues el mecanismo que necesitamos comprender para que Olivia solo pueda firmar una vez consiste en **cambiar el proceso y utilizar como clave pública el conjunto (A, K) y como firma simplemente 's'**.

Fijémonos en lo que supone este pequeño cambio: en primer lugar implica que **una vez revelada la clave pública (A, K) solo se puede firmar una vez con 's' sobre un mensaje** porque si se firma dos veces 's1' y 's2' con esa determinada clave (A, K) sobre dos mensajes distintos, se podría obtener sin problemas la clave privada 'a'. Así, quien sea el poseedor de 'a' no querrá firmar dos veces. De esa forma solucionamos rápidamente que se pueda firmar más de una vez.

Pero es que además hay otro detalle también importante. Y es que si publicamos la clave pública (A, K) no podemos calcular 's' pero **sí podemos calcular '$sG = K - hash(m, K)A$' para cualquier mensaje 'm' que se nos ocurra, ya que todos los datos serían conocidos**. Debemos mantener esto en mente para comprender el funcionamiento de este sistema. Obviamente vamos a exigir que Olivia firme de esta forma.

Supongamos, para simplificar las cosas, que Alice y Bob apuestan sobre el tiempo. Olivia es el oráculo que debe decidir el resultado de la apuesta. 'a' y '$A = aG$' serán las claves de Alice y 'b' y '$B = bG$' serán las claves de Bob. Respecto a las claves de Olivia, podríamos decir que serían 'o' y 'O', pero no. En este caso realmente tendremos:

- *'Clave Pública'* de Olivia: $sG = K - hash(m, K)O$
- *'Clave privada'* de Olivia: $s = k - hash(m, K)o$

Fijémonos que utilizar S = sG como 'clave pública' es equivalente a que Olivia deba aportar como clave pública el conjunto (O, K), puesto que ambos son necesarios para calcular 'sG'. Esto otorga al esquema de Olivia las propiedades que acabamos de mencionar: **Olivia solo puede firmar un mensaje y Alice y Bob pueden calcular la clave pública de Olivia 'sG' para cualquier mensaje 'm' antes de que lo firme.**

Este es un concepto que se denomina usualmente como *anticipated signature* (**firma anticipada**) en el mundillo crypto. Dado que Alice y Bob pueden calcular 'sG' para cualquier mensaje 'm' lo que se va a hacer es, igual que con los canales de pago, construir los resultados de las apuestas antes de publicar en la cadena de bloques la transacción multifirma (que volveremos a llamar Fund Tx, pues es la transacción de fondos de la apuesta).

Supongamos que la apuesta tiene tres resultados distintos, que los denominaremos "estados" de la apuesta: lluvioso, nublado y soleado. Gracias a las propiedades matemáticas de la criptografía elíptica que ya hemos tratado, se cumple que podemos hacer el siguiente esquema:

$$A + sG = A + K - hash\left(m_{estado}, K\right)O = A_{estado} \Leftrightarrow a + s = a + k - hash\left(m_{estado}, K\right)o = a_{estado}$$
$$B + sG = B + K - hash\left(m_{estado}, K\right)O = B_{estado} \Leftrightarrow b + s = b + k - hash\left(m_{estado}, K\right)o = b_{estado}$$

Es decir, si los mensajes de los estados de las transacciones están estandarizados (y deben estarlo, como casi todo en la informática) Alice y Bob pueden calcular de antemano aquello que pueda verificar una firma por parte de Olivia sobre los estados (es decir, 'sG' tal que Olivia debe aportar la firma 's' sobre un determinado mensaje).

No solo eso: como las claves en criptografía elíptica pueden sumarse y mantener sus propiedades, **Alice y Bob pueden mezclar sus propias claves con la de Olivia de tal forma que para poder desbloquear los fondos necesiten su firma 's' sobre el mensaje del estado.**

Así, ambos calculan su clave pública para el contrato en un estado dado (A_{estado} y B_{estado}) de tal forma que solo pueden desbloquear los fondos utilizando a_{estado} y b_{estado} (claves privadas más la 's' del estado).

Olivia ni siquiera conoce en principio el contrato entre Alice y Bob porque está enmascarado con sus propias claves. Por ejemplo, si Alice y Bob apuestan 10 Bitcoin al tiempo, donde si resulta el estado '*lluvioso*' gana Alice, si resulta el estado '*soleado*' gana Bob y si resulta '*nublado*' hay empate, el procedimiento sería el siguiente:

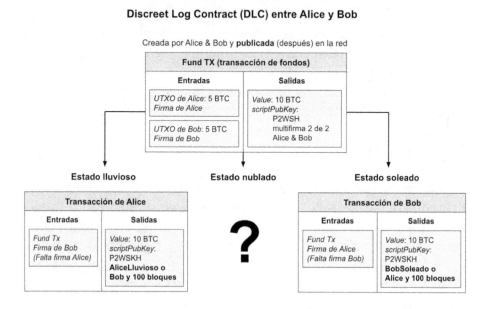

Primero se crea la **Fund Tx**, que al final es una salida multifirma 2 de 2 porque el oráculo (Olivia) se vuelve no-interactivo. Esta es una transacción que crean Alice y Bob, pero antes de publicarla en la cadena de bloques comparten entre ellos las transacciones de los estados del contrato. Como en caso de los estados Lluvioso y Soleado solo obtienen fondos Alice y Bob respectivamente, solamente tienen transacciones ellos pues su contraparte no tiene ninguna salida con fondos.

En la **transacción de Alice**, si Alice la publica podrá gastar ella los fondos inmediatamente en caso de que tenga la firma de Olivia sumándola a su clave privada (*AliceLluvioso* es la suma de la clave pública de Alice más el 'sG' de Olivia sobre el mensaje para el estado 'Lluvioso'). Si no, Bob podrá gastar los fondos al cabo de 100 bloques desde su publicación en la cadena de bloques.

Lo mismo ocurre con la **transacción de Bob**: si Bob la publica podrá gastar él los fondos si obtiene la firma de Olivia para el estado 'Soleado', y en caso contrario Alice podrá obtener los fondos al cabo de 100 bloques (*BobSoleado* es la suma de la clave pública de Bob más el 'sG' de Olivia sobre el mensaje para el estado 'Soleado').

La pregunta entonces es qué ocurre en caso de empate es decir: en caso de que resulte el estado 'Nublado'. Si ocurriese dicho caso tanto Alice como Bob recibirían fondos, concretamente 5 BTC cada uno. Este caso es generalizable para cualquier caso en el que ambos reciben fondos.

Por ejemplo, se podría dar un estado de 'Nieve' en el cual Alice recibiese 7 BTC y Bob 3 BTC, pues aunque el estado no es 'Lluvioso' la 'Nieve' se acerca más a la apuesta de Alice que a la de Bob. Fijémonos entonces que este esquema permite hacer pagos condicionales no solo de "todo o nada" sino toda una gama de posibilidades en las que según distintos estados Alice y Bob reciben distintos fondos de su apuesta.

En cualquier caso, **para el estado 'Nublado' como ambos reciben fondos ambos deben tener su transacción** que pueden publicar en la cadena de bloques. Resultaría entonces lo siguiente:

Discreet Log Contract entre Alice y Bob: estado 'Nublado'

Transacción de Alice		Transacción de Bob	
Entradas	**Salidas**	**Entradas**	**Salidas**
Fund Tx Firma de Bob (Falta firma Alice)	Value: 5 BTC scriptPubKey: P2WPKH **Bob**	Fund Tx Firma de Alice (Falta firma Bob)	Value: 5 BTC scriptPubKey: P2WSKH **BobNublado o** **Alice y 100 bloques**
	Value: 5 BTC scriptPubKey: P2WSKH **AliceNublado o** **Bob y 100 bloques**		Value: 5 BTC scriptPubKey: P2WPKH **Alice**

De esa forma, cuando alguno de los dos publica una transacción su contraparte recibe los fondos inmediatamente, mientras que él debe tener la firma 's' de Olivia sobre el mensaje 'Nublado' o su contraparte se queda todos los fondos tras 100 bloques. De forma similar, en caso de haber un **estado de 'Nieve' como hemos supuesto antes donde Alice recibe 7 y Bob 3** las transacciones quedarían así:

Discreet Log Contract entre Alice y Bob: estado de 'Nieve'

Transacción de Alice		Transacción de Bob	
Entradas	**Salidas**	**Entradas**	**Salidas**
Fund Tx Firma de Bob (Falta firma Alice)	Value: 3 BTC scriptPubKey: P2WPKH **Bob**	Fund Tx Firma de Alice (Falta firma Bob)	Value: 3 BTC scriptPubKey: P2WSKH **BobNieve o Alice y 100 bloques**
	Value: 7 BTC scriptPubKey: P2WSKH **AliceNieve o Bob y 100 bloques**		Value: 7 BTC scriptPubKey: P2WPKH **Alice**

Un último apunte es qué ocurre **en caso de que el oráculo no firme ningún mensaje**, si desaparece dejando la apuesta "en el aire" y no ofreciendo ningún tipo de 'sG'. Para ello Alice y Bob pueden firmar entre ellos una **Refund Tx** donde se devuelven los fondos cuando pasa el tiempo en el cual supuestamente el oráculo debe firmar un mensaje.

Por ejemplo, si Alice y Bob están apostando sobre el tiempo de mañana, se firman y envían una **transacción entre ellos válida para dentro de dos días en la que se devuelven los fondos aportados**:

Discreet Log Contract entre Alice y Bob: Refund Tx

Transacción de reembolso de Alice		Transacción de reembolso de Bob	
Entradas	**Salidas**	**Entradas**	**Salidas**
Fund Tx Firma de Bob (Falta firma Alice)	Value: 5 BTC scriptPubKey: P2WSH **Bob & 2 días**	Fund Tx Firma de Alice (Falta firma Bob)	Value: 5 BTC scriptPubKey: P2WSH **Bob & 2 días**
	Value: 5 BTC scriptPubKey: P2WSH **Alice & 2 días**		Value: 5 BTC scriptPubKey: P2WSH **Alice & 2 días**

A este tipo de esquemas, como ya hemos avanzado, se les denomina **Discreet Log Contracts (DLC, o Contratos de Registro Discreto)**. Estos permiten realizar *pagos condicionales* con cierta seguridad, ya que el oráculo que aporta información externa es no-interactivo: solo puede firmar una vez y puede ni siquiera conocer a Alice,a Bob o la apuesta.

Si el oráculo informa mal, todos los usuarios del sistema podrán identificar el error y dejar de usar el oráculo. Si intenta informar públicamente dos precios diferentes, revelará su clave privada y el valor "k" para los estados del contrato que intentó duplicar (se debe por tanto exigir al oráculo que tenga dinero en la dirección con la que firma, para que se juegue la piel y pierda algo si firma dos veces).

A pesar del avance, por supuesto **el oráculo puede igualmente hacer todo tipo de ataques o cosas malas**. Para empezar, aunque solo pueda firmar una vez y de que no pueda participar de los fondos de la Fund Tx porque las transacciones ya se han construido y firmado previamente, sí podría ser igualmente influenciado por una de las partes.

Por ejemplo, Bob podría decirle a Olivia que firme un estado que le beneficie a cambio de pagarle mediante una transacción corriente una parte de los fondos que se lleva con otro UTXO y a otra clave pública.

O también, si el oráculo es directamente una contraparte de un contrato (es decir, por ejemplo Alice es Olivia), puede hacer que se ejecute cualquier estado del contrato sin revelar su clave privada ya que puede calcular la 's' para cualquier estado, mezclarla con su clave pública 'A' y obtener A_{estado} para cualquier estado del contrato (siempre y cuando utilice claves diferentes para Olivia y para Alice, claro).

Lo que se pretende en cualquier caso es que **los oráculos sean instituciones fiables (Bloomberg, por ejemplo)** y que en caso de fraude sea posible demostrar el fraude para que los oráculos pierdan la confianza de los demás.

Una característica interesante de los DLC es que también pueden implementarse en un canal de pagos Lightning: basta con actualizar el canal a un estado con una salida multifirma 2 de 2 como la de la Fund Tx del contrato DLC que hemos visto anteriormente. A partir de ahí se construirían las transacciones de los estados correspondientes.

De esa forma, si ambas partes están en línea y cooperativas **se pueden realizar contratos de este tipo sin publicar ninguna transacción** en la cadena de bloques: simplemente actualizando el estado del canal con el resultado del DLC (ya que una vez obtenido el resultado es irrevocable). Si no cooperan, entonces sí que deberán publicarse las transacciones en la cadena de bloques para que nadie pierda dinero y cerrar el canal.

Lo más importante de hacer contratos DLC mediante canales de pago es que son ciegos: nadie fuera de Alice y Bob puede saber de la existencia del contrato DLC excepto Alice, Bob y aquellos a los que informen Alice y Bob de la existencia del mismo, pues solo existe en el almacenamiento local de Alice y Bob.

En cualquier caso, aunque se realizaran en la cadena de bloques, gracias a que se suman las claves de Olivia y de Alice (enmascarando el contrato DLC) tampoco queda claro para un externo que sea un contrato DLC. Con lo cual se consigue mayor anonimato pues desde fuera **para un externo se ven exactamente igual una transacción multifirma 2 de 2, un canal lightning y un contrato DLC.**

Otra de las características que son fácilmente observables es que **se pueden combinar y usar varios oráculos a la vez sin ningún problema en un mismo contrato,** e igualmente de forma no interactiva. De hecho, se pueden combinar incluso varias apuestas en una. El único requisito es que los mensajes estén estandarizados de forma que se pueda calcular de forma anticipada los 'sG' para cada uno de ellos:

$$A_{estado} = A + s_1 \, G + s_2 \, G + ... + s_n \, G$$

Evidentemente, este esquema donde basta con sumar claves solamente ocurre si se exige N de N es decir: que todos los oráculos cumplan su mensaje firmado. Si se quisiera formar un esquema N de M, por ejemplo exigir la firma de 3 de 4 oráculos distintos, habría que construir las transacciones para cada una de las combinaciones distintas pues no se puede obtener un A_{estado} válido en esa situación.

Como conclusión a este apartado, **los DLCs permiten construir esquemas de pagos condicionales peer-to-peer** donde por una parte se elimina el riesgo de contraparte (no existe riesgo entre Alice y Bob) y por otra se minimiza el riesgo del oráculo externo (es no-interactivo y desconoce a priori los contratos y las partes). Fijémonos que esto implica entre otros la **posibilidad de crear un mercado de derivados financieros desregulados** e imposibles de regular.

Supongamos que Bloomberg decide funcionar como oráculo, lo que significa que empieza a firmar de forma estandarizada mensajes sobre los precios de determinadas cosas (acciones, materias primas, índices, bonos y letras de todo tipo, etc.). Como es una empresa reputada y que se puede jugar la piel, la gente con bastante probabilidad confiará en su reputación, sus precios y sus firmas.

Imaginemos que llegado un momento las instituciones estatales estadounidenses prohíben a Bloomberg emitir públicamente firmas criptográficas sobre sus precios porque eso supone un delito por realizar operaciones financieras de forma clandestina. Entonces Bloomberg dejaría de emitir firmas sobre sus precios, pero seguiría pudiendo publicar información sobre los precios de los activos.

Por lo tanto, basta con que un usuario mediante un servidor ubicado en un país *offshore* o en una red como Tor publique firmas criptográficas sobre los precios de Bloomberg y se gane cierta reputación y confianza para que el mercado de operaciones financieras clandestinas exista. Se vuelve así un mercado imposible de regular y perseguir.

Aunque haya utilizado la palabra "*clandestino*", que usualmente tiene un cierto componente peyorativo, no debería tenerlo. Usualmente las instituciones financieras tanto estatales como corporativas (con privilegios estatales) han sido quienes más han realizado fraudes y estafas de distintos tipos sobre mucha gente.

Y por otro lado, operaciones financieras como las apuestas y los contratos de futuros, opciones, swaps u otros al final no son más que contratos bilaterales entre dos sujetos que no hacen daño a nadie y no deberían ser perseguidos ni intervenidos por terceros.

Lo único que se debe garantizar para que funcionen correctamente es precisamente el **cumplimiento del contrato** (que resulta forzoso con los DLCs) y la veracidad y el consenso sobre la información contratada (que depende de quién otorga la información y sobre la cual los DLCs intentan minimizar los perjuicios).

Aunque todavía existe mucho desarrollo por hacer en este ámbito también, no hay duda de que **los DLCs son y serán protagonistas principales en las aplicaciones de Bitcoin y las criptomonedas** en general.

MAST, P2SMR y P2CH

Vamos a terminar el libro tratando la **última de las actualizaciones en Bitcoin**, que ocurrió en 2020 e implementó varios esquemas nuevos. Ya hemos mencionado anteriormente que fue con esta actualización cuando se sustituyeron las antiguas, confusas y farragosas firmas ECDSA por las firmas de Schnorr, pero esa no fue la única novedad.

Sin embargo, creo que es conveniente explicar las novedades de la actualización por orden tal y como fueron siendo descubiertas y propuestas en el mundo de los desarrolladores de Bitcoin. Para aquellos que quieran ver información más técnica **la actualización incluyó los BIP-340, BIP-341 y BIP-342, que pueden encontrar en internet**.

Hemos visto a lo largo de todo el libro cómo el interés por **reducir el tamaño de los UTXO (en las salidas de las transacciones) es muy generalizado en Bitcoin** porque la base de datos UTXO es la de mayor importancia en los registros distribuidos del sistema y requiere constante manipulación de datos: búsqueda, adición y eliminación de información cada diez minutos.

Así, **el motivo de mayor peso para utilizar P2PKH frente a P2PK es precisamente reducir el tamaño de la salida** (reduciendo el tamaño del scriptPubKey), y de forma similar utilizar P2SH frente a una transacción multifirma tradicional es justamente por esto.

También se ha explicado cómo **la actualización SegWit y sus modelos P2WPKH y P2WSH mantienen ese compromiso**. Por un lado reduciendo aún más el tamaño de los scriptPubKeys y por otro aumentando el límite del tamaño de los bloques siendo más permisivos con el peso en las entradas pero no en las salidas de las transacciones.

Pero, ¿y si queremos construir scripts muy grandes? ¿O queremos hacer scripts condicionales con muchas formas de desbloquear los fondos? Por ejemplo, imaginemos que queremos construir un esquema de transacción multifirma 2 de 50. Tendríamos que aportar en la entrada de la transacción un script monstruoso con 50 posibles claves públicas que pueden firmar: "2 <PK1> <PK2> <PK3> [...] <PK50> 50 OP_CHECKMULTISIG". Esto es claramente poco eficiente y poco funcional, y con posibilidad de optimización de tamaño en la entrada.

¿Cómo optimizamos este esquema? Pues una buena idea es probar con árboles de Merkle, como hemos hecho anteriormente. Aquí es donde entra en juego MAST (*Merkelized Abstract Syntax Tree*) aunque es mucho mejor llamarlo **Pay To Script Merkle Root (P2SMR, pagar a una raíz de Merkle de un script)**.

Está propuesto en los BIP114, BIP116 y BIP117 y consiste, como su nombre indica, en construir un árbol de Merkle de distintos scripts y comprometer la raíz de Merkle en el scriptPubKey. Así, solo se tiene que aportar un script (el que se va a usar) para verificar el compromiso:

Pay To Script Merkle Root (P2SMR)

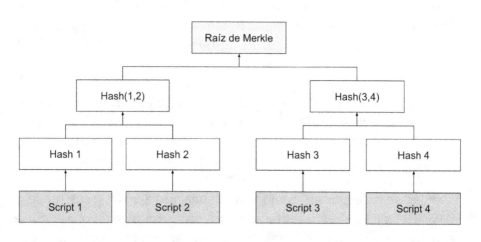

De esa forma, **si por ejemplo quisiéramos desbloquear los fondos con el Script 3, tan solo tenemos que aportar al scriptSig (o al witness) el Script 3, el Hash 4 y el Hash(1,2).** Reduciendo el peso en la entrada de la transacción en O(log n) según el número de scripts o formas de desbloquear los fondos que tenga nuestro UTXO.

El software tan solo debe calcular el árbol de Merkle y comprobar que efectivamente coincide con la raíz ubicada en el scriptPubKey.

Volviendo al ejemplo anterior de la transacción multifirma 2 de 50, se podría hacer un árbol de Merkle con todas las combinaciones posibles 2 de 2 de las 50 claves públicas que pueden firmar. Este problema es equivalente a obtener todas las combinaciones posibles de 2 elementos dentro de un conjunto de 50 elementos, una operación en inglés llamada "*50 choose* 2". Usando conocimientos de combinatoria:

$$C\left(50\,,2\right)=\frac{50\,!}{2\,!\times\left(50-2\right)!}=\frac{50\,!}{2\times48\,!}=1225\ combinaciones\ diferentes$$

Por lo tanto, tendríamos un árbol de Merkle de 1225 hojas, lo que supone 11 niveles distintos (pues $2^{10}=1024$ y $2^{11}=2048$). Eso implica que para desbloquear los fondos deberemos aportar solo un script multifirma 2 de 2 y 10 hashes, reduciendo el tamaño de la entrada de forma significativa.

P2SMR, además, es más relevante y eficiente conforme aumenta el número de scripts (pasamos de tener que aportar 50 claves públicas o 1225 scripts a aportar dos claves públicas y 10 hashes: O(log n).

No obstante, **esta primera solución tiene límites, y tampoco es demasiado elegante**. Por ejemplo, vamos a suponer ahora que queremos hacer lo mismo con una transacción multifirma 25 de 50. Entonces tendríamos una operación "*50 choose* 25", lo que nos da aproximadamente cien mil billones de combinaciones diferentes.

Esto implica en primer lugar que para construir el árbol de Merkle necesitaríamos calcular alrededor de doscientos mil billones de hashes, y tendríamos un árbol de Merkle de 47 niveles (2^{47}). Además, tendríamos que mostrar 46 hashes y un script multifirma 25 de 25, claramente subóptimo.

En cualquier caso, **es un esquema muy original** y que permite no solo construir algunas transacciones multifirma de forma más eficiente, sino también crear **diferentes scripts condicionales de forma totalmente anónima** y en gran cantidad a un coste pequeño. Como hemos visto, con este esquema podemos tener un UTXO con más de mil formas diferentes de desbloquear sus fondos y solo revelar y mostrar una de ellas: la que se va a usar.

Pero las cosas aún se pueden poner mucho más interesantes gracias a un esquema que tardó bastante tiempo en desarrollarse en Bitcoin debido a lo poco intuitivo que es. Se trata del que se empezó a llamar en el mundillo **Pay-To-Contract Hash (P2CH, pagar al hash de un contrato)** aunque este nombre ha caído en desuso debido a su sustitución por Taproot, como veremos más adelante.

Debemos **recordar el modelo de firmas de Schnorr**: dado un par de claves 'a' y 'A=aG' de criptografía elíptica, una firma de Schnorr consiste en las claves de un solo uso 'k' y 'K = kG' y la construcción dada por '$s = k - hash\,(m, K)a$' dando lugar así al conjunto (s, K). La idea es que 'k' sea una clave aleatoria de 256 bits y que se use una única 'k' en cada firma. El mensaje a firmar 'm' ya sabemos que en Bitcoin es la transacción sin los scriptSigs (sin las "firmas").

La cuestión es: **¿y si podemos comprometer información en la firma a través de la clave de un solo uso 'k'?** Lo primero que se nos debería ocurrir es qué pasaría si hacemos que '$k = hash(datos)$'. Es decir, que en vez de elegir 'k' al azar computamos 'k' como el hash de una serie de datos que queremos comprometer.

Así, podríamos comprometer un script, una raíz de Merkle o solo unos datos cualesquiera como se hace con las salidas que no se pueden consumir dadas por el opcode OP_RETURN visto en el cuarto capítulo.

Sin embargo, **el esquema así planteado no se puede utilizar** porque para verificar el compromiso de los datos habríamos de aportar los "datos" en sí y cualquiera podría calcular la clave privada 'k' simplemente como '$k = hash(datos)$' y obtener también por tanto de forma maliciosa nuestra clave privada 'a' con '$s = k - hash\,(m, K)a$'.
Precisamente el objetivo de las claves de un solo uso 'k' y 'K' es proteger la clave privada manteniendo secreta la clave 'k'.

La idea feliz que hay que tener es la siguiente:

Vamos a plantear que '$k = j - hash(datos, J)$' donde 'j' es realmente la clave aleatoria de 256 bits a la que se le suma el hash de los datos que queremos comprometer concatenados a la clave pública 'J' correspondiente a 'j'.

Es decir, en vez de utilizar una clave 'k' aleatoria, usamos '$k = j - hash(datos, J)$' y '$K = kG$' como claves de un solo uso, donde 'j' es la clave aleatoria y '$J = jG$' es la clave pública que sirve para verificar los datos comprometidos.

Reflexionemos sobre el esquema planteado. Para verificar los datos comprometidos, solo se deben publicar 'J' y los datos, pues así se verifica que '$K = J - hash(datos, J)G$' pudiéndose comprobar con ese cálculo que realmente en las claves 'K' y 'k' se estaba comprometiendo a dichos datos a través de los pares de claves 'j' y 'J'.

Por otro lado, aunque 'k' ya no es aleatoria, *parece* aleatoria y solamente se demuestra que no lo es cuando se revela 'J' para querer demostrar el compromiso sobre los datos. Además, **la clave 'k' permanece en secreto siempre y cuando se mantenga 'j' en secreto**, ya que como hemos visto '$k = j - hash(datos, J)$'.

Dada una clave 'k' aleatoria no se puede construir un par de claves 'j' y 'J' tal que se pueda comprometer a unos datos de forma maliciosa. Es decir: **este compromiso no se puede forjar**. Por ejemplo, supongamos que ya habíamos creado la clave 'k' como una clave aleatoria de 256 bits y la clave pública asociada '$K = kG$'.

Y ahora queremos encontrar una clave 'J' tal que podamos comprometernos a unos "datos" determinados maliciosamente. Tendríamos que resolver la ecuación '$K = J - hash(datos, J)G$' que como vemos incluye la variable que queremos despejar y su hash, y por tanto no podemos agrupar. Es decir, tendríamos una ecuación del tipo "$J = hash(datos, J)$", que es irresoluble.

Por lo tanto, resulta que **este esquema es completamente seguro y extremadamente útil** para comprometer información de forma anónima: nadie que no tenga a su disposición la clave pública 'J' puede saber que se está comprometiendo información dentro de 'k' y 'K'. Si no se revela 'J' (y los datos), nadie podría sospechar o adivinar de ninguna forma que dentro de la firma se están comprometiendo datos.

Es muy útil porque se puede comprometer cualquier tipo de datos. El primer y más obvio uso es en efecto sustituir las salidas OP_RETURN al comprometer datos que no afectan al funcionamiento de Bitcoin per se: patentes, sellos, información relevante, etc. De hecho incluso se pueden utilizar firmas de terceros para hacer compromisos de forma totalmente segura. Pero este es el uso más trivial y menos interesante.

Podemos usar como datos a comprometer un script, de forma que haya un modelo de transacción en el cual se pueda poner un script de forma anónima dentro de una transacción P2PKH o P2WPKH normal.

Así, si usamos el conjunto (s, K), la transacción puede ejecutarse como un P2PKH sin que nadie conozca que hay datos comprometidos en un script dentro del esquema. O alternativamente podemos usar como firma el conjunto (s, K, J, script, argumentos del script) para que el esquema se ejecute como un script.

El intérprete verificaría primero '$sG = K - hash(transacción, K)A$', luego comprobaría que '$K = J - hash(script, J)G$' y finalmente ejecutaría el script en el stack alternativo de Bitcoin Script. Como veremos ahora en el siguiente apartado **en esto consiste Taproot** precisamente.

Pero también podemos usar como datos a comprometer la raíz del árbol de Merkle, combinando así el P2CH con P2SMR. Podemos usar una salida P2PKH para enmascarar de forma anónima el uso de los fondos y luego usar como firma el conjunto dado por (s, K, J, raíz de Merkle, pruebas de Merkle, argumentos del script).

En general, se puede enmascarar cualquier tipo de datos o esquema que se pueda plantear como un P2PKH normal usando las claves como '$k = j - hash(datos, J)$' y '$K = J - hash(datos, J)G$'.

Taproot (y Graftroot)

Aunque ya hemos explicado el potencial del esquema de P2CH, lo cierto es que no es del todo intuitivo verlo. A la comunidad de desarrolladores de Bitcoin les costó más de un año encontrar la idea detrás de Taproot.

Pero finalmente, en los últimos días de Enero de 2018, el ya nombrado anteriormente Greg Maxwell publicó en la lista de correos electrónicos *bitcoin-dev* esta nueva idea a la que llamó **Taproot (*"raíz principal"* en inglés)**. Greg Maxwell es, junto a Pieter Wuille y Adam Back, uno de los desarrolladores más activos de Bitcoin.

Entre otras cosas fue coautor de las ideas que favorecieron la construcción de cadenas de bloques pegadas a Bitcoin (*sidechains*), aportó la ya tratada derivación de claves de las carteras HD y colaboró en el ya mencionado CoinJoin para mejorar la privacidad en Bitcoin.

La motivación principal de Taproot es que los esquemas de P2PKH (o P2WPKH) y P2SH (o P2WSH) son diferentes y se ven diferentes para un tercero observador. Y esto supone un problema para la privacidad porque se pueden reconocer los esquemas y hacer una trazabilidad de las operaciones realizadas, pudiendo reconocer los movimientos y las transacciones de valor entre partes.

Es cierto por otra parte que esto **podría solucionarse parcialmente** de forma relativamente fácil simplemente **utilizando siempre P2SH**. Y cuando se quiera hacer un pago normal y corriente usar un script P2PKH dentro de un esquema P2SH. Así, solo en el momento de gastar el UTXO sería cuando se revela el script y se ve qué operativa es.

Sin embargo, la gente en Bitcoin no suele hacer esto. Y en cualquier caso **Taproot, igual que P2SMR, es un esquema aún más respetuoso con la privacidad que P2SH** (porque solo se revela el script concreto o la parte concreta que se va a ejecutar en la cadena de bloques, escondiendo todas las demás alternativas).

Taproot no es más que una mejora de privacidad añadida sobre P2SMR.

La idea de Taproot descansa en que **cuando se realizan transacciones multifirma, que exista unanimidad no es un problema, sino todo lo contrario**: es un extra de aceptación. De hecho es lo más frecuente.

Es decir, si por ejemplo se quiere construir una transacción multifirma 2 de 3, no hay en principio ningún problema en que firmen todos y se haga un esquema 3 de 3: el requisito mínimo de firmas 2 de 3 se cumple. Además, la mayoría de contratos en la realidad suelen tener cláusulas del estilo "todas las partes están de acuerdo".

Entonces, lo que se hace en Taproot es lo siguiente. Supongamos primero que Alice y Bob quieren construir una transacción juntos que contenga un script. Alice tiene como claves 'a' y 'A' y Bob, por su parte, 'b' y 'B'. Sin entrar en detalles técnicos y **gracias al esquema de firmas de Schnorr** (no funciona con ECDSA), sabemos que si se usara la clave pública 'C = A + B' entonces **pueden firmar ambos y agregar las firmas convirtiéndola en una sola firma sobre 'C'** de la siguiente forma:

1. Primero Alice y Bob crean sus claves de un solo uso k_A, K_A y k_B, K_B respectivamente.

2. Después, intercambian sus claves K_A y K_B y ambos calculan así $K_C = K_A + K_B$ que servirá como clave pública de un solo uso.

3. Entonces, Alice calcula su 's' como $s_A = k_A - hash\,(m\,,\,K_C) \times a$ y de forma similar Bob como $s_B = k_B - hash\,(m\,,\,K_C) \times b$. Así, ambos protegen sus claves privadas con k_A y k_B.

4. Se comparten s_A y s_B y se suman formando $s_C = s_A + s_B$. El conjunto dado por $(s_C\,,\,K_C)$ es una firma válida sobre la clave pública conjunta 'C = A + B'.

5. Para verificar la firma, se demuestra que: $s_C\,G = (s_A + s_B)\,G = [k_A - hash\,(m\,,\,K_C)\,a + k_B - hash\,(m\,,\,K_C)\,b]\,G = K_A + K_B - hash\,(m\,,\,K_C)\,(A + B) = K_C - hash\,(m\,,\,K_C)\,C$

A este procedimiento se le llama en el mundillo Bitcoin **Signature Aggregation (SA, firmas agregadas)** y es el que permite que se pueda

enmascarar una transacción multifirma N-de-N en la cadena de bloques como una transacción P2PKH (o P2WPKH).

Fijémonos que no es el mismo procedimiento que se usa en la Lightning Network para combinar las claves de revocación con las claves de la contraparte: entonces se compartía la clave privada revocable y simplemente se firmaba sumando las claves privadas.

En este procedimiento, en cambio, las claves privadas no se comparten, y por lo tanto hay que crear primero una K_C conjunta que permita calcular las s_A y s_B sin comprometer las claves privadas (es decir, solo se combinan las firmas, no las claves privadas).

Este procedimiento permite ya enmascarar transacciones multifirma N-de-N, pero recordemos que hemos supuesto que Alice y Bob quieren construir una transacción con un *script*. Pues bien, lo que hacen es precisamente **añadir el script a la clave conjunta igual que se añadía en el esquema de P2CH**.

Supongamos que es 'z' el script que quieren utilizar Alice y Bob en su transacción. Entonces se construye la clave 'P' como:

$$P = C + hash\,(z\,,\,C)\,G$$

y se envían los fondos a la clave 'P' como una transacción P2PKH o P2WPKH normal. Así, **si todas las personas implicadas en el script colaboran (en este caso Alice y Bob) pueden firmar utilizando 'p'** siendo la transacción *con script* enmascarada en P2PKH.

Para construir 'p', basta con que uno de los participantes sume a su clave privada $hash(z,C)$ antes de realizar el procedimiento de *Signature Aggregation*. De esa forma, por ejemplo suponiendo que es Alice quien suma $hash(z,C)$ a su clave privada 'a' se verifica:

$$s_A = k_A - hash\,(m\,,\,K_C) \times [a + hash\,(z\,,\,C)];$$
$$s_B = k_B - hash\,(m\,,\,K_C) \times b$$

$$s_P \, G = (s_A + s_B) \, G =$$
$$[k_A - hash \, (m \, , \, K_C) \, [a + hash \, (z \, , \, C)] + k_B - hash \, (m \, , \, K_C) \, b] \, G =$$
$$K_A + K_B - hash \, (m \, , \, K_C) \, [A + B + hash \, (z \, , \, C) \, G] =$$
$$K_C - hash \, (m \, , \, K_C) \, [C + hash \, (z \, , \, C) \, G] = K_C - hash \, (m \, , \, K_C) \, P$$

Resultando por tanto que el conjunto $(s_P, \, K_C)$ constituye una firma válida sobre 'P'. En cambio **si los participantes (Alice y Bob) no colaboran pueden utilizar el script simplemente revelando los datos (C, z, argumentos del script).**

Con ello el software simplemente verifica que '$P = C + hash(z, C)G$' y ejecuta el script 'z' utilizando los argumentos aportados. A este modelo de transacción, Taproot, también se le llama **P2TR (Pay To Taproot, "pagar a Taproot").**

Este esquema es igualmente aplicable con cualquier tipo de script y con cualquier número de firmas o participantes. Incluso es compatible con P2SMR (también llamado MAST). Es decir, que en vez de un script, 'z' podría ser la raíz de un árbol de Merkle de scripts y el software podría detectarlo y aplicar el algoritmo correspondiente.

Por ejemplo, supongamos que se quiere construir una transacción multifirma 2 de 50. Entonces en primer lugar se construiría la clave 'C' sumando con las claves públicas de los 50 participantes. Es decir:

C = PK1 + PK2 + PK3 + PK4 + ...

Entonces se construiría el árbol de Merkle de los distintos scripts 2 de 2 como hemos visto en el apartado anterior y 'z' sería la raíz del árbol de Merkle. 'P' vendría dada igual que antes por $P = C + hash(z, C)G$ y la transacción multifirma se formaría con una salida P2WPKH normal utilizando la clave pública 'P' como depositaria de los fondos.

Finalmente, si todos los usuarios de la transacción multifirma estuvieran en línea y de acuerdo con una transacción que gastara el UTXO creado, podrían simplemente firmar como hemos explicado anteriormente creando la clave privada 'p'. Y enmascarar así la transacción como si fuese un P2WPKH normal:

1. Primero todos generarían sus claves de un solo uso 'k' y 'K' y compartirían las públicas 'K' para integrar la clave 'K' conjunta.

2. Cada participante crearía entonces su 's' con la 'K' conjunta y sus claves personales, pero uno de ellos sumaría antes a su clave privada '$hash(z,C)$'.

3. Se sumarían todas las 's' anteriores para crear la 's' conjunta, que junto a la 'K' conjunta anterior formarían una firma (s, K) válida para la clave pública 'P'.

Si no todos los usuarios estuvieran en línea o de acuerdo con la transacción que se quiere firmar, entonces dos de ellos podrían firmar utilizando su script 2 de 2 correspondiente y aportando al scriptSig (o al Witness) los datos: C, z, el script, las pruebas de Merkle y los argumentos del script (sus firmas individuales).

Un último apunte que podemos hacer al respecto de Taproot es que **si se quisiera "desactivar" la posibilidad de que en un esquema así pudieran firmar todos a través de la clave 'p' se podría hacer**. Bastaría con construir 'C' como un punto aleatorio de la curva elíptica, por ejemplo tomando el hash de unos datos aleatorios determinados como coordenada X. Revelando los datos de entrada que dan lugar al hash quedaría demostrado que no existe clave privada de 'C' puesto que es un punto elegido aleatoriamente.

La última mejora y con la cual vamos a cerrar este libro se llama *Graftroot*, **también propuesta por Greg Maxwell** apenas unos días después de publicar la idea de Taproot y en la misma lista de correo electrónico (*bitcoin-dev*). Si bien Graftroot **NO está incluido en la actualización de Bitcoin de 2021** porque hubiera aportado mayor complejidad a la misma y requiere mayor investigación y consenso, es una **idea interesante** que vale la pena comentar. Parece una tontería muy sencilla una vez se entiende pero es bastante difícil concebir una ocurrencia así sin conocerla.

Como hemos visto en P2SMR, si tenemos un montón de diferentes scripts que queremos comprometer, construimos con ellos un árbol de Merkle de tal forma que los datos que hay que revelar al gastar el UTXO escalan en O(log n) con el número de scripts. Pero, ¿cuál podría ser una **forma de comprometer cualquier número de scripts diferentes de forma que el número de pruebas a aportar escale en O(1)**?

La respuesta, que no es obvia, es simplemente **una firma**. La idea de Graftroot es que, en vez de construir un árbol de Merkle con todos los scripts posibles y las diferentes condiciones para desbloquear los fondos, simplemente **se firman todos los** <u>scripts</u> **(no la transacción) con la clave pública conjunta 'C' antes de publicar la transacción**.

Por ejemplo, supongamos el caso anterior de Alice y Bob, que tienen su clave pública conjunta 'C = A + B' y el script 'z' que quieren comprometer. Lo que hacen es firmar ambos el script 'z' y usar el esquema anterior de *Firmas Agregadas* para crear así una firma válida de 'C' sobre 'z'. Entonces publican una transacción P2PKH o P2WPKH normal que envía los fondos a la clave pública 'C'.

Si ambos colaboran y firman la nueva transacción a publicar, usando el esquema de firmas agregadas pueden hacer una firma válida de 'C' sobre la transacción y enmascararla como si fuera un esquema P2PKH normal. Si no colaboran y alguno de los dos quiere ejecutar el script 'z', solo tiene que presentar en el scriptSig o el Witness el propio script 'z', la firma de 'C' sobre 'z' y los datos y argumentos del script (por ejemplo, sus claves públicas). Así desbloquean los fondos con 'z'.

En el ejemplo de la transacción multifirma 2 de 50, primero se compondría la clave 'C' igual (C=PK1 + PK2 + PK3 + PK4 + ...) y cada uno de los integrantes firmaría todos los 1225 scripts 2 de 2 que componen la transacción multifirma 2 de 50. Después se compartirían las firmas sobre los scripts y mediante el proceso de firmas agregadas se formarían las distintas **firmas válidas de 'C' sobre los scripts de la transacción. Estas firmas agregadas serían guardadas por los integrantes de la transacción en disco local (no publicadas en la red).**

En ese momento se construiría la transacción multifirma pagando los fondos a la clave pública 'C'. A la hora de gastar el UTXO, si los 50 participantes colaboran se podría hacer una firma agregada sobre la transacción que fuera una firma válida de 'C' sumando todas las firmas como antes. Si no colaboran, cualquiera de ellos podría gastar los fondos presentando uno de los scripts, la firma agregada válida de 'C' sobre el script y los argumentos válidos que hacen cumplir las condiciones del script.

Por tanto **Graftroot por una parte supone una ventaja en términos de espacio y costes** (menor tamaño de la transacción) **y en privacidad** (cuando se revela el script ni siquiera se conoce el número de scripts que contenía la transacción, mientras que en Taproot y P2SMR sí debido a que se verifica construyendo todo el árbol de Merkle).

Pero por otra parte, existe la desventaja de que es la clave 'C' la que lo controla todo. Es decir: todos los participantes deben firmar todos los posibles scripts de la transacción. Es interactivo. En cambio en Taproot un externo puede incluir a otros en su transacción tan solo conociendo sus claves públicas: sin pedirles firma y sin que ni siquiera se enteren.

Aunque esto también supone una ventaja en cierto modo, porque los scripts se pueden firmar después de enviar los fondos a la clave 'C'.

Imaginemos que los cincuenta participantes anteriores deciden abonar los fondos a 'C' para hacer así una transacción multifirma 50 de 50, y luego cambian de opinión y deciden que 2 de 50 también pueden desbloquear los fondos. En ese caso, si están de acuerdo pueden firmar todos los scripts posteriormente y convertir así un UTXO 50 de 50 en otro 2 de 50 sin interactuar con la cadena de bloques y sin publicar ninguna transacción.

Graftroot es por tanto una especie de extensión complementaria a Taproot que, aunque interesante, de momento no se ha implementado. Ya sea por falta de consenso de la comunidad, por no sobrecomplejizar una actualización ya de por sí compleja como Taproot (que ya es suficientemente bueno), por falta de mayor investigación o por falta de un desarrollador que impulse la propuesta hasta su despliegue, lo cierto es que **Graftroot sigue siendo de momento una prueba conceptual.** De hecho, ni siquiera tiene BIP formal asociado. A diferencia de las Schnorr Signatures (BIP 340), Taproot (BIP 341) y Tapscript (BIP 342), que son los que se activaron en noviembre de 2021.

Siguiendo con Taproot, este queda cubierto por la **actualización de SegWit con versión 1.** Los **scripts de bloqueo y desbloqueo** son los siguientes:

scriptPubKey: 1 `<ClavePublica>`
scriptSig: (nada)
Witness opción 1 ("P2PKH" *): `<firma de ClavePublica>`
Witness opción 2 (Taproot): `<punto C> <script s> []`
`<argumentos de s>`

Todos los esquemas quedan cubiertos por el mismo scriptPubKey, y **según los datos aportados en el Witness el intérprete de *Tapscript*** (la nueva actualización de Bitcoin Script, pueden obtener información en el BIP342) **ejecuta el algoritmo correspondiente al esquema utilizado.**

Evidentemente, si se utiliza en el modelo de Taproot un árbol de Merkle de scripts (P2SMR), hay que aportar también todas las pruebas de Merkle correspondientes para que se pueda verificar que el script estaba comprometido en la raíz de Merkle.

En cuanto al procedimiento en sí, **cabe destacar que ya no se utiliza P2PKH, sino P2PK. Es decir: se utiliza la clave pública desnuda**, sin tomar su hash, en el scriptPubKey. Concretamente su versión de 32 bytes, correspondientes a la coordenada X de la clave pública. Las razones quedan explicadas en las referencias del BIP341:

- En primer lugar, el motivo más claro por el que **se utilizaban los hashes era para disminuir el tamaño de los UTXOs en las transacciones con scripts** porque estos ocupan mucho espacio y era mejor dejarlos fuera de las salidas de las transacciones. Dado que ahora ya quedan directamente fuera de las salidas de las transacciones, son menos útiles en este sentido.

- En segundo lugar, **tomar el hash supondría añadir como mínimo 32 bytes de espacio extra al Witness,** y dado que la ventaja de reducir el tamaño de los UTXO ya no está, simplemente sería un coste por la supuesta privacidad extra que da el hash y no compensa (porque además *Signature Aggregation* ofrece aún mejor privacidad que el hash).

- En tercer lugar, **la supuesta ventaja frente a ataques de ordenadores cuánticos es un argumento muy débil** por distintos motivos, con lo cual la verdadera protección frente a estos ataques sería actualizar el protocolo con otro sistema criptográfico (como las firmas de Lamport) y no tomar el hash de las claves públicas.

- Y en cuarto y último lugar, como dijimos en el apartado de SegWit, cuando se trata con scripts **la seguridad frente a colisiones de 80 bits que ofrece la función hash de 160 bits RIPEMD160 es insuficiente** porque al ser los scripts más flexibles es más fácil encontrar colisiones.

Gracias a la versión 1 de SegWit, todos los UTXO (las salidas) son iguales y solo se conoce parcialmente qué tipo de esquema de transacción es una vez se consumen dichos UTXO. Por lo tanto el secretismo en cuanto a las formas de desbloquear los fondos es mayor.

El algoritmo como conjunto de reglas de validación que sigue la versión actualizada de Bitcoin Script (Tapscript) para cada uno de los esquemas de datos del Witness está redactado en el propio BIP341 también. Se define el opcode *OP_CHECKSIGADD* y se desactivan *OP_CHECKMULTISIG* y *OP_CHECKMULTISIGVERIFY* (pues ya no se usan).

La mayor desventaja, a mi juicio, de Taproot, es que **es más vulnerable a ataques de computación cuántica.** Recordemos que la computación cuántica podría potencialmente romper los algoritmos de criptografía elíptica, pero de ninguna forma romper las funciones hash. Si se paga a una clave pública (en lugar de a un hash de la clave pública), en un futuro hipotético en el que se desarrolle este campo, los ordenadores cuánticos podrían calcular la clave privada a partir de la pública (usando el algoritmo de Shor) y robar los fondos. En cambio, si solo se conoce el hash de la clave pública, un ordenador cuántico no ayudaría a encontrar la preimagen del hash (solamente reduciría la dificultad de forma cuadrática, usando el algoritmo de Grover.

Eso sí: **usar un hash de clave pública protege la clave mientras los fondos están *"en reposo"*.** Al momento de gastar, la clave pública se revela. Si una computadora cuántica fuera lo suficientemente rápida, podría calcular la clave privada a partir de la clave pública revelada y robar los fondos antes de que la transacción original se confirme, o incluso reemplazarla con otra transacción propia con *fees* más altas. Aunque tardaríamos mucho en llegar a ese nivel, tiempo suficiente para mover nuestros fondos a un futuro sistema post-cuántico.

Aun así, **con Taproot se pueden implementar esquemas resistentes a computación cuántica** de forma muy sencilla. En caso de amenaza, bastaría con comprometer mediante Taproot una firma criptográfica resistente a computación cuántica (como las firmas de Lamport, basadas en hashes, u otras) para proteger los fondos.

Es decir, dado que en Taproot 'P = C + hash(z, C)G' dado un 'P' determinado un ordenador cuántico seguiría sin poder obtener 'C' y 'z' porque ambos son entrada de una función hash y no pueden romperla. Por lo tanto, si comprometemos en 'z' una firma de Lamport para gastar nuestros fondos y desactivamos mediante un *soft fork* que se pueda firmar sobre 'P' (con criptografía elíptica), nuestros fondos quedarían, en principio, asegurados de forma elegante.

Sin embargo, estamos hablando de futuro (requeriría realizar dicho soft-fork en el que se desactiva la firma de la clave conjunta y se acepta un nuevo esquema de firmas post-cuántico en los scripts de Taproot). **Actualmente, el esquema más seguro cuánticamente hablando es** *SegWit*, pues con él los fondos están protegidos mediante hash. Tanto P2WPKH (160 bits) como P2WSH (256 bits).

Taproot (y Graftroot)

Conclusión

Aunque por su estructura y carácter explicativo este libro no necesita conclusión, he considerado pertinente dedicar unas líneas a resumir su contenido y hacer una recapitulación.

Enlazando con la introducción, **hemos explorado todos aquellos temas que resultan vitales para comprender Bitcoin de forma técnica** en todo su esplendor. Empezando por conceptos informáticos, siguiendo con conceptos criptográficos y finalmente adentrándonos en aquello que específicamente Bitcoin utiliza.

En el fondo, el libro intenta erigirse como un viaje en el que, partiendo desde la costa, se llega al continente más profundo de este sistema. Y es como una reestructuración de las ideas que, tanto a nivel personal como profesional, me han llevado a mí al interior de este invento.

Desde el primer momento mi intención no ha sido analizar exclusivamente Bitcoin, sino **enseñarle al lector todos los ámbitos con los que este hace frontera**. Introducirle, acompañarle y orientarle en estas materias y transmitirle la misma pasión que despiertan en mí.

Por eso, más allá de Bitcoin, hemos explorado el funcionamiento de la información y la computación, de las telecomunicaciones, las redes e internet, de la criptografía y de la seguridad informática, etc. Espero haber conseguido mi propósito y que la aventura haya sido agradable.

En cualquier caso y precisamente por lo anterior, no pretendo que este escrito sea una especie de piedra filosofal del conocimiento de Bitcoin. Al contrario: es un **manual de iniciación, una brújula que sienta las bases** para que el lector pueda tomar la dirección que crea conveniente según sus gustos y sus circunstancias particulares.

Un curso intensivo y un pistoletazo de salida para el debate, la investigación y el desarrollo de las ideas y conocimientos que pueden llevarnos a un mundo más descentralizado, libre y con mayor privacidad.

Bitcoin es un invento humano, y como todos los inventos humanos es imperfecto y anárquico. Hemos vistos sus luces y sus sombras, sus puntos débiles y su forma de avanzar y mejorarse.

Nadie conoce el futuro y Bitcoin no ha superado al maestro de maestros: el tiempo. No obstante, creo que debe admitirse que es un sistema muy original, bien pensado y con un enorme potencial.

Potencial para transmitir valor, pero también y de forma más general para transmitir confianza sin la necesidad de una autoridad centralizada y arbitraria.

Es todavía muy pronto para saber si el tan ansiado objetivo principal de los *cypherpunks* ha sido alcanzado, y es precipitado y poco prudente osar hacer predicciones y aseveraciones muy rotundas del porvenir y las acciones de la sociedad.

Lo que sea como fuere parece innegable, a mi juicio, es que **Bitcoin es un gran paso en la dirección correcta**. Un buen movimiento hacia la privacidad y la libertad.

QR de acceso a los Enlaces de Interés